# OEUVRES

DE

# J. RACINE

### NOUVELLE ÉDITION
REVUE SUR LES PLUS ANCIENNES IMPRESSIONS
ET LES AUTOGRAPHES

ET AUGMENTÉE

de morceaux inédits, des variantes, de notices, de notes, d'un lexique des mots
et locutions remarquables, d'un portrait, de fac-simile, etc.

### PAR M. PAUL MESNARD

TOME DEUXIÈME

## PARIS
LIBRAIRIE DE L. HACHETTE ET C$^{ie}$
BOULEVARD SAINT-GERMAIN, N° 77

1865

# LES
# GRANDS ÉCRIVAINS
## DE LA FRANCE

### NOUVELLES ÉDITIONS

PUBLIÉES SOUS LA DIRECTION

**DE M. AD. REGNIER**

Membre de l'Institut

# OEUVRES

DE

# J. RACINE

TOME II

IMPRIMERIE GÉNÉRALE DE CH. LAHURE
Rue de Fleurus, 9, à Paris

# ANDROMAQUE

TRAGÉDIE

1667

# NOTICE.

« Le 17 novembre (1667) Leurs Majestés eurent le divertissement d'une fort belle tragédie, par la troupe royale, en l'appartement de la Reine, où étoient quantité de seigneurs et de dames de la cour. » Ainsi parle la *Gazette* du 19 novembre 1667, sans nommer d'ailleurs cette fort belle tragédie. Mais nous savons que c'était *Andromaque;* car dans la lettre en vers de Robinet, de même date que l'article de la *Gazette*, nous lisons :

> La cour, qui, selon ses desirs,
> Tous les jours change de plaisirs,
> Vit jeudi certain dramatique,
> Poëme tragique et non comique,
> Dont on dit que beaux sont les vers
> Et tous les incidents divers,
> Et que cet œuvre de Racine
> Maint autre rare auteur chagrine.

En marge de ces vers on lit le nom d'*Andromaque*.

Cette représentation, donnée dans l'appartement de la Reine le jeudi 17 novembre, et avant laquelle nous n'en trouvons mentionnée par les contemporains aucune autre de la même pièce, fut-elle la première de toutes ? Cela n'est pas impossible. *Iphigénie* aussi fut jouée à la cour, avant de l'être à la ville ; et il n'y aurait pas à s'étonner si la tragédie d'*Andromaque*, qui naissait sous les auspices d'Henriette d'Angleterre, avait eu le même honneur. N'est-il pas remarquable que la lettre en vers de Robinet et la *Gazette* s'accordent à en parler pour la première fois à propos du divertissement royal ? On donne cependant assez généralement à la première représentation d'*Andromaque* la date du 10 novembre ; mais il est clair qu'on se borne à répéter une assertion de l'*Histoire du Théâtre françois*[1]. Nous croyons que les auteurs de cette histoire n'ont fait que nous donner une conjecture qu'ils ont prétendu appuyer sur la lettre de Robinet du 19 novembre. Ils ont supposé que la représentation à la cour, dont il est parlé dans cette lettre, avait dû nécessairement être précédée d'une représentation à l'Hôtel de Bourgogne, et, par suite, ils ont cru pouvoir, avec vraisemblance, placer celle-ci à la date du vendredi de la semaine précédente[2]. Ils se sont du reste trompés, en disant que le jeudi dont parle Robinet était le 16; c'était, nous l'avons dit, le 17. Ainsi, quand on déférerait à leur autorité dans ce qui ne paraît être de leur part qu'une pure hypothèse, on devrait dater du 11 novembre la première représentation à l'Hôtel : le 10 était un jeudi, et par conséquent un des jours où la troupe ne jouait pas. Dès qu'il ne s'agit d'ailleurs que d'une conjecture, cette représentation peut aussi bien avoir été donnée la veille même du jour où la lettre de Robinet fut écrite, c'est-à-dire le vendredi 18. Dans tout cela une seule chose est certaine, c'est qu'*Andromaque,* lorsque Robinet la vit, entre le 20 et le 25 novembre, était encore dans toute sa nouveauté ; car, dans sa lettre du 26, il dit :

> J'ai vu la pièce toute neuve
> D'Andromaque, d'Hector la veuve.

Quel que soit le jour où l'*Andromaque* ait paru pour la première fois sur la scène française, ce jour marque une grande époque dans les annales de notre théâtre, une époque semblable à celle du *Cid.* Perrault l'a très-bien dit[3] : « Cette tragédie fit le même bruit à peu près que *le Cid*, lorsqu'il fut représenté. » La comparaison semble juste de tout point. *Andromaque* s'éleva tout à coup au-dessus de *la Thébaïde* et de

---

1. Tome X, p. 185, à la note.
2. « La première représentation d'une pièce, dit Chapuzeau, se donne toujours le vendredi. » Voyez le *Théâtre françois* de Chapuzeau (à Lyon, chez Michel Mayer, M.DC.LXXIV, 1 vol. in-18), p. 90 et 91. — Il est certain toutefois qu'au temps des pièces de Racine ce n'était pas une règle sans exceptions.
3. *Hommes illustres*, tome II, p. 81.

l'*Alexandre*, comme *le Cid* au-dessus de *Médée*; chacun de ces deux chefs-d'œuvre fut, après des essais qui n'étaient pas sans promesses, la première révélation d'un grand génie; et non-seulement ils sont l'un et l'autre par là une mémorable date dans la vie de nos deux poëtes dramatiques, ils en sont une surtout dans l'histoire de l'art. Avec *le Cid* on vit naître chez nous la tragédie fière, sublime, héroïque, qui agrandit les âmes; avec *Andromaque*, la tragédie pathétique, qui connaît tous les secrets, toutes les faiblesses du cœur dans leurs nuances les plus délicates, dans leurs replis les plus profonds, et qui sait peindre avec la vérité la plus saisissante les plus terribles orages des passions.

Il ne faut pas s'attendre à ce qu'un témoin tel que le burlesque Robinet nous rende au moindre degré la vive impression des premiers spectateurs de l'admirable tragédie [1]. Ne l'interrogeons que sur les noms des acteurs qui jouèrent d'original dans *Andromaque*. Il nous les fait connaître dans sa lettre du 26 novembre. Voici, d'après son témoignage, la distribution des principaux rôles :

| | |
|---|---|
| ANDROMAQUE, | Mlle du Parc. |
| PYRRHUS, | Floridor. |
| ORESTE, | Montfleury. |
| HERMIONE, | Mlle des OEillets. |

Le *Mercure de France* de juin 1740 [2] dit que le sieur d'Hauteroche, qui jouait parfaitement les grands confidents, remplissait le rôle de Phœnix : c'était sans doute dès ces premiers temps. La création des premiers rôles est du reste seule intéressante pour nous. Le talent des quatre acteurs qui en furent chargés avait déjà été mis à l'épreuve par Racine dans son *Alexandre :* celui de Floridor, de Montfleury, de Mlle des

---

1. Il lui suffit de constater le grand succès de la pièce par un misérable jeu de mots :

> On ne peut voir assurément,
> Ou du moins je me l'imagine,
> De plus beaux fruits d'une *Racine*.

2. Page 1139. *Deuxième lettre sur la vie et les ouvrages de Molière et sur les comédiens de son temps.*

OEillets à l'Hôtel de Bourgogne, celui de Mlle du Parc sur la scène du Palais-Royal.

Mlle du Parc avait quitté la troupe de Molière après la clôture du théâtre aux fêtes de Pâques de cette même année 1667, et s'était engagée à l'Hôtel de Bourgogne pour y débuter dans la nouvelle tragédie. Le poëte, amoureux alors de cette charmante actrice, l'avait décidée à la désertion, pour lui faire suivre sa fortune.

Il est très-probable que le rôle noble et touchant d'Andromaque, s'il prêtait à de moins grands effets que quelques autres de la même pièce, n'était point cependant celui que Racine avait le moins à cœur de faire interpréter à son gré. On dit que par la perfection avec laquelle elle le joua, Mlle du Parc, dont la beauté et les grâces faisaient d'ordinaire le plus grand succès, parut se surpasser elle-même[1]. Lorsqu'à la fin de l'année suivante une mort prématurée l'enleva au théâtre, l'éclat de son triomphe dans *Andromaque* n'avait pas encore pâli, témoin ces vers de Robinet :

> L'Hôtel de Bourgogne est en deuil,
> Depuis peu voyant au cercueil
> Son Andromaque si brillante,
> Si charmante et si triomphante[2].

Nous avons dit, dans la *Notice* sur *Alexandre*[3], combien était aimé du public Floridor, à qui fut confié le rôle de Pyrrhus. L'Hermione manquait de jeunesse et de beauté : Mlle des OEillets avait alors quarante-six ans ; elle était petite et maigre ; mais son art était consommé, et si quelques années après elle trouva une rivale qui interpréta plus vivement qu'elle et avec plus d'énergie les scènes les plus passionnées de son rôle, il lui resta la supériorité d'un goût fin et délicat.

Montfleury était né, dit-on, à la fin du seizième siècle, ou

---

1. *Histoire du Théâtre françois*, tome X, p. 367.
2. Lettre du 15 décembre 1668. — Il faut remarquer toutefois que Boileau disait : « Elle n'étoit pas bonne actrice ; » mais il ajoutait que Racine lui faisait réciter comme une écolière le rôle d'Andromaque (voyez la *Notice biographique*, p. 76). Grâce aux leçons d'un tel maître, elle put cette fois ne rien laisser à désirer.
3. Voyez tome I, p. 493.

tout au moins au commencement du dix-septième; il était donc bien vieux en 1667 pour jouer le rôle d'Oreste. A en juger par le portrait que Molière, qui était, il est vrai, son ennemi, nous a donné de lui, quelques années avant, dans l'*Impromptu de Versailles*, on aurait d'autres raisons encore de douter que ce rôle lui convînt parfaitement. Montfleury n'était pas de taille galante, mais « gros et gras comme quatre, entripaillé comme il faut, et d'une vaste circonférence. » Il appuyait sur le dernier vers d'une tirade, pour faire faire le brouhaha, et prenait un ton de démoniaque [1]. Un contemporain, Gabriel Gueret, nous paraît confirmer par son témoignage cette dernière critique de Molière. Dans *le Parnasse réformé* [2] il fait ainsi parler Montfleury lui-même : « J'ai usé tous mes poumons dans ces violents mouvements de jalousie, d'amour et d'ambition.... Souvent je me suis vu obligé de lancer des regards terribles, de rouler impétueusement les yeux dans la tête comme un furieux, de donner de l'effroi par mes grimaces..., de crier comme un démoniaque, et par conséquent de démonter tous les ressorts de mon corps.... » Il est à croire que Gueret dépeint ainsi Montfleury d'après le souvenir surtout du rôle d'Oreste : il écrivait son opuscule au commencement de 1668, lorsque ce comédien venait de mourir, dans le cours des représentations d'*Andromaque*, au mois de décembre 1667. Cette mort, selon lui, aurait été la suite des violents efforts qu'avait faits Montfleury dans les fureurs d'Oreste[3] : « Qui voudra savoir de quoi je suis mort, qu'il ne demande point si c'est de la fièvre, de l'hydropisie ou de la goutte; mais qu'il sache que c'est d'*Andromaque*.... Ce qui me fait le plus de dépit, c'est qu'*Andromaque* va devenir plus célèbre par la circonstance de ma mort, et que désormais il n'y aura plus de poëte qui ne veuille avoir l'honneur de crever un comédien en sa vie. » Les auteurs de l'*Avertissement*

---

1. *Impromptu de Versailles*, scène 1.
2. Voyez p. 73-75 (édition de 1668. L'Achevé d'imprimer est du 7 février).
3. « On assure que son ventre s'ouvrit; il était si prodigieusement gros qu'il étoit soutenu par un cercle de fer. » (*Mercure de France*, mai 1738, p. 830.)

*du théâtre de MM. Montfleury*[1], s'appuyant sur l'autorité de Mlle Desmares, arrière-petite-fille du premier interprète des fureurs d'Oreste, disent que Gueret a fait un conte. On pourrait supposer en effet que cette histoire de Montfleury, tué par son jeu forcené, n'a été imaginée que pour faire pendant à celle de Mondory, qui avait été frappé d'une attaque d'apoplexie en jouant les fureurs d'Hérode dans la *Mariane* de Tristan. Il est bien difficile cependant de récuser le témoignage contemporain de Robinet, dont les termes nous semblent assez clairs dans la lettre en vers du 17 décembre 1667, où il annonce la mort de Montfleury,

> Qui d'une façon sans égale
> Jouoit dans la troupe royale,
> Non les rôles tendres et doux,
> Mais de transports et de courroux,
> Et lequel a, jouant Oreste,
> Hélas! joué de tout son reste.
> O rôle tragique et mortel,
> Combien tu fais perdre à l'Hôtel
> En cet acteur inimitable!

Qu'importe au surplus? La tragédie de Racine n'avait pas besoin, pour conquérir la célébrité, de tuer un malheureux comédien. Ne cherchons, si l'on veut, dans l'anecdote, vraie ou fausse, qu'une preuve de l'impression produite sur les spectateurs de ce temps par la violence du jeu de Montfleury. Mais la dernière scène d'*Andromaque* n'a pas été faite pour être jouée de sang-froid; et cette fois les transports *démoniaques* de l'acteur purent ne pas mériter de reproches. Du reste les défauts qu'il paraît avoir eus ne l'empêchèrent évidemment pas d'être fort admiré dans la tragédie de Racine, puisque M. de Lionne écrivait à Saint-Évremond que « la pièce étoit déchue par sa mort. » Ajoutons que Montfleury, si sévèrement jugé par Molière, avait cependant la réputation d'un des meilleurs comédiens de ce temps. Chapuzeau le place à côté de Floridor. Ils étaient l'un et l'autre « les grands modèles, dit-il[2],

---

1. Cité dans l'*Histoire du Théâtre françois*, tome VII, p. 125-137.
2. *Théâtre françois*, p. 182.

de tous ceux qui veulent se dévouer au théâtre [1]. » Il y a lieu de penser que, dans l'ensemble, le chef-d'œuvre fut loin d'être trahi par ses premiers interprètes.

On alla même jusqu'à prétendre (car c'était toujours, en pareil cas, le thème des détracteurs) qu'*Andromaque* devait surtout aux acteurs son éclatant succès. « Elle a besoin, disait Saint-Évremond [2], de grands comédiens, qui remplissent par l'action ce qui lui manque. » Ne croirait-on pas qu'il s'agit d'une pièce qui resterait froide et languissante, si elle n'était réchauffée par la passion des comédiens, d'une action dont le vide veut être dissimulé par le mouvement entraînant de la représentation théâtrale? La vérité est, au contraire, que, tout en ayant ce caractère essentiel aux œuvres vraiment dramatiques de produire tout leur effet à la représentation, cette tragédie, si féconde en émouvantes péripéties, et d'un intérêt si puissant par elle-même, n'est guère moins admirée à la lecture, et qu'en tout temps elle a fait les grands acteurs, au lieu d'être faite par eux. Mais Saint-Évremond, engagé dans la cause de Corneille, était de ceux qui ne se résignaient pas à lui reconnaître un rival. Il est curieux de le voir, partagé entre sa passion et les avertissements plus justes de son sens droit, se débattre contre son involontaire admiration. On lui avait envoyé *Andromaque* avec *Attila*, joué la même année, quelques mois plus tôt [3]. « A peine ai-je eu le loisir, écrivait-il à M. de

---

[1]. Tallemant des Réaux était plus favorable encore à Montfleury : il le jugeait supérieur à Floridor. « C'est, dit-il de ce dernier, un médiocre comédien, quoi que le monde en veuille dire.... Montfleury, s'il n'étoit point si gras, et qu'il n'affectât point de montrer sa science, seroit un tout autre homme que lui. » (*Historiettes*, édition de MM. Monmerqué et P. Paris, M.DCCC.LVIII, tome VII, p. 176.) Il reste nécessairement beaucoup d'incertitude sur ce que nous devons penser aujourd'hui de ces anciens acteurs.

2. *Lettre à M. de Lionne. OEuvres de Saint-Évremond* (édition d'Amsterdam, 1706), tome II, p. 286.

3. L'impression d'*Attila* avait également devancé quelque peu celle d'*Andromaque*. L'Achevé d'imprimer de la tragédie de Corneille est du 20 novembre 1667; celui d'*Andromaque* n'est pas donné dans l'exemplaire de la première édition que nous avons eu sous les yeux; mais cette édition porte la date de 1668. Le privilége accordé à

Lionne [1], de jeter les yeux sur *Andromaque* et sur *Attila;* cependant il me paroît qu'*Andromaque* a bien de l'air des belles choses; il ne s'en faut presque rien qu'il y ait du grand. Ceux qui n'entreront pas assez dans les choses, l'admireront; ceux qui veulent des beautés pleines, y chercheront je ne sais quoi qui les empêchera d'être tout à fait contents.... Mais, à tout prendre, c'est une belle pièce, et qui est fort au-dessus du médiocre, quoique un peu au-dessous du grand. » Le même jugement, au fond très-favorable, mais embarrassé des mêmes restrictions subtiles, se retrouve dans une autre lettre qu'il adressait encore à M. de Lionne [2] : « Ceux qui m'ont envoyé *Andromaque* m'ont demandé mon sentiment. Comme je vous l'ai dit, elle m'a semblé très-belle; mais je crois qu'on peut aller plus loin dans les passions, et qu'il y a encore quelque chose de plus profond dans les sentiments que ce qui s'y trouve; ce qui doit être tendre n'y est que doux, et ce qui doit exciter de la pitié ne donne que de la tendresse. Cependant, à tout prendre, Racine doit avoir plus de réputation qu'aucun autre après Corneille. » *Après Corneille*, c'est tout ce que voulait Saint-Évremond : c'est à cette conclusion qu'il prétendait arriver par des critiques cette fois si vagues. Il fallait que dans Corneille seul il y eût « du grand et des beautés pleines. » On ne pouvait d'ailleurs rencontrer plus mal que de refuser à *Andromaque* le mérite d'aller assez loin dans les passions et de donner aux sentiments toute leur profondeur.

Saint-Évremond ne disputait du moins que sur le degré de

---

« notre bien amé Iean Racine, Prieur de l'Épinay, » est du 28 décembre 1667. Voici le titre de cette édition originale :

ANDROMAQVE,

TRAGEDIE.

A Paris, chez Théodore Girard....

M.DC.LXVIII.

*Auec priuilege du Roy.*

Il y a six feuillets sans pagination, contenant le titre, l'Epître à Madame, la Préface, et la liste des acteurs; et 95 pages, suivies du privilége.

1. Dans la lettre citée plus haut.
2. *Lettre à M. de Lionne* (tome II, p. 319 et 320)

beauté de la pièce. Il chicanait plutôt l'admiration qu'il ne la refusait. Racine trouva des censeurs moins réservés. Il fut, au milieu de son succès, inquiété par plus d'une attaque, et dans ce temps il n'en souffrait aucune avec patience. On connaît par les deux épigrammes sanglantes qu'il fit, l'une contre le duc de Créqui, l'autre contre ce même duc et le comte d'Olonne, la malveillance avec laquelle ces grands seigneurs avaient jugé sa tragédie. Les traits qu'il leur renvoya les frappaient en plein visage avec une si terrible justesse qu'on se demande si c'étaient bien précisément ceux-là que, par leurs imprudentes critiques, ils lui avaient eux-mêmes fournis. Quoi qu'il en soit, ce qu'il faut surtout voir dans ces épigrammes, c'est avec quelle vivacité le poëte entrait dans cette guerre, sans se laisser effrayer par des ennemis si qualifiés. Parmi les objections, souvent contradictoires, que l'on fit au caractère de ses personnages, et qui tombaient tantôt sur Pyrrhus, tantôt sur Oreste ou sur Andromaque, il en est une qu'on attribue au grand Condé, et que ce prince soutenait sans doute avec cette hauteur impérieuse et cet emportement dont il avait, nous dit-on, l'habitude, particulièrement lorsqu'il avait tort. « Pyrrhus, disent Louis Racine et Brossette, parut au grand Condé trop violent et trop emporté. » Était-ce donc lui (on serait bien tenté de le croire) que Racine prenait à partie dans ce passage de sa première préface ? « Il s'est trouvé des gens qui se sont plaints que Pyrrhus s'emportât contre Andromaque et qu'il voulût épouser cette captive à quelque prix que ce fût. » Si ce n'était pas avec *un héros* que le poëte avait ce démêlé, il nous semble qu'on ne s'expliquerait plus très-bien sa riposte : « Tous les héros ne sont pas faits pour être des Céladons, » où le mot *tous* serait de trop. Toutefois la hardiesse eût été grande, bien autrement surprenante que celle de l'épigramme contre d'Olonne et Créqui; et bien des personnes hésiteront à penser que Racine, si peu maître qu'il fût de retenir ses sarcasmes, ait pu s'en permettre un semblable contre un prince du sang, couvert de tant de gloire, qui avait été d'ailleurs un des admirateurs les plus déclarés de la tragédie d'*Alexandre*, et qui traitait d'ordinaire le jeune poëte avec tant de bienveillance.

Racine disait que pour s'embarrasser du chagrin de deux ou trois personnes, il avait trouvé le public trop favorable à sa pièce[1]. Mais évidemment les critiques ne le laissaient pas si indifférent. Plus que toutes les autres, celles de Boileau l'auraient certainement touché, s'il était vrai qu'un ami, si peu suspect de préventions hostiles, eût dans un des rôles d'*Andromaque*, dans celui de Pyrrhus, signalé quelques parties qu'il n'approuvait pas. Cela tout d'abord se concilie assez difficilement avec ces vers de l'épître VII, où Boileau paraît mettre les censeurs de Pyrrhus au nombre des envieux :

> Mais par les envieux un génie excité
> Au comble de son art est mille fois monté....
> Et peut-être ta plume aux censeurs de Pyrrhus
> Doit les plus nobles traits dont tu peignis Burrhus[2].

S'il avait été lui-même un de ces censeurs, comment, dira-t-on, ne pas s'étonner qu'il l'eût alors oublié? Comment ne se pas demander si Monchesnay a été bien informé, lorsqu'il dit dans le *Bolæana*[3] : « M. Despréaux n'étoit pas du tout satisfait du personnage que fait Pyrrhus, qu'il traitoit de héros à la Scudéry, au lieu qu'Oreste et Hermione sont de véritables caractères tragiques? » Mais tout s'explique par les souvenirs plus précis que nous trouvons dans l'*Examen d'Andromaque* par Louis Racine. L'exactitude du passage du *Bolæana* y est confirmée, particulièrement en ce que l'on y dit du jugement sévère de Boileau sur la scène v de l'acte II, entre Pyrrhus et Phœnix. Dans cette scène, il lui semblait que la tragédie, par la peinture des extravagances amoureuses, s'abaissait jusqu'à la naïveté comique, et que l'auteur d'*Andromaque* se montrait beaucoup trop l'émule de Térence. Louis Racine tenait cette remarque de la bouche même de Boileau. Mais il avait en même temps appris de lui qu'il ne l'avait pas toujours faite, que longtemps au contraire il avait admiré cette même scène, ce dont il se repentait, parce que, s'il se fût avisé moins tard de la faute commise par Racine, « il l'eût obligé à supprimer ce morceau. » La critique de Boileau n'est donc pas un fait douteux; mais il faut le mettre à sa date, à une époque où les

---

1. Première préface d'*Andromaque*.
2. Vers 49-54.
3. Page 59.

corrections n'étaient plus possibles, peut-être même après la mort de Racine.

L'opinion de Boileau, ce juge excellent, était, on le voit, devenue justement le contre-pied de celle de Condé, à qui Pyrrhus ne semblait pas assez *honnête homme*. Elle se rapprochait peut-être de celle que l'épigramme attribue à Créqui :

> Créqui dit que Pyrrhus aime trop sa maîtresse.

Racine, nous devons le reconnaître, a, dans sa préface, choisi pour sa défense le terrain où elle était le plus facile et le moins nécessaire : « J'avoue que Pyrrhus n'est pas assez résigné à la volonté de sa maîtresse, et que Céladon a mieux connu que lui le parfait amour. » Le point vraiment faible était où Boileau a fini par le voir; et, quoi qu'en dise Racine, Pyrrhus avait un peu trop « lu nos romans. » Non, ce n'est pas là ce farouche fils d'Achille, tel que nous le font entrevoir Euripide et Virgile; ce n'est pas ce brutal guerrier de l'âge héroïque, qui n'a jamais traité ses plus nobles esclaves qu'en concubines. On alléguerait en vain le cœur de l'homme qui ne change pas; il est trop évident que si les passions sont au fond toujours semblables, leur expression varie suivant les mœurs des temps et des peuples. Mais il faut se placer au vrai point de vue du théâtre de Racine, et accepter le monde de convention, le monde presque tout idéal, où se meuvent ses créations. Si de tous les personnages d'*Andromaque* Pyrrhus est celui qui, par le plus visible anachronisme, soulève surtout des objections, il est cependant placé par le poëte dans un milieu où il ne manque pas de vérité relative; et le condamner trop sévèrement serait condamner toute la pièce. La couleur de ce rôle en effet n'est pas sensiblement en désaccord avec celle des autres rôles. Toute cette tragédie antique est écrite sur un ton différent de celui de l'antiquité : on peut dire qu'elle est transposée; et tel est sans nul doute, plus qu'on ne le croit souvent, la loi nécessaire de l'art. S'imagine-t-on que l'*Andromaque* et les *Troyennes* d'Euripide, quoiqu'elles aient conservé un accent très-sauvage, s'imagine-t-on que toutes les tragédies grecques en général et l'*Énéide* de Virgile, si on les compare avec les poëmes d'Homère qui en sont la source, ne soient pas transposées également? Racine connaissait l'antiquité mieux que la plupart de ceux qui lui reprochent aujourd'hui de l'avoir défigurée; il était profondément imbu de ses beautés éternelles, et savait les rendre à son siècle sous la forme où elles pouvaient être intelligibles pour lui. Il sentait qu'une traduction servile des idées et des mœurs antiques, à supposer qu'un esprit moderne fût entièrement capable d'un tel effort, ne toucherait pas assez des cœurs nourris de tout autres sentiments.

C'était, à la vérité, être imprudent que de dire, comme il l'a fait dans sa première préface, qu'il avait rendu ses personnages « tels que les anciens poëtes nous les ont donnés, et qu'il n'avait pas pensé qu'il lui fût permis de rien changer à leurs mœurs. » Mais dans la seconde, écrite avec plus de maturité, il a dit bien plus justement, en parlant du rôle d'Andromaque : « J'ai cru me conformer à l'idée que nous avons maintenant de cette princesse. » La note fondamentale de ce rôle lui avait été donnée par les admirables adieux d'Andromaque et d'Hector dans l'*Iliade*, surtout par le doux et tendre accent des vers du troisième livre de l'*Énéide*, par le pur et mélancolique idéal qu'ils nous font concevoir de la veuve et de la mère. Pour faire de cette Andromaque de Virgile la moderne Andromaque, dont quelques traits, comme on l'a fait remarquer [1], sont chrétiens, Racine n'avait pas beaucoup à s'éloigner de son modèle, déjà si chaste et si touchant; et il lui suffisait, pour cette transformation facile, de suivre la pente naturelle de son génie. S'il entraînait l'antiquité dans sa propre voie, c'était après l'avoir suivie pour guide aussi loin qu'il le pouvait. Oreste, comme Andromaque, a bien des traits qu'une imagination toute pleine et pénétrée de la poésie antique a pu seule lui donner; le triste Oreste (*tristis Orestes*), tourmenté par les furies du crime, s'y fait reconnaître comme dans les plus belles tragédies de la Grèce; mais sa physionomie a quelquefois aussi une certaine empreinte du siècle de Racine. On en peut dire autant d'Hermione, des seconds personnages eux-mêmes, de Pylade, par exemple, qui de l'ami d'Oreste qu'il était, a dit malicieusement M. Taine, est devenu son menin. Racine ne donnait

---

1. *Génie du christianisme*, par M. de Chateaubriand, 2ᵉ partie, livre II, chapitre VI.

pas à la scène française un calque de ses vieux modèles, il s'en inspirait librement. Dans l'invention de son drame (et là sans doute la liberté du poëte était plus légitime encore) Racine, comme dans le caractère de ses personnages, se contentait d'une légère donnée que lui fournissaient les traditions antiques, et dont il aimait à dire qu'il ne s'était qu'un peu écarté, se faisant scrupule de « détruire le fondement d'une fable. » On ne peut trop admirer avec quel art ingénieux et fécond il a su trouver, dans quelques vers de Virgile, le germe d'une action si variée, si riche, si fortement nouée, si abondante en situations tragiques, et la plus heureusement conçue pour se prêter au développement des passions.

Mais dans une notice tout historique ne perdons pas trop de vue les limites naturelles de notre domaine, au delà desquelles nous avons été peut-être entraînés par la critique que Boileau fit tardivement de l'*Andromaque*. Racine ne connut probablement jamais et certainement ne connut pas à temps les objections de son ami, qu'il eût mises à profit. Les censeurs les plus malveillants eux-mêmes, tout en le chagrinant et l'irritant, ne le trouvaient pas indocile. Si dans leurs observations il s'en rencontrait quelqu'une qui lui parût juste, il savait en tenir compte. C'est ce que prouveraient assez plusieurs corrections qu'il a faites dans quelques-uns des vers d'*Andromaque* qui n'avaient pas trouvé grâce devant Subligny.

Celui-ci était cependant un Zoïle plutôt qu'un vrai critique; et sa comédie de *la Folle querelle* n'avait pas été faite, comme on l'a prétendu, pour éclairer Racine sur quelques fautes, mais pour attenter à sa gloire. Cette assez méchante parodie dut affliger Racine; car elle réussit beaucoup, sans doute parce que l'envie y trouvait son compte, et elle passa même pour être de Molière. Dans la préface, où Subligny revendique la responsabilité du crime, avouant seulement avec modestie « qu'il a tâché de le commettre de l'air dont M. de Molière s'y seroit pris, » il prétend que ce furent les ennemis de sa pièce qui essayèrent de lui en dérober la gloire, en publiant qu'elle avait pour auteur « le plus habile homme que la France ait encore eu en ce genre d'écrire. » Nous croyons qu'il aurait dû plutôt s'en prendre aux ennemis d'*Andromaque*, seuls intéressés à faire passer sous le nom du grand comique une satire si insipide; et il est plus que douteux que Racine, comme le disent Grimarest dans sa *Vie de Molière*, et l'abbé Granet dans la préface de son *Recueil de dissertations* [1], ait pu s'y méprendre, que même il ait seulement voulu en faire semblant. La seule part que prit Molière à cette attaque contre Racine, et qui suffirait pour causer beaucoup d'étonnement, si l'on ne se rappelait qu'il avait à se venger de l'*Alexandre* porté à l'Hôtel de Bourgogne, et de la désertion de la du Parc, fut de prêter son théâtre à la représentation de la comédie de Subligny. Elle y fut jouée pour la première fois le vendredi 18 mai 1668, comme nous l'apprend Robinet [2], un de ses admirateurs, un de ceux qui croyaient y reconnaître « un faux Subligny [3]. » Une interruption dans le Registre de la Grange, du 13 au 25 mai 1668, nous cache les deux ou trois premières représentations de la pièce; mais nous voyons dans ce même registre que depuis le 25 mai jusqu'à la fin de l'année, elle fut jouée vingt-sept fois, ce qui atteste suffisamment son succès et plus encore peut-être celui de la tragédie dont elle escortait le triomphe, en l'insultant.

Imprimée cette même année 1668 [4], reproduite dans le *Recueil de dissertations* de l'abbé Granet [5], *la Folle querelle* est encore sous nos yeux, et ceux qui ont le courage de la lire peuvent juger si c'est ainsi que l'auteur de *la Critique de l'École des femmes* et de l'*Impromptu de Versailles* imaginait et écrivait ces petites pièces où la discussion de questions littéraires et la satire personnelle prenaient la forme de charmantes comédies. Subligny, pour censurer, avec une minutie de pédant, le style de la tragédie de Racine et les caractères de ses personnages, avait ramassé pêle-mêle toutes les objections qu'il avait entendu faire, sans oublier Pyrrhus qui ne se conduit pas

---

1. Tome I, p. CI.
2. Lettre en vers, du 12 mai 1668.
3. Lettre en vers, du 15 septembre 1668.
4. *La Folle querelle ou la critique d'Andromaque, comédie représentée par la troupe du Roi.* A Paris, chez Thomas Jolly, M.DC.LXVIII. L'Achevé d'imprimer est du 22 août. La pièce est en trois actes et en prose.
5. Tome II, p. 87-187.

en *honnête homme*. Il serait inutile de rien citer de ses lourdes et froides plaisanteries ; nous rappellerons seulement dans les notes d'*Andromaque* quelques-unes de ses critiques de détail, celles principalement auxquelles Racine a fait droit. Ce qu'il y a peut-être de plus intéressant dans cette satire, c'est qu'elle constate maladroitement que l'*Andromaque* avait tourné les têtes, et qu'il se passait alors parmi nous quelque chose de comparable à la fameuse *Euripidomanie* des anciens. Éraste, dans la pièce, personnifie cette fureur d'enthousiasme ; et une soubrette vient se plaindre de la folie générale : « Cuisinier, cocher, palefrenier, laquais, et jusqu'à la porteuse d'eau, il n'y a personne qui ne veuille discourir d'*Andromaque*. Je pense même que le chien et le chat s'en mêleront, si cela ne finit bientôt. »

La mauvaise guerre faite à Racine sur le théâtre de Molière ne put donc guère troubler sa victoire. Pour le consoler du gros rire des spectateurs de *la Folle querelle*, n'avait-il pas d'ailleurs les larmes qu'*Andromaque* faisait verser ? Le souvenir de celles qui, à la première lecture de la pièce, étaient tombées des yeux de la charmante Henriette d'Angleterre, a été recueilli par Racine lui-même, et conservé, comme un titre de gloire, dans l'épître où il reconnaît à la princesse une sorte de collaboration à son œuvre. N'oublions pas non plus les larmes de Mme de Sévigné, qui coulaient sans doute un peu malgré elle, et devaient lui sembler une infidélité au vieux Corneille. On connaît le passage d'une de ses lettres, écrite de Vitré à Mme de Grignan [1] : « Je fus.... à la comédie : ce fut *Andromaque*, qui me fit pleurer plus de six larmes ; c'est assez pour une troupe de campagne. » A Paris, où elle trouvait de meilleurs comédiens, elle pleurait apparemment sans compter. Et que d'autres en ce même temps, non certes douées de plus de sensibilité qu'elle, mais moins en garde contre Racine, durent s'attendrir avec plus d'abandon ! C'est depuis *Andromaque* que la cause de Racine fut gagnée dans le cœur des femmes ; et l'on peut dire avec Fontenelle [2], sans y mettre la même intention railleuse : « Voilà ce qu'il falloit aux femmes, dont le jugement a

---

1. *Lettre* du 12 août 1671, tome II, p. 318.
2. Dans sa *Vie de Corneille*.

tant d'autorité au théâtre françois. Aussi furent-elles charmées. »
Fontenelle aurait pu ajouter :

> Et je sais même sur ce fait
> Bon nombre d'hommes qui sont femmes.

Mais il a mieux aimé dire : « J'en excepte quelques femmes qui valoient des hommes. »

Il serait peu intéressant de donner au lecteur le relevé que nous pourrions faire soit dans le Registre de la Grange, soit dans le *Mercure*, des nombreuses représentations d'*Andromaque* à Paris, à Fontainebleau et à Versailles, sous le règne de Louis XIV, pendant la vie comme après la mort de Racine. Pour l'*Alexandre*, on pouvait être curieux de savoir jusqu'à quel point et combien de temps il s'était soutenu dans la faveur de la ville et de la cour; mais il importe peu de connaître quel nombre de fois, en telle ou telle année, a été jouée une tragédie dont le succès n'a jamais faibli dans tout le cours du grand siècle, qui depuis n'a pas lassé l'admiration, et qui vivra tant qu'il y aura une scène française. Disons seulement, au sujet du goût si durable, de la prédilection même témoignée par les contemporains de Racine pour son premier chef-d'œuvre, qu'en 1685 ou 1686 Baillet écrivait dans ses *Jugemens des savans*[1] : « C'est maintenant de toutes ses pièces celle que la cour et le public revoient le plus volontiers; de sorte que les connoisseurs semblent lui donner le prix sur toutes les autres. » L'opinion de Boileau n'était pas, au témoignage de Brossette[2], très-éloignée de celle-là; au-dessus d'*Andromaque*, il ne plaçait que *Phèdre*.

Voltaire, au siècle suivant, ne mettait pas *Andromaque* moins haut. Il disait dans ses *Remarques sur le troisième discours du poëme dramatique*, de Corneille[3] : « Il y a manifestement deux intrigues dans l'*Andromaque* de Racine, celle d'Hermione aimée

---

1. *Jugemens des savans sur les principaux ouvrages des auteurs* (Paris, Antoine Dezallier), tome IV, 5ᵉ partie, p. 414. Ce IVᵉ tome porte la date de M.DC.LXXXVI.

2. *Recueil manuscrit des Mémoires touchant la vie et les ouvrages de Boileau Despréaux* (appartenant à M. Feuillet de Conches), p. 496.

3. *OEuvres complètes de Voltaire* (édition Beuchot), tome XXXVI, p. 520.

d'Oreste et dédaignée de Pyrrhus, celle d'Andromaque qui voudrait sauver son fils et être fidèle aux mânes d'Hector. Mais ces deux intérêts, ces deux plans sont si heureusement rejoints ensemble que, si la pièce n'était pas un peu affaiblie par quelques scènes de coquetterie et d'amour, plus dignes de Térence que de Sophocle, elle serait la première tragédie du théâtre français. »

Toutes les tragédies de Racine, à partir d'*Andromaque*, ont eu, dans tous les temps, de célèbres interprètes sur la scène. Comme l'éclat qu'ils y ont jeté n'est qu'un reflet de la gloire du poëte, on ne trouverait ici qu'un historique incomplet de ces chefs-d'œuvre, si nous ne rappelions brièvement le souvenir, non point de tous les talents qui en ont dignement secondé les représentations, mais de ceux qui, dans les grands rôles, ont laissé la trace la plus brillante et la plus durable.

Du vivant de Racine, après les comédiens qui ont joué d'original dans *Andromaque*, et dont nous avons parlé, le nom qui survit entre tous dans la représentation de cette tragédie, est celui de la Champmeslé.

A la rentrée de Pâques de l'année 1670, la Champmeslé, qui venait d'être engagée à l'Hôtel de Bourgogne, y choisit pour ses débuts le rôle d'Hermione, créé avec tant d'éclat par Mlle des OEillets. Malgré son inexpérience, elle eut le plus étonnant succès, surtout dans les derniers actes, où elle rendit les emportements de la passion avec tant de feu que de ce jour elle devint une actrice sans rivale. La des OEillets, éloignée alors de la scène par une maladie à laquelle elle devait bientôt après succomber, avait voulu la voir. Elle sortit de la représentation en s'écriant douloureusement : « Il n'y a plus de des OEillets ! » Ce fut, dit-on, par son admirable jeu dans ce rôle d'Hermione que la Champmeslé toucha le cœur de Racine [1].

Il ne nous reste aucun détail sur le jeu, dans le rôle de Pyrrhus, d'un célèbre acteur du même temps, nous voulons parler de Baron. Mais dans tous ses rôles il était sans égal. Floridor, qui s'était retiré du théâtre en 1671, avait le premier, nous l'avons dit, joué Pyrrhus. On dut cesser de regretter ce comédien si aimé lorsqu'en 1673 Baron, entré bien jeune

---

1. Voyez, au tome I, la *Notice biographique*, p. 78.

encore à l'Hôtel de Bourgogne, fut chargé de représenter le même personnage. Sa noble figure, sa belle taille, la dignité de son geste le rendaient très-propre à ces rôles de rois. Il reprit celui de Pyrrhus en 1720, lorsqu'il reparut sur la scène, dont il s'était tenu éloigné vingt-neuf ans.

Au dix-huitième siècle, l'art du tragédien fut porté très-haut. On y eut généralement l'opinion, difficile, il est vrai, à contrôler, que les plus fameux acteurs du siècle précédent étaient fort dépassés, surtout que la déclamation s'était beaucoup rapprochée de la nature et de la vérité. Baron appartient aux deux âges. Le rôle de Pyrrhus, qui, nous venons de le voir, avait été si longtemps en bonnes mains, fut aussi un des meilleurs de Quinault-Dufresne, qui brilla sur le théâtre français de 1712 à 1741 : « acteur plus éblouissant que profond, dit Mlle Clairon dans ses *Mémoires*[1], noble, mais jamais terrible ; plein de chaleur, mais sans ordre, sans principes, » et qui devait à son bel et imposant extérieur une grande part de ses succès. Parmi les plus touchantes Andromaques on cite Mlle Gaussin (*Andromaque* fut un de ses rôles de début en 1731[2]), et, beaucoup plus tard qu'elle, dans les dernières années du siècle, Mlle des Garcins, qui la rappelait, avec moins de beauté, mais presque son égale par la sensibilité touchante, la douceur charmante de la voix et le même don de faire couler les larmes.

Mais de tous les rôles de la tragédie d'*Andromaque*, ceux que les acteurs du dix-huitième siècle jouèrent avec le plus d'éclat, furent ceux d'Hermione et d'Oreste. Les belles Hermiones sont nombreuses en ce temps. Mlle Lecouvreur, qui avait débuté à la Comédie française en 1717, est la première en date, et peut-être la plus parfaite. Nous disons la première en date ; car nous ne croyons pas que la Duclos, qui l'avait précédée au théâtre, et qui, dès 1696, avait doublé la Champmeslé dans ses grands rôles, ait particulièrement brillé dans celui d'Hermione. Louis XIV, à ce qu'on rapporte, avait dit que pour remplir parfaitement le rôle d'Hermione, il eût fallu que la

---

1. *Mémoires d'Hippolyte Clairon* (1 vol. in-8º, à Paris, chez F. Buisson, an VII), p. 34.
2. Elle joua aussi plus tard le rôle d'Hermione, qui convenait peut-être moins au caractère de son talent.

des OEillets jouât les deux premiers actes, et la Champmeslé
les autres; car l'une jouait plus finement, l'autre avec plus de
passion. Cet idéal que rêvait le grand roi paraît s'être réalisé
dans Adrienne Lecouvreur. « Elle a réuni à elle seule, et au
plus haut degré de perfection, disent les auteurs de l'*Histoire
du Théâtre françois*[1], les talents de la des OEillets et de la
Champmeslé. »

Ce fut par le rôle d'Hermione que débuta avec le plus grand
succès, devant le roi Louis XV, à Fontainebleau, le 7 novembre 1724, Mlle Deseine, qui devint plus tard Mme Quinault-Dufresne. Elle y avait montré tant d'intelligence et d'âme, que
dès le 16 du même mois on eut ordre à la comédie de la recevoir; et lorsque le 5 janvier 1725 elle parut dans le même rôle
sur la scène de Paris, elle était vêtue d'un costume magnifique
dont le Roi lui avait fait présent, et qui était, dit-on, du prix
de huit mille livres.

Le théâtre l'avait déjà perdue quand vinrent y conquérir une
grande célébrité, l'une en 1737, l'autre en 1743, deux tragédiennes qui furent longtemps rivales, Mlle Dumesnil et
Mlle Clairon. Le rôle d'Hermione fut un de ceux où s'engagea
la lutte de leurs talents très-différents. « Mlle Dumesnil, a dit
Mlle Clairon[2], qui naturellement n'était pas disposée à trop
d'indulgence pour elle, Mlle Dumesnil n'était ni belle ni jolie,
sa physionomie, sa taille n'offraient aux yeux qu'une bourgeoise sans grâce, sans élégance...; mais elle était pleine de
chaleur et de pathétique. » La Harpe[3] nous donne à peu près
la même idée de Mlle Dumesnil : « Cette actrice a fait voir ce
que peut le pathétique.... Elle n'a jamais eu ni voix, ni figure,
ni noblesse; elle laissait tomber de très-beaux détails dans tous
ses rôles; mais, dans les mouvements de l'âme, elle avait une
énergie et une vérité qui enlevaient les suffrages. » Clairon
n'avait pas les inspirations enflammées, les terribles éclairs de
passion, le débit rapide et foudroyant, qui, dans les plus éner-

1. Dans leur article sur la Champmeslé, qu'on trouvera au
tome XIV, p. 512-523.
2. *Mémoires d'Hippolyte Clairon*, p. 84.
3. *Correspondance littéraire* (6 vol. in-8º, à Paris, chez Migneret,
an IX), tome I, p. 361.

giques passages de son rôle, devaient faire de la Dumesnil une admirable Hermione. Mais, avec de moins grands éclats, son art étudié, savant, son esprit fin et délicat, sa grande intelligence, sa noblesse lui donnaient aussi quelques avantages. Elle entrait profondément dans l'esprit de ses rôles. Les observations que dans ses *Mémoires* elle a consignées sur celui d'Hermione, témoignent assez de la justesse de son goût, et du soin avec lequel elle méditait et réglait son jeu. Nous en reproduisons quelques-unes dans les notes de la pièce. Voici comment elle comprenait le sens général du rôle ; il nous semble qu'elle l'analyse assez bien pour défier, non pas en bon style, mais en sagacité pénétrante, les commentateurs de profession : « Ce rôle offre continuellement le danger de ne pas atteindre le but ou de le dépasser. Le caractère en est passionné, et n'est pas tendre ; il est furieux et point méchant ; il est noble et fier, et se permet cependant de la séduction et de la dissimulation avec Oreste, et de l'atrocité avec Pyrrhus ; son orgueil et sa passion marchent partout d'un pas égal, excepté dans les six vers qui commencent par celui-ci :

Mais, Seigneur, s'il le faut, si le ciel en colère, etc.[1],

dans la fin du monologue du cinquième acte, et le commencement du dernier couplet de ce rôle, où l'amour parle seul et fait couler ses larmes.

« Tout ce que j'ai cherché de ressources dans mon physique et dans mes réflexions pour tâcher d'atteindre à la beauté de ce rôle, pour y soutenir le caractère, sans altérer la fraîcheur de l'âge, est un de mes plus pénibles travaux....

« Dans tout ce qui peint l'amour d'Hermione, il faut soigneusement éviter les sons les plus touchants, la physionomie simple et douce, qui caractérisent les âmes tendres, et, dans son emportement, s'éloigner, autant qu'il est possible, des élans sûrs, fermes, de la femme expérimentée, telle par exemple que Roxane dans *Bajazet*[2]. »

Dans le temps où Mlles Dumesnil et Clairon se disputaient les applaudissements dans le rôle d'Hermione, le rôle d'Oreste

---

1. Acte IV, scène v, vers 1369.
2. *Mémoires d'Hippolyte Clairon*, p. 96-98.

avait trouvé un de ses plus grands interprètes. C'était le Kain, dont l'année 1750 vit les débuts sur la scène tragique. La Harpe l'appelait « le grand acteur, celui qui a porté le plus loin le sentiment et l'expression de la tragédie. » Mlle Clairon fait remarquer « que sa perfection n'était complète que dans les tragédies de Voltaire, et que les rôles de Racine étaient trop simples pour lui. » Cela est constaté par tous les témoignages contemporains, et nous donnerait, nous l'avouerons, l'idée de qualités sans doute très-brillantes, mais non de premier ordre. Quoi qu'on puisse d'ailleurs penser de lui, il paraît que dans les fureurs d'Oreste, le Kain était fort beau; la Harpe a conservé, dans son commentaire, le souvenir d'un des grands effets qu'il y produisait[1].

Après la disparition de tous ces fameux acteurs du dix-huitième siècle, un admirable tragédien, un tragédien de génie ne serait peut-être pas trop dire, allait faire mieux encore que de continuer leur tradition : l'art fut renouvelé par lui et porté à son plus haut point. Talma, bien qu'il ait débuté en 1787 et ait été reçu à la Comédie française en 1789, appartient surtout au dix-neuvième siècle, où son talent se montra dans toute sa maturité et dans toute sa perfection. Le rôle d'Oreste fut un de ses plus beaux triomphes. Mme de Staël cite[2] un passage de la scène des fureurs, où il lui semblait très-supérieur à le Kain. Le critique Geoffroy, détracteur très-passionné de Talma, exprimait une opinion tout opposée. Son jugement avait même été d'abord entièrement défavorable au nouvel acteur. Quoiqu'il fût contraint de reconnaître que Talma avait rendu les fureurs d'Oreste au gré du public, il protestait contre le succès, et accusait le tragédien « d'avoir moins représenté une fureur causée par le désespoir d'une passion violente qu'un état de démence[3]. » Il parlait ainsi en 1800. Mais, un an après, ne pouvant plus lutter obstinément contre une admiration toujours croissante, il lui fallait écrire : « Il me semble que Talma a

---

1. Voyez ci-après, p. 123, la note sur le vers 1620.
2. De l'Allemagne, 2ᵉ partie, chapitre XXVII.
3. Feuilleton du 7 floréal an VIII (27 avril 1800), dans le *Cours de littérature dramatique ou Recueil des feuilletons de Geoffroy* (Paris, Pierre Blanchard, 1825, 6 vol. in-8º), tome VI, p. 219.

beaucoup mieux rendu qu'autrefois les fureurs d'Oreste. Je l'ai vu jadis imiter les contorsions d'un fou ; maintenant il exprime le vrai délire de la passion et du désespoir.... Il m'a paru très-beau, très-pathétique [1]. » Et un peu plus tard encore : « Talma a produit un grand effet dans le rôle d'Oreste, surtout dans les deux derniers actes.... Il ne laisse presque rien à désirer dans le morceau terrible qui termine la pièce [2]. » Cependant il soutint constamment que l'avantage restait à le Kain : « Talma, disait-il en 1804, est toujours en possession des plus vifs applaudissements dans les fureurs d'Oreste. Il les joue avec une effrayante vérité, qui doit frapper la multitude. Le Kain avait une autre manière : pénétré de la noblesse de son art, il était persuadé qu'il fallait conserver à Oreste une sorte de dignité, même dans ses moments d'aliénation.... Il ne croyait pas que la fureur d'Oreste dût ressembler à une attaque d'épilepsie. Le Kain s'efforçait donc d'ennoblir ce délire d'un prince qu'une horrible fatalité avait dévoué aux Euménides. Talma a pris une autre manière : il a plus de naturel et de vérité, mais moins de noblesse et même d'intérêt.... Il étonne, il épouvante.... Le Kain était plus touchant et plus pathétique [3]. » Malgré le parti pris d'exalter le Kain aux dépens de Talma, ce passage où l'acteur sacrifié impose quelque admiration à l'hypercritique lui-même, est curieux à citer, parce qu'il semblerait pouvoir donner une certaine idée de la manière différente dont les deux tragédiens interprétaient ces fureurs d'Oreste. Toutefois il y a lieu de

---

1. Feuilleton du 9 prairial an IX (29 mai 1801), dans le *Cours de littérature dramatique*, tome VI, p. 222.

2. Feuilleton du 15 thermidor an X (3 août 1802), *ibid.*, p. 225.

3. Feuilleton du 4 messidor an XII (23 juin 1804), *ibid.*, p. 229 et 230. — Dans l'édition qu'il a donnée de Racine en 1808, Geoffroy s'en tient au même jugement, qu'il exprime dans des termes presque identiques, et avec une dureté au moins égale pour le grand tragédien, faisant remarquer que le devancier qu'il lui oppose « ne se permettait aucun de ces gestes familiers aux habitués des petites-maisons. » Toutefois il ne conteste pas que dans la manière de Talma il n'y eût, sinon autant de noblesse ou même d'intérêt, plus de naturel du moins et de vérité. Voyez, dans son édition des OEuvres de Racine, le tome II, p. 257, dans le *Jugement sur Andromaque*.

se demander s'il suffit de beaucoup réduire l'exagération de Geoffroy, et s'il reste, dans la comparaison qu'il fait, un fond de vérité. Mme de Staël, dans le chapitre *de l'Allemagne*, cité plus haut, donne à entendre que le jeu de Talma avait précisément les mérites que le journaliste lui refuse. C'est en parlant de la sublime interprétation de cet acteur qu'elle dit : « Les grands acteurs se sont presque toujours essayés dans les fureurs d'Oreste ; mais c'est là surtout que la noblesse des gestes et des traits ajoute singulièrement à l'effet du désespoir. La puissance de la douleur est d'autant plus terrible, *qu'elle se montre à travers le calme et la dignité d'une belle nature.* »

A cette époque des magnifiques représentations de Talma, d'autres rôles de la tragédie d'*Andromaque* étaient joués avec un talent qui a laissé des souvenirs, quoiqu'il ne pût rien avoir de comparable à celui du tragédien sans pareil. Lafon, qui avait un peu d'emphase, mais du feu, de la sensibilité, de la noblesse, représentait, avec un grand succès, le personnage de Pyrrhus. Lorsque les comédiens français furent réunis en une seule troupe en 1799, Mlle Raucourt, élève de Clairon, dont les débuts remontaient à l'année 1772, brilla dans plusieurs des grands rôles des tragédies de Racine, dans celui d'Hermione entre autres. Sa beauté, sa fière énergie y étaient fort admirées. On lui reprochait toutefois dans les scènes violentes, dans les emportements d'Hermione, quelque exagération et une férocité à laquelle la rudesse de sa voix donnait un caractère trop mâle. Peu après parut une autre Hermione, dont les qualités étaient entièrement différentes. C'était Mlle Duchesnois, qui devait longtemps, à côté de Talma, contribuer aux splendeurs de cette belle époque du théâtre français, et à laquelle Mlle Georges, formée par Mlle Raucourt, disputait seule parmi les tragédiennes la faveur du public. Mlle Duchesnois, qui, par l'expression touchante de son jeu, savait, mieux que nulle autre, faire couler les larmes, avait mérité d'être appelée l'*actrice de Racine*. Peut-être, avec une telle nature de talent, lui manquait-il quelque chose pour le rôle d'Hermione. Il paraît cependant que, dès le temps de ses débuts, elle ravissait les spectateurs dans les scènes pathétiques des deux derniers actes. On y regrettait seulement que dans l'ironie elle ne mît pas assez d'amertume ni de force, et que sa voix conservât trop souvent encore des inflexions douces et tendres, lorsque le rôle réclame surtout de l'énergie.

Après tant de talents divers qui s'étaient tour à tour produits dans le même rôle, peut-être, quoiqu'il faille au théâtre se défier de l'avantage qu'ont naturellement pour nous les admirations présentes sur les admirations de nos pères, peut-être avons-nous vu la plus admirable des Hermiones, supérieure aux Champmeslé et aux Lecouvreur. On croyait que l'ancienne tragédie française, qui avait fait place, sur notre scène, au drame moderne, ne vivait plus que dans les livres et dans l'admiration des lettrés, et qu'elle était passée à l'état de bel archaïsme, lorsque Mlle Rachel, de son souffle inspiré, la ranima devant la foule. Hermione fut, dans le théâtre de Racine, le premier rôle qu'elle joua à la Comédie française; c'était au mois de juin 1838, dans ses premiers débuts. Quelque admirée qu'elle ait été dans d'autres tragédies de notre poëte, nous croyons que dans aucune elle n'a paru aussi parfaite que dans *Andromaque*. La terrible ironie d'Hermione convenait merveilleusement à son talent. Elle avait le secret de pousser cette ironie à ses dernières limites, sans rien lui faire perdre de sa dignité tragique. On ne pouvait la voir sans se dire que le génie de Racine n'avait pas autrement conçu la fierté, la passion de ce rôle magnifique. La dernière représentation qu'ait donnée Mlle Rachel (23 juillet 1855) a été une représentation d'*Andromaque*. Elle a fait, dans le rôle d'Hermione, ses adieux au grand art qu'elle avait relevé.

Les grands comédiens que Saint-Évremond affectait de croire nécessaires à *Andromaque* pour la soutenir dans la faveur publique n'ont donc en aucun temps manqué à cette tragédie. C'est un bonheur qui n'arrive qu'aux belles œuvres, source inépuisable d'inspiration, ouverte pour toutes les générations.

Il est très-vrai, comme le dit Racine dans sa seconde préface, qu'il ne doit rien, pour le sujet de sa tragédie, à la pièce du théâtre grec qui porte le même titre. Il n'y a pas trouvé non plus la première idée de ses caractères. Nous aurons à signaler seulement quelques emprunts de détail qu'il a faits à l'*Andromaque* d'Euripide, aussi bien qu'aux *Troyennes* du même poëte, et aux *Troyennes* de Sénèque. Voltaire, dans sa préface du *Pertharite* de Corneille, joué en 1652, dit qu'il croit « avoir découvert dans cette pièce le germe de la belle tragédie d'*Andromaque*. » Avant sa découverte, quelques rapports frappants entre les deux tragédies avaient déjà été signalés; mais il exagère beaucoup lorsqu'il avance qu'on trouvera dans *Pertharite* « toute la disposition de la tragédie d'*Andromaque*; » il suffisait de dire : quelques situations qui se ressemblent. Son intention d'ailleurs n'était pas de rabaisser la gloire de Racine. C'était Corneille dont il traitait le génie avec trop peu de respect, lorsque dans son commentaire il ne craignait pas d'écrire : « Il est évident que Racine a tiré son or de cette fange. » Pour Racine, il prend soin de le disculper de plagiat : personne n'eût songé à en accuser l'auteur d'*Andromaque*. Ni dans son plan général, ni dans ses caractères, ni dans ses admirables peintures des passions, sa tragédie ne doit rien à *Pertharite*; il a donc pu légitimement demander quelques inspirations à Corneille, sans avoir dans cet emprunt rien perdu de son originalité.

Si *Andromaque* avait eu réellement quelques modèles, nous n'aurions pu négliger d'en parler sans laisser incomplet l'historique de cette pièce; il est moins nécessaire d'énumérer les traductions ou imitations qui en ont été données. Mentionnons cependant, parce qu'elle a eu au dix-huitième siècle quelque célébrité, la tragédie de *la Mère en détresse* (*Distrest Mother*), que Philips fit représenter sur la scène anglaise, et qui est moins une imitation qu'une traduction, mais une traduction quelquefois inexacte, d'*Andromaque*. On y trouve trois nouvelles scènes ajoutées au dénoûment de Racine. La pièce a été imprimée en 1712[1]. L'abbé du Bos et Louis Racine en ont parlé; Richardson, dans son roman de *Paméla*[2], en a fait une critique de quelque étendue, qui, dans son intention, s'adressait plutôt au poëte original qu'à son traducteur; il est à regretter qu'il n'ait pas suffisamment distingué l'un de l'autre, et qu'en quelques endroits il ait paru croire avoir affaire à Racine, tandis qu'il n'eût dû s'en prendre qu'à son copiste

---

1. *The distrest Mother, a tragedy, written by M$^r$ Philips. Printed for T. Johnson, bookseller at the Hague*, M.DCC.XII (in-12).

2. *Pamela, or Virtue rewarded* (Londres, M.DCC.XLII, 4 vol. in-8º), vol. IV, letter xi, from Mrs. B. to lady Davers, p. 66-88.

peu fidèle. Philips n'avait pas été dans son pays le premier traducteur de la pièce de Racine. « Dès 1675, dit l'abbé du Bos [1], les Anglais avaient une traduction en prose de l'*Andromaque*, retouchée et mise au théâtre par M. Crown. » Mais *la Mère en détresse*, qui est en vers, semblait par cela même une tentative plus sérieuse pour naturaliser en Angleterre le chef-d'œuvre de notre poëte. Richardson nous apprend que Mrs Porter, chargée du rôle d'Hermione, le jouait avec un talent incomparable. Il parle avec indignation d'un épilogue récité à la suite de la pièce; cet épilogue, qui a été imprimé sous le nom de Budgell, et qu'on a quelquefois attribué à Addison, était, dit Richardson, rempli d'équivoques absurdes et assez indécentes pour faire perdre contenance aux spectatrices. Il est au moins certain que c'était une bouffonnerie ridicule, et d'autant plus sacrilége qu'on la faisait débiter par l'actrice qui venait de représenter *Andromaque*, la plus noble figure de cette tragédie[2]. De telles monstruosités de goût ne permettaient plus de savoir gré aux Anglais de l'hommage que par leur traduction ils semblaient rendre au génie du poëte français. Richardson du moins, que révoltait tant de grossièreté, était digne de sentir les beautés délicates d'*Andromaque*, même à travers une traduction qui l'affaiblissait beaucoup et quelquefois la dénaturait. Dans l'examen qu'il en fait, il exprime souvent une juste et vive admiration; mais il était trop austère pour que la pièce ne lui parût pas offrir quelques dangers; il inclinait à ranger l'auteur d'*Andromaque* parmi les écrivains qui « semblent avoir pour but de soulever ces orages du cœur dont la violence emporte tout, religion, raison, bonnes mœurs. » Son génie, qui se complaisait dans la peinture candide des sentiments les plus doux, ne pouvait s'accommoder d'un Pyrrhus si féroce, d'une Hermione si emportée, si cruelle. Quelques-unes de ses appréciations sévères ne font que reproduire ce que d'autres censeurs de la pièce avaient dit avant lui, et sont fort contestables, quoique, dans sa lettre à d'Alembert, Rousseau les déclare très-judicieuses, heureux qu'il était de trouver pour sa thèse

---

1. *Réflexions critiques*, 2ᵉ partie, section XXXII.
2. Cette actrice était la célèbre Mrs Oldfield, qui fut, dit J. J. Rousseau, enterrée à Westminster.

sur les vices du théâtre l'appui d'une telle autorité. Mais nous avions seulement à rappeler en quelques mots la traduction anglaise de Philips, et non à rentrer dans l'histoire des diverses critiques d'*Andromaque*.

Parmi les imitations de cette tragédie, il en est une qui, dans plusieurs des principales situations, suit Racine à la trace : si peu racinienne cependant, si étrange, qu'on hésite à en parler ici. Si l'on ne regarde qu'au nom de l'imitateur, c'est celui d'un vrai poëte, d'un poëte charmant que l'on peut citer partout; mais son génie s'égarait beaucoup trop dans les sentiers d'une fantaisie déréglée. Dans le petit drame en vers, œuvre de jeunesse, qui a pour titre : *les Marrons du feu*, et dans laquelle Hermione est devenue la Camargo, Oreste l'abbé Annibal Désiderio, comment dire ce qu'Alfred de Musset a tiré de l'or de Racine? Ne retournons pas la phrase, citée plus haut, du commentaire de *Pertharite :* elle rendrait mal notre pensée. Mais Voltaire, dans le même commentaire, a parlé de Phidias faisant d'une statue informe son Jupiter Olympien : ici nous songeons à quelque jeune sculpteur téméraire, qui, dans une débauche de son imagination et de son ciseau, aurait changé le Jupiter Olympien en un Satyre; le Satyre est plein de verve; mais c'est toujours une profanation et un malheur de se jouer, fût-ce très-spirituellement, avec les Dieux.

***

Notre texte est celui de l'édition de 1697. Les variantes nous ont été données par deux éditions séparées : celle de 1668 d'abord, qui est l'édition originale, et celle de 1673 (Paris, Henry Loyson), très-différente en plusieurs points de la première; et par les éditions collectives dont nous avons fait usage pour les pièces précédentes.

## A MADAME[1].

Madame,

Ce n'est pas sans sujet que je mets votre illustre nom à la tête de cet ouvrage. Et de quel autre nom pourrois-je

1. Nous avons comparé cette épître avec un manuscrit qui fait partie de la collection d'autographes appartenant à M. le marquis de Biencourt. Ce manuscrit, dont nous ignorons l'histoire, comme celle de beaucoup d'autres autographes, et dont nous ne pouvons contrôler l'authenticité, diffère par une seule petite variante du texte de l'édition originale, lequel est identique avec celui de l'édition de 1736, le premier recueil qui reproduise l'épître. Voyez ce que nous avons dit au tome I (p. 389, note 1) et ce que nous disons plus loin dans le tome II, en tête de *Britannicus*, de deux autres manuscrits du même genre. — Madame, à qui cette épître est adressée, est Henriette-Anne d'Angleterre, duchesse d'Orléans, fille de Charles I$^{er}$, petite-fille de Henri IV, née le 16 juin 1644, mariée le 31 mars 1661 à Philippe de France, duc d'Orléans, morte à vingt-six ans, le 30 juin 1670. Racine, nous le verrons, ne put lui dédier *Bérénice*, qu'elle avait inspirée. Elle reçut du moins l'hommage d'*Andromaque;* et elle en était digne par le charme de son esprit, par son amour pour les lettres, par la protection éclairée qui lui mérita la reconnaissance des plus beaux génies de ce siècle. L'histoire ne dément pas les louanges que Racine lui donne. Son souvenir est devenu inséparable de celui de Bossuet, de Racine et de Molière. Mme de Sévigné (*Lettre à Bussy*, 6 juillet 1670) dit qu'en la perdant, on perdit « toute la joie, tout l'agrément et tous les plaisirs de la cour. » La Fare, dans ses *Mémoires*, est d'avis que, depuis la mort de Madame, le goût des choses de l'esprit avait fort baissé dans la cour de Louis XIV. « Cette jeune princesse, dit Mme de la Fayette, qui a écrit son *Histoire*, prit toutes les lumières, toute la civilité et toute l'humanité des conditions ordinaires, et conserva dans son cœur et dans sa personne toutes les grandeurs de sa naissance royale.... Elle possédoit au souverain degré le don de plaire et ce qu'on appelle grâces; et les charmes étoient répandus dans toute sa personne, dans ses actions et dans son esprit. » Voltaire a parlé semblablement de la duchesse d'Orléans au chapitre xxv du *Siècle de Louis XIV*. — Molière a aussi dédié à Madame un de ses chefs-d'œuvre, *l'École des femmes*.

éblouir les yeux de mes lecteurs, que de celui dont mes spectateurs ont été si heureusement éblouis? On savoit que Votre Altesse Royale avoit daigné prendre soin de la conduite de ma tragédie. On savoit que vous m'aviez prêté quelques-unes de vos lumières pour y ajouter de nouveaux ornements. On savoit enfin que vous l'aviez honorée de quelques larmes dès la première lecture que je vous en fis. Pardonnez-moi, Madame, si j'ose me vanter de cet heureux commencement de sa destinée. Il me console bien glorieusement de la dureté de ceux qui ne voudroient pas s'en laisser toucher. Je leur permets de condamner l'*Andromaque* tant qu'ils voudront, pourvu qu'il me soit permis d'appeler de toutes les subtilités de leur esprit au cœur de Votre Altesse Royale.

Mais, Madame, ce n'est pas seulement du cœur que vous jugez de la bonté d'un ouvrage, c'est avec une intelligence qu'aucune fausse lueur ne sauroit tromper. Pouvons-nous mettre sur la scène une histoire que vous ne possédiez aussi bien que nous? Pouvons-nous faire jouer une intrigue dont vous ne pénétriez tous les ressorts? Et pouvons-nous concevoir des sentiments si nobles et si délicats qui ne soient infiniment au-dessous de la noblesse et de la délicatesse de vos pensées?

On sait, Madame, et Votre Altesse Royale a beau s'en cacher, que dans ce haut degré de gloire où la nature et la fortune ont pris plaisir de vous élever, vous ne dédaignez pas[1] cette gloire obscure que les gens de lettres s'étoient réservée. Et il semble que vous ayez voulu avoir autant d'avantage sur notre sexe par les connoissances et par la solidité de votre esprit, que vous

---

1. Le manuscrit que nous avons mentionné plus haut (p. 30, note 1) porte *point*, au lieu de *pas* : « vous ne dédaignez point. »

excellez dans le vôtre par toutes les grâces qui vous environnent. La cour vous regarde comme l'arbitre de tout ce qui se fait d'agréable. Et nous, qui travaillons pour plaire au public, nous n'avons plus que faire de demander aux savants si nous travaillons selon les règles. La règle souveraine est de plaire à Votre Altesse Royale.

Voilà sans doute la moindre de vos excellentes qualités. Mais, Madame, c'est la seule dont j'ai pu parler avec quelque connoissance : les autres sont trop élevées au-dessus de moi. Je n'en puis parler sans les rabaisser par la foiblesse de mes pensées, et sans sortir de la profonde vénération avec laquelle je suis,

MADAME,

De Votre Altesse Royale
Le très-humble, très-obéissant
et très-fidèle serviteur,

Racine.

# PREMIERE PRÉFACE[1].

### VIRGILE
#### AU TROISIÈME LIVRE
#### DE L'*ÉNÉIDE*[2].
*C'est Énée qui parle.*

Littoraque Epeiri legimus, portuque subimus
Chaonio, et celsam Buthroti ascendimus urbem.
Solemnes tum forte dapes et tristia dona
Libabat cineri Andromache, Manesque vocabat
Hectoreum ad tumulum, viridi quem cespite inanem,
Et geminas, causam lacrymis, sacraverat aras....
Dejecit vultum, et demissa voce locuta est :
« O felix una ante alias Priameïa virgo,
Hostilem ad tumulum, Trojæ sub mœnibus altis
Jussa mori! quæ sortitus non pertulit ullos,
Nec victoris heri tetigit captiva cubile.

1. Cette première préface est celle des éditions de 1668 et de 1673. Elle n'y porte pas le titre de *Préface*, mais est seulement précédée des mots : VIRGILE, AU TROISIÈME LIVRE, etc. — Les éditeurs des OEuvres de Racine qui depuis l'ont réimprimée en ont tous, à commencer par Luneau de Boisjermain (1768), retranché le début jusqu'aux mots : « mes personnages sont si fameux.... », c'est-à-dire la partie que Racine a reproduite en tête de sa seconde préface.

2. Vers 292-332. — « Nous côtoyons les rivages d'Épire, nous entrons dans un port de la Chaonie, et nous montons jusqu'à la haute ville de Buthrote.... Il se trouva qu'en ce jour Andromaque portait aux cendres d'Hector les libations solennelles et les tristes offrandes; elle invoquait les Mânes auprès du tertre verdoyant, vain cénotaphe, qu'elle avait consacré en même temps que deux autels, sujets de ses larmes.... Elle baissa la tête, et parlant à voix basse : « O heureuse
« avant toutes, dit-elle, la vierge fille de Priam, condamnée à mourir
« sur la tombe d'un ennemi, au pied des hautes murailles de Troie,
« elle qui échappa au partage ordonné par le sort, et n'approcha

Nos, patria incensa, diversa per æquora vectæ,
Stirpis Achilleæ fastus, juvenemque superbum,
Servitio enixæ, tulimus, qui deinde secutus
Ledæam Hermionem, Lacedæmoniosque hymenæos....
Ast illum, ereptæ magno inflammatus amore
Conjugis, et scelerum Furiis agitatus, Orestes
Excipit incautum, patriasque obtruncat ad aras. »

Voilà, en peu de vers, tout le sujet de cette tragédie. Voilà le lieu de la scène, l'action qui s'y passe, les quatre principaux acteurs, et même leurs caractères [1]. Excepté celui d'Hermionne, dont la jalousie et les emportements sont assez marqués dans l'*Andromaque* d'Euripide.

Mais véritablement mes personnages sont si fameux dans l'antiquité, que pour peu qu'on la connoisse, on verra fort bien que je les ai rendus tels que les anciens poëtes nous les ont donnés. Aussi n'ai-je pas pensé qu'il me fût permis de rien changer à leurs mœurs. Toute la liberté que j'ai prise, ç'a été d'adoucir un peu la férocité de Pyrrhus, que Sénèque, dans sa *Troade* [2], et Virgile,

---

« point, captive, du lit d'un maître vainqueur! Nous, après l'in-
« cendie de notre patrie, traînées de mer en mer, il nous fallut, en-
« fantant dans l'esclavage, souffrir l'insolence du sang d'Achille, et ce
« jeune guerrier superbe, qui s'attacha bientôt à Hermione, race de
« Léda, et à un hymen spartiate.... Lui cependant se laisse sur-
« prendre à la trahison : Oreste, qu'enflamme un violent amour de
« l'épouse ravie, et que poursuivent les Furies des crimes, l'immole
« au pied des autels paternels. »

1. Nous suivons ici la ponctuation de l'édition originale. Voyez la note 4 de la page 394 du tome I.

2. Le titre de *Troades*, « les Troyennes, » paraît être vraiment celui de la tragédie de Sénèque, et est aujourd'hui le plus généralement adopté. Par cette raison, nous l'avons préféré dans les notes d'*Andromaque*. Cependant plusieurs éditeurs et commentateurs du tragique latin, entre autres *Juste Lipse*, donnaient à cette tragédie le titre de *Troas, la Troade;* quelques-uns aussi la nomment *Hécube*. Une tragédie de Pradon est intitulée *la Troade*.

dans le second [1] de l'*Énéide*, ont poussée beaucoup plus loin que je n'ai cru le devoir faire.

Encore s'est-il trouvé des gens qui se sont plaints qu'il s'emportât contre Andromaque, et qu'il voulût épouser cette captive [2] à quelque prix que ce fût. J'avoue qu'il n'est pas assez résigné à la volonté de sa maîtresse, et que Céladon a mieux connu que lui le parfait amour. Mais que faire? Pyrrhus n'avoit pas lu nos romans. Il étoit violent de son naturel. Et tous les héros ne sont pas faits pour être des Céladons.

Quoi qu'il en soit, le public m'a été trop favorable pour m'embarrasser du chagrin particulier de deux ou trois personnes qui voudroient qu'on réformât tous les héros de l'antiquité pour en faire des héros parfaits. Je trouve leur intention fort bonne de vouloir qu'on ne mette sur la scène que des hommes impeccables. Mais je les prie de se souvenir que ce n'est pas à moi de changer les règles du théâtre. Horace nous recommande de dépeindre [3] Achille farouche, inexorable, violent [4], tel qu'il étoit, et tel qu'on dépeint son fils. Et Aristote, bien éloigné de nous demander des héros parfaits, veut au contraire que les personnages tragiques, c'est-à-dire ceux dont le malheur fait la catastrophe de la tragédie, ne soient ni tout à fait bons, ni tout à fait méchants [5]. Il ne veut pas qu'ils soient extrêmement bons, parce que

---

1. Tel est le texte de l'édition originale et de celle de 1673. Les éditeurs modernes ont ajouté *livre*.

2. Les éditions de 1768, de 1807, de 1808 et celle de M. Aimé-Martin ont : « une captive. »

3. *Peindre*, dans l'édition de M. Aimé-Martin.

4. . . . . . . . . *Si forte reponis Achillem,*
*Impiger, iracundus, inexorabilis, acer,* etc.
(Horace, *Épître aux Pisons*, vers 120 et 121.)

5. *Poétique*, chapitre XIII.

la punition d'un homme de bien exciteroit plutôt[1] l'indignation que la pitié du spectateur ; ni qu'ils soient méchants avec excès, parce qu'on n'a point pitié d'un scélérat. Il faut donc qu'ils aient une bonté médiocre, c'est-à-dire une vertu capable de foiblesse, et qu'ils tombent dans le malheur par quelque faute qui les fasse plaindre sans les faire détester.

1. L'édition de 1808 et celle de M. Aimé-Martin ont *plus*, au lieu de *plutôt*.

# SECONDE PRÉFACE[1].

### VIRGILE
#### AU TROISIÈME LIVRE
#### DE L'*ÉNÉIDE*.

*C'est Énée qui parle.*

Littoraque Epeiri legimus, portuque subimus
Chaonio, et celsam Buthroti ascendimus urbem.
Solemnes tum forte dapes et tristia dona
Libabat cineri Andromache, Manesque vocabat
Hectoreum ad tumulum, viridi quem cespite inanem,
Et geminas, causam lacrymis, sacraverat aras....
Dejecit vultum, et demissa voce locuta est :
« O felix una ante alias Priameïa virgo,
Hostilem ad tumulum, Trojæ sub mœnibus altis
Jussa mori ! quæ sortitus non pertulit ullos,
Nec victoris heri tetigit captiva cubile.
Nos, patria incensa, diversa per æquora vectæ,
Stirpis Achilleæ fastus, juvenemque superbum,
Servitio enixæ, tulimus, qui deinde secutus
Ledæam Hermionem, Lacedæmoniosque hymenæos....
Ast illum, ereptæ magno inflammatus amore
Conjugis, et scelerum Furiis agitatus, Orestes
Excipit incautum, patriasque obtruncat ad aras. »

Voilà, en peu de vers, tout le sujet de cette tragédie. Voilà le lieu de la scène, l'action qui s'y passe, les quatre principaux acteurs, et même leurs caractères. Excepté celui d'Hermione, dont la jalousie et les em-

---

1. Cette préface est celle de 1676 et des éditions suivantes. Comme la première préface, elle est sans aucun titre.

portements sont assez marqués dans l'*Andromaque* d'Euripide.

C'est presque la seule chose que j'emprunte ici de cet auteur. Car, quoique ma tragédie porte le même nom que la sienne, le sujet en est pourtant très-différent. Andromaque, dans Euripide, craint pour la vie de Molossus, qui est un fils qu'elle a eu de Pyrrhus, et qu'Hermione veut faire mourir avec sa mère. Mais ici il ne s'agit point de Molossus. Andromaque ne connoît point d'autre mari qu'Hector, ni d'autre fils qu'Astyanax. J'ai cru en cela me conformer à l'idée que nous avons maintenant de cette princesse. La plupart de ceux qui ont entendu parler d'Andromaque ne la connoissent guère que pour la veuve d'Hector et pour la mère d'Astyanax. On ne croit point qu'elle doive aimer ni un autre mari, ni un autre fils. Et je doute que les larmes d'Andromaque eussent fait sur l'esprit de mes spectateurs l'impression qu'elles y ont faite, si elles avoient coulé pour un autre fils que celui qu'elle avoit d'Hector.

Il est vrai que j'ai été obligé de faire vivre Astyanax un peu plus qu'il n'a vécu; mais j'écris dans un pays où cette liberté ne pouvoit pas être mal reçue. Car, sans parler de Ronsard, qui a choisi ce même Astyanax pour le héros de sa *Franciade*[1], qui ne sait que l'on fait descendre nos anciens rois de ce fils d'Hector, et que nos vieilles chroniques sauvent la vie à ce jeune prince, après la désolation de son pays, pour en faire le fondateur de notre monarchie?

Combien Euripide a-t-il été plus hardi dans sa tragédie d'*Hélène!* Il y choque ouvertement la créance commune de toute la Grèce. Il suppose qu'Hélène n'a jamais

---

1. Poëme épique en vers de dix syllabes. Ronsard n'en a achevé que les quatre premiers chants.

mis le pied dans Troie; et qu'après l'embrasement de cette ville, Ménélas trouve sa femme en Égypte, dont[1] elle n'étoit point partie. Tout cela fondé sur une opinion qui n'étoit reçue que parmi les Égyptiens, comme on le peut voir dans Hérodote[2].

Je ne crois pas que j'eusse besoin de cet exemple d'Euripide pour justifier le peu de liberté que j'ai prise. Car il y a bien de la différence entre détruire le principal fondement d'une fable, et en altérer quelques incidents, qui changent presque de face dans toutes les mains qui les traitent. Ainsi Achille, selon la plupart des poëtes, ne peut être blessé qu'au talon, quoique Homère le fasse blesser au bras[3] et ne le croie invulnérable en aucune partie de son corps. Ainsi Sophocle fait mourir Jocaste aussitôt après la reconnoissance d'OEdipe[4], tout au contraire d'Euripide, qui la fait vivre jusqu'au combat et à la mort de ses deux fils[5]. Et c'est à propos de quelque contrariété[6] de cette nature qu'un ancien commentateur de Sophocle remarque fort bien[7], « qu'il ne

1. M. Aimé-Martin change *dont* en *d'où*.
2. Livre II, chapitres cxiii, cxiv, cxv.
3. *Iliade*, chant XXI. Achille est blessé par Astéropée; le sang coule de la blessure (vers 167).
4. *OEdipe roi*, vers 1224 et suivants.
5. Dans les *Phéniciennes*. La mort de Jocaste y est racontée aux vers 1456-1460.
6. L'édition de 1808 et M. Aimé-Martin ont : *quelques contrariétés*, au pluriel.
7. *Sophoclis Electra.* (*Note de Racine.*) — Dans ses commentaires atins sur Sophocle, le savant philologue allemand Camerarius, qui vivait au seizième siècle, fait remarquer sur les vers 540-542 de l'*Électre*, qu'en donnant deux enfants à Ménélas le tragique grec est d'accord avec Hésiode, mais non avec Homère, qui parle d'Hermione comme de l'unique enfant d'Hélène et de Ménélas; et, à propos de *cette contrariété*, il ajoute : « Quod reprehendi, a nobis præsertim,
« non debet, quos non errata talia historiarum anxie exquirere, sed
« illa pulcherrima exempla bonarum artium et præcepta optima vitæ

faut point s'amuser à chicaner les poëtes pour quelques changements qu'ils ont pu faire dans la fable; mais qu'il faut s'attacher à considérer l'excellent usage qu'ils ont fait de ces changements, et la manière ingénieuse dont ils ont su accommoder la fable à leur sujet. »

## ACTEURS.

ANDROMAQUE, veuve d'Hector, captive de Pyrrhus.
PYRRHUS, fils d'Achille, roi d'Epire.
ORESTE, fils d'Agamemnon[1].
HERMIONE[2], fille d'Hélène, accordée avec Pyrrhus.
PYLADE, ami d'Oreste.
CLÉONE, confidente d'Hermione.
CÉPHISE, confidente d'Andromaque.
PHOENIX, gouverneur d'Achille, et ensuite de Pyrrhus.
SUITE D'ORESTE.

La scène est à Buthrot[3], ville d'Épire, dans une salle du palais de Pyrrhus.

« et memorabiles sententias morum atque sapientiæ observare opor-
« teat. » (Voyez les commentaires de Camerarius, dans le *Sophocle* publié en 1603 par Paul Estienne.) La remarque que nous venons de transcrire est évidemment celle dont Racine a donné ici une traduction, un peu libre toutefois.

1. VAR. (édit. de 1668 et de 1673) : ORESTE, fils d'Agamemnon, amant d'Hermionne.

2. L'orthographe des éditions de 1668 et de 1673 est : *Hermionne, Cléonne*. Nous l'avons maintenue dans la première préface.

3. Dans l'édition de 1702, ce nom est écrit *Buthrote*, comme, en général, dans les éditions récentes.

# ANDROMAQUE.

### TRAGÉDIE.

## ACTE I.

### SCÈNE PREMIÈRE.

#### ORESTE, PYLADE.

ORESTE.

Oui, puisque je retrouve un ami si fidèle,
Ma fortune va prendre une face nouvelle;
Et déjà son courroux semble s'être adouci,
Depuis qu'elle a pris soin de nous rejoindre ici[1].
Qui l'eût dit, qu'un rivage à mes vœux si funeste[2]      5
Présenteroit d'abord Pylade aux yeux d'Oreste?
Qu'après plus de six mois que je t'avois perdu,
A la cour de Pyrrhus tu me serois rendu?

PYLADE.

J'en rends grâces au ciel, qui m'arrêtant sans cesse
Sembloit m'avoir fermé le chemin de la Grèce,      10

---

1. H. Latouche, dans sa notice sur André Chénier (*Poésies d'André Chénier*, Paris, 1844, pages xix et xx), raconte que lorsque Roucher et André Chénier étaient sur la charrette qui les conduisait tous deux au supplice, ils récitèrent ces premiers vers d'*Andromaque*, qui prenaient en ce moment pour eux un sens si touchant. Mais peut-être, comme on paraît le croire généralement aujourd'hui, n'est-ce là qu'une ingénieuse légende.

2. *Var*. Qui m'eût dit qu'un rivage à mes yeux si funeste. (1668-87)

Depuis le jour fatal que la fureur des eaux
Presque aux yeux de l'Épire écarta nos vaisseaux[1].
Combien dans cet exil ai-je souffert d'alarmes !
Combien à vos malheurs ai-je donné de larmes,
Craignant toujours pour vous quelque nouveau danger
Que ma triste amitié ne pouvoit partager !
Surtout je redoutois cette mélancolie
Où j'ai vu si longtemps votre âme ensevelie.
Je craignois que le ciel, par un cruel secours,
Ne vous offrît la mort que vous cherchiez toujours. 20
Mais je vous vois, Seigneur; et si j'ose le dire,
Un destin plus heureux vous conduit en Épire :
Le pompeux appareil qui suit ici vos pas
N'est point d'un malheureux qui cherche le trépas.

ORESTE.

Hélas ! qui peut savoir le destin qui m'amène ? 25
L'amour me fait ici chercher une inhumaine.
Mais qui sait ce qu'il doit ordonner de mon sort,
Et si je viens chercher ou la vie ou la mort ?

PYLADE.

Quoi ? votre âme à l'amour en esclave asservie
Se repose sur lui du soin de votre vie ? 30
Par quel charme, oubliant tant de tourments soufferts[2],
Pouvez-vous consentir à rentrer dans ses fers ?
Pensez-vous qu'Hermione, à Sparte inexorable,
Vous prépare en Épire un sort plus favorable ?
Honteux d'avoir poussé tant de vœux superflus, 35
Vous l'abhorriez; enfin vous ne m'en parliez plus.
Vous me trompiez, Seigneur.

ORESTE.

    Je me trompois moi-même.

---

1. *Var.* Presque aux yeux de Mycène écarta nos vaisseaux. (1668 et 73)
2. *Var.* Par quels charmes, après tant de tourments soufferts,
 Peut-il vous inviter à rentrer dans ses fers ? (1668-87)

Ami, n'accable point un malheureux qui t'aime¹.
T'ai-je jamais caché mon cœur et mes desirs ?
Tu vis naître ma flamme et mes premiers soupirs.  40
Enfin, quand Ménélas disposa de sa fille
En faveur de Pyrrhus, vengeur de sa famille²,
Tu vis mon désespoir; et tu m'as vu depuis
Traîner de mers en mers ma chaîne et mes ennuis.
Je te vis à regret, en cet état funeste,  45
Prêt à suivre partout le déplorable Oreste,
Toujours de ma fureur interrompre le cours,
Et de moi-même enfin me sauver tous les jours.
Mais quand je me souvins que parmi tant d'alarmes
Hermione à Pyrrhus prodiguoit tous ses charmes³,  50
Tu sais de quel courroux mon cœur alors épris
Voulut en l'oubliant punir tous ses mépris⁴.

1. *Var.* Ami, n'insulte point un malheureux qui t'aime. (1668 et 73)
2. Oreste, dans l'*Andromaque* d'Euripide (vers 948-963), accuse aussi Ménélas de ce manque de foi. Il dit à Hermione :

> . . . . . . . . . . Ἐμὴ γὰρ οὖσα πρὶν,
> Σὺν τῷδε ναίεις ἀνδρὶ σοῦ πατρὸς κάκη,
> Ὃς, πρὶν τὰ Τροίας ἐσβαλεῖν ὁρίσματα,
> Γυναῖκ' ἐμοί σε δοὺς, ὑπέσχεθ' ὕστερον
> Τῷ νῦν σ' ἔχοντι, Τρωάδ' εἰ πέρσει πόλιν....
> Ἤλγουν μὲν, ἤλγουν. . . . . . . . . .
> Σῶν δὲ στερηθεὶς ᾠχόμην ἄκων γάμων.

3. Voltaire, comme le fait remarquer la Harpe, a imité ce vers dans *la Henriade*, chant IX :

> D'Estrée à son amant prodiguait ses appas.

Mais le vers de Voltaire serait un mauvais commentaire de celui de Racine. « Oreste, dit Louis Racine, veut dire seulement qu'Hermione, qui l'a oublié, ne songe qu'à plaire à Pyrrhus. » L'expression si poétique et si passionnée que le poëte lui a mise dans la bouche, fut de bonne heure détournée de son vrai sens par la malignité de la critique. Subligny (*Folle querelle*, acte III, scène IV) en fait l'objet d'une raillerie vulgaire.

4. *Var.* Voulut, en l'oubliant, venger tous ses mépris (a). (1668 et 73)

(a) Subligny avait dit dans la *Préface de la Folle querelle* : « Tant qu'il écrira ainsi, on dira toujours qu'il exprime ses pensées à contre-sens, parce qu'on voit bien qu'il a prétendu dire : *punir* ses mépris, et non pas les *ven-*

Je fis croire et je crus ma victoire certaine;
Je pris tous mes transports pour des transports de haine;
Détestant ses rigueurs, rabaissant ses attraits, 55
Je défiois ses yeux de me troubler jamais.
Voilà comme je crus étouffer ma tendresse.
En ce calme trompeur j'arrivai dans la Grèce¹;
Et je trouvai d'abord ses princes rassemblés,
Qu'un péril assez grand sembloit avoir troublés. 60
J'y courus. Je pensai que la guerre et la gloire
De soins plus importants rempliroient ma mémoire;
Que mes sens reprenant leur première vigueur,
L'amour achèveroit de sortir de mon cœur.
Mais admire avec moi le sort dont la poursuite 65
Me fait courir alors au piége que j'évite².
J'entends de tous côtés qu'on menace Pyrrhus;
Toute la Grèce éclate en murmures confus;
On se plaint qu'oubliant son sang et sa promesse
Il élève en sa cour l'ennemi de la Grèce, 70
Astyanax, d'Hector jeune et malheureux fils,
Reste de tant de rois sous Troie ensevelis.
J'apprends que pour ravir son enfance au supplice
Andromaque trompa l'ingénieux Ulysse,
Tandis qu'un autre enfant, arraché de ses bras, 75
Sous le nom de son fils fut conduit au trépas.
On dit que peu sensible aux charmes d'Hermione,
Mon rival porte ailleurs son cœur et sa couronne;
Ménélas, sans le croire, en paroît affligé,

---

1. *Var.* Dans ce calme trompeur j'arrivai dans la Grèce. (1668-87)
2. *Var.* Me fait courir moi-même au piége que j'évite (*a*). (1668 et 73)

ger. » Bien que cet emploi, un peu latin peut-être, du verbe *venger* n'eût, ce nous semble, rien de choquant, Racine, comme l'on voit, a tenu compte de la critique.
(*a*) « Ce *moi-même*, avait dit Subligny (acte III, scène VIII), n'est-il pas une belle cheville? » Il avait, au même endroit, fait sur ce vers et sur le précédent d'autres chicanes, auxquelles Racine, avec raison, ne s'est pas rendu.

Et se plaint d'un hymen si longtemps négligé. 80
Parmi les déplaisirs où son âme se noie,
Il s'élève en la mienne une secrète joie :
Je triomphe ; et pourtant je me flatte d'abord
Que la seule vengeance excite ce transport.
Mais l'ingrate en mon cœur reprit bientôt sa place : 85
De mes feux mal éteints je reconnus la trace[1] ;
Je sentis que ma haine alloit finir son cours,
Ou plutôt je sentis que je l'aimois toujours.
Ainsi de tous les Grecs je brigue le suffrage.
On m'envoie à Pyrrhus : j'entreprends ce voyage. 90
Je viens voir si l'on peut arracher de ses bras
Cet enfant dont la vie alarme tant d'États :
Heureux si je pouvois, dans l'ardeur qui me presse,
Au lieu d'Astyanax lui ravir ma princesse !
Car enfin n'attends pas que mes feux redoublés 95
Des périls les plus grands puissent être troublés.
Puisqu'après tant d'efforts ma résistance est vaine,
Je me livre en aveugle au destin qui m'entraîne[2].
J'aime : je viens chercher Hermione en ces lieux,
La fléchir, l'enlever, ou mourir à ses yeux. 100
Toi qui connois Pyrrhus, que penses-tu qu'il fasse?
Dans sa cour, dans son cœur, dis-moi ce qui se passe.
Mon Hermione encor le tient-elle asservi ?
Me rendra-t-il, Pylade, un bien qu'il m'a ravi[3] ?

PYLADE.

Je vous abuserois si j'osois vous promettre 105

1. C'est une imitation du vers de Virgile (*Énéide*, livre IV, vers 23) :

.... *Agnosco veteris vestigia flammæ.*

Corneille a dit, dans *Sertorius* (vers 263 et 264) :

On a peine à haïr ce qu'on a bien aimé,
Et le feu mal éteint est bientôt rallumé.

2. *Var.* Je me livre en aveugle au transport qui m'entraîne. (1668-87)
3. *Var.* Me rendra-t-il, Pylade, un cœur qu'il m'a ravi? (1668-76)

Qu'entre vos mains, Seigneur, il voulût la remettre :
Non que de sa conquête il paroisse flatté.
Pour la veuve d'Hector ses feux ont éclaté :
Il l'aime. Mais enfin cette veuve inhumaine
N'a payé jusqu'ici son amour que de haine ; 110
Et chaque jour encore on lui voit tout tenter
Pour fléchir sa captive, ou pour l'épouvanter.
De son fils, qu'il lui cache, il menace la tête[1],
Et fait couler des pleurs, qu'aussitôt il arrête.
Hermione elle-même a vu plus de cent fois 115
Cet amant irrité revenir sous ses lois,
Et de ses vœux troublés lui rapportant l'hommage,
Soupirer à ses pieds moins d'amour que de rage.
Ainsi n'attendez pas que l'on puisse aujourd'hui
Vous répondre d'un cœur si peu maître de lui : 120
Il peut, Seigneur, il peut, dans ce désordre extrême,
Épouser ce qu'il hait, et punir ce qu'il aime[2].

ORESTE.

Mais dis-moi de quel œil Hermione peut voir
Son hymen différé, ses charmes sans pouvoir[3] ?

PYLADE.

Hermione, Seigneur, au moins en apparence, 125
Semble de son amant dédaigner l'inconstance,
Et croit que trop heureux de fléchir sa rigueur[4],

---

1. *Var.* Il lui cache son fils, il menace sa tête. (1668-87)
2. *Var.* Épouser ce qu'il hait, et perdre ce qu'il aime. (1668-87)
3. *Var.* Ses attraits offensés et ses yeux sans pouvoir (a). (1668 et 73)
4. *Var.* Et croit que trop heureux d'apaiser sa rigueur (b). (1668 et 73)

(a) Subligny (et plusieurs éditeurs l'ont à tort suivi) cite ainsi le vers précédent, dans sa comédie (acte III, scène VIII) :

Mais dis-moi de quels yeux Hermione peut voir ;

et il dit : « De *quels yeux* une personne peut voir *ses yeux*. Voilà une étrange expression ! » Avec la leçon « de *quel œil* » la faute était beaucoup moins apparente. Cependant Racine a mis la critique à profit.

(b) Subligny, dans sa *Préface*, avait blâmé *apaiser* : « On lui répondra qu'on n'*apaise* point une rigueur, mais qu'on l'*adoucit*. »

Il la viendra presser de reprendre son cœur.
Mais je l'ai vue enfin me confier ses larmes.
Elle pleure en secret le mépris de ses charmes. 130
Toujours prête à partir, et demeurant toujours,
Quelquefois elle appelle Oreste à son secours.

ORESTE.

Ah! si je le croyois, j'irois bientôt, Pylade,
Me jeter....

PYLADE.

Achevez, Seigneur, votre ambassade.
Vous attendez le Roi. Parlez, et lui montrez 135
Contre le fils d'Hector tous les Grecs conjurés.
Loin de leur accorder ce fils de sa maîtresse,
Leur haine ne fera qu'irriter sa tendresse.
Plus on les veut brouiller, plus on va les unir.
Pressez : demandez tout, pour ne rien obtenir. 140
Il vient.

ORESTE.

Hé bien! va donc disposer la cruelle
A revoir un amant qui ne vient que pour elle.

## SCÈNE II.

PYRRHUS, ORESTE, PHOENIX.

ORESTE.

Avant que tous les Grecs vous parlent par ma voix [1],
Souffrez que j'ose ici me flatter de leur choix [2],

---

1. . . . . . . . *Graiorum omnium*
    *Procerumque vox est* . . . . . .
    (*Troyennes* de Sénèque, vers 527 et 528.)

2. *Var.* Souffrez que je me flatte en secret de leur choix (*a*). (1668 et 73)

(*a*) « Cet *en secret* est un beau galimatias. » (Subligny, *Préface de la Folle querelle.*)

Et qu'à vos yeux, Seigneur, je montre quelque joie 145
De voir le fils d'Achille et le vainqueur de Troie.
Oui, comme ses exploits nous admirons vos coups :
Hector tomba sous lui, Troie expira sous vous ;
Et vous avez montré, par une heureuse audace,
Que le fils seul d'Achille a pu remplir sa place. 150
Mais ce qu'il n'eût point fait, la Grèce avec douleur
Vous voit du sang troyen relever le malheur,
Et vous laissant toucher d'une pitié funeste,
D'une guerre si longue entretenir le reste.
Ne vous souvient-il plus, Seigneur, quel fut Hector ? 155
Nos peuples affoiblis s'en souviennent encor.
Son nom seul fait frémir nos veuves et nos filles ;
Et dans toute la Grèce il n'est point de familles
Qui ne demandent compte à ce malheureux fils
D'un père ou d'un époux qu'Hector leur a ravis. 160
Et qui sait ce qu'un jour ce fils peut entreprendre[1] ?
Peut-être dans nos ports nous le verrons descendre,
Tel qu'on a vu son père embraser nos vaisseaux,
Et la flamme à la main, les suivre sur les eaux.
Oserai-je, Seigneur, dire ce que je pense ? 165
Vous-même de vos soins craignez la récompense,
Et que dans votre sein ce serpent élevé
Ne vous punisse un jour de l'avoir conservé.
Enfin de tous les Grecs satisfaites l'envie,
Assurez leur vengeance, assurez votre vie ; 170
Perdez un ennemi d'autant plus dangereux

---

1. *Sollicita Danaos pacis incertæ fides*
*Semper tenebit, semper a tergo timor*
*Respicere coget, arma nec poni sinet*
*Dum Phrygibus animos natus eversis dabit.*
(*Troyennes* de Sénèque, vers 530-534.)

. . . . . . *Magna res Danaos movet,*
*Futurus Hector : libera Graios metu.*
(*Ibidem*, vers 551 et 552.)

## ACTE I, SCÈNE II.

Qu'il s'essaîra sur vous à combattre contre eux.

#### PYRRHUS.

La Grèce en ma faveur est trop inquiétée.
De soins plus importants je l'ai crue agitée,
Seigneur; et sur le nom de son ambassadeur,  175
J'avois dans ses projets conçu plus de grandeur.
Qui croiroit en effet qu'une telle entreprise
Du fils d'Agamemnon méritât l'entremise;
Qu'un peuple tout entier, tant de fois triomphant,
N'eût daigné conspirer que la mort d'un enfant [1]?  180
Mais à qui prétend-on que je le sacrifie?
La Grèce a-t-elle encor quelque droit sur sa vie?
Et seul de tous les Grecs ne m'est-il pas permis
D'ordonner d'un captif que le sort m'a soumis [2]?
Oui, Seigneur, lorsqu'au pied des murs fumants de Troie
Les vainqueurs tout sanglants partagèrent leur proie,
Le sort, dont les arrêts furent alors suivis,
Fit tomber en mes mains Andromaque et son fils.
Hécube près d'Ulysse acheva sa misère;
Cassandre dans Argos a suivi votre père [3]:  190
Sur eux, sur leurs captifs ai-je étendu mes droits?
Ai-je enfin disposé du fruit de leurs exploits?
On craint qu'avec Hector Troie un jour ne renaisse [4];
Son fils peut me ravir le jour que je lui laisse.

---

1. . . . . . . . *Fortis in pueri necem.*
(*Troyennes* de Sénèque, vers 756.)

*Var.* D'ordonner des captifs que le sort m'a soumis. (1668-76)

3. On peut voir dans *les Troyennes* d'Euripide (vers 239 et suivants) la scène où Talthybius vient annoncer à Hécube et aux autres captives à quel maître le sort a donné chacune d'elles.

4.   Τί τόνδ', Ἀχαιοί, παῖδα δείσαντες, φόνον
     Καινὸν διειργάσασθε; μὴ Τροίαν ποτὲ
     Πεσοῦσαν ὀρθώσειεν; . . . . . . . .
     Πόλεως δ' ἁλούσης, καὶ Φρυγῶν ἐφθαρμένων,
     Βρέφος τοσόνδ' ἐδείσατε . . . . . . .
                (*Troyennes* d'Euripide, vers 1156-1162.)

Seigneur, tant de prudence entraîne trop de soin : 195
Je ne sais point prévoir les malheurs de si loin.
Je songe quelle étoit autrefois cette ville,
Si superbe en remparts, en héros si fertile,
Maîtresse de l'Asie; et je regarde enfin
Quel fut le sort de Troie, et quel est son destin. 200
Je ne vois que des tours que la cendre a couvertes,
Un fleuve teint de sang, des campagnes désertes,
Un enfant dans les fers; et je ne puis songer
Que Troie en cet état aspire à se venger [1].
Ah! si du fils d'Hector la perte étoit jurée, 205
Pourquoi d'un an entier l'avons-nous différée?
Dans le sein de Priam n'a-t-on pu l'immoler?
Sous tant de morts, sous Troie il falloit l'accabler.
Tout étoit juste alors : la vieillesse et l'enfance
En vain sur leur foiblesse appuyoient leur défense; 210
La victoire et la nuit, plus cruelles que nous,
Nous excitoient au meurtre, et confondoient nos coups.
Mon courroux aux vaincus ne fut que trop sévère [2].
Mais que ma cruauté survive à ma colère?
Que malgré la pitié dont je me sens saisir, 215
Dans le sang d'un enfant je me baigne à loisir? [proie;
Non, Seigneur. Que les Grecs cherchent quelque autre

---

1. *An has ruinas urbis in cinerem datas*
*Hic excitabit? Hæ manus Trojam erigent?*
*Nullas habet spes Troja, si tales habet.*
(Troyennes de Sénèque, vers 740-742.)

2. Ces beaux vers ont été certainement inspirés par ceux que Sénèque (*Troyennes*, vers 267 et 268 et vers 280-286) met dans la bouche d'Agamemnon :

. . . . . *Fateor, aliquando impotens*
*Regno ac superbus, altius memet tuli....*
. . . . . *Sed regi frenis nequit*
*Et ira, et ardens hostis, et victoria*
*Commissa nocti. Quidquid indignum aut ferum*
*Cuiquam videri potuit, hoc fecit dolor,*
*Tenebræque, per quas ipse se irritat furor,*
*Gladiusque felix, cujus infecti semel*
*Vecors libido est.* . . . . . . . . . .

Qu'ils poursuivent ailleurs ce qui reste de Troie :
De mes inimitiés le cours est achevé ;
L'Épire sauvera ce que Troie a sauvé[1]. 220

ORESTE.

Seigneur, vous savez trop avec quel artifice
Un faux Astyanax fut offert au supplice [2]
Où le seul fils d'Hector devoit être conduit.
Ce n'est pas les Troyens, c'est Hector qu'on poursuit.
Oui, les Grecs sur le fils persécutent le père ; 225
Il a par trop de sang acheté leur colère.
Ce n'est que dans le sien qu'elle peut expirer ;
Et jusque dans l'Épire il les peut attirer.
Prévenez-les.

PYRRHUS.

Non, non. J'y consens avec joie :
Qu'ils cherchent dans l'Épire une seconde Troie ; 230
Qu'ils confondent leur haine, et ne distinguent plus
Le sang qui les fit vaincre et celui des vaincus.
Aussi bien ce n'est pas la première injustice
Dont la Grèce d'Achille a payé le service.

1. . . . . . . . . *Quidquid eversæ potest*
*Superesse Trojæ, maneat. Exactum satis*
*Pœnarum et ultra est.* . . . . . . . . .
(*Troyennes* de Sénèque, vers 286-288.)

2. « Ulysse.... jeta Astyanax en bas des murailles. (Servius in *Æneide*, lib. III, v. 489.) D'autres disent que ce fut Ménélas qui fit cette exécution. (*Idem* in *Æneide*, lib. II, v. 457.) D'autres l'attribuent à Pyrrhus tout seul.... (Pausanias, lib. X.) Quoi qu'il en soit, les poëtes et les faiseurs de romans ont bien su le ressusciter, ou plutôt le faire échapper de la main des Grecs. » (*Dictionnaire* de Bayle, au mot *Astyanax*.) Les poëtes auraient pu répondre qu'ils avaient trouvé le fondement de leurs fables dans les *Antiquités romaines* de Denys d'Halicarnasse, où il est dit qu'Ascagne ramena à Troie Scamandrius (qui est le même qu'Astyanax) et les autres Hectorides que Néoptolème avait laissés sortir de Grèce. (Livre I, chapitre XLVII.) Il y a aussi dans Strabon (livre XIII), à propos de la ville de Scepsis, un passage qui suppose que Scamandrius, fils d'Hector, ne fut pas immolé par les Grecs et devint l'ami et le compagnon d'Ascagne. Cependant Racine, dans sa seconde préface, n'allègue pas ces anciennes autorités, mais se contente de rappeler que l'exemple de la liberté qu'il a prise avait déjà été donné par Ronsard et par nos vieilles chroniques.

Hector en profita[1], Seigneur; et quelque jour 235
Son fils en pourroit bien profiter à son tour.

ORESTE.

Ainsi la Grèce en vous trouve un enfant rebelle?

PYRRHUS.

Et je n'ai donc vaincu que pour dépendre d'elle?

ORESTE.

Hermione, Seigneur, arrêtera vos coups :
Ses yeux s'opposeront entre son père et vous. 240

PYRRHUS.

Hermione, Seigneur, peut m'être toujours chère;
Je puis l'aimer, sans être esclave de son père;
Et je saurai peut-être accorder quelque jour[2]
Les soins de ma grandeur et ceux de mon amour.
Vous pouvez cependant voir la fille d'Hélène : 245
Du sang qui vous unit je sais l'étroite chaîne[3].
Après cela, Seigneur, je ne vous retiens plus,
Et vous pourrez aux Grecs annoncer mon refus.

## SCÈNE III.

### PYRRHUS, PHOENIX.

PHOENIX.

Ainsi vous l'envoyez aux pieds de sa maîtresse !

PYRRHUS.

On dit qu'il a longtemps brûlé pour la princesse. 250

PHOENIX.

Mais si ce feu, Seigneur, vient à se rallumer?
S'il lui rendoit son cœur, s'il s'en faisoit aimer?

---

1. Allusion à la colère d'Achille, qui est le sujet de l'*Iliade.*
2. *Var.* Et je saurai peut-être accorder en ce jour. (1668-76)
3. Hermione était fille de Ménélas, frère d'Agamemnon; Agamemnon était père d'Oreste.

######### PYRRHUS.

Ah! qu'ils s'aiment, Phœnix : j'y consens. Qu'elle parte.
Que charmés l'un de l'autre, ils retournent à Sparte :
Tous nos ports sont ouverts et pour elle et pour lui. 255
Qu'elle m'épargneroit de contrainte et d'ennui !

######### PHOENIX.

Seigneur....

######### PYRRHUS.

Une autre fois je t'ouvrirai mon âme :
Andromaque paroît.

## SCÈNE IV.

#### PYRRHUS, ANDROMAQUE, CÉPHISE [1].

######### PYRRHUS.

Me cherchiez-vous, Madame?
Un espoir si charmant me seroit-il permis [2]?

######### ANDROMAQUE.

Je passois jusqu'aux lieux où l'on garde mon fils. 260
Puisqu'une fois le jour vous souffrez que je voie
Le seul bien qui me reste et d'Hector et de Troie,
J'allois, Seigneur, pleurer un moment avec lui :
Je ne l'ai point encore embrassé d'aujourd'hui.

######### PYRRHUS.

Ah! Madame, les Grecs, si j'en crois leurs alarmes, 265
Vous donneront bientôt d'autres sujets de larmes.

---

1. Dans l'indication des personnages de cette scène, l'édition de 1736 (a) ajoute le nom de PHOENIX, qui n'est point dans les anciennes éditions.

2. Cet hémistiche : « un espoir si charmant, » se trouve aussi dans l'*Alexandre*, vers 1168.

(a) Il est bon de remarquer ici que dans l'*Avertissement* de cette édition de 1736, p. XIII, il est dit : « Pour donner la tragédie d'*Andromaque* telle que les comédiens la représentent, on s'est servi de leur exemplaire. »

ANDROMAQUE.

Et quelle est cette peur dont leur cœur est frappé,
Seigneur? Quelque Troyen vous est-il échappé?

PYRRHUS.

Leur haine pour Hector n'est pas encore éteinte.
Ils redoutent son fils.

ANDROMAQUE.

Digne objet de leur crainte[1]! 270
Un enfant malheureux, qui ne sait pas encor
Que Pyrrhus est son maître, et qu'il est fils d'Hector.

PYRRHUS.

Tel qu'il est, tous les Grecs demandent qu'il périsse.
Le fils d'Agamemnon vient hâter son supplice.

ANDROMAQUE.

Et vous prononcerez un arrêt si cruel? 275
Est-ce mon intérêt qui le rend criminel?
Hélas! on ne craint point qu'il venge un jour son père;
On craint qu'il n'essuyât les larmes de sa mère[2].
Il m'auroit tenu lieu d'un père[3] et d'un époux;
Mais il me faut tout perdre, et toujours par vos coups.

PYRRHUS.

Madame, mes refus ont prévenu vos larmes.
Tous les Grecs m'ont déjà menacé de leurs armes;
Mais dussent-ils encore, en repassant les eaux,
Demander votre fils avec mille vaisseaux;
Coûtât-il tout le sang qu'Hélène a fait répandre; 285

---

1. *Hic est, hic est terror, Ulysse,*
*Mille carinis . . . . . . . . .*
(*Troyennes* de Sénèque, vers 708 et 709.)

2. La phrase, sans ellipse, serait, comme l'a fait remarquer M. Aignan : « On craint que, s'il vivait, il n'essuyât.... » Racine a dit, dans cette même pièce (vers 986 et 987) : « Pensez-vous.... qu'il méprisât.... » L'ellipse est la même; mais on est moins arrêté, parce qu'avec l'interrogation le tour nous est rendu plus familier par l'usage.

3. Éétion, père d'Andromaque, avait été, comme Hector, tué par Achille. Voyez le VIe chant de l'*Iliade*, vers 414 et suivants.

Dussé-je après dix ans voir mon palais en cendre,
Je ne balance point, je vole à son secours :
Je défendrai sa vie aux dépens de mes jours.
Mais parmi ces périls où je cours pour vous plaire,
Me refuserez-vous un regard moins sévère ? 290
Haï de tous les Grecs, pressé de tous côtés,
Me faudra-t-il combattre encor vos cruautés?
Je vous offre mon bras. Puis-je espérer encore
Que vous accepterez un cœur qui vous adore?
En combattant pour vous, me sera-t-il permis 295
De ne vous point compter parmi mes ennemis?

ANDROMAQUE.

Seigneur, que faites-vous, et que dira la Grèce?
Faut-il qu'un si grand cœur montre tant de foiblesse?
Voulez-vous qu'un dessein si beau, si généreux
Passe pour le transport d'un esprit amoureux[1]? 300
Captive, toujours triste, importune à moi-même,
Pouvez-vous souhaiter qu'Andromaque vous aime?
Quels charmes ont pour vous des yeux infortunés[2]
Qu'à des pleurs éternels vous avez condamnés?
Non, non, d'un ennemi respecter la misère, 305

---

1. La ressemblance de ce discours avec celui que, dans *Pertharite*, Rodelinde adresse à Grimoald, a été signalée par Voltaire :

> Comte, penses-y bien, et pour m'avoir aimée,
> N'imprime point de tache à tant de renommée ;
> Ne crois que ta vertu : laisse-la seule agir,
> De peur qu'un tel effort ne te donne à rougir.
> On publieroit de toi que les yeux d'une femme
> Plus que ta propre gloire auroient touché ton âme;
> On diroit qu'un héros si grand, si renommé
> Ne seroit qu'un tyran s'il n'avoit point aimé.
>         (*Pertharite*, acte II, scène v, vers 667-674.)

2. *Var.* Que feriez-vous, hélas ! d'un cœur infortuné
Qu'à des pleurs éternels vous avez condamné (*a*)? (1668 et 73)

(*a*) Racine a voulu ici encore donner satisfaction à Subligny, qui avait dit dans sa *Préface* : « Les pleurs sont l'office des yeux, comme les soupirs celui du cœur; mais le cœur ne pleure pas. »

Sauver des malheureux, rendre un fils à sa mère,
De cent peuples pour lui combattre la rigueur,
Sans me faire payer son salut de mon cœur,
Malgré moi, s'il le faut, lui donner un asile :
Seigneur, voilà des soins dignes du fils d'Achille.   310.

PYRRHUS.

Hé quoi? votre courroux n'a-t-il pas eu son cours?
Peut-on haïr sans cesse? et punit-on toujours?
J'ai fait des malheureux, sans doute; et la Phrygie
Cent fois de votre sang a vu ma main rougie.
Mais que vos yeux sur moi se sont bien exercés!   315
Qu'ils m'ont vendu bien cher les pleurs qu'ils ont versés!
De combien de remords m'ont-ils rendu la proie!
Je souffre tous les maux que j'ai faits devant Troie.
Vaincu, chargé de fers, de regrets consumé,
Brûlé de plus de feux que je n'en allumai [1],   320
Tant de soins, tant de pleurs, tant d'ardeurs inquiètes....
Hélas ! fus-je jamais si cruel que vous l'êtes?
Mais enfin, tour à tour, c'est assez nous punir :
Nos ennemis communs devroient nous réunir.
Madame, dites-moi seulement que j'espère,   325
Je vous rends votre fils, et je lui sers de père;
Je l'instruirai moi-même à venger les Troyens;
J'irai punir les Grecs de vos maux et des miens.
Animé d'un regard, je puis tout entreprendre :

---

1. Il y a *allumé*, au lieu de *allumai*, dans les diverses éditions publiées du vivant de Racine. — Dans ses notes sur *Paul et Virginie* traduit en grec moderne (Βερναρδίνου Σαιμπιέρρου Διηγήματα, p. 342 et 343), M. Piccolos, auteur de cette traduction, a rapproché ingénieusement ce vers, tant critiqué, d'un passage du roman d'Héliodore si cher à la jeunesse de Racine. C'est celui où « Hydaspe, dit-il, après la reconnaissance, se voit forcé d'immoler sa fille (*Éthiopiques*, livre X, chapitre XVII) : Ἐπέβαλε τῇ Χαρικλείᾳ τὰς χεῖρας, ἄγειν μὲν ἐπὶ τοὺς βωμοὺς καὶ τὴν ἐπ' αὐτῶν πυρκαϊὰν ἐνδεικνύμενος, πλείονι δὲ αὐτὸς πυρὶ τῷ πάθει τὴν καρδίαν σμυχόμενος. « Il saisit Chariclée, et fit mine de la conduire à l'autel et sur le bûcher qui y était allumé; et lui-même, dans sa douleur, était brûlé de plus de feux. »

## ACTE I, SCÈNE IV.

Votre Ilion encor peut sortir de sa cendre; 330
Je puis, en moins de temps que les Grecs ne l'ont pris,
Dans ses murs relevés couronner votre fils.

### ANDROMAQUE.

Seigneur, tant de grandeurs ne nous touchent plus guère :
Je les lui promettois tant qu'a vécu son père [1].
Non, vous n'espérez plus de nous revoir encor, 335
Sacrés murs, que n'a pu conserver mon Hector.
A de moindres faveurs des malheureux prétendent,
Seigneur : c'est un exil que mes pleurs vous demandent.
Souffrez que loin des Grecs, et même loin de vous,
J'aille cacher mon fils, et pleurer mon époux. 340
Votre amour contre nous allume trop de haine :
Retournez, retournez à la fille d'Hélène.

### PYRRHUS.

Et le puis-je, Madame ? Ah ! que vous me gênez !
Comment lui rendre un cœur que vous me retenez ?
Je sais que de mes vœux on lui promit l'empire; 345
Je sais que pour régner elle vint dans l'Épire;
Le sort vous y voulut l'une et l'autre amener :
Vous, pour porter des fers; elle, pour en donner.
Cependant ai-je pris quelque soin de lui plaire?
Et ne diroit-on pas, en voyant au contraire 350
Vos charmes tout-puissants, et les siens dédaignés,
Qu'elle est ici captive, et que vous y régnez ?
Ah ! qu'un seul des soupirs que mon cœur vous envoie,
S'il s'échappoit vers elle, y porteroit de joie !

### ANDROMAQUE.

Et pourquoi vos soupirs seroient-ils repoussés ? 355

---

[1]. *Eritne tempus illud ac felix dies*
*Quo, Troici defensor et vindex soli,*
*Recidiva ponas Pergama?* . . . . .
. . . . . . *Sed mei fati memor,*
*Tam magna timeo vota : quod captis sat est,*
*Vivamus.* . . . . . . . . . . . . .
(*Troyennes* de Sénèque, vers 471-477.)

Auroit-elle oublié vos services passés?
Troie, Hector contre vous révoltent-ils son âme?
Aux cendres d'un époux doit-elle enfin sa flamme?
Et quel époux encore! Ah! souvenir cruel!
Sa mort seule a rendu votre père immortel. 360
Il doit au sang d'Hector tout l'éclat de ses armes,
Et vous n'êtes tous deux connus que par mes larmes.

PYRRHUS.

Hé bien, Madame, hé bien, il faut vous obéir :
Il faut vous oublier, ou plutôt vous haïr.
Oui, mes vœux ont trop loin poussé leur violence 365
Pour ne plus s'arrêter que dans l'indifférence.
Songez-y bien : il faut désormais que mon cœur,
S'il n'aime avec transport, haïsse avec fureur.
Je n'épargnerai rien dans ma juste colère :
Le fils me répondra des mépris de la mère; 370
La Grèce le demande, et je ne prétends pas
Mettre toujours ma gloire à sauver des ingrats [1].

ANDROMAQUE.

Hélas! il mourra donc. Il n'a pour sa défense
Que les pleurs de sa mère, et que son innocence.
Et peut-être après tout, en l'état où je suis, 375
Sa mort avancera la fin de mes ennuis.
Je prolongeois pour lui ma vie et ma misère [2];

---

1. Grimoald, dans *Pertharite*, irrité des refus de Rodelinde, lui fait des menaces semblables :

> . . . . . . . . . Puisqu'on me méprise,
> Je deviendrai tyran de qui me tyrannise,
> Et ne souffrirai plus qu'une indigne fierté
> Se joue impunément de mon trop de bonté.
> (*Pertharite*, vers 727-730.)

2. *Jam erepta Danais conjugem sequerer meum,*
*Nisi hic teneret : hic meos animos domat,*
*Morique prohibet* . . . . . . . . . . . .
. . . . . . . . *Tempus ærumnæ addidit.*
(*Troyennes* de Sénèque, vers 419-422.)

## ACTE I, SCÈNE IV.

Mais enfin sur ses pas j'irai revoir son père.
Ainsi tous trois, Seigneur, par vos soins réunis,
Nous vous....

PYRRHUS.

Allez, Madame, allez voir votre fils[1]. 380
Peut-être, en le voyant, votre amour plus timide
Ne prendra pas toujours sa colère pour guide.
Pour savoir nos destins, j'irai vous retrouver.
Madame, en l'embrassant, songez à le sauver[2].

---

1. *Var.* Nos cœurs.... PYRR. Allez, Madame, allez voir votre fils. (1668-76)
2. Préville, dans ses *Mémoires*, fait cette remarque : « Quelques acteurs, dans ce vers de Pyrrhus à Andromaque :

Madame, en l'embrassant, songez à le sauver,

emploient la menace, quand au contraire le pathétique, l'intérêt, la pitié en marquent l'esprit. » Voyez ces *Mémoires*, page 131, dans la *Collection des Mémoires sur l'art dramatique*, Paris, 1823. — Baron, qui joua avec tant de succès le rôle de Pyrrhus, interprétait ce vers de la manière que veut Préville, comme on le voit dans les *Anecdotes dramatiques* de l'abbé de la Porte. « Baron, dit-il, employait, au lieu de la menace, l'expression pathétique de l'intérêt et de la pitié. Il semblait même, par le geste touchant avec lequel il accompagnait ces mots *en l'embrassant*, tenir Astyanax entre ses mains et le présenter à sa mère. »

FIN DU PREMIER ACTE.

# ACTE II.

## SCÈNE PREMIÈRE.
### HERMIONE, CLÉONE.

**HERMIONE.**
Je fais ce que tu veux. Je consens qu'il me voie : 385
Je lui veux bien encore accorder cette joie.
Pylade va bientôt conduire ici ses pas ;
Mais si je m'en croyois, je ne le verrois pas.

**CLÉONE.**
Et qu'est-ce que sa vue a pour vous de funeste?
Madame, n'est-ce pas toujours le même Oreste 390
Dont vous avez cent fois souhaité le retour,
Et dont vous regrettiez la constance et l'amour?

**HERMIONE.**
C'est cet amour payé de trop d'ingratitude
Qui me rend en ces lieux sa présence si rude.
Quelle honte pour moi, quel triomphe pour lui 395
De voir mon infortune égaler son ennui !
Est-ce là, dira-t-il, cette fière Hermione ?
Elle me dédaignoit ; un autre l'abandonne.
L'ingrate, qui mettoit son cœur à si haut prix,
Apprend donc à son tour à souffrir des mépris ? 400
Ah Dieux !

**CLÉONE.**
Ah ! dissipez ces indignes alarmes .
Il a trop bien senti le pouvoir de vos charmes.
Vous croyez qu'un amant vienne vous insulter ?

Il vous rapporte un cœur qu'il n'a pu vous ôter.
Mais vous ne dites point ce que vous mande un père. 405
### HERMIONE.
Dans ses retardements si Pyrrhus persévère,
A la mort du Troyen s'il ne veut consentir,
Mon père avec les Grecs m'ordonne de partir.
### CLÉONE.
Hé bien, Madame, hé bien! écoutez donc Oreste.
Pyrrhus a commencé, faites au moins le reste. 410
Pour bien faire, il faudroit que vous le prévinssiez.
Ne m'avez-vous pas dit que vous le haïssiez?
### HERMIONE.
Si je le hais, Cléone! Il y va de ma gloire,
Après tant de bontés dont il perd la mémoire.
Lui qui me fut si cher, et qui m'a pu trahir! 415
Ah! je l'ai trop aimé pour ne le point haïr.
### CLÉONE.
Fuyez-le donc, Madame; et puisqu'on vous adore....
### HERMIONE.
Ah! laisse à ma fureur le temps de croître encore;
Contre mon ennemi laisse-moi m'assurer:
Cléone, avec horreur je m'en veux séparer. 420
Il n'y travaillera que trop bien, l'infidèle!
### CLÉONE.
Quoi? vous en attendez quelque injure nouvelle?
Aimer une captive, et l'aimer à vos yeux,
Tout cela n'a donc pu vous le rendre odieux?
Après ce qu'il a fait, que sauroit-il donc faire? 425
Il vous auroit déplu, s'il pouvoit vous déplaire.
### HERMIONE.
Pourquoi veux-tu, cruelle, irriter mes ennuis?
Je crains de me connoître en l'état où je suis.
De tout ce que tu vois tâche de ne rien croire;
Crois que je n'aime plus, vante-moi ma victoire; 430

Crois que dans son dépit mon cœur est endurci;
Hélas! et s'il se peut, fais-le-moi croire aussi.
Tu veux que je le fuie. Hé bien! rien ne m'arrête :
Allons. N'envions plus son indigne conquête;
Que sur lui sa captive étende son pouvoir. 435
Fuyons.... Mais si l'ingrat rentroit dans son devoir¹!
Si la foi dans son cœur retrouvoit quelque place!
S'il venoit à mes pieds me demander sa grâce!
Si sous mes lois, Amour, tu pouvois l'engager!
S'il vouloit!... Mais l'ingrat ne veut que m'outrager. 440
Demeurons toutefois pour troubler leur fortune;
Prenons quelque plaisir à leur être importune;
Ou le forçant de rompre un nœud si solennel,
Aux yeux de tous les Grecs rendons-le criminel.
J'ai déjà sur le fils attiré leur colère; 445
Je veux qu'on vienne encor lui demander la mère.
Rendons-lui les tourments qu'elle me fait souffrir :
Qu'elle le perde, ou bien qu'il la fasse périr.

CLÉONE.

Vous pensez que des yeux toujours ouverts aux larmes²
Se plaisent à troubler le pouvoir de vos charmes³, 450
Et qu'un cœur accablé de tant de déplaisirs
De son persécuteur ait brigué les soupirs?
Voyez si sa douleur en paroît soulagée.
Pourquoi donc les chagrins où son âme est plongée?

---

1. Aristie, dans *Sertorius* (acte I, scène III, vers 267-270), dit à peu près de même :

> Vous savez à quel point mon courage est blessé;
> Mais s'il se dédisoit d'un outrage forcé,
> S'il chassoit Émilie et me rendoit ma place,
> J'aurois peine, Seigneur, à lui refuser grâce.

2. Voyez, au tome I (p. 397), la note sur le vers 3 de *la Thébaïde*, où nous avons signalé la même expression.

3. *Var.* Pensez-vous que des yeux toujours ouverts aux larmes
Songent à balancer le pouvoir de vos charmes? (1668 et 73)

Contre un amant qui plaît pourquoi tant de fierté[1]? 455
### HERMIONE.
Hélas! pour mon malheur, je l'ai trop écouté.
Je n'ai point du silence affecté le mystère :
Je croyois sans péril pouvoir être sincère;
Et sans armer mes yeux d'un moment de rigueur,
Je n'ai pour lui parler consulté que mon cœur. 460
Et qui ne se seroit comme moi déclarée
Sur la foi d'une amour si saintement jurée?
Me voyoit-il de l'œil qu'il me voit aujourd'hui?
Tu t'en souviens encor, tout conspiroit pour lui :
Ma famille vengée, et les Grecs dans la joie, 465
Nos vaisseaux tout chargés des dépouilles de Troie,
Les exploits de son père effacés par les siens,
Ses feux que je croyois plus ardents que les miens,
Mon cœur, toi-même enfin de sa gloire éblouie,
Avant qu'il me trahît, vous m'avez tous trahie. 470
Mais c'en est trop, Cléone, et quel que soit Pyrrhus,
Hermione est sensible, Oreste a des vertus.
Il sait aimer du moins, et même sans qu'on l'aime;
Et peut-être il saura se faire aimer lui-même.
Allons : qu'il vienne enfin.
### CLÉONE.
Madame, le voici. 475
### HERMIONE.
Ah! je ne croyois pas qu'il fût si près d'ici.

---

1. *Var.* Pourquoi tant de froideurs? Pourquoi cette fierté? (1668 et 73)

## SCENE II.

#### HERMIONE, ORESTE, CLÉONE.

**HERMIONE.**

Le croirai-je, Seigneur, qu'un reste de tendresse
Vous fasse ici chercher une triste princesse[1]?
Ou ne dois-je imputer qu'à votre seul devoir
L'heureux empressement qui vous porte à me voir? 480

**ORESTE.**

Tel est de mon amour l'aveuglement funeste.
Vous le savez, Madame; et le destin d'Oreste
Est de venir sans cesse adorer vos attraits,
Et de jurer toujours qu'il n'y viendra jamais.
Je sais que vos regards vont rouvrir mes blessures, 485
Que tous mes pas vers vous sont autant de parjures :
Je le sais, j'en rougis. Mais j'atteste les Dieux,
Témoins de la fureur de mes derniers adieux,
Que j'ai couru partout où ma perte certaine
Dégageoit mes serments et finissoit ma peine. 490
J'ai mendié la mort chez des peuples cruels
Qui n'apaisoient leurs dieux que du sang des mortels :
Ils m'ont fermé leur temple; et ces peuples barbares
De mon sang prodigué sont devenus avares[2].
Enfin je viens à vous, et je me vois réduit 495
A chercher dans vos yeux une mort qui me fuit.

1. *Var.* Ait suspendu les soins dont vous charge la Grèce? (1668 et 73)
2. « Oreste, dit Geoffroy dans son commentaire, n'avait point mendié la mort chez les Scythes; il avait été jeté par la tempête sur leurs rivages. Les Scythes ne lui avaient point fermé leur temple; il s'en était sauvé, enlevant la statue et la prêtresse. S'il eût offert son sang aux Scythes, ils ne l'auraient pas refusé. » Il pense donc qu'Oreste débite un mensonge pour se faire valoir auprès d'Hermione. Nous ne saurions le contredire, n'ayant trouvé aucune tradition antique sur laquelle Racine se soit ici appuyé. Peu importe d'ailleurs.

Mon désespoir n'attend que leur indifférence :
Ils n'ont qu'à m'interdire un reste d'espérance ;
Ils n'ont, pour avancer cette mort où je cours,
Qu'à me dire une fois ce qu'ils m'ont dit toujours. 500
Voilà, depuis un an, le seul soin qui m'anime.
Madame, c'est à vous de prendre une victime
Que les Scythes auroient dérobée à vos coups,
Si j'en avois trouvé d'aussi cruels que vous.

HERMIONE.

Quittez, Seigneur, quittez ce funeste langage[1]. 505
A des soins plus pressants la Grèce vous engage.
Que parlez-vous du Scythe et de mes cruautés?
Songez à tous ces rois que vous représentez.
Faut-il que d'un transport leur vengeance dépende?
Est-ce le sang d'Oreste enfin qu'on vous demande? 510
Dégagez-vous des soins dont vous êtes chargé.

ORESTE.

Les refus de Pyrrhus m'ont assez dégagé,
Madame : il me renvoie ; et quelque autre puissance
Lui fait du fils d'Hector embrasser la défense.

HERMIONE.

L'infidèle!

ORESTE.

Ainsi donc, tout prêt à le quitter[2], 515

1. *Var.* Non, non, ne pensez pas qu'Hermione dispose
D'un sang sur qui la Grèce aujourd'hui se repose.
Mais vous-même est-ce ainsi que vous exécutez
Les vœux de tant d'États que vous représentez (a)? (1668 et 73).
2. *Var.* . . . Ainsi donc, il ne me reste rien
Qu'à venir prendre ici la place du Troyen :

(a) Racine a refait ces quatre vers, ayant trouvé sans doute quelque fondement à la critique qu'en avait faite Subligny : « Il me semble que *se reposer sur un sang* est une étrange figure.... *Exécuter les ordres* n'est pas la même chose qu'*exécuter les vœux*, qui ne se dit que quand on a voué quelque chose ; mais ce n'étoit point un pèlerinage que les Grecs avoient voué en Épire. » (*Préface de la Folle querelle.*)

Sur mon propre destin je viens vous consulter.
Déjà même je crois entendre la réponse
Qu'en secret contre moi votre haine prononce.

HERMIONE.

Hé quoi? toujours injuste en vos tristes discours,
De mon inimitié vous plaindrez-vous toujours? 520
Quelle est cette rigueur tant de fois alléguée?
J'ai passé dans l'Épire, où j'étois reléguée :
Mon père l'ordonnoit. Mais qui sait si depuis
Je n'ai point en secret partagé vos ennuis?
Pensez-vous avoir seul éprouvé des alarmes? 525
Que l'Épire jamais n'ait vu couler mes larmes?
Enfin qui vous a dit que malgré mon devoir
Je n'ai pas quelquefois souhaité de vous voir?

ORESTE.

Souhaité de me voir! Ah! divine princesse....
Mais, de grâce, est-ce à moi que ce discours s'adresse?
Ouvrez vos yeux : songez qu'Oreste est devant vous [1],
Oreste, si longtemps l'objet de leur courroux.

HERMIONE.

Oui, c'est vous dont l'amour, naissant avec leurs charmes,
Leur apprit le premier le pouvoir de leurs armes;
Vous que mille vertus me forçoient d'estimer; 535

Nous sommes ennemis, lui des Grecs, moi le vôtre;
Pyrrhus protége l'un, et je vous livre l'autre.
HERM. Hé quoi? dans vos chagrins sans raison affermi,
Vous croirez-vous toujours, Seigneur, mon ennemi?
[Quelle est cette rigueur tant de fois alléguée (a)?] (1668 et 73)
1. *Var.* Ouvrez les yeux : songez qu'Oreste est devant vous. (1668-76)

(a) Dans *la Folle querelle* (acte III, scène VI) un des personnages de la pièce cite les quatre premiers vers de cette variante comme un exemple de galimatias; et celui qui fait le rôle du défenseur de Racine ne parvient pas à les expliquer. Subligny avait aussi critiqué, dans sa *Préface*, le vers :

Vous croirez-vous toujours, Seigneur, mon ennemi?

« Je ne trouve point, dit-il, que *vous croirez-vous mon ennemi?* pour dire: *me croirez-vous votre ennemi?* soit une chose bien écrite. ».

Vous que j'ai plaint, enfin que je voudrois aimer.
ORESTE.
Je vous entends. Tel est mon partage funeste :
Le cœur est pour Pyrrhus, et les vœux pour Oreste.
HERMIONE.
Ah ! ne souhaitez pas le destin de Pyrrhus :
Je vous haïrois trop.
ORESTE.
Vous m'en aimeriez plus.      540
Ah ! que vous me verriez d'un regard bien contraire !
Vous me voulez aimer, et je ne puis vous plaire ;
Et l'amour seul alors se faisant obéir,
Vous m'aimeriez, Madame, en me voulant haïr.
O Dieux ! tant de respects, une amitié si tendre....    545
Que de raisons pour moi, si vous pouviez m'entendre !
Vous seule pour Pyrrhus disputez aujourd'hui,
Peut-être malgré vous, sans doute malgré lui.
Car enfin il vous hait ; son âme ailleurs éprise
N'a plus....
HERMIONE.
Qui vous l'a dit, Seigneur, qu'il me méprise[1] ?
Ses regards, ses discours vous l'ont-ils donc appris ?
Jugez-vous que ma vue inspire des mépris,
Qu'elle allume en un cœur des feux si peu durables ?
Peut-être d'autres yeux me sont plus favorables.
ORESTE.
Poursuivez : il est beau de m'insulter ainsi.    555
Cruelle, c'est donc moi qui vous méprise ici ?
Vos yeux n'ont pas assez éprouvé ma constance ?
Je suis donc un témoin de leur peu de puissance ?
Je les ai méprisés ? Ah ! qu'ils voudroient bien voir

---

1. Les éditions de 1702, 1713, 1722, 1728, 1750 donnent ainsi ce vers
.. Qui vous a dit, Seigneur, qu'il me méprise ?

Mon rival, comme moi, mépriser leur pouvoir ! 560
### HERMIONE.
Que m'importe, Seigneur, sa haine ou sa tendresse?
Allez contre un rebelle armer toute la Grèce;
Rapportez-lui le prix de sa rébellion ;
Qu'on fasse de l'Épire un second Ilion.
Allez. Après cela direz-vous que je l'aime ? 565
### ORESTE.
Madame, faites plus, et venez-y vous-même.
Voulez-vous demeurer pour otage en ces lieux ?
Venez dans tous les cœurs faire parler vos yeux.
Faisons de notre haine une commune attaque.
### HERMIONE.
Mais, Seigneur, cependant s'il épouse Andromaque[1] ?
### ORESTE.
Hé ! Madame.
### HERMIONE.
Songez quelle honte pour nous
Si d'une Phrygienne il devenoit l'époux !
### ORESTE.
Et vous le haïssez? Avouez-le, Madame,
L'amour n'est pas un feu qu'on renferme en une âme :
Tout nous trahit, la voix, le silence, les yeux; 575
Et les feux mal couverts n'en éclatent que mieux.
### HERMIONE.
Seigneur, je le vois bien, votre âme prévenue
Répand sur mes discours le venin qui la tue,
Toujours dans mes raisons cherche quelque détour,
Et croit qu'en moi la haine est un effort d'amour. 580
Il faut donc m'expliquer : vous agirez ensuite.
Vous savez qu'en ces lieux mon devoir m'a conduite;

---

1. Les éditions de 1702, 1713, 1722, 1728, 1750 ont altéré ce vers aussi. On y lit :
  Mais, Seigneur, cependant il épouse Andromaque.

Mon devoir m'y retient, et je n'en puis partir
Que mon père ou Pyrrhus ne m'en fasse sortir.
De la part de mon père allez lui faire entendre¹        585
Que l'ennemi des Grecs ne peut être son gendre :
Du Troyen ou de moi faites-le décider ;
Qu'il songe qui des deux il veut rendre ou garder ;
Enfin qu'il me renvoie, ou bien qu'il vous le livre.
Adieu. S'il y consent, je suis prête à vous suivre.        590

## SCENE III.

### ORESTE, seul².

Oui, oui, vous me suivrez, n'en doutez nullement :
Je vous réponds déjà de son consentement.
Je ne crains pas enfin que Pyrrhus la retienne :
Il n'a devant les yeux que sa chère Troyenne ;
Tout autre objet le blesse ; et peut-être aujourd'hui        595
Il n'attend qu'un prétexte à l'éloigner de lui.
Nous n'avons qu'à parler : c'en est fait. Quelle joie
D'enlever à l'Epire une si belle proie !
Sauve tout ce qui reste et de Troie et d'Hector ;
Garde son fils, sa veuve, et mille autres encor,        600
Épire : c'est assez qu'Hermione rendue
Perde à jamais tes bords et ton prince de vue.
Mais un heureux destin le conduit en ces lieux.
Parlons. A tant d'attraits, Amour, ferme ses yeux !

---

1. *Var.* Au nom de Ménélas, allez lui faire entendre. (1668-76)
2. L'indication *seul* manque, après le nom d'ORESTE, dans les éditions de 1668 et de 1673.

## SCÈNE IV.

### PYRRHUS, ORESTE, PHOENIX.

#### PYRRHUS.

Je vous cherchois, Seigneur. Un peu de violence 605
M'a fait de vos raisons combattre la puissance,
Je l'avoue; et depuis que je vous ai quitté,
J'en ai senti la force et connu l'équité.
J'ai songé, comme vous, qu'à la Grèce, à mon père,
A moi-même en un mot je devenois contraire; 610
Que je relevois Troie, et rendois imparfait
Tout ce qu'a fait Achille et tout ce que j'ai fait.
Je ne condamne plus un courroux légitime,
Et l'on vous va, Seigneur, livrer votre victime.

#### ORESTE.

Seigneur, par ce conseil prudent et rigoureux, 615
C'est acheter la paix du sang d'un malheureux.

#### PYRRHUS.

Oui. Mais je veux, Seigneur, l'assurer davantage :
D'une éternelle paix Hermione est le gage;
Je l'épouse. Il sembloit qu'un spectacle si doux
N'attendît en ces lieux qu'un témoin tel que vous. 620
Vous y représentez tous les Grecs et son père,
Puisqu'en vous Ménélas voit revivre son frère.
Voyez-la donc. Allez. Dites-lui que demain
J'attends, avec la paix, son cœur de votre main.

#### ORESTE [1].

Ah Dieux !

---

1. ORESTE, *à part.* (1736 et M. Aimé-Martin.)

## SCÈNE V.

### PYRRHUS, PHOENIX.

PYRRHUS.

Hé bien, Phœnix, l'amour est-il le maître ?
Tes yeux refusent-ils encor de me connaître [1] ?

PHOENIX.

Ah! je vous reconnois; et ce juste courroux,
Ainsi qu'à tous les Grecs, Seigneur, vous rend à vous [2].
Ce n'est plus le jouet d'une flamme servile :
C'est Pyrrhus, c'est le fils et le rival d'Achille,   630
Que la gloire à la fin ramène sous ses lois,
Qui triomphe de Troie une seconde fois.

PYRRHUS.

Dis plutôt qu'aujourd'hui commence ma victoire.
D'aujourd'hui seulement je jouis de ma gloire;
Et mon cœur, aussi fier que tu l'as vu soumis,   635
Croit avoir en l'amour vaincu mille ennemis.
Considère, Phœnix, les troubles que j'évite,
Quelle foule de maux l'amour traîne à sa suite,
Que d'amis, de devoirs j'allois sacrifier,
Quels périls.... Un regard m'eût tout fait oublier.   640
Tous les Grecs conjurés fondoient sur un rebelle.
Je trouvois du plaisir à me perdre pour elle.

PHOENIX.

Oui, je bénis, Seigneur, l'heureuse cruauté
Qui vous rend....

---

1. Voyez tome I, p. 407, note *b*.
2. *Var.* [Ainsi qu'à tous les Grecs, Seigneur, vous rend à vous.]
   Et qui l'auroit pensé, qu'une si noble audace
   D'un long abaissement prendroit sitôt la place?
   Que l'on pût sitôt vaincre un poison si charmant?
   Mais Pyrrhus, quand il veut, sait vaincre en un moment.
   [Ce n'est plus le jouet d'une flamme servile.] (1668 et 73)

## PYRRHUS.

Tu l'as vu, comme elle m'a traité.
Je pensois, en voyant sa tendresse alarmée, 645
Que son fils me la dût renvoyer désarmée.
J'allois voir le succès de ses embrassements :
Je n'ai trouvé que pleurs mêlés d'emportements.
Sa misère l'aigrit; et toujours plus farouche,
Cent fois le nom d'Hector est sorti de sa bouche. 650
Vainement à son fils j'assurois mon secours :
« C'est Hector, disoit-elle en l'embrassant toujours;
Voilà ses yeux, sa bouche, et déjà son audace[1];
C'est lui-même, c'est toi, cher époux, que j'embrasse[2]. »
Et quelle est sa pensée? Attend-elle en ce jour 655
Que je lui laisse un fils pour nourrir son amour?

## PHOENIX.

Sans doute. C'est le prix que vous gardoit l'ingrate.
Mais laissez-la, Seigneur.

---

1. *Sic oculos, sic ille manus, sic ora ferebat.*
(Virgile, *Énéide*, livre III, vers 490.)

Ce vers a pu s'offrir d'autant plus naturellement à l'imitation de Racine, que Virgile le met dans la bouche d'Andromaque. Il y a aussi un passage semblable dans *les Troyennes* de Sénèque (vers 462 et 465-468) :

> *O nate, magni certa progenies patris,...*
> *Nimiumque patri similis : hos vultus meus*
> *Habebat Hector; talis incessu fuit,*
> *Habituque talis; sic tulit fortes manus;*
> *Sic celsus humeris, fronte sic torva minax.*

2. On rapporte que Quinault Dufresne imitait la voix d'une femme en prononçant ces paroles : « C'est Hector, disoit-elle, .... etc. »; et que reprenant ensuite une voix plus mâle, il continuait avec fierté :

> Et quelle est sa pensée? Attend-elle en ce jour....

Ce contraste hardi produisait, ajoute-t-on, le plus grand effet, grâce au talent de l'acteur. « Mais, disent les éditeurs du Racine de 1807, il nous est impossible de nous figurer par quel effort un acteur aurait pu faire supporter dans Pyrrhus ce qu'on passe tout au plus à Sosie. » Sans révoquer en doute le témoignage de ceux qui avaient entendu Dufresne, il faut convenir que le comédien devait avoir besoin, pour réussir, d'un art bien discret.

PYRRHUS.

Je vois ce qui la flatte.
Sa beauté la rassure; et malgré mon courroux,
L'orgueilleuse m'attend encore à ses genoux. 660
Je la verrois aux miens, Phœnix, d'un œil tranquille.
Elle est veuve d'Hector, et je suis fils d'Achille:
Trop de haine sépare Andromaque et Pyrrhus.

PHOENIX.

Commencez donc, Seigneur, à ne m'en parler plus[1].
Allez voir Hermione; et content de lui plaire, 665
Oubliez à ses pieds jusqu'à votre colère.
Vous-même à cet hymen venez la disposer.
Est-ce sur un rival qu'il s'en faut reposer?
Il ne l'aime que trop.

PYRRHUS.

Crois-tu, si je l'épouse,
Qu'Andromaque en son cœur n'en sera pas jalouse[2]? 670

---

1. Racine, qui avait longtemps fait ses délices des poésies d'Ovide, a peut-être ici mis à profit le souvenir de ces vers du poëte latin (*Remedia amoris*, vers 647 et 648), que Louis Racine rappelle à propos en cet endroit:

*Et malim taceas, quam te desisse loquaris.
Qui nimium multis : « Non amo » dicit, amat.*

2. *Var.* Qu'Andromaque en secret n'en sera pas jalouse? (1668-76)
— « M. Despréaux, dit le *Bolæana* (p. 59), frondoit cette scène où M. Racine fait dire par Pyrrhus à son confident :

............ Crois-tu, si je l'épouse,
Qu'Andromaque en son cœur n'en sera pas jalouse?

Sentiment puéril qui revient à celui de Perse (*Satire* V, vers 168) :

*Censen' plorabit, Dave, relicta?* »

Brossette atteste aussi ce jugement sévère de Boileau, qui avait remarqué, dit-il, que les spectateurs ne manquaient jamais de sourire en cet endroit. L'abbé du Bos (*Réflexions critiques*, 1re partie, section XVIII) va plus loin, trop loin sans doute. Il dit qu'à la représentation de cette scène « le parterre rit presque aussi haut qu'à une scène de comédie. » Racine, que ce soit un sujet de reproche ou de louange, paraît certainement ici l'émule de Térence. Jean-Baptiste Rousseau écrivait à Brossette « qu'il avait toujours condamné cette scène en l'admirant, parce que, quelque belle qu'elle soit, elle est plutôt dans le genre comique ennobli que dans le genre tragique. »

#### PHOENIX.

Quoi ? toujours Andromaque occupe votre esprit ?
Que vous importe, ô Dieux ! sa joie ou son dépit ?
Quel charme, malgré vous, vers elle vous attire ?

#### PYRRHUS.

Non, je n'ai pas bien dit tout ce qu'il lui faut dire :
Ma colère à ses yeux n'a paru qu'à demi ; 675
Elle ignore à quel point je suis son ennemi.
Retournons-y. Je veux la braver à sa vue,
Et donner à ma haine une libre étendue.
Viens voir tous ses attraits, Phœnix, humiliés.
Allons.

#### PHOENIX.

  Allez, Seigneur, vous jeter à ses pieds. 680
Allez, en lui jurant que votre âme l'adore,
A de nouveaux mépris l'encourager encore.

#### PYRRHUS.

Je le vois bien, tu crois que prêt à l'excuser
Mon cœur court après elle, et cherche à s'apaiser.

#### PHOENIX.

Vous aimez : c'est assez.

#### PYRRHUS.

  Moi l'aimer ? une ingrate 685
Qui me hait d'autant plus que mon amour la flatte ?
Sans parents, sans amis, sans espoir que sur moi,
Je puis perdre son fils ; peut-être je le doi.
Étrangère.... que dis-je ? esclave dans l'Épire,
Je lui donne son fils, mon âme, mon empire ; 690
Et je ne puis gagner dans son perfide cœur
D'autre rang que celui de son persécuteur ?
Non, non, je l'ai juré, ma vengeance est certaine :
Il faut bien une fois justifier sa haine.
J'abandonne son fils. Que de pleurs vont couler ! 695
De quel nom sa douleur me va-t-elle appeler !

Quel spectacle pour elle aujourd'hui se dispose !
Elle en mourra, Phœnix, et j'en serai la cause.
C'est lui mettre moi-même un poignard dans le sein.

PHOENIX.

Et pourquoi donc en faire éclater le dessein ? 700
Que ne consultiez-vous tantôt votre foiblesse ?

PYRRHUS.

Je t'entends. Mais excuse un reste de tendresse.
Crains-tu pour ma colère un si foible combat ?
D'un amour qui s'éteint c'est le dernier éclat.
Allons. A tes conseils, Phœnix, je m'abandonne. 705
Faut-il livrer son fils ? faut-il voir Hermione ?

PHOENIX.

Oui, voyez-la, Seigneur, et par des vœux soumis
Protestez-lui....

PYRRHUS.

Faisons tout ce que j'ai promis.

FIN DU SECOND ACTE.

# ACTE III.

## SCÈNE PREMIÈRE.

### ORESTE, PYLADE.

**PYLADE.**

Modérez donc, Seigneur, cette fureur extrême.
Je ne vous connois plus : vous n'êtes plus vous-même. 710
Souffrez....

**ORESTE.**

Non, tes conseils ne sont plus de saison,
Pylade, je suis las d'écouter la raison.
C'est traîner trop longtemps ma vie et mon supplice :
Il faut que je l'enlève, ou bien que je périsse.
Le dessein en est pris, je le veux achever. 715
Oui, je le veux.

**PYLADE.**

Hé bien, il la faut enlever :
J'y consens. Mais songez cependant où vous êtes.
Que croira-t-on de vous, à voir ce que vous faites ?
Dissimulez : calmez ce transport inquiet[1] ;
Commandez à vos yeux de garder le secret. 720
Ces gardes, cette cour, l'air qui vous environne,
Tout dépend de Pyrrhus, et surtout Hermione[2].

---

1. *Var.* Faites taire, Seigneur, ce transport inquiet. (1668-76)
2. *Var.* Tout dépend de Pyrrhus, et surtout d'Hermione (*a*). (1668 et 73)

(*a*) M. Aimé-Martin a reçu dans son texte cette ancienne leçon, qui se lit aussi dans les éditions de 1736, de 1768 et de 1807, et que Geoffroy déclare une faute grossière.

A ses regards surtout cachez votre courroux.
O Dieux! en cet état pourquoi la cherchiez-vous?
#### ORESTE.
Que sais-je? De moi-même étois-je alors le maître?  725
La fureur m'emportoit, et je venois peut-être
Menacer à la fois l'ingrate et son amant.
#### PYLADE.
Et quel étoit le fruit de cet emportement[1]?
#### ORESTE.
Et quelle âme, dis-moi, ne seroit éperdue
Du coup dont ma raison vient d'être confondue?  730
Il épouse, dit-il, Hermione demain;
Il veut, pour m'honorer, la tenir de ma main.
Ah! plutôt cette main dans le sang du barbare....
#### PYLADE.
Vous l'accusez, Seigneur, de ce destin bizarre[2].
Cependant, tourmenté de ses propres desseins,  735
Il est peut-être à plaindre autant que je vous plains.
#### ORESTE.
Non, non; je le connois, mon désespoir le flatte;
Sans moi, sans mon amour, il dédaignoit l'ingrate;
Ses charmes jusque-là n'avoient pu le toucher:
Le cruel ne la prend que pour me l'arracher.  740
Ah Dieux! c'en étoit fait: Hermione gagnée
Pour jamais de sa vue alloit être éloignée.
Son cœur, entre l'amour et le dépit confus,
Pour se donner à moi n'attendoit qu'un refus;

---

1. Les éditions de 1713 et de 1728 donnent ce vers ainsi :

    Et quel étoit le fruit de son emportement?

Les éditions de 1768, de 1808 et celle de M. Aimé-Martin ont, ainsi que d'Olivet, relevé cette prétendue variante, qui n'est qu'une faute d'impression.

2. L'édition de 1736 donne de ce vers et du suivant cette correction, tirée, y est-il dit, de l'exemplaire des comédiens :

    Vous l'accusez, Seigneur, de ce dessein bizarre;
    Cependant, tourmenté de ses propres destins.

Ses yeux s'ouvroient, Pylade ; elle écoutoit Oreste, 745
Lui parloit, le plaignoit. Un mot eût fait le reste.

PYLADE.

Vous le croyez.

ORESTE.

Hé quoi? ce courroux enflammé
Contre un ingrat....

PYLADE.

Jamais il ne fut plus aimé.
Pensez-vous, quand Pyrrhus vous l'auroit accordée,
Qu'un prétexte tout prêt ne l'eût pas retardée ? 750
M'en croirez-vous? Lassé de ses trompeurs attraits,
Au lieu de l'enlever, fuyez-la pour jamais[1].
Quoi? votre amour se veut charger d'une furie
Qui vous détestera, qui toute votre vie
Regrettant un hymen tout prêt à s'achever, 755
Voudra....

ORESTE.

C'est pour cela que je veux l'enlever.
Tout lui riroit, Pylade ; et moi, pour mon partage,
Je n'emporterois donc qu'une inutile rage?
J'irois loin d'elle encor tâcher de l'oublier?
Non, non, à mes tourments je veux l'associer. 760
C'est trop gémir tout seul. Je suis las qu'on me plaigne :
Je prétends qu'à mon tour l'inhumaine me craigne,
Et que ses yeux cruels, à pleurer condamnés,
Me rendent tous les noms que je leur ai donnés.

PYLADE.

Voilà donc le succès qu'aura votre ambassade : 765
Oreste ravisseur !

ORESTE.

Et qu'importe, Pylade?

---

1. *Var.* Au lieu de l'enlever, Seigneur, je la fuirais. (1668 et 73)
— Il y a dans ces deux éditions *fuirais*, par un *u*, pour rimer avec *attraits*.

## ACTE III, SCÈNE I.

Quand nos États vengés jouiront de mes soins,
L'ingrate de mes pleurs jouira-t-elle moins?
Et que me servira que la Grèce m'admire,
Tandis que je serai la fable de l'Épire ? 770
Que veux-tu? Mais, s'il faut ne te rien déguiser,
Mon innocence enfin commence à me peser.
Je ne sais de tout temps quelle injuste puissance
Laisse le crime en paix et poursuit l'innocence.
De quelque part sur moi que je tourne les yeux, 775
Je ne vois que malheurs qui condamnent les Dieux.
Méritons leur courroux, justifions leur haine,
Et que le fruit du crime en précède la peine.
Mais toi, par quelle erreur veux-tu toujours sur toi
Détourner un courroux qui ne cherche que moi? 780
Assez et trop longtemps mon amitié t'accable[1] :
Évite un malheureux, abandonne un coupable.
Cher Pylade, crois-moi, ta pitié te séduit[2].
Laisse-moi des périls dont j'attends tout le fruit.
Porte aux Grecs cet enfant que Pyrrhus m'abandonne.
Va-t'en.

### PYLADE.

Allons, Seigneur, enlevons Hermione.
Au travers des périls un grand cœur se fait jour.
Que ne peut l'amitié conduite par l'amour?
Allons de tous vos Grecs encourager le zèle.

---

1. Oreste dit de même à Pylade, dans l'*Iphigénie en Tauride* d'Euripide (vers 695) :

   Ὦ πόλλ' ἐνεγκὼν τῶν ἐμῶν ἄχθη κακῶν.

Mais la scène d'Euripide dont Racine s'est surtout inspiré dans tout ce passage est celle de la tragédie d'*Oreste*, où se trouvent ces vers (1068-1078) :

   Ὀρέστης. . . . . . . Μὴ ξύνθνησκέ μοι.
   Σοὶ μὲν γὰρ ἔστι πόλις, ἐμοὶ δ'οὐκ ἔστι δή....
   Πυλάδης. Ἦ πολὺ λέλειψαι τῶν ἐμῶν βουλευμάτων, κ. τ. λ.

2. *Var*. Cher Pylade, crois-moi, mon tourment me suffit. (1668-87)

Nos vaisseaux sont tout prêts, et le vent nous appelle. 790
Je sais de ce palais tous les détours obscurs;
Vous voyez que la mer en vient battre les murs;
Et cette nuit, sans peine, une secrète voie
Jusqu'en votre vaisseau conduira votre proie.

ORESTE.

J'abuse, cher ami, de ton trop d'amitié. 795
Mais pardonne à des maux dont toi seul as pitié;
Excuse un malheureux qui perd tout ce qu'il aime,
Que tout le monde hait, et qui se hait lui-même.
Que ne puis-je à mon tour dans un sort plus heureux....

PYLADE.

Dissimulez, Seigneur: c'est tout ce que je veux. 800
Gardez qu'avant le coup votre dessein n'éclate:
Oubliez jusque-là qu'Hermione est ingrate;
Oubliez votre amour. Elle vient, je la voi.

ORESTE.

Va-t'en. Réponds-moi d'elle, et je réponds de moi.

# SCÈNE II.

### HERMIONE, ORESTE, CLÉONE.

ORESTE.

Hé bien! mes soins vous ont rendu votre conquête. 805
J'ai vu Pyrrhus, Madame, et votre hymen s'apprête.

HERMIONE.

On le dit; et de plus on vient de m'assurer
Que vous ne me cherchiez que pour m'y préparer.

ORESTE.

Et votre âme à ses vœux ne sera pas rebelle?

HERMIONE.

Qui l'eût cru, que Pyrrhus ne fût pas infidèle? 810

Que sa flamme attendroit si tard pour éclater,
Qu'il reviendroit à moi quand je l'allois quitter ?
Je veux croire avec vous qu'il redoute la Grèce,
Qu'il suit son intérêt plutôt que sa tendresse,
Que mes yeux sur votre âme étoient plus absolus.   815
### ORESTE.
Non, Madame : il vous aime, et je n'en doute plus.
Vos yeux ne font-ils pas tout ce qu'ils veulent faire?
Et vous ne vouliez pas sans doute lui déplaire.
### HERMIONE.
Mais que puis-je, Seigneur ? On a promis ma foi.
Lui ravirai-je un bien qu'il ne tient pas de moi ?   820
L'amour ne règle pas le sort d'une princesse :
La gloire d'obéir est tout ce qu'on nous laisse.
Cependant je partois ; et vous avez pu voir
Combien je relâchois pour vous de mon devoir.
### ORESTE.
Ah ! que vous saviez bien, cruelle.... Mais, Madame,
Chacun peut à son choix disposer de son âme.
La vôtre étoit à vous. J'espérois ; mais enfin
Vous l'avez pu donner sans me faire un larcin.
Je vous accuse aussi bien moins que la fortune.
Et pourquoi vous lasser d'une plainte importune ?   830
Tel est votre devoir, je l'avoue ; et le mien
Est de vous épargner un si triste entretien.

## SCÈNE III.
### HERMIONE, CLÉONE.
#### HERMIONE.
Attendois-tu, Cléone, un courroux si modeste ?
#### CLÉONE.
La douleur qui se tait n'en est que plus funeste.

Je le plains : d'autant plus qu'auteur de son ennui, 835
Le coup qui l'a perdu n'est parti que de lui.
Comptez depuis quel temps votre hymen se prépare :
Il a parlé, Madame, et Pyrrhus se déclare.

HERMIONE.

Tu crois que Pyrrhus craint? Et que craint-il encor?
Des peuples qui dix ans ont fui devant Hector, 840
Qui cent fois effrayés de l'absence d'Achille,
Dans leurs vaisseaux brûlants ont cherché leur asile,
Et qu'on verroit encor, sans l'appui de son fils,
Redemander Hélène aux Troyens impunis ?
Non, Cléone, il n'est point ennemi de lui-même; 845
Il veut tout ce qu'il fait; et s'il m'épouse, il m'aime.
Mais qu'Oreste à son gré m'impute ses douleurs :
N'avons-nous d'entretien que celui de ses pleurs?
Pyrrhus revient à nous. Hé bien! chère Cléone,
Conçois-tu les transports de l'heureuse Hermione ? 850
Sais-tu quel est Pyrrhus? T'es-tu fait raconter
Le nombre des exploits.... Mais qui les peut compter?
Intrépide, et partout suivi de la victoire,
Charmant, fidèle enfin, rien ne manque à sa gloire[1].
Songe....

CLÉONE.

Dissimulez. Votre rivale en pleurs 855
Vient à vos pieds, sans doute, apporter ses douleurs.

HERMIONE.

Dieux! ne puis-je à ma joie abandonner mon âme?
Sortons : que lui dirois-je ?

---

1. Quelques éditions, telles que celles de 1722, de 1728 et de 1736, ponctuent ainsi ce vers :

Charmant, fidèle, enfin rien ne manque à sa gloire.

Les éditions de 1681 et de 1697 mettent *enfin* entre deux virgules, ce qui ne détermine nullement le sens. Les autres anciennes éditions ont la ponctuation que nous avons adoptée.

## SCÈNE IV.

### ANDROMAQUE, HERMIONE, CLÉONE, CÉPHISE.

ANDROMAQUE.

Où fuyez-vous, Madame?
N'est-ce point à vos yeux un spectacle assez doux
Que la veuve d'Hector pleurante à vos genoux[1]?  860
Je ne viens point ici, par de jalouses larmes,
Vous envier un cœur qui se rend à vos charmes.
Par une main cruelle, hélas! j'ai vu percer[2]
Le seul où mes regards prétendoient s'adresser.
Ma flamme par Hector fut jadis allumée;  865
Avec lui dans la tombe elle s'est enfermée[3].
Mais il me reste un fils. Vous saurez quelque jour,
Madame, pour un fils jusqu'où va notre amour[4];
Mais vous ne saurez pas, du moins je le souhaite,
En quel trouble mortel son intérêt nous jette,  870
Lorsque de tant de biens qui pouvoient nous flatter,
C'est le seul qui nous reste, et qu'on veut nous l'ôter.

---

1. Racine imite ici Corneille :

    Placide suppliant, Placide à vos genoux
    Vous doit être, Madame, un spectacle assez doux.
    (*Théodore*, vers 993 et 994.)

2. *Var.* Par les mains de son père, hélas! j'ai vu percer. (1668-76)
3. C'est un souvenir de ces vers de Virgile :

    *Ille meos, primus qui me sibi junxit, amores*
    *Abstulit : ille habeat secum, servetque sepulcro.*
    (*Énéide*, livre IV, vers 29.)

4. On a depuis longtemps rapproché ces vers des paroles que, dans Sophocle, Déjanire adresse aux jeunes Trachiniennes :

    . . . . . . . . Ὡς δ' ἐγὼ θυμοφθορῶ
    Μήτ' ἐκμάθοις παθοῦσα, νῦν τ' ἄπειρος εἶ.
    (*Trachiniennes*, vers 142 et 143.)

Hélas ! lorsque lassés de dix ans de misère,
Les Troyens en courroux menaçoient votre mère,
J'ai su de mon Hector lui procurer l'appui[1].  875
Vous pouvez sur Pyrrhus ce que j'ai pu sur lui.
Que craint-on d'un enfant qui survit à sa perte ?
Laissez-moi le cacher en quelque île déserte.
Sur les soins de sa mère on peut s'en assurer,
Et mon fils avec moi n'apprendra qu'à pleurer.  880

HERMIONE.

Je conçois vos douleurs. Mais un devoir austère,
Quand mon père a parlé, m'ordonne de me taire.
C'est lui qui de Pyrrhus fait agir le courroux.
S'il faut fléchir Pyrrhus, qui le peut mieux que vous ?
Vos yeux assez longtemps ont régné sur son âme.  885
Faites-le prononcer : j'y souscrirai, Madame.

## SCENE V.

### ANDROMAQUE, CÉPHISE.

ANDROMAQUE.

Quel mépris la cruelle attache à ses refus !

CÉPHISE.

Je croirois ses conseils, et je verrois Pyrrhus.
Un regard confondroit Hermione et la Grèce....
Mais lui-même il vous cherche.

---

1. Dans le chant XXIV de l'*Iliade* (vers 768-772), Hélène, pleurant la mort d'Hector, rappelle qu'elle avait toujours été traitée par lui avec douceur, et que lorsqu'elle était en butte aux reproches des Troyens, elle était consolée par lui.

## SCENE VI.

### PYRRHUS, ANDROMAQUE, PHOENIX, CÉPHISE.

PYRRHUS, à Phœnix[1].

Où donc est la princesse ?
Ne m'avois-tu pas dit qu'elle étoit en ces lieux ?

PHOENIX.

Je le croyois.

ANDROMAQUE, à Céphise.

Tu vois le pouvoir de mes yeux[2].

PYRRHUS.

Que dit-elle, Phœnix ?

ANDROMAQUE.

Hélas ! tout m'abandonne.

PHOENIX.

Allons, Seigneur, marchons sur les pas d'Hermione.

CÉPHISE.

Qu'attendez-vous ? rompez ce silence obstiné[3].                    895

ANDROMAQUE.

Il a promis mon fils.

CÉPHISE.

Il ne l'a pas donné.

---

1. *Var.* PYRRHUS, à Phœnix, *dans le fond du théâtre.* (1736)

2. Luneau de Boisjermain dit dans son commentaire : « Ce vers ne peut échapper à Andromaque que par un mouvement de coquetterie, indigne également de son caractère et de la tragédie. » La Harpe relève avec raison la singulière erreur de cette remarque : « C'est, dit-il, avec l'accent et l'intention d'une ironie plaintive qu'Andromaque dit : « Voilà donc ce prétendu pouvoir « de mes yeux ! tu vois ce que je peux espérer. » Il est à croire que les comédiens ont fait quelquefois le même contre-sens que Luneau de Boisjermain, puisque la Harpe ajoute : « Je n'ai jamais douté qu'une mauvaise tradition n'ait fait perdre le sens naturel de ce vers. »

3. *Var.* Qu'attendez-vous ? forcez ce silence obstiné. (1668-87)

ANDROMAQUE.

Non, non, j'ai beau pleurer, sa mort est résolue.

PYRRHUS.

Daigne-t-elle sur nous tourner au moins la vue?
Quel orgueil!

ANDROMAQUE.

Je ne fais que l'irriter encor.
Sortons.

PYRRHUS.

Allons aux Grecs livrer le fils d'Hector. 900

ANDROMAQUE[1].

Ah! Seigneur, arrêtez! Que prétendez-vous faire?
Si vous livrez le fils, livrez-leur donc la mère.
Vos serments m'ont tantôt juré tant d'amitié :
Dieux! ne pourrai-je au moins toucher votre pitié[2]?
Sans espoir de pardon m'avez-vous condamnée? 905

PYRRHUS.

Phœnix vous le dira, ma parole est donnée.

ANDROMAQUE.

Vous qui braviez pour moi tant de périls divers!

PYRRHUS.

J'étois aveugle alors : mes yeux se sont ouverts.
Sa grâce à vos desirs pouvoit être accordée;
Mais vous ne l'avez pas seulement demandée. 910
C'en est fait.

ANDROMAQUE.

Ah! Seigneur, vous entendiez[3] assez
Des soupirs qui craignoient de se voir repoussés.

---

1. Les éditions de 1736, 1768, 1807, 1808 et celle de M. Aimé-Martin ajoutent ici l'indication : « se jetant aux pieds de Pyrrhus. »

2. *Var.* Dieux! n'en reste-t-il pas du moins quelque pitié? (1668-76) — L'édition de 1736 a conservé cette variante dans le texte.

3. Les éditions de 1713 et de 1728, au lieu de : « vous entendiez, » ont : « vous attendiez, » qui n'est qu'une faute d'impression. Il est étrange que d'Olivet donne « vous attendiez » comme une variante.

Pardonnez à l'éclat d'une illustre fortune
Ce reste de fierté qui craint d'être importune.
Vous ne l'ignorez pas : Andromaque sans vous   915
N'auroit jamais d'un maître embrassé les genoux[1].

PYRRHUS.

Non, vous me haïssez; et dans le fond de l'âme
Vous craignez de devoir quelque chose à ma flamme.
Ce fils même, ce fils, l'objet de tant de soins,
Si je l'avois sauvé, vous l'en aimeriez moins.   920
La haine, le mépris, contre moi tout s'assemble;
Vous me haïssez plus que tous les Grecs ensemble.
Jouissez à loisir d'un si noble courroux.
Allons, Phœnix.

ANDROMAQUE.

Allons rejoindre mon époux.

CÉPHISE.

Madame....

ANDROMAQUE.

Et que veux-tu que je lui dise encore?   925
Auteur de tous mes maux, crois-tu qu'il les ignore?
Seigneur, voyez l'état où vous me réduisez.
J'ai vu mon père mort, et nos murs embrasés;
J'ai vu trancher les jours de ma famille entière,
Et mon époux sanglant traîné sur la poussière,   930
Son fils seul avec moi, réservé pour les fers.
Mais que ne peut un fils? Je respire, je sers[2].
J'ai fait plus: je me suis quelquefois consolée

---

1.  . . . . . . . *Ad genua accido*
*Supplex, Ulysse, quamque nullius pedes*
*Novere dextram, pedibus admoveo tuis.*
(*Troyennes* de Sénèque, vers 692-694.)

2.  . . . . Σφαγὰς μὲν Ἕκτορος τροχηλάτους
Κατεῖδον, οἰκτρῶς τ' Ἴλιον πυρούμενον,
. Αὐτὴ δὲ δούλη ναῦς ἐπ' Ἀργείων ἔβην.
. . . . . . Φονεῦσιν Ἕκτορος νυμφεύομαι.
(*Andromaque* d'Euripide, vers 400-404.)

Qu'ici, plutôt qu'ailleurs, le sort m'eût exilée;
Qu'heureux dans son malheur, le fils de tant de rois, 935
Puisqu'il devoit servir, fût tombé sous vos lois.
J'ai cru que sa prison deviendroit son asile.
Jadis Priam soumis fut respecté d'Achille :
J'attendois de son fils encor plus de bonté.
Pardonne, cher Hector, à ma crédulité. 940
Je n'ai pu soupçonner ton ennemi d'un crime;
Malgré lui-même enfin je l'ai cru magnanime.
Ah! s'il l'étoit assez pour nous laisser du moins
Au tombeau qu'à ta cendre ont élevé mes soins,
Et que finissant là sa haine et nos misères, 945
Il ne séparât point des dépouilles si chères!

PYRRHUS.

Va m'attendre, Phœnix.

## SCÈNE VII.

### PYRRHUS, ANDROMAQUE, CÉPHISE.

PYRRHUS continue.

Madame, demeurez.
On peut vous rendre encor ce fils que vous pleurez.
Oui, je sens à regret qu'en excitant vos larmes
Je ne fais contre moi que vous donner des armes. 950
Je croyois apporter plus de haine en ces lieux.
Mais, Madame, du moins tournez vers moi les yeux :
Voyez si mes regards sont d'un juge sévère,
S'ils sont d'un ennemi qui cherche à vous déplaire.
Pourquoi me forcez-vous vous-même à vous trahir? 955
Au nom de votre fils, cessons de nous haïr.
A le sauver enfin c'est moi qui vous convie.
Faut-il que mes soupirs vous demandent sa vie?

Faut-il qu'en sa faveur j'embrasse vos genoux?
Pour la dernière fois, sauvez-le, sauvez-vous. 960
Je sais de quels serments je romps pour vous les chaînes,
Combien je vais sur moi faire éclater de haines.
Je renvoie Hermione, et je mets sur son front,
Au lieu de ma couronne, un éternel affront.
Je vous conduis au temple où son hymen s'apprête, 965
Je vous ceins du bandeau préparé pour sa tête.
Mais ce n'est plus, Madame, une offre[1] à dédaigner :
Je vous le dis, il faut ou périr ou régner[2].
Mon cœur, désespéré d'un an d'ingratitude,
Ne peut plus de son sort souffrir l'incertitude. 970
C'est craindre, menacer et gémir trop longtemps.
Je meurs si je vous perds, mais je meurs si j'attends.
Songez-y : je vous laisse; et je viendrai vous prendre
Pour vous mener au temple, où ce fils doit m'attendre;
Et là vous me verrez, soumis ou furieux, 975
Vous couronner, Madame, ou le perdre à vos yeux.


## SCÈNE VIII.

### ANDROMAQUE, CÉPHISE.

#### CÉPHISE.

Je vous l'avois prédit, qu'en dépit de la Grèce[3],
De votre sort encor vous seriez la maîtresse.

---

1. Au lieu de : « une offre, » les éditions de 1676, 1681, 1689 ont : « un offre. »

2.  C'est à vous d'y penser : tout le choix qu'on vous donne,
 C'est d'accepter pour lui la mort ou la couronne.
 Son sort est en vos mains : aimer ou dédaigner
 Le va faire périr ou le faire régner.
 (*Pertharite*, vers 759-762.)

3. Les éditions de 1750, 1768, 1807, 1808 et celle de M. Aimé-Martin indiquent cette variante, que nous ne trouvons dans aucun texte :
 Hé bien ! je vous l'ai dit, qu'en dépit de la Grèce.

ANDROMAQUE.

Hélas! de quel effet tes discours sont suivis!
Il ne me restoit plus qu'à condamner mon fils.   980

CÉPHISE.

Madame, à votre époux c'est être assez fidèle :
Trop de vertu pourroit vous rendre criminelle.
Lui-même il porteroit votre âme à la douceur.

ANDROMAQUE.

Quoi? je lui donnerois Pyrrhus pour successeur?

CÉPHISE.

Ainsi le veut son fils, que les Grecs vous ravissent.   985
Pensez-vous qu'après tout ses mânes en rougissent;
Qu'il méprisât, Madame, un roi victorieux
Qui vous fait remonter au rang de vos aïeux,
Qui foule aux pieds pour vous vos vainqueurs en colère,
Qui ne se souvient plus qu'Achille étoit son père,   990
Qui dément ses exploits et les rend superflus?

ANDROMAQUE.

Dois-je les oublier, s'il ne s'en souvient plus?
Dois-je oublier Hector privé de funérailles,
Et traîné sans honneur autour de nos murailles?
Dois-je oublier son père [1] à mes pieds renversé,   995
Ensanglantant l'autel qu'il tenoit embrassé?
Songe, songe, Céphise, à cette nuit cruelle
Qui fut pour tout un peuple une nuit éternelle.
Figure-toi Pyrrhus, les yeux étincelants,
Entrant à la lueur de nos palais brûlants,   1000
Sur tous mes frères morts se faisant un passage,
Et de sang tout couvert échauffant le carnage.
Songe aux cris des vainqueurs, songe aux cris des mou-   [rants,

---

1. Les éditions de 1768, de 1807 (la Harpe), de 1808 et celle de M. Aimé-Martin ont : « mon père, » au lieu de : « son père, » qui est la leçon de toutes les éditions imprimées du vivant de Racine, et non pas seulement, comme le dit M. Aimé-Martin, celle des premières éditions.

## ACTE III, SCÈNE VIII.

Dans la flamme étouffés, sous le fer expirants.
Peins-toi dans ces horreurs Andromaque éperdue : 1005
Voilà comme Pyrrhus vint s'offrir à ma vue ;
Voilà par quels exploits il sut se couronner ;
Enfin voilà l'époux que tu me veux donner.
Non, je ne serai point complice de ses crimes[1];
Qu'il nous prenne, s'il veut, pour dernières victimes. 1010
Tous mes ressentiments lui seroient asservis[2].

### CÉPHISE.

Hé bien! allons donc voir expirer votre fils :
On n'attend plus que vous. Vous frémissez, Madame !

### ANDROMAQUE.

Ah! de quel souvenir viens-tu frapper mon âme !
Quoi? Céphise, j'irai voir expirer encor 1015
Ce fils, ma seule joie, et l'image d'Hector :
Ce fils, que de sa flamme il me laissa pour gage !
Hélas! je m'en souviens, le jour que son courage[3]
Lui fit chercher Achille, ou plutôt le trépas,
Il demanda son fils, et le prit dans ses bras[4] : 1020
« Chère épouse, dit-il en essuyant mes larmes,
J'ignore quel succès le sort garde à mes armes ;
Je te laisse mon fils pour gage de ma foi :
S'il me perd, je prétends qu'il me retrouve en toi.
Si d'un heureux hymen la mémoire t'est chère, 1025
Montre au fils à quel point tu chérissois le père. »
Et je puis voir répandre un sang si précieux?
Et je laisse avec lui périr tous ses aïeux?

---

1. On lit dans l'édition de 1713 : « ces crimes, » au lieu de : « ses crimes. »
2. Les éditions de 1768, de 1807, de 1808 et celle de M. Aimé-Martin ont mis à tort après ce vers un point d'exclamation, qui n'est point dans les anciennes éditions, et qui affaiblit le sens.
3. *Var.* Hélas! il m'en souvient, le jour que son courage. (1668 et 73)
4. Racine introduit ici, avec beaucoup d'art, le souvenir des adieux d'Hector et d'Andromaque dans le sixième livre de l'*Iliade*. Mais dans les paroles qu'il prête à Hector, il n'a rien emprunté à Homère.

Roi barbare, faut-il que mon crime l'entraîne?
Si je te hais, est-il coupable de ma haine? 1030
T'a-t-il de tous les siens reproché le trépas?
S'est-il plaint à tes yeux des maux qu'il ne sent pas?
Mais cependant, mon fils, tu meurs, si je n'arrête
Le fer que le cruel tient levé sur ta tête[1].
Je l'en puis détourner, et je t'y vais offrir? 1035
Non, tu ne mourras point : je ne le puis souffrir.
Allons trouver Pyrrhus. Mais non, chère Céphise,
Va le trouver pour moi.

### CÉPHISE.

Que faut-il que je dise?

### ANDROMAQUE.

Dis-lui que de mon fils l'amour est assez fort....
Crois-tu que dans son cœur il ait juré sa mort? 1040
L'amour peut-il si loin pousser sa barbarie?

### CÉPHISE.

Madame, il va bientôt revenir en furie.

### ANDROMAQUE.

Hé bien! va l'assurer....

### CÉPHISE.

De quoi? de votre foi?

### ANDROMAQUE.

Hélas! pour la promettre est-elle encore à moi?
O cendres d'un époux! ô Troyens! ô mon père! 1045
O mon fils, que tes jours coûtent cher à ta mère[2]!
Allons.

---

1. *Var.* Le fer que ce cruel tient levé sur ta tête. (1668 et 73)
2. Andromaque, dans Euripide, prend également à témoin son fils du sacrifice qu'elle lui fait. Le mouvement est le même :

> Ὦ τέκνον, ἡ τεκοῦσά σ', ὡς σὺ μὴ θάνῃς,
> Στείχω πρὸς Ἅδην· ἢν δ' ὑπεκδράμῃς μόρον,
> Μέμνησο μητρός, οἷα τλᾶσ' ἀπωλόμην.
> (*Andromaque*, vers 414-416.)

## ACTE III, SCÈNE VIII.

CÉPHISE.
Où donc, Madame? et que résolvez-vous?
ANDROMAQUE.
Allons sur son tombeau consulter mon époux.

FIN DU TROISIÈME ACTE.

# ACTE IV.

## SCÈNE PREMIÈRE.
### ANDROMAQUE, CÉPHISE.

CÉPHISE.

Ah! je n'en doute point : c'est votre époux, Madame,
C'est Hector qui produit ce miracle en votre âme.   1050
Il veut que Troie encor se puisse relever
Avec cet heureux fils qu'il vous fait conserver.
Pyrrhus vous l'a promis. Vous venez de l'entendre,
Madame : il n'attendoit qu'un mot pour vous le rendre.
Croyez-en ses transports : père, sceptre, alliés,   1055
Content de votre cœur, il met tout à vos pieds.
Sur lui, sur tout son peuple il vous rend souveraine[1].
Est-ce là ce vainqueur digne de tant de haine?
Déjà contre les Grecs plein d'un noble courroux,
Le soin de votre fils le touche autant que vous :   1060
Il prévient leur fureur, il lui laisse sa garde ;
Pour ne pas l'exposer, lui-même il se hasarde.
Mais tout s'apprête au temple, et vous avez promis[2].

ANDROMAQUE.

Oui, je m'y trouverai. Mais allons voir mon fils.

CÉPHISE.

Madame, qui vous presse? Il suffit que sa vue   1065

---

1. La Harpe fait remarquer le même tour dans le vers 175 de *Bérénice* :
   Il va sur tant d'États couronner Bérénice.

2. Les éditions de 1668, de 1673 et de 1676 ont plusieurs points à la fin de ce vers.

ACTE IV, SCÈNE I.

Désormais à vos yeux ne soit plus défendue.
Vous lui pourrez bientôt prodiguer vos bontés,
Et vos embrassements ne seront plus comptés.
Quel plaisir d'élever un enfant qu'on voit craître [1],
Non plus comme un esclave élevé pour son maître, 1070
Mais pour voir avec lui renaître tant de rois [2] !

ANDROMAQUE.

Céphise, allons le voir pour la dernière fois.

CÉPHISE.

Que dites-vous ? ô Dieux !

ANDROMAQUE.

O ma chère Céphise,
Ce n'est point avec toi que mon cœur se déguise.
Ta foi, dans mon malheur, s'est montrée à mes yeux;
Mais j'ai cru qu'à mon tour tu me connoissois mieux.
Quoi donc? as-tu pensé qu'Andromaque infidèle
Pût trahir un époux qui croit revivre en elle;
Et que de tant de morts réveillant la douleur,
Le soin de mon repos me fît troubler le leur ? 1080
Est-ce là cette ardeur tant promise à sa cendre [3] ?
Mais son fils périssoit : il l'a fallu défendre.
Pyrrhus en m'épousant s'en déclare l'appui ;
Il suffit : je veux bien m'en reposer sur lui.
Je sais quel est Pyrrhus. Violent, mais sincère, 1085

---

1. Toutes les éditions imprimées du vivant de Racine ont, dans ce vers, *craistre*, et non *croistre*. On prononçait encore *craître*. Geoffroy n'aurait donc pas dû dire ici : « *Croître* et *maître* ne riment ni à l'œil ni à l'oreille. »

2. Hécube, dans *les Troyennes* d'Euripide (vers 707-713), donne à Andromaque de semblables conseils :

Τίμα δὲ τὸν παρόντα δεσπότην σέθεν,...
Κἂν δρᾶς τάδε, . . . . . . . . . . . .
. . . παῖδα τόνδε παιδὸς ἐκθρέψειας ἂν
Τροίᾳ μέγιστον ὠφέλημ', ἵν' οἵ ποτε
Ἐκ σοῦ γενόμενοι παῖδες Ἴλιον πάλιν
Κατοικίσειαν, καὶ πόλις γένοιτ' ἔτι.

3. *Non servata fides cineri promissa Sichæo.*
(Virgile, *Énéide*, livre IV, vers 552.)

Céphise, il fera plus qu'il n'a promis de faire.
Sur le courroux des Grecs je m'en repose encor :
Leur haine va donner un père au fils d'Hector.
Je vais donc, puisqu'il faut que je me sacrifie,
Assurer à Pyrrhus le reste de ma vie ; 1090
Je vais, en recevant sa foi sur les autels,
L'engager à mon fils par des nœuds immortels.
Mais aussitôt ma main, à moi seule funeste,
D'une infidèle vie abrégera le reste,
Et sauvant ma vertu, rendra ce que je doi 1095
A Pyrrhus, à mon fils, à mon époux, à moi.
Voilà de mon amour l'innocent stratagème ;
Voilà ce qu'un époux m'a commandé lui-même.
J'irai seule rejoindre Hector et mes aïeux.
Céphise, c'est à toi de me fermer les yeux. 1100

### CÉPHISE.
Ah ! ne prétendez pas que je puisse survivre [1]....

### ANDROMAQUE.
Non, non, je te défends, Céphise, de me suivre.
Je confie à tes soins mon unique trésor :
Si tu vivois pour moi, vis pour le fils d'Hector.
De l'espoir des Troyens seule dépositaire, 1105
Songe à combien de rois tu deviens nécessaire.
Veille auprès de Pyrrhus ; fais-lui garder sa foi :
S'il le faut, je consens qu'on lui parle de moi [2].
Fais-lui valoir l'hymen où je me suis rangée ;
Dis-lui qu'avant ma mort je lui fus engagée, 1110
Que ses ressentiments doivent être effacés,
Qu'en lui laissant mon fils, c'est l'estimer assez.
Fais connoître à mon fils les héros de sa race ;
Autant que tu pourras, conduis-le sur leur trace.

---

1. Telle est la ponctuation de l'édition de 1676 et des suivantes. Les deux premières (1668 et 1673) n'ont qu'un point à la fin du vers.
2. *Var.* S'il le faut, je consens que tu parles de moi. (1668-76)

Dis-lui par quels exploits leurs noms ont éclaté, 1115
Plutôt ce qu'ils ont fait que ce qu'ils ont été;
Parle-lui tous les jours des vertus de son père;
Et quelquefois aussi parle-lui de sa mère.
Mais qu'il ne songe plus, Céphise, à nous venger:
Nous lui laissons un maître, il le doit ménager. 1120
Qu'il ait de ses aïeux un souvenir modeste[1] :
Il est du sang d'Hector, mais il en est le reste;
Et pour ce reste enfin j'ai moi-même en un jour
Sacrifié mon sang, ma haine et mon amour.

CÉPHISE.

Hélas!

ANDROMAQUE.

Ne me suis point, si ton cœur en alarmes 1125
Prévoit qu'il ne pourra commander à tes larmes.
On vient. Cache tes pleurs, Céphise; et souviens-toi
Que le sort d'Andromaque est commis à ta foi.
C'est Hermione. Allons, fuyons sa violence.


# SCÈNE II.

### HERMIONE, CLÉONE.

CLÉONE.

Non, je ne puis assez admirer ce silence. 1130
Vous vous taisez, Madame; et ce cruel mépris
N'a pas du moindre trouble agité vos esprits?
Vous soutenez en paix une si rude attaque,
Vous qu'on voyoit frémir au seul nom d'Andromaque?
Vous qui sans désespoir ne pouviez endurer 1135

---

1. Ce sont les conseils qu'Andromaque donne à son fils dans *les Troyennes* de Sénèque (vers 713 et suivants):

> *Pone ex animo reges atavos,* . . .
> *Gere captivum* . . . . . . . . . .

Que Pyrrhus d'un regard la voulût honorer?
Il l'épouse : il lui donne, avec son diadème,
La foi que vous venez de recevoir vous-même,
Et votre bouche encor muette à tant d'ennui
N'a pas daigné s'ouvrir pour se plaindre de lui! 1140
Ah! que je crains, Madame, un calme si funeste¹!
Et qu'il vaudroit bien mieux....

HERMIONE.

Fais-tu venir Oreste?

CLÉONE.

Il vient, Madame, il vient; et vous pouvez juger
Que bientôt à vos pieds il alloit se ranger.
Prêt à servir toujours sans espoir de salaire², 1145
Vos yeux ne sont que trop assurés de lui plaire.
Mais il entre.

## SCENE III.

### ORESTE, HERMIONE, CLÉONE.

ORESTE.

Ah! Madame, est-il vrai qu'une fois
Oreste en vous cherchant obéisse à vos lois?
Ne m'a-t-on point flatté d'une fausse espérance?
Avez-vous en effet souhaité ma présence? 1150
Croirai-je que vos yeux, à la fin désarmés,
Veulent....

HERMIONE.

Je veux savoir, Seigneur, si vous m'aimez.

---

1. . . . . . . Δέδοιχ' ὅπως
Μὴ 'κ τῆς σιωπῆς τῆσδε ἀναρρήξει κακά.
(Sophocle, *OEdipe roi*, vers 1062 et 1063.)

2. Nous avons suivi, pour la ponctuation de ce vers et du précédent, toutes les éditions imprimées du vivant de Racine. M. Aimé-Martin a mis une virgule après *se ranger*, deux points après *salaire*.

## ACTE IV, SCÈNE III.

ORESTE.

Si je vous aime? O Dieux! mes serments, mes parjures,
Ma fuite, mon retour, mes respects, mes injures,
Mon désespoir, mes yeux de pleurs toujours noyés, 1155
Quels témoins croirez-vous, si vous ne les croyez?

HERMIONE.

Vengez-moi, je crois tout.

ORESTE.

Hé bien! allons, Madame :
Mettons encore un coup toute la Grèce en flamme;
Prenons, en signalant mon bras et votre nom,
Vous, la place d'Hélène, et moi, d'Agamemnon. 1160
De Troie en ce pays réveillons les misères;
Et qu'on parle de nous, ainsi que de nos pères.
Partons, je suis tout prêt.

HERMIONE.

Non, Seigneur, demeurons :
Je ne veux pas si loin porter de tels affronts.
Quoi? de mes ennemis couronnant l'insolence, 1165
J'irois attendre ailleurs une lente vengeance?
Et je m'en remettrois au destin des combats,
Qui peut-être à la fin ne me vengeroit pas?
Je veux qu'à mon départ toute l'Épire pleure.
Mais si vous me vengez, vengez-moi dans une heure. 1170
Tous vos retardements sont pour moi des refus.
Courez au temple. Il faut immoler....

ORESTE.

Qui?

HERMIONE.

Pyrrhus.

ORESTE.

Pyrrhus, Madame?

HERMIONE.

Hé quoi? votre haine chancelle?

Ah! courez, et craignez que je ne vous rappelle.
N'alléguez point des droits que je veux oublier; 1175
Et ce n'est pas à vous à le justifier.

ORESTE.

Moi, je l'excuserois? Ah! vos bontés, Madame,
Ont gravé trop avant ses crimes dans mon âme.
Vengeons-nous, j'y consens, mais par d'autres chemins.
Soyons ses ennemis, et non ses assassins: 1180
Faisons de sa ruine une juste conquête.
Quoi? pour réponse aux Grecs porterai-je sa tête?
Et n'ai-je pris sur moi le soin de tout l'État
Que pour m'en acquitter par un assassinat?
Souffrez, au nom des Dieux, que la Grèce s'explique, 1185
Et qu'il meure chargé de la haine publique.
Souvenez-vous qu'il règne, et qu'un front couronné....

HERMIONE.

Ne vous suffit-il pas que je l'ai condamné?
Ne vous suffit-il pas que ma gloire offensée
Demande une victime à moi seule adressée; 1190
Qu'Hermione est le prix d'un tyran opprimé;
Que je le hais; enfin, Seigneur, que je l'aimai[1]?
Je ne m'en cache point : l'ingrat m'avoit su plaire,
Soit qu'ainsi l'ordonnât mon amour ou mon père,
N'importe; mais enfin réglez-vous là-dessus. 1195
Malgré mes vœux, Seigneur, honteusement déçus,
Malgré la juste horreur que son crime me donne,
Tant qu'il vivra craignez que je ne lui pardonne.
Doutez jusqu'à sa mort d'un courroux incertain :
S'il ne meurt aujourd'hui, je puis l'aimer demain. 1200

ORESTE.

Hé bien! il faut le perdre, et prévenir sa grâce;

---

1. Ce mot est écrit *aimé* dans l'édition de 1697. Les précédentes portent *aimay* ou *aimai*. Voyez plus haut (p. 56) la note du vers 320.

Il faut.... Mais cependant que faut-il que je fasse?
Comment puis-je sitôt servir votre courroux?
Quel chemin jusqu'à lui peut conduire mes coups?
A peine suis-je encore arrivé dans l'Épire, 1205
Vous voulez par mes mains renverser un empire;
Vous voulez qu'un roi meure, et pour son châtiment
Vous ne donnez qu'un jour, qu'une heure, qu'un moment.
Aux yeux de tout son peuple il faut que je l'opprime[1]!
Laissez-moi vers l'autel conduire ma victime, 1210
Je ne m'en défends plus; et je ne veux qu'aller
Reconnoître la place où je dois l'immoler.
Cette nuit je vous sers, cette nuit je l'attaque.

HERMIONE.

Mais cependant ce jour il épouse Andromaque.
Dans le temple déjà le trône est élevé; 1215
Ma honte est confirmée, et son crime achevé.
Enfin qu'attendez-vous? Il vous offre sa tête:
Sans gardes, sans défense il marche à cette fête;
Autour du fils d'Hector il les fait tous ranger;
Il s'abandonne au bras qui me voudra venger. 1220
Voulez-vous, malgré lui, prendre soin de sa vie?
Armez, avec vos Grecs, tous ceux qui m'ont suivie;
Soulevez vos amis: tous les miens sont à vous.
Il me trahit, vous trompe, et nous méprise tous.
Mais quoi? déjà leur haine est égale à la mienne: 1225
Elle épargne à regret l'époux d'une Troyenne.
Parlez: mon ennemi ne vous peut échapper,
Ou plutôt il ne faut que les laisser frapper.
Conduisez ou suivez une fureur si belle;
Revenez tout couvert du sang de l'infidèle; 1230
Allez: en cet état soyez sûr de mon cœur.

---

1. *Opprimer*, dans ce sens de *surprendre* et *accabler*, est un latinisme que l'exemple de Racine n'a pu introduire dans la langue.

ORESTE.

Mais, Madame, songez....

HERMIONE.

      Ah! c'en est trop, Seigneur.
Tant de raisonnements offensent ma colère [1].
J'ai voulu vous donner les moyens de me plaire,
Rendre Oreste content; mais enfin je vois bien
Qu'il veut toujours se plaindre, et ne mériter rien.
Partez : allez ailleurs vanter votre constance,
Et me laissez ici le soin de ma vengeance.
De mes lâches bontés mon courage est confus,
Et c'est trop en un jour essuyer de refus.
Je m'en vais seule au temple, où leur hymen s'apprête,
Où vous n'osez aller mériter ma conquête.
Là, de mon ennemi je saurai m'approcher :
Je percerai le cœur que je n'ai pu toucher;
Et mes sanglantes mains, sur moi-même tournées [2],
Aussitôt, malgré lui, joindront nos destinées;
Et tout ingrat qu'il est, il me sera plus doux
De mourir avec lui que de vivre avec vous.

---

1. Dans la scène IV de l'acte III de *Cinna*, Émilie dit à Cinna:

    Il suffit, je t'entends;
 Je vois ton repentir et tes vœux inconstants....
 Sans emprunter ta main pour servir ma colère,
 Je saurai bien venger mon pays et mon père....
 Mes jours avec les siens se vont précipiter,
 Puisque ta lâcheté n'ose me mériter.
 Viens me voir dans son sang et dans le mien baignée.

En comparant les deux scènes, on trouvera entre elles des rapports frappants, mais plutôt pour les idées que pour l'expression.

2. Vers la fin de la même scène de *Cinna* :

 Mais ma main, aussitôt contre mon sein tournée,
 Aux mânes d'un tel prince immolant votre amant,
 A mon crime forcé joindra mon châtiment.

Ici, au contraire, c'est pour l'expression seulement que ces vers, prononcés par Cinna, non par Émilie, peuvent être rapprochés de ceux de Racine.

ORESTE.

Non, je vous priverai de ce plaisir funeste,
Madame : il ne mourra que de la main d'Oreste.   1250
Vos ennemis par moi vont vous être immolés[1],
Et vous reconnoîtrez mes soins, si vous voulez[2].

HERMIONE.

Allez. De votre sort laissez-moi la conduite,
Et que tous vos vaisseaux soient prêts pour notre fuite[3].


## SCÈNE IV.

### HERMIONE, CLÉONE.

CLÉONE.

Vous vous perdez, Madame ; et vous devez songer....   1255

HERMIONE.

Que je me perde ou non, je songe à me venger.
Je ne sais même encor, quoi qu'il m'ait pu promettre,
Sur d'autres que sur moi si je dois m'en remettre.
Pyrrhus n'est pas coupable à ses yeux comme aux miens,
Et je tiendrois mes coups bien plus sûrs que les siens.   1260
Quel plaisir de venger moi-même mon injure,
De retirer mon bras teint du sang du parjure,
Et pour rendre sa peine et mes plaisirs plus grands,

---

1. Les éditions de 1702, 1722 et 1750 ont :

    Vos ennemis par moi vous vont être immolés.

2. Entre ce vers et le suivant on lit dans les éditions de 1668 à 1676 :

    Mais que dis-je ? ah ! plutôt permettez que j'espère.
    Excusez un amant que trouble sa misère,
    Qui tout prêt d'être heureux, envie encor le sort
    D'un ingrat, condamné par vous-même à la mort.

3. On peut comparer cette scène avec la scène I de l'acte II de *Pertharite*. « Éduïge, dit Voltaire, est avec son Garibalde précisément dans la même situation qu'Oreste avec Hermione. » Voltaire marque aussi quelques ressemblances entre la même scène de *Pertharite* et la scène II de l'acte II dans *Andromaque*.

De cacher ma rivale à ses regards mourants !
Ah ! si du moins Oreste, en punissant son crime,   1265
Lui laissoit le regret de mourir ma victime !
Va le trouver : dis-lui qu'il apprenne à l'ingrat
Qu'on l'immole à ma haine, et non pas à l'État.
Chère Cléone, cours. Ma vengeance est perdue
S'il ignore en mourant que c'est moi qui le tue[1].   1270

### CLÉONE.

Je vous obérai. Mais qu'est-ce que je vois ?
O Dieux ! Qui l'auroit cru, Madame ? C'est le Roi !

### HERMIONE.

Ah ! cours après Oreste ; et dis-lui, ma Cléone,
Qu'il n'entreprenne rien sans revoir Hermione.


## SCÈNE V.

### PYRRHUS, HERMIONE, PHOENIX.

#### PYRRHUS.

Vous ne m'attendiez pas, Madame ; et je vois bien   1275
Que mon abord ici trouble votre entretien.
　Je ne viens point, armé d'un indigne artifice,
D'un voile d'équité couvrir mon injustice[2] :
Il suffit que mon cœur me condamne tout bas ;
Et je soutiendrois mal ce que je ne crois pas.   1280
J'épouse une Troyenne. Oui, Madame, et j'avoue

---

1. Voltaire a rapproché ces vers des vers 101-104 de *Cinna* (acte I, scène II) :

> Sa perte, que je veux, me deviendroit amère,
> Si quelqu'un l'immoloit à d'autres qu'à mon père ;
> Et tu verrois mes pleurs couler pour son trépas,
> Qui le faisant périr, ne me vengeroit pas.

2. . . . . . . . *Neque ego hanc abscondere furto*
*Speravi, ne finge, fugam* . . . . . . . . . .
　　　(Virgile, *Énéide*, livre IV, vers 337 et 338.)

Que je vous ai promis la foi que je lui voue.
Un autre vous diroit que dans les champs troyens
Nos deux pères sans nous formèrent ces liens,
Et que sans consulter ni mon choix ni le vôtre¹, 1285
Nous fûmes sans amour engagés l'un à l'autre²;
Mais c'est assez pour moi que je me sois soumis.
Par mes ambassadeurs mon cœur vous fut promis;
Loin de les révoquer, je voulus y souscrire.
Je vous vis avec eux arriver en Épire; 1290
Et quoique d'un autre œil l'éclat victorieux
Eût déjà prévenu le pouvoir de vos yeux,
Je ne m'arrêtai point à cette ardeur nouvelle :
Je voulus m'obstiner à vous être fidèle,
Je vous reçus en reine; et jusques à ce jour 1295
J'ai cru que mes serments me tiendroient lieu d'amour.
Mais cet amour l'emporte, et par un coup funeste
Andromaque m'arrache un cœur qu'elle déteste.
L'un par l'autre entraînés, nous courons à l'autel
Nous jurer, malgré nous, un amour immortel. 1300
Après cela, Madame, éclatez contre un traître,
Qui l'est avec douleur, et qui pourtant veut l'être.
Pour moi, loin de contraindre un si juste courroux,
Il me soulagera peut-être autant que vous.
Donnez-moi tous les noms destinés aux parjures : 1305
Je crains votre silence, et non pas vos injures;
Et mon cœur, soulevant mille secrets témoins,
M'en dira d'autant plus que vous m'en direz moins.

HERMIONE.

Seigneur, dans cet aveu dépouillé d'artifice,

---

1. *Var.* Et que sans consulter ni mon cœur ni le vôtre. (1668-76)
2. Dans ce vers, au lieu d'*engagés*, les éditions de 1768 et de 1808, suivies par M. Aimé-Martin, ont *attachés*. Nous ne savons d'où elles ont tiré cette variante. Ce doit être, à l'origine, une faute d'impression.

J'aime à voir que du moins vous vous rendiez justice¹,
Et que voulant bien rompre un nœud si solennel,
Vous vous abandonniez au crime en criminel.
Est-il juste, après tout, qu'un conquérant s'abaisse
Sous la servile loi de garder sa promesse?
Non, non, la perfidie a de quoi vous tenter;  1315
Et vous ne me cherchez que pour vous en vanter.
Quoi? sans que ni serment ni devoir vous retienne,
Rechercher une Grecque, amant d'une Troyenne?
Me quitter, me reprendre, et retourner encor
De la fille d'Hélène à la veuve d'Hector?  1320
Couronner tour à tour l'esclave et la princesse;
Immoler Troie aux Grecs, au fils d'Hector la Grèce?
Tout cela part d'un cœur toujours maître de soi,
D'un héros qui n'est point esclave de sa foi.
Pour plaire à votre épouse, il vous faudroit peut-être  1325
Prodiguer les doux noms de parjure et de traître.
Vous veniez de mon front observer la pâleur²,

---

1. Mlle Clairon, dans ses *Mémoires* (p. 98 et 99), a fait sur la manière d'interpréter ce passage au théâtre des remarques dignes d'être conservées : « Le couplet du quatrième acte, dit-elle, que le public, les gens de lettres et les comédiens appellent le *couplet d'ironie*, ne peut, selon moi, porter ce nom. L'ironie demande une légèreté d'esprit, une tranquillité d'âme que certainement Hermione n'a pas.... Un visage où l'indignation et la noblesse se peignent également, des sons étouffés dans le premier moment par le dépit et la fureur, les mouvements de colère qu'elle ne peut plus retenir, ne peuvent produire dans ses sons et sur sa physionomie que l'image du sarcasme le plus amer; l'horreur qu'elle doit éprouver elle-même en rappelant à Pyrrhus les cruautés dont il s'est rendu coupable, ne peut descendre jusqu'à l'ironie. Hermione doit donner à ses reproches toute l'amertume, tout le mépris qui peut les rendre encore plus insultants, mais elle ne veut ni ne doit plaisanter. » Mais il faut dire que Mlle Clairon, en faisant cette remarque, pourrait bien s'être particulièrement proposé de blâmer le jeu de Mlle Dumesnil, sa rivale. « Lorsque Mlle Dumesnil, dit Lemazurier, jouait Hermione, il s'en fallait de très-peu de chose que son grand *couplet d'ironie* n'eût l'air d'une mauvaise plaisanterie; mais elle savait s'en garantir, et ne dépassait point la nuance délicate au delà de laquelle le comique se serait trouvé. » (*Galerie historique, etc.*, p. 199.)

2. *Var.* Votre grand cœur sans doute attend après mes pleurs,
Pour aller dans ses bras jouir de mes douleurs?

Pour aller dans ses bras rire de ma douleur.
Pleurante après son char vous voulez qu'on me voie ;
Mais, Seigneur, en un jour ce seroit trop de joie ;      1330
Et sans chercher ailleurs des titres empruntés,
Ne vous suffit-il pas de ceux que vous portez ?
Du vieux père d'Hector la valeur abattue
Aux pieds de sa famille expirante à sa vue,
Tandis que dans son sein votre bras enfoncé      1335
Cherche un reste de sang que l'âge avoit glacé ;
Dans des ruisseaux de sang Troie ardente plongée ;
De votre propre main Polyxène égorgée
Aux yeux de tous les Grecs indignés contre vous[1] :
Que peut-on refuser à ces généreux coups[2] ?      1340

PYRRHUS.

Madame, je sais trop à quels excès de rage[3]
La vengeance d'Hélène emporta mon courage[4] :
Je puis me plaindre à vous du sang que j'ai versé ;
Mais enfin je consens d'oublier le passé.
Je rends grâces au ciel que votre indifférence      1345
De mes heureux soupirs m'apprenne l'innocence.
Mon cœur, je le vois bien, trop prompt à se gêner,
Devoit mieux vous connoître et mieux s'examiner.
Mes remords vous faisoient une injure mortelle ;
Il faut se croire aimé pour se croire infidèle.      1350
Vous ne prétendiez point m'arrêter dans vos fers :
J'ai craint de vous trahir, peut-être je vous sers.
Nos cœurs n'étoient point faits dépendants l'un de l'autre ;

---

Chargé de tant d'honneur, il veut qu'on le renvoie?
[Mais, Seigneur, en un jour ce seroit trop de joie.] (1668-76)

1. On peut voir, dans l'*Hécube* d'Euripide (vers 517-566), le récit de la mort de Polyxène, égorgée par Pyrrhus sur le tombeau d'Achille.
2. La même expression se trouve dans l'*Horace* de Corneille (vers 1338) :

Ou si tu n'es point las de ces généreux coups.

3. *Var.* Madame, je sais trop à quel excès de rage. (1668-76)
4. *Var.* L'ardeur de vous venger emporta mon courage. (1668 et 73)

Je suivois mon devoir, et vous cédiez au vôtre.
Rien ne vous engageoit à m'aimer en effet. 1355

HERMIONE.

Je ne t'ai point aimé, cruel? Qu'ai-je donc fait?
J'ai dédaigné pour toi les vœux de tous nos princes;
Je t'ai cherché moi-même au fond de tes provinces;
J'y suis encor, malgré tes infidélités,
Et malgré tous mes Grecs honteux de mes bontés. 1360
Je leur ai commandé de cacher mon injure;
J'attendois en secret le retour d'un parjure;
J'ai cru que tôt ou tard, à ton devoir rendu,
Tu me rapporterois un cœur qui m'étoit dû.
Je t'aimois inconstant, qu'aurois-je fait fidèle? 1365
Et même en ce moment où ta bouche cruelle
Vient si tranquillement m'annoncer le trépas,
Ingrat, je doute encor si je ne t'aime pas.
Mais, Seigneur, s'il le faut, si le ciel en colère
Réserve à d'autres yeux la gloire de vous plaire, 1370
Achevez votre hymen, j'y consens. Mais du moins
Ne forcez pas mes yeux d'en être les témoins.
Pour la dernière fois je vous parle peut-être :
Différez-le d'un jour; demain vous serez maître[1].
Vous ne répondez point[2]? Perfide, je le voi, 1375
Tu comptes les moments que tu perds avec moi[3]!

---

1. Ce délai que demande Hermione rappelle la prière que Didon charge sa sœur d'adresser à Énée :

*Non jam conjugium antiquum, quod prodidit, oro....
Tempus inane peto, requiem spatiumque furori.*
(Virgile, *Énéide*, livre IV, vers 431-433.)

2. Au lieu du point d'interrogation, les éditions de 1668 et de 1673 ont ici un simple point.

3. Ce vers et les suivants jusqu'à la fin de la scène ressemblent trop à un passage de la *Médée* d'Euripide pour que la rencontre soit fortuite. Voici les paroles que Médée adresse à Jason :

Χώρει· πόθῳ γὰρ τῆς νεοδμήτου κόρης

Ton cœur, impatient de revoir ta Troyenne¹,
Ne souffre qu'à regret qu'un autre² t'entretienne.
Tu lui parles du cœur, tu la cherches des yeux.
Je ne te retiens plus, sauve-toi de ces lieux³ :  1380
Va lui jurer la foi que tu m'avois jurée,
Va profaner des Dieux la majesté sacrée.
Ces Dieux, ces justes Dieux n'auront pas oublié
Que les mêmes serments avec moi t'ont lié.
Porte aux pieds⁴ des autels ce cœur qui m'abandonne;
Va, cours. Mais crains encor d'y trouver Hermione.

## SCÈNE VI.

### PYRRHUS, PHOENIX.

#### PHOENIX.

Seigneur, vous entendez. Gardez de négliger⁵
Une amante en fureur qui cherche à se venger.

> Αἱρεῖ, χρονίζων δωμάτων ἐξώπιος.
> Νύμφευ᾽· ἴσως γὰρ, ξὺν θεῷ δ᾽ εἰρήσεται,
> Γαμεῖς τοιοῦτον, ὥστε σ᾽ ἀρνεῖσθαι, γάμον.
> (*Médée*, vers 621-624.)

1. *Var.* Ton cœur impatient de revoir sa Troyenne. (1668-76)
2. Tel est le texte de toutes les éditions publiées du vivant de Racine. L'impression de 1702, celle de 1736, et en général toutes les éditions modernes ont *une autre*. Mais dans Corneille aussi les anciennes éditions ont souvent *un autre* où nous mettons aujourd'hui *une autre*. Voyez le *Corneille* de M. Marty-Laveaux, tome I, p. 228, note 3 *a*. Voyez aussi plus bas *les Plaideurs*, acte II, scène II, variante du vers 335.
3.         . . . *Neque te teneo, neque dicta refello.*
         *I, sequere Italiam ventis* . . . . . . . .
                    (Virgile, *Énéide*, livre IV, vers 380 et 381.)
4. Tel est le texte de toutes les anciennes éditions. Quelques impressions modernes donnent : « au pied. »
5. *Var.* Seigneur, vous l'entendez : gardez de négliger (*a*). (1668 et 73)

(*a*) Par une faute d'impression, semblable à celle du vers 911, l'édition de 1713 a : « Seigneur, vous attendez; » et d'Olivet ne donne le vrai texte : « vous entendez, » que comme variante.

Elle n'est en ces lieux que trop bien appuyée :
La querelle des Grecs à la sienne est liée; 1390
Oreste l'aime encore; et peut-être à ce prix....
PYRRHUS.
Andromaque m'attend. Phœnix, garde son fils.

FIN DU QUATRIÈME ACTE.

# ACTE V.

## SCÈNE PREMIÈRE.

### HERMIONE, seule.

Où suis-je? Qu'ai-je fait? Que dois-je faire encore?
Quel transport me saisit? Quel chagrin me dévore?
Errante, et sans dessein, je cours dans ce palais. 1395
Ah! ne puis-je savoir si j'aime, ou si je hais?
Le cruel! de quel œil il m'a congédiée!
Sans pitié, sans douleur, au moins étudiée.
L'ai-je vu se troubler et me plaindre un moment[1]?
En ai-je pu tirer un seul gémissement[2]? 1400
Muet à mes soupirs, tranquille à mes alarmes,
Sembloit-il seulement qu'il eût part à mes larmes?
Et je le plains encore? Et pour comble d'ennui,
Mon cœur, mon lâche cœur s'intéresse pour lui?
Je tremble au seul penser du coup qui le menace? 1405
Et prête à me venger, je lui fais déjà grâce?
Non, ne révoquons point l'arrêt de mon courroux :
Qu'il périsse! Aussi bien il ne vit plus pour nous.
Le perfide triomphe, et se rit de ma rage :

---

1. *Var.* Ai-je vu ses regards se troubler un moment? (1668-76)
   *Var.* L'ai-je vu s'attendrir, se troubler un moment? (1687)
2. Virgile a dit de même :

   *Num fletu ingemuit nostro? num lumina flexit?*
   *Num lacrymas victus dedit, aut miseratus amantem est?*
                    (*Énéide*, livre IV, vers 369 et 370.)

Il pense voir en pleurs dissiper cet orage[1] ; 1410
Il croit que toujours foible et d'un cœur incertain,
Je parerai d'un bras les coups de l'autre main.
Il juge encor de moi par mes bontés passées.
Mais plutôt le perfide a bien d'autres pensées.
Triomphant dans le temple, il ne s'informe pas 1415
Si l'on souhaite ailleurs sa vie ou son trépas.
Il me laisse, l'ingrat! cet embarras funeste.
Non, non, encore un coup : laissons agir Oreste.
Qu'il meure, puisqu'enfin il a dû le prévoir,
Et puisqu'il m'a forcée enfin à le vouloir. 1420
A le vouloir? Hé quoi? c'est donc moi qui l'ordonne?
Sa mort sera l'effet de l'amour d'Hermione?
Ce prince, dont mon cœur se faisoit autrefois
Avec tant de plaisir redire les exploits,
A qui même en secret je m'étois destinée 1425
Avant qu'on eût conclu ce fatal hyménée,
Je n'ai donc traversé tant de mers, tant d'États,
Que pour venir si loin préparer son trépas?
L'assassiner, le perdre? Ah! devant qu'il expire....

## SCÈNE II.

### HERMIONE, CLEONE.

#### HERMIONE.

Ah! qu'ai-je fait, Cléone? et que viens-tu me dire? 1430
Que fait Pyrrhus?

---

1. Racine a dit aussi dans *les Plaideurs*, vers 145 :
   Elle voit dissiper sa jeunesse en regrets.
Tour correct, quoi qu'en aient dit plusieurs critiques choqués de la suppression du pronom *se*, et tout à fait conforme aux habitudes de notre ancienne langue. La Harpe y a vu une *inadvertance*. C'est lui-même qui n'a pas été sur ses gardes, comme il est arrivé si souvent à ceux qui ont cherché des chicanes grammaticales à Racine.

## ACTE V, SCÈNE II.

CLÉONE.

Il est au comble de ses vœux,
Le plus fier des mortels, et le plus amoureux.
Je l'ai vu vers le temple, où son hymen s'apprête,
Mener en conquérant sa nouvelle conquête ;
Et d'un œil où brilloient sa joie et son espoir[1]
S'enivrer en marchant du plaisir de la voir.
Andromaque, au travers de mille cris de joie,
Porte jusqu'aux autels le souvenir de Troie :
Incapable toujours d'aimer et de haïr,
Sans joie et sans murmure elle semble obéir.

HERMIONE.

Et l'ingrat ? jusqu'au bout il a poussé l'outrage ?
Mais as-tu bien, Cléone, observé son visage ?
Goûte-t-il des plaisirs tranquilles et parfaits ?
N'a-t-il point détourné ses yeux vers le palais ?
Dis-moi, ne t'es-tu point présentée à sa vue ?
L'ingrat a-t-il rougi lorsqu'il t'a reconnue ?
Son trouble avouoit-il son infidélité ?
A-t-il jusqu'à la fin soutenu sa fierté ?

CLÉONE.

Madame, il ne voit rien. Son salut et sa gloire
Semblent être avec vous sortis de sa mémoire.
Sans songer qui le suit, ennemis ou sujets,
Il poursuit seulement ses amoureux projets.
Autour du fils d'Hector il a rangé sa garde,
Et croit que c'est lui seul que le péril regarde.
Phœnix même en répond, qui l'a conduit exprès
Dans un fort éloigné du temple et du palais.
Voilà, dans ses transports, le seul soin qui lui reste.

---

1. *Var.* Et d'un œil qui déjà dévoroit son espoir (*a*). (1668-76)

(*a*) Subligny (*Folle querelle*, acte III, scène VIII) s'était moqué de cette expression : *un œil qui dévore un espoir*. Mais il faut remarquer que Racine ne l'a pas changée avant l'édition de 1687.

HERMIONE.

Le perfide! Il mourra. Mais que t'a dit Oreste?

CLÉONE.

Oreste avec ses Grecs dans le temple est entré.

HERMIONE.

Hé bien! à me venger n'est-il pas préparé ? 1460

CLÉONE.

Je ne sais.

HERMIONE.

Tu ne sais? Quoi donc? Oreste encore,
Oreste me trahit?

CLÉONE.

Oreste vous adore.
Mais de mille remords son esprit combattu
Croit tantôt son amour et tantôt sa vertu.
Il respecte en Pyrrhus l'honneur du diadème; 1465
Il respecte en Pyrrhus Achille, et Pyrrhus même;
Il craint la Grèce, il craint l'univers en courroux[1];
Mais il se craint, dit-il, soi-même plus que tous.
Il voudroit en vainqueur vous apporter sa tête :
Le seul nom d'assassin l'épouvante et l'arrête. 1470
Enfin il est entré sans savoir dans son cœur
S'il en devoit sortir coupable ou spectateur.

HERMIONE.

Non, non, il les verra triompher sans obstacle :
Il se gardera bien de troubler ce spectacle.
Je sais de quels remords son courage est atteint : 1475
Le lâche craint la mort, et c'est tout ce qu'il craint.
Quoi? sans qu'elle employât une seule prière[2],

---

1. *Var.* Il craint les Grecs, il craint l'univers en courroux. (1668-76)
2. Ce passage rappelle, pour le mouvement, le discours de Junon dans le livre I de l'*Énéide* (vers 39-46) :

> .... *Pallasne exurere classem*
> *Argivum, atque ipsos potuit submergere ponto....*
> *Ast ego* .... etc.

Ma mère en sa faveur arma la Grèce entière?
Ses yeux pour leur querelle, en dix ans de combats,
Virent périr vingt rois qu'ils ne connoissoient pas? 1480
Et moi, je ne prétends que la mort d'un parjure,
Et je charge un amant du soin de mon injure;
Il peut me conquérir à ce prix sans danger;
Je me livre moi-même, et ne puis me venger?
Allons : c'est à moi seule à me rendre justice. 1485
Que de cris de douleur le temple retentisse;
De leur hymen fatal troublons l'événement,
Et qu'ils ne soient unis, s'il se peut, qu'un moment.
Je ne choisirai point dans ce désordre extrême :
Tout me sera Pyrrhus, fût-ce Oreste lui-même. 1490
Je mourrai; mais au moins ma mort me vengera.
Je ne mourrai pas seule, et quelqu'un me suivra.

## SCÈNE III.

### ORESTE, HERMIONE, CLÉONE [1].

#### ORESTE.

Madame, c'en est fait, et vous êtes servie [2] :
Pyrrhus rend à l'autel son infidèle vie.

---

1. Dans les éditions de 1668 et de 1673 les personnages sont : ORESTE, ANDROMAQUE, HERMIONE, CLÉONE, CÉPHISE, Soldats d'Oreste.
2. *Var.* Madame, c'en est fait. Partons en diligence.
   Venez dans mes vaisseaux goûter votre vengeance.
   Voyez cette captive : elle peut mieux que moi
   Vous apprendre qu'Oreste a dégagé sa foi.
   HERM. O Dieux! c'est Andromaque? ANDROM. Oui, c'est cette princesse
   Deux fois veuve, et deux fois l'esclave de la Grèce,
   Mais qui jusque dans Sparte ira vous braver tous,
   Puisqu'elle voit son fils à couvert de vos coups.
   Du crime de Pyrrhus complice manifeste,
   J'attends son châtiment. Car je vois bien qu'Oreste,
   Engagé par votre ordre à cet assassinat,

HERMIONE.

Il est mort?

ORESTE.

Il expire; et nos Grecs irrités 1495
Ont lavé dans son sang ses infidélités.
Je vous l'avois promis; et quoique mon courage
Se fît de ce complot une funeste image,
J'ai couru vers le temple, où nos Grecs dispersés
Se sont jusqu'à l'autel dans la foule glissés. 1500
Pyrrhus m'a reconnu. Mais sans changer de face¹,
Il sembloit que ma vue excitât son audace,

> Vient de ce triste exploit vous céder tout l'éclat.
> Je ne m'attendois pas que le ciel en colère
> Pût, sans perdre mon fils, accroître ma misère,
> Et gardât à mes yeux quelque spectacle encor
> Qui fît couler mes pleurs pour un autre qu'Hector.
> Vous avez trouvé seule une sanglante voie
> De suspendre en mon cœur le souvenir de Troie.
> Plus barbare aujourd'hui qu'Achille et que son fils,
> Vous me faites pleurer mes plus grands ennemis;
> Et ce que n'avoient pu promesse (a) ni menace,
> Pyrrhus de mon Hector semble avoir pris la place.
> Je n'ai que trop, Madame, éprouvé son courroux :
> J'aurois plus de sujet de m'en plaindre que vous.
> Pour dernière rigueur ton amitié cruelle,
> Pyrrhus, à mon époux me rendoit infidèle.
> Je t'en allois punir. Mais le ciel m'est témoin
> Que je ne poussois pas ma vengeance si loin;
> Et sans verser ton sang, ni causer tant d'alarmes,
> Il ne t'en eût coûté peut-être que des larmes.
> HERM. Quoi? Pyrrhus est donc mort? ORESTE. Oui, nos Grecs irrités
> [Ont lavé dans son sang ses infidélités.] (1668)

— Cette scène, telle qu'elle est dans l'édition de 1668, a été réimprimée à la fin du troisième volume des *Réflexions critiques* de l'abbé du Bos (édition de 1732).

1. Nous avons suivi la ponctuation de toutes les anciennes éditions. Geoffroy (1808) et après lui M. Aimé-Martin ont ponctué ce vers d'une manière toute différente, qui change le sens; ils mettent une virgule avant les mots : « mais sans changer de face; » deux points à la fin du vers. L'édition de 1807 (la Harpe) laisse le sens indécis : elle a une virgule avant *mais*, et une autre après *face*.

(a) Les éditions de 1807, de 1808 et celle de M. Aimé-Martin substituent *prière* à *promesse*.

## ACTE V, SCÈNE III.

Que tous les Grecs, bravés en leur ambassadeur,
Dussent de son hymen relever la splendeur.
Enfin avec transport prenant son diadème,  1505
Sur le front d'Andromaque il l'a posé lui-même.
« Je vous donne, a-t-il dit, ma couronne et ma foi :
Andromaque, régnez sur l'Épire et sur moi.
Je voue à votre fils une amitié de père;
J'en atteste les Dieux, je le jure à sa mère.  1510
Pour tous mes ennemis je déclare les siens,
Et je le reconnois pour le roi des Troyens. »
A ces mots, qui du peuple attiroient le suffrage,
Nos Grecs n'ont répondu que par un cri de rage;
L'infidèle s'est vu partout envelopper,  1515
Et je n'ai pu trouver de place pour frapper.
Chacun se disputoit la gloire de l'abattre.
Je l'ai vu dans leurs mains quelque temps se débattre,
Tout sanglant à leurs coups vouloir se dérober;
Mais enfin à l'autel il est allé tomber[1].  1520
Du peuple épouvanté j'ai traversé la presse[2]
Pour venir de ces lieux enlever ma princesse,
Et regagner le port, où bientôt nos amis
Viendront couverts du sang que je vous ai promis.

HERMIONE.

Qu'ont-ils fait?

ORESTE.

Pardonnez à leur impatience :  1525

1. Quelques traits de ce tableau ont été pris dans le récit beaucoup plus détaillé que le messager, dans l'*Andromaque* d'Euripide (vers 1091-1132), fait de la mort de Pyrrhus.
2. *Var.* Le Troyen est sauvé. Mais partons, le temps presse;
   L'Épire tôt ou tard satisfera la Grèce.
   Cependant j'ai voulu qu'Andromaque aujourd'hui
   Honorât mon triomphe et répondît de lui.
   Du peuple épouvanté la foule fugitive
   M'a laissé sans obstacle enlever ma captive,
   Et regagner ces lieux, où bientôt nos amis
   [Viendront couverts du sang que je vous ai promis.] (1668)

118                    ANDROMAQUE.

Ils ont, je le vois bien, trahi votre vengeance.
Vous vouliez que ma main portât les premiers coups,
Qu'il sentît en mourant qu'il expiroit pour vous[1];
Mais c'est moi dont l'ardeur leur a servi d'exemple :
Je les ai pour vous seule entraînés dans le temple, 1530
Madame; et vous pouvez justement vous flatter
D'une mort que leurs bras n'ont fait qu'exécuter[2].
Vous seule avez poussé les coups....

### HERMIONE.

Tais-toi, perfide,
Et n'impute qu'à toi ton lâche parricide.
Va faire chez tes Grecs admirer ta fureur :     1535
Va, je la désavoue, et tu me fais horreur.
Barbare, qu'as-tu fait? Avec quelle furie
As-tu tranché le cours d'une si belle vie?
Avez-vous pu, cruels, l'immoler aujourd'hui,
Sans que tout votre sang se soulevât pour lui?  1540
Mais parle : de son sort qui t'a rendu l'arbitre?
Pourquoi l'assassiner? Qu'a-t-il fait? A quel titre?
Qui te l'a dit?

### ORESTE.

O Dieux! Quoi? ne m'avez-vous pas,
Vous-même, ici, tantôt, ordonné son trépas[3]?

---

1. Dans l'*Histoire du Théâtre françois* (tome VII, p. 105) on fait remarquer la ressemblance de ce passage avec ces vers de du Ryer :

> Il est mort, il est vrai; mais pour m'ôter de peine,
> Il falloit que sa mort fût un coup de ma haine....
> Que ma main achevât, qu'il mourût à ma vue,
> Et qu'il sût en mourant que c'est moi qui le tue.
>                     (*Thémistocle*, acte IV, scène IV.)

Ce dernier vers est presque semblable au vers 1270 d'*Andromaque*. — Le Thémistocle de du Ryer a été imprimé en 1648.

2. *Var.* D'une mort que les Grecs n'ont fait qu'exécuter. (1668-76)

3. « On dit que le Kain, quand il récitait ces vers, appuyait sur chaque mot, comme pour rappeler à Hermione toutes les circonstances de l'ordre qu'il avait reçu d'elle. Ce serait bien vis-à-vis d'un juge; mais quand il s'agit de la femme qu'on aime, le désespoir de la trouver injuste et cruelle est l'unique

## HERMIONE.

Ah! falloit-il en croire une amante insensée[1]?  1545
Ne devois-tu pas lire au fond de ma pensée?
Et ne voyois-tu pas, dans mes emportements,
Que mon cœur démentoit ma bouche à tous moments?
Quand je l'aurois voulu, falloit-il y souscrire?
N'as-tu pas dû cent fois te le faire redire?  1550
Toi-même avant le coup me venir consulter,
Y revenir encore, ou plutôt m'éviter?
Que ne me laissois-tu le soin de ma vengeance?
Qui t'amène en des lieux où l'on fuit ta présence?
Voilà de ton amour le détestable fruit:  1555
Tu m'apportois, cruel, le malheur qui te suit.
C'est toi dont l'ambassade, à tous les deux fatale,

---

sentiment qui remplisse l'âme. C'est ainsi que Talma conçoit la situation : un cri s'échappe du cœur d'Oreste ; il dit les premiers mots avec force, et ceux qui suivent avec un abattement toujours croissant : ses bras tombent, son visage devient en un instant plus pâle que la mort, et l'émotion des spectateurs s'augmente à mesure qu'il semble perdre la force de s'exprimer. » (Mme de Staël, *de l'Allemagne*, 2ᵉ partie, chapitre XXVII.) Est-ce à dire qu'à la différence de le Kain, Talma, ne tenant nul compte de la ponctuation, telle que la donnent toutes les anciennes éditions, n'insistait pas sur chaque circonstance de l'ordre? Il est difficile de le croire. — Dans ce beau dialogue Racine n'a certainement pas songé à imiter Shakspeare. Mais voici une rencontre singulière. Dans la tragédie du *Roi Jean*, le Roi dit à Hubert, l'assassin d'Arthur :

> . . . . . . *I had mighty cause*
> *To wish him dead, but thou hast none to kill him.*

Hubert lui répond :

> *Had none, Mylord! Why? did you not provoke me?*

1. Un nouvel emprunt, plus heureux que le premier, paraît à M. Piccolos, dans les *notes* déjà citées de sa traduction de Bernardin de Saint-Pierre, avoir été fait ici par Racine au roman d'Héliodore. Il compare ces reproches d'Hermione à Oreste à ceux que Déménète, cette autre Phèdre, fait à Thisbé sa complice, après que toutes deux ont réussi à perdre Cnémon. Nous ne citerons pas le passage d'Héliodore : si l'on y trouve, dans une situation analogue, un sentiment et un mouvement passionné qui rappellent ces vers d'Andromaque, l'expression diffère. On pourrait seulement rapprocher du vers 1560, « il m'aimeroit peut-être..., » cette phrase : τυχὸν ἂν μετεπείσθη χρόνῳ πρὸς τὸ ἡμερώτερον. » Voyez le livre I des *Éthiopiques*, chapitres XIV et XV.

L'a fait pour son malheur pencher vers ma rivale.
Nous le verrions encor nous partager ses soins;
Il m'aimeroit peut-être, il le feindroit du moins.   1560
Adieu. Tu peux partir. Je demeure en Épire :
Je renonce à la Grèce, à Sparte, à son empire,
A toute ma famille; et c'est assez pour moi,
Traître, qu'elle ait produit un monstre comme toi[1].

## SCENE IV.

### ORESTE, seul[2].

Que vois-je? est-ce Hermione? Et que viens-je d'entendre?
Pour qui coule le sang que je viens de répandre?
Je suis, si je l'en crois, un traître, un assassin.
Est-ce Pyrrhus qui meurt? et suis-je Oreste enfin?
Quoi? j'étouffe en mon cœur la raison qui m'éclaire;
J'assassine à regret un roi que je révère[3];   1570
Je viole en un jour les droits des souverains,
Ceux des ambassadeurs, et tous ceux des humains,

---

1. Dans l'édition de 1736, dans celles de Luneau de Boisjermain, de Geoffroy et de M. Aimé-Martin on lit ainsi ce vers :

   Traître, qu'elle ait produit un monstre tel que toi.

Dans l'édition de 1668, Hermione, après ce vers, ajoutait en s'adressant à Andromaque :

   Allons, Madame, allons. C'est moi qui vous délivre.
   Pyrrhus ainsi l'ordonne, et vous pouvez me suivre.
   De nos derniers devoirs allons nous dégager.
   Montrons qui de nous deux saura mieux le venger.

2. Au lieu d'ORESTE, seul, les éditions de 1668 et de 1673 portent: ORESTE, Soldats d'Oreste.

3. « La manière dont Talma récite ce monologue est sublime. L'espèce d'innocence qui rentre dans l'âme d'Oreste pour la déchirer, lorsqu'il dit ce vers :

   J'assassine à regret un roi que je révère,

inspire une pitié que le génie même de Racine n'a pu prévoir tout entière. » (Mme de Staël, de l'Allemagne, 2e partie, chapitre XXVII.)

Ceux même des autels où ma fureur l'assiége :
Je deviens parricide, assassin, sacrilége.
Pour qui? Pour une ingrate, à qui je le promets, 1575
Qui même, s'il ne meurt, ne me verra jamais,
Dont j'épouse la rage. Et quand je l'ai servie,
Elle me redemande et son sang et sa vie !
Elle l'aime ! et je suis un monstre furieux !
Je la vois pour jamais s'éloigner de mes yeux ! 1580
Et l'ingrate, en fuyant, me laisse pour salaire
Tous les noms odieux que j'ai pris pour lui plaire !

## SCENE V.

### ORESTE, PYLADE, Soldats d'Oreste.

#### PYLADE.

Il faut partir, Seigneur. Sortons de ce palais,
Ou bien résolvons-nous de n'en sortir jamais.
Nos Grecs pour un moment en défendent la porte. 1585
Tout le peuple assemblé nous poursuit à main forte.
Aux ordres d'Andromaque ici tout est soumis ;
Ils la traitent en reine, et nous comme ennemis.
Andromaque elle-même, à Pyrrhus si rebelle,
Lui rend tous les devoirs d'une veuve fidèle, 1590
Commande qu'on le venge, et peut-être sur nous[1]
Veut venger Troie encore et son premier époux.
Allons. N'attendons pas que l'on nous environne :
Nos Grecs nous rejoindront ; et tandis qu'Hermione
Tient encore le peuple autour d'elle arrêté, 1595

---

1. *Var.* Commande qu'on le venge ; et peut-être qu'encor
    Elle poursuit sur nous la vengeance d'Hector. (1668-87)

Cette variante est devenue le texte des éditions de 1768, 1807, 1808 et de celle de M. Aimé-Martin.

Voilà votre chemin, sortons en sûreté¹.
### ORESTE.
Non, non, c'est Hermione, amis, que je veux suivre².
A son dernier arrêt je ne puis plus survivre³.
Partez: j'ai fait le crime, et je vais l'expier.
### PYLADE.
Hermione, Seigneur? Il la faut oublier. 1600
Quoi? toujours l'instrument et l'objet de sa rage,
Cherchez-vous chez les morts quelque nouvel outrage?
Et parce qu'elle meurt, faut-il que vous mouriez?
### ORESTE.
Elle meurt? Dieux! qu'entends-je?
### PYLADE.
Hé quoi? vous l'ignoriez⁴?
En rentrant dans ces lieux, nous l'avons rencontrée 1605
Qui couroit vers le temple, inquiète, égarée.
Elle a trouvé Pyrrhus porté sur des soldats⁵
Que son sang excitoit à venger son trépas.
Sans doute à cet objet sa rage s'est émue.
Mais du haut de la porte enfin nous l'avons vue, 1610

---

1. Nous n'avons trouvé que dans les éditions de 1736, de 1760 (Amsterdam), de 1768 et de 1807 la leçon :

    Voilà notre chemin, marchons de ce côté,

leçon que M. Aimé-Martin donne comme une variante. C'était probablement une correction des comédiens, que l'édition de 1736 a recueillie.

2. Dans les éditions de 1722 et de 1736 il y a:

    Non, non, c'est Hermione, ami, que je veux suivre.

3. *Var.* A son dernier courroux je ne puis plus survivre. (1668-76)
4. Atalide et Acomat apprennent de la même manière la mort de Bajazet :

    OSM. Nos bras impatients ont puni son forfait,
    Et vengé dans son sang la mort de Bajazet.
    ATAL. Bajazet! ACOM. Que dis-tu? OSM. Bajazet est sans vie.
    L'ignoriez-vous?

5. Les éditions de 1736, de 1760 (Amsterdam), de 1768, de 1807, de 1808 et celle de M. Aimé-Martin ont ainsi changé ce vers :

    Elle a trouvé Pyrrhus porté par des soldats.

Un poignard à la main, sur Pyrrhus se courber,
Lever les yeux au ciel, se frapper et tomber.

ORESTE.

Grâce aux Dieux! Mon malheur passe mon espérance.
Oui, je te loue, ô ciel, de ta persévérance.
Appliqué sans relâche au soin de me punir,           1615
Au comble des douleurs tu m'as fait parvenir.
Ta haine a pris plaisir à former ma misère;
J'étois né pour servir d'exemple à ta colère,
Pour être du malheur un modèle accompli.
Hé bien! je meurs content, et mon sort est rempli [1].
Où sont ces deux amants? Pour couronner ma joie,
Dans leur sang, dans le mien il faut que je me noie;
L'un et l'autre en mourant je les veux regarder.
Réunissons trois cœurs qui n'ont pu s'accorder.
Mais quelle épaisse nuit tout à coup m'environne?    1625
De quel côté sortir? D'où vient que je frissonne?
Quelle horreur me saisit? Grâce au ciel, j'entrevoi [2].
Dieux [3]! quels ruisseaux de sang coulent autour de moi!

PYLADE.

Ah! Seigneur.

ORESTE.

Quoi? Pyrrhus, je te rencontre encore?
Trouverai-je partout un rival que j'abhorre?         1630
Percé de tant de coups, comment t'es-tu sauvé?
Tiens, tiens, voilà le coup que je t'ai réservé.
Mais que vois-je? A mes yeux Hermione l'embrasse?

---

1. La Harpe dit, dans son commentaire : « Il faudrait avoir vu le Kain prononcer ces mots : « Hé bien! je meurs content, » pour comprendre tout ce qu'ils ont d'effroyable dans la bouche d'Oreste. »

2. Les éditions publiées du vivant de Racine n'ont ainsi qu'un point à la fin de ce vers. Les impressions plus récentes, déjà celle de 1713, en mettent plusieurs, comme pour une réticence.

3. Il y a *Dieu!* au singulier, dans l'édition de 1697; c'est une de ces fautes évidentes où cette impression cesse de faire loi pour nous.

Elle vient l'arracher au coup qui le menace?
Dieux! quels affreux regards elle jette sur moi! 1635
Quels démons, quels serpents traîne-t-elle après soi[1]?
Hé bien! filles d'enfer, vos mains sont-elles prêtes?
Pour qui sont ces serpents qui sifflent sur vos têtes[2]?
A qui destinez-vous l'appareil qui vous suit?
Venez-vous m'enlever dans l'éternelle nuit? 1640
Venez, à vos fureurs Oreste s'abandonne.
Mais non, retirez-vous, laissez faire Hermione :
L'ingrate mieux que vous saura me déchirer;
Et je lui porte enfin mon cœur à dévorer.

PYLADE.

Il perd le sentiment. Amis, le temps nous presse : 1645
Ménageons les moments que ce transport nous laisse.
Sauvons-le. Nos efforts deviendroient impuissants
S'il reprenoit ici sa rage avec ses sens.

---

1. Geoffroy prétend que Talma disait ce vers d'un ton trop familier : « Il a l'air de faire observer tranquillement à Pylade une curiosité, tandis qu'il doit avoir l'accent de l'horreur. Je relève ce défaut par la raison qu'il a été très-applaudi. » (*Cours de littérature*, tome VI, p. 225.) Mais est-il vraisemblable que Geoffroy se soit bien rendu compte de l'effet produit par l'acteur?

2. Ce passage est une imitation des fureurs d'Oreste dans Euripide (*Oreste*, vers 245 et suivants). Boileau, au chapitre XIII du *Traité du Sublime*, a traduit quelques-uns de ces vers d'Oreste :

> Mère cruelle, arrête, éloigne de mes yeux
> Ces filles de l'enfer, ces spectres odieux.
> Ils viennent : je les vois; mon supplice s'apprête.
> Quels horribles serpents leur sifflent sur la tête!

Mais dans cette traduction fort libre, Racine plus qu'Euripide a été son modèle. Le *Traité du Sublime* ne fut publié par Boileau qu'en 1674, sept ans après *Andromaque*. — Dans le chapitre déjà cité *de l'Allemagne*, Mme de Staël, pensant au jeu admirable de Talma dans cette scène, dit : « Les grands acteurs se sont presque tous essayés dans les fureurs d'Oreste; mais c'est là surtout que la noblesse des gestes et des traits ajoute singulièrement à l'effet du désespoir. La puissance de la douleur est d'autant plus terrible qu'elle se montre à travers le calme même et la dignité d'une belle nature. »

FIN DU CINQUIÈME ET DERNIER ACTE.

# LES PLAIDEURS

COMÉDIE

1668

# NOTICE.

Dans l'*Histoire du Théâtre françois*[1] il est dit que *les Plaideurs* furent représentés pour la première fois, sur le théâtre de l'Hôtel de Bourgogne, vers le mois de novembre 1668. Cette date, qui s'annonce comme simplement approximative, n'est évidemment donnée qu'à titre de conjecture. Nous n'en trouvons nulle part de plus précise, de plus certaine : il n'y a dans la *Gazette* de 1668 aucune mention de la comédie de Racine; et les lettres en vers de Robinet la passent sous silence. Robinet est généralement exact à donner les nouvelles du théâtre, et s'est bien gardé, vers le même temps, d'omettre des productions très-éphémères, telles, par exemple, que *le Baron d'Albikrac* de Thomas Corneille; mais *les Plaideurs* n'étaient-ils pas une si pauvre bagatelle qu'elle devait passer inaperçue ? Le dédain du gazetier burlesque, dédain de parti pris, ne mériterait point qu'on y prît garde, s'il n'y avait lieu de croire qu'il n'eût pas osé l'affecter en présence d'une opinion publique mieux éclairée, et plus juste pour une comédie, au-dessus de laquelle nous n'avons, dans notre théâtre, que les chefs-d'œuvre de Molière.

Le privilége du Roi, pour l'impression des *Plaideurs*, ayant été donné le 5 décembre 1668, la comédie ne peut, ce nous semble, avoir été jouée plus tard que ne le supposent les frères Parfait. Il y aurait même lieu de penser qu'elle a été jouée plus tôt. Il s'écoulait d'ordinaire quelque temps entre la première représentation de la pièce et l'impression; la comédie de Racine d'ailleurs avait d'abord mal réussi; il ne songea sans doute

---

1. Tome X, p. 359.

à la faire imprimer que lorsque l'approbation de Versailles eut cassé le mauvais jugement de Paris. Or, si Valincour a été bien informé sur ce point, la pièce ne fut représentée à la cour qu'un mois après l'avoir été à la ville[1]. Il faudrait donc, pour la date de la première représentation des *Plaideurs*, remonter peut-être un peu plus haut dans cette même année 1668, que les premiers jours de novembre.

Les témoignages contemporains nous manquent également sur la distribution des rôles à cette première époque des représentations de la comédie de Racine. Là, comme ailleurs, M. Aimé-Martin nomme, sans hésiter, les acteurs qui ont joué d'original; mais il paraît cette fois encore avoir arbitrairement formé une liste, qu'il n'appuie d'aucune autorité. DANDIN, suivant lui, aurait été joué par Poisson, LÉANDRE par de Villiers, CHICANNEAU par Brécourt, ISABELLE par Mlle d'Ennebaut, LA COMTESSE par Mlle Beauchâteau, PETIT JEAN par Hauteroche, L'INTIMÉ par la Thorillière. Dans la seconde des *Lettres sur la vie et les ouvrages de Molière et sur les comédiens de son temps*, insérées au *Mercure de France* de 1740 et attribuées à la femme de l'acteur Poisson, il est dit (p. 1139) que Hauteroche excellait dans le personnage de Chicanneau : à moins qu'il n'ait commencé, ce qui est peu probable, par être chargé de celui de Petit Jean, ce serait un démenti donné à la liste de M. Aimé-Martin, qui nous paraît bien, sur ce point, prise en défaut. Nous croyons volontiers que Poisson, à qui son talent assignait les premiers rôles comiques, a pu jouer Dandin; en général M. Aimé-Martin n'a pas dressé sans vraisemblance ses listes d'acteurs; mais quand il s'agit de ces petits faits de l'histoire du théâtre, qui n'ont quelque intérêt qu'à la condition d'être certains, les vraisemblances ne suffisent pas.

L'avis *Au lecteur* dont Racine a fait précéder sa comédie nous apprend dans quelles circonstances il la composa, comment l'idée lui en vint à l'esprit, avec quelle diligence il l'acheva, entouré d'amis qui excitaient sa verve, et qui mirent eux-mêmes, dit-il, la main à l'ouvrage. Peut-être n'a-t-il pas tout dit sur l'origine de ses *Plaideurs*, sur ce qui lui en suggéra la pre-

---

1. *Lettre à d'Olivet*, dans l'*Histoire de l'Académie françoise*, tome II, p. 332.

mière pensée. Il parle seulement d'une lecture des *Guépes* d'Aristophane, qui lui donna la tentation d'essayer sur la scène des Italiens l'effet que produiraient parmi nous ces bouffonneries du théâtre d'Athènes, si pleines de sel attique et de fine observation, et dont s'était amusé le peuple le plus spirituel. S'il dit un mot, en passant, d'un procès qu'il avait eu, ce n'est que pour expliquer comment il lui doit quelque connaissance du jargon de la chicane. Mais, suivant d'Olivet, dont Louis Racine, dans ses *Mémoires*, n'a été ici que l'écho, ce procès ne l'aurait pas seulement initié aux mystères de cette langue barbare, il aurait été la véritable occasion de sa pièce[1] : de sorte que Racine se serait, comme le dit son fils, consolé, c'est-à-dire vengé, de la perte de sa cause par une satire contre les chicaneurs dont il avait été la victime, contre les avocats et contre les juges. Le litige qui nous a valu une si bonne comédie est, d'après le même témoignage, celui qui s'était engagé au sujet du prieuré d'Épinay. Il y a bien là quelque petite difficulté, ainsi que nous l'avons fait remarquer dans la *Notice biographique*[2]. On peut opposer à d'Olivet quelques raisons de croire que Racine conserva son bénéfice, et continua à porter le titre de prieur de l'Épinay plus longtemps que ne le ferait supposer son récit. Toutefois, que Racine ait eu un procès quelconque, et un procès déjà jugé à l'époque où il composa *les Plaideurs*, c'est ce qui n'est pas douteux, puisqu'il le dit lui-même. Il est extrêmement vraisemblable que dans une comédie si vivante il apportait une inspiration, une passion toute personnelle, et que ce ne fut pas simplement une fantaisie littéraire qui l'engagea à suivre les traces d'Aristophane, lui bien plus porté par son goût et par la nature de son talent à se faire, comme il le déclare, le disciple de Ménandre et de Térence. Et sa pièce est ainsi bien plus véritablement aristophanesque : on imite trop froidement un semblable modèle, si l'on n'a pas, pour son propre compte, quelqu'un à fustiger.

Racine ne s'était nullement proposé d'abord de faire une véritable comédie. Il y avait alors à Paris une troupe italienne qui était en grande faveur. Les petites pièces qu'elle jouait étaient

---

1. *Histoire de l'Académie*, tome II, p. 341.
2. Voyez tome I, p. 49, note 3.

de légères esquisses, où, sans souci d'un art plus élevé, on ne pensait qu'à faire rire. Les grimaces des acteurs, dont quelques-uns étaient d'excellents bouffons, étaient pour beaucoup dans le succès de leur répertoire. Les lazzis n'y étaient pas toujours fort délicats. Mais c'est assez souvent sur des scènes si libres que le comique franc et naïf éclate en traits inattendus. Tel fut le théâtre où Racine pensa que quelques-unes des plaisanteries d'Aristophane seraient à leur place. S'il eût suivi son premier dessein, ses *Guêpes* françaises auraient été sans doute plus hardies encore, plus bouffonnes, très-probablement écrites en prose et au courant de la plume. On doit même penser que, suivant l'usage des auteurs qui travaillaient pour les Italiens, il n'eût donné aux acteurs que quelques scènes à apprendre, les laissant, pour le reste, improviser à leur gré, et broder sur le canevas. Boileau devait désirer quelque chose de mieux. Mais quelque forme que Racine eût donnée à son badinage, le véritable atticisme n'eût pas manqué aux improvisations qu'il eût légèrement indiquées. Dans l'art, si difficile à bien imiter, des Aristophane et des Rabelais, qui, sous la bouffonnerie populaire, insinue la finesse la plus ingénieuse, il devait être beaucoup moins dépaysé que bien des personnes ne seraient portées à le croire : esprit charmant et délicat, mais en même temps plein de verve satirique et mordante.

La comédie italienne à laquelle il destinait son juge dans les gouttières et ses petits chiens orphelins, vit s'éloigner en ce temps le meilleur de ses acteurs, son fameux Scaramouche, sur qui surtout Racine, d'après sa préface, paraît avoir compté pour le succès de la pièce. Dans l'*Histoire de l'ancien Théâtre italien* [1], il est dit que Tiberio Fiurilli (c'était le nom de ce Scaramouche) quitta Paris en 1667 pour un voyage en Italie, dont il ne devait revenir qu'assez longtemps après, en 1670. On peut, ce nous semble, avoir des doutes sur la date de 1667. Ce ne serait pas la seule erreur de ce genre commise par les frères Parfait au sujet de Scaramouche, qu'ils font mourir le 7 février 1696, tandis que son inhumation à Saint-Eustache

---

1. Page 19. Ce petit livre (un volume in-12, à Paris, chez Lambert, M.DCC.LIII) est dû aux auteurs de l'*Histoire du Théâtre françois*.

est du 8 décembre 1694[1]. Il est à remarquer que dans sa lettre en vers du 5 mai 1668, et dans celle même du 2 juin suivant, Robinet, à propos de représentations très-brillantes de la troupe italienne, parle des rôles qu'y remplissait alors Scaramouche. Peut-être, dira-t-on, s'agissait-il d'un Scaramouche nouveau. Cependant, à la manière dont Robinet s'exprime sur le talent du bouffon italien, on croit plutôt reconnaître l'acteur en vogue.

Ces dates, que l'on voudrait pouvoir plus sûrement fixer, ne sont pas ici sans intérêt. Si le départ de Scaramouche est de 1667, comme Racine, avant ce départ, avait déjà formé le dessein d'une pièce contre les gens de chicane, la perte du procès qui l'aurait dépouillé de son bénéfice de l'Épinay devient, comme origine de ses *Plaideurs*, bien plus inadmissible encore par sa date que nous ne l'avons déjà dit. Si, au contraire, comme on serait tenté de le croire d'après la lettre de Robinet, Fiurilli n'était pas encore parti au commencement de juin 1668, Racine n'aurait donc commencé que bien tard la comédie que nous avons aujourd'hui, celle qu'il se décida à faire, très-différente de son premier canevas, pour la scène française. Qu'on n'oublie pas qu'elle fut vraisemblablement jouée dans les premiers jours de novembre, sinon plus tôt. Un temps fort court aurait donc suffi à sa facilité pour concevoir et pour écrire une des plus charmantes comédies. Mais cela n'a rien d'invraisemblable; et nous lisons dans la préface des *Plaideurs* que la pièce une fois commencée « ne tarda guère à être achevée. »

Dès que Racine, renonçant aux Italiens, se fut tourné vers une scène qui, même dans une farce, demandait beaucoup d'art et de mesure, il se trouva dans les conditions d'une œuvre plus régulière, plus soignée et où sa réputation était plus intéressée. Mais dans une pièce qui s'inspirait d'Aristophane, il ne crut pas devoir trop restreindre sa liberté; il n'eut pas peur de pousser la folie du badinage aussi loin qu'il le pouvait faire sans atteindre ces limites où le goût français ne la supporterait plus : il fit bien; et, tout en n'abandonnant point la naïve et hardie gaieté, il rencontra la bonne comédie.

---

1. Voyez la *Vie de Scaramouche*, par le sieur Angelo Constantini (Mezetin), p. 246 (1 vol. in-12, à Paris, à l'Hôtel de Bourgogne, et chez Claude Barbin, M.DC.XCV).

Il est fort peu probable que les amis à qui, dans sa préface, il accorde l'honneur d'avoir eu part à son travail, y aient réellement mis beaucoup du leur. Il leur dut sans doute quelques traits, la première idée de quelques plaisanteries, peut-être de quelques scènes, mais la première idée seulement. On voit trop bien que là tout est d'une même main. Brossette, dans son commentaire de Boileau [1], dit que la comédie des *Plaideurs* fut faite en très-peu de temps, dans le cabaret de la place du Cimetière-Saint-Jean, d'où sortit aussi le *Chapelain décoiffé*, et où s'assemblaient habituellement « les jeunes seigneurs les plus spirituels de la cour, avec MM. Despréaux, Racine, la Fontaine, Chapelle, Furetière et quelques autres personnes d'élite. » Tout ce que l'on a répété depuis sur le concours prêté à Racine par ses commensaux pour la composition de sa comédie est tiré de là. Cependant le renseignement est un peu vague. La part plus ou moins grande de chacun n'y est aucunement indiquée ; et Brossette, qui nomme ces habitués du *Mouton blanc*, jeunes seigneurs et poëtes, ne dit même pas qu'ils aient tous contribué en quelque chose aux plaisanteries si bien mises en œuvre par Racine. Boileau et Furetière sont les seuls d'entre eux à qui l'on puisse, guidé par d'autres indices, attribuer telles ou telles idées comiques des *Plaideurs* sans trop risquer de se tromper. La scène excellente de la dispute qui s'élève entre la comtesse de Pimbesche et Chicanneau s'était, au témoignage du *Menagiana* et de Brossette, passée chez Boileau le greffier, frère aîné de Despréaux, qui la conta à Racine ; et celui-ci, dit Brossette, « ne fit guère que la rimer. » La pauvre Babonnette, qui eût volontiers emporté les serviettes du buvetier, comme faisait, disait-on, la femme du lieutenant criminel Tardieu, peut bien être aussi un trait dont Racine fut redevable à Boileau, qui savait et aimait à raconter, comme on le voit dans ses satires, bien des histoires sur l'avarice de Madame la lieutenante. Pour Furetière, nous signalons dans les notes de la pièce des rapports assez frappants entre plusieurs passages de son *Roman bourgeois* et quelques-unes des meilleures plaisanteries de Racine. Nous ne savons si notre poëte eut la peine de les aller

---

1. OEuvres de Boileau (édition de 1716), tome I, p. 438, note sur le dernier vers de l'épigramme II, *à Monsieur Racine*.

chercher là : Furetière put bien les lui fournir de vive voix. Celui-ci du reste était en fonds de traits satiriques, particulièrement sur le Palais; outre ceux qu'il a semés dans le roman que nous venons de nommer, on en trouve dans deux de ses satires[1], qui en rappellent quelques-uns des *Plaideurs*, mais de loin. Quoique Furetière fût homme d'esprit, à peine s'apercevrait-on qu'il était riche en idées vraiment comiques, si ces mêmes idées, traitées par Racine, n'avaient pris sous ses mains un si frappant relief de style, et une forme qui leur donne toute leur finesse. Louis Racine, dans son examen des *Plaideurs*, n'a pas oublié que dans l'une de ses satires (*le Jeu de boules des procureurs*) Furetière, plusieurs années avant Racine, avait cherché des effets plaisants dans l'emploi des mots du Palais; mais il a raison de dire que sa plaisanterie trop prolongée devient fort ennuyeuse : ce que Racine a pu lui emprunter, il l'a donc assez transformé pour demeurer à peine son débiteur.

On veut donner à Racine bien des collaborateurs; on lui en a cherché même au Palais, supposant qu'il avait absolument besoin, comme Petit Jean, qu'on lui soufflât les termes savants de la chicane. Ce fut, suivant Louis Racine, M. de Brilhac, conseiller au parlement de Paris, qui les lui apprit; quelques-uns ajoutent que M. de Lamoignon, alors conseiller au Parlement, put aussi lui venir en aide. Enfin on nomme encore l'avocat Pousset de Montauban, lié avec Boileau et Racine, et on lui donne quelque part aux *Plaideurs*, sans expliquer assez s'il livra seulement à l'auteur les secrets de l'idiome de la procédure, ou s'il le mit au courant des anecdotes du Palais et des plus amusantes bizarreries de l'éloquence judiciaire. S'il ne s'agissait que de la langue des tribunaux, nous ne voyons pas pourquoi il n'eût pas été très-facile à Racine, sans tous ces secours, d'acquérir dans le cours de son procès, ainsi qu'il le dit lui-même, l'érudition dont il avait besoin.

Ce qu'il y a de plus certain, c'est que les avocats du temps avaient beaucoup travaillé à sa comédie, mais avec une complaisance très-involontaire. Le *Menagiana* fait remarquer que

---

[1]. Ces satires, *le Déjeuner d'un procureur*, et *le Jeu de boules des procureurs*, se trouvent dans les *Poésies diverses du sieur Furetière*, à Paris, chez Guillaume de Luyne, M.DC.LXIV (1 vol. in-12).

la plupart d'entre eux sont joués dans *les Plaideurs*[1], et que les différents tons sur lesquels l'Intimé déclame sont autant de copies qui rappellent ces bons modèles. Voilà précisément dans quel sens les poëtes comiques, qui ont l'heureux don de l'observation, ne se passent jamais de collaborateurs. Le célèbre Gaultier, que Boileau n'a pas oublié dans ses satires, et à qui son éloquence criarde avait fait donner le surnom de Gaultier la Gueule, dut être, comme on croit le reconnaître dans quelques passages de ses plaidoyers, un de ces avocats qui ne furent pas inutiles à Racine. Les amis mêmes que le poëte avait au barreau n'échappèrent pas, dit-on, à sa raillerie. Nous croirions difficilement que Patru ait été du nombre. Quoique le *Menagiana* semble le désigner par une initiale, on peut, en ce qui est de lui, avoir beaucoup de doutes, parce que Racine et Boileau avaient une haute idée de son talent. Faut-il admettre plus volontiers que le Maistre lui-même ne fut pas épargné? Était-il reconnaissable à quelques traits des *Plaideurs?* On l'a soupçonné, et par là on a soulevé récemment une polémique assez vive, qui ne saurait, en aucun sens, être entièrement concluante[2]. Il faut seulement avouer qu'en ce temps-là Racine était bien capable d'une malice que la reconnaissance et le respect n'auraient pas beaucoup gênée; et si le Maistre avait montré dans ses plaidoiries une supériorité de goût et de saine éloquence, qui le distinguait de la plupart de ses contemporains, on ne saurait affirmer cependant qu'il n'ait

1. *Menagiana*, tome III, p. 24-26.
2. M. Sainte-Beuve, dans son *Port-Royal* (tome I, p. 378), a exprimé l'opinion que dans certains passages de sa comédie, particulièrement dans celui-ci : « Avocat, ah! passons au déluge, » qui rappellerait une phrase d'un plaidoyer de le Maistre, Racine « se moquait un peu sans s'en douter, ou en s'en doutant, de son premier et excellent guide à Port-Royal. » M. Oscar de Vallée, dans son livre intitulé : *de l'Éloquence judiciaire au dix-septième siècle*, et M. Jules le Berquier, dans un article de la *Revue des Deux-Mondes* publié le 1er janvier 1863 sous ce titre : *Une réforme au Palais*, ont été d'avis que l'éloquence d'Antoine le Maistre le mettait au-dessus d'une supposition qui jetterait sur lui quelque ridicule. Si la conjecture de M. Sainte-Beuve n'est pas fondée, la mémoire de Racine aurait plus à se plaindre que celle de le Maistre du tort injuste qu'elle lui ferait.

jamais par aucun écart prêté le flanc au railleur. Mais si pour le Maistre et pour Patru on peut se refuser à croire qu'ils aient fourni quelques traits à l'éloquence de l'Intimé, il n'y a pas la même incertitude en ce qui regarde l'avocat Montauban. Racine a fait des emprunts aux plaidoyers de cet ami : les contemporains n'en doutaient pas.

Les malices contre les personnes ne sont bien comprises, surtout ne sont goûtées qu'un moment; plus tard les commentaires ne peuvent guère les faire revivre. Aussi ne font-elles pas une vraie comédie s'il ne se trouve sous ces portraits, dont avec le temps on ne reconnaît plus la ressemblance, une image ineffaçable de l'homme de tous les temps, ou tout au moins les types généraux d'une époque. Racine a su donner à sa pièce cette vérité qui ne périt pas avec les allusions, et qui se passe de toutes les clefs. Mais tout en se gardant de mettre tout le sel de sa comédie dans des personnalités satiriques, il n'avait pas craint de suivre assez hardiment l'exemple d'Aristophane, son modèle. L'habit couleur de rose sèche et le masque sur l'oreille que portait la comtesse de Pimbesche, et qui faisaient reconnaître la comtesse de Crissé, plaideuse incorrigible, attachée à la maison de la duchesse douairière d'Orléans[1], ne rappellent-ils pas la liberté de l'ancienne comédie?

Il y a dans *les Plaideurs* bien des hardiesses d'un autre genre. Ce trait :

Dis-nous, à qui veux-tu faire perdre la cause?

et celui-ci :

Hé! Monsieur, peut-on voir souffrir des malheureux?
— Bon! cela fait toujours passer une heure ou deux,

sont des plus sanglants. Le fouet d'Aristophane ne frappait guère plus fort, au milieu de la licence de la démocratie athénienne. On comprend sans peine que quelques magistrats s'en soient émus. « Un vieux conseiller dont je vous dirai le nom à l'oreille, dit Valincour dans sa lettre à d'Olivet, fit grand bruit au Palais contre cette comédie. »

---

1. Voyez l'*Histoire de la Fontaine*, par Walckenaer, p. 152 et 153.

Il serait difficile de dire si les juges, les procureurs et les avocats purent former, aux premières représentations de la pièce, une cabale assez forte pour en amener la chute. Ils n'auraient pas d'ailleurs manqué d'auxiliaires parmi les envieux de Racine. Mais peut-être le mauvais succès qu'eurent d'abord *les Plaideurs* doit-il être attribué surtout à la dureté d'intelligence du public, qui ne sentant pas bien toute la finesse et toute la vérité cachées sous des extravagances en apparence si outrées, craignit de paraître s'amuser à des enfantillages, ou vint au théâtre avec ce préjugé que dans une pièce remplie de termes de chicane il ne pouvait y avoir le mot pour rire. Racine indique lui-même l'une et l'autre disposition des spectateurs comme ayant nui à l'effet de sa comédie. Quoi qu'il en soit, Valincour raconte « qu'aux deux premières représentations les acteurs furent presque sifflés, et n'osèrent pas hasarder la troisième. » C'était en vain que Molière, noblement équitable, avait réclamé contre de si injustes dédains, et avait dit bien haut que « ceux qui se moquoient de cette pièce méritoient qu'on se moquât d'eux[1]. » Il ne fallut rien moins que l'autorité du goût de Louis XIV pour relever la comédie tombée. Voici comment Valincour raconte le retour inespéré de fortune qui vint surprendre tout à coup Racine, lorsqu'il devait croire la bataille décidément perdue à l'Hôtel de Bourgogne : « Un mois après, les comédiens étant à la cour, et ne sachant quelle petite pièce donner à la suite d'une tragédie, risquèrent *les Plaideurs*. Le feu Roi, qui étoit très-sérieux, en fut frappé, y fit même de grands éclats de rire; et toute la cour, qui juge ordinairement mieux que la ville, n'eut pas besoin de complaisance pour

---

1. Racine lui aurait bien mal témoigné sa reconnaissance, s'il fallait croire qu'à la fin de son avis *Au lecteur* il ait voulu, comme on l'a dit quelquefois, donner à entendre de lui ce qu'il dit de ces auteurs qui, par de sales équivoques, font retomber le théâtre dans l'ancienne turpitude. Mais pourquoi supposer une accusation, qui eût été si contraire à la vérité? C'était peut-être déjà trop que de dire : « Je n'attends pas un grand honneur d'avoir assez longtemps réjoui le monde. » Cette manière dédaigneuse de parler de la comédie pouvait ressembler à un secret désir de rabaisser Molière. Si Racine n'a pas pensé à lui, cet oubli seul était déjà un tort.

l'imiter. Les comédiens, partis de Saint-Germain[1] dans trois carrosses à onze heures du soir, allèrent porter cette bonne nouvelle à Racine.... Trois carrosses après minuit, et dans un lieu où jamais il ne s'en étoit tant vu ensemble, réveillèrent le voisinage. On se mit aux fenêtres ; et comme on vit que les carrosses étoient à la porte de Racine, et qu'il s'agissoit des *Plaideurs*, les bourgeois se persuadèrent qu'on venoit l'enlever pour avoir mal parlé des juges. Tout Paris le crut à la Conciergerie le lendemain[2]. » Il semble, quoi que Valincour en dise, qu'avant d'avoir eu bon goût, et de s'être avoué qu'il fallait rire, les gens de cour avaient eu besoin de voir rire le maître ; car c'est eux que Racine désigne dans son avis *Au lecteur* comme ayant trouvé malséant de se divertir à propos de gens de robe. Nous devons donc laisser à Louis XIV tout l'honneur d'avoir apprécié le premier à sa juste valeur une charmante comédie. Il eut en même temps le grand mérite de protéger la liberté de l'art, et d'être sourd aux plaintes des Dandins contre Racine, comme il l'avait été à celles des marquis contre Molière. Dans la persuasion où il était que l'État c'était lui-même, lui seul, il y avait cela de bon du moins, que les attaques qui s'arrêtaient au-dessous de lui ne lui paraissaient pas trop facilement des crimes d'État : la comédie en a profité ; et bien des sociétés moins despotiquement gouvernées n'auraient pas eu autant de tolérance et auraient en une telle occasion exercé sur le théâtre une censure plus rigoureuse.

Le suffrage du Roi eut le même effet décisif à la ville qu'à la cour. La pièce, reprise à l'Hôtel de Bourgogne, y fut souvent et longtemps représentée avec un grand succès. Le Registre de la Grange nous apprend que dans les derniers mois de 1680, après la réunion des comédiens français de l'une et de l'autre troupe, *les Plaideurs* furent joués quatre fois à la ville, et qu'il en fut donné aussi une représentation à Versailles. Nous en comptons sur le même registre cinq représentations en 1681, trois en 1682, deux en 1683, deux en 1684, trois dans les premiers mois de 1685. Le *Mercure* et le *Journal* de Dangeau en

---

1. Racine, dans son avis *Au lecteur*, ne dit pas que ce fut à Saint-Germain, mais à Versailles, que la pièce reprit faveur.
2. *Histoire de l'Académie françoise*, tome II, p. 332 et 333.

mentionnent plusieurs qui furent données devant la cour en 1702, en 1703 et en 1714. Celle du 19 octobre de cette dernière année eut lieu à Fontainebleau, chez Mme de Maintenon. Ce fut aussi à Fontainebleau, en 1698, que le duc et la duchesse de Bourgogne jouèrent eux-mêmes la comédie de Racine, ou tout au moins qu'ils étudièrent les rôles qu'ils y avaient choisis, comme nous le savons par le *Journal* de Dangeau [1]. Ils prirent cet amusement pendant le voyage d'octobre, le dernier voyage de cour auquel Racine ait été invité, et que sa maladie, déjà très-grave, ne lui permit pas de faire. Après les rôles dont s'étaient chargés le prince et la princesse, il en restait encore six, qu'ils donnèrent à la duchesse de Guiche, à Mme d'Heudicourt, à la comtesse d'Ayen, à Mmes d'O et de Montgon, et à Mlle de Normanville.

Le goût que Louis XIV et, à son exemple, les princes de sa famille avaient eu pour cette comédie, l'empereur Napoléon Ier semble ne l'avoir point partagé. Nous avons trouvé dans sa *Correspondance* [2] que le 17 juillet 1808 il faisait écrire de Bayonne par M. de Meneval à M. Barbier, son bibliothécaire, une lettre dans laquelle il donnait l'ordre qu'on formât pour lui une bibliothèque portative d'un millier de volumes. Il était naturel que pour cette bibliothèque de voyage, nécessairement limitée, on se bornât à un choix de chefs-d'œuvre en tout genre; et l'on ne peut s'étonner qu'il fût prescrit « de ne mettre de Corneille que ce qui est resté. » Racine devait subir la même loi; et quoique son théâtre, moins inégal, se soit conservé plus entier, il n'y a point cependant à réclamer contre le retranchement de ses deux premières tragédies : « ôter de Racine *la Thébaïde* et *l'Alexandre*. » Mais pourquoi avoir ajouté : « et *les Plaideurs?* » Était-ce que le comique poussé si loin choquait un esprit sérieux, qui ne s'était pas donné le temps d'y reconnaître le véritable sel attique? ou plutôt une forme de comédie qui s'attaque aux institutions sociales déplaisait-elle par sa liberté, comme un dangereux exemple, à un pouvoir plus ombrageux que celui de la vieille monarchie? S'il ne fallait voir dans l'exclusion donnée aux *Plaideurs* qu'un jugement littéraire, cette exclusion ne

---

1. A la date du 19 octobre 1698.
2. Lettre nº 14207.

se comprendrait pas aussi facilement que celle de *la Thébaïde* et de l'*Alexandre*, deux tragédies qui depuis longtemps ont à peu près disparu de la scène. La comédie de Racine s'y est au contraire maintenue, et y excite toujours la gaieté la plus franche et du meilleur aloi : on peut affirmer qu'elle n'a pas vieilli, quelques changements heureux que le temps ait apportés et dans nos mœurs judiciaires et dans l'éloquence de notre barreau. Loin de paraître une production inférieure d'un esprit sorti un moment de sa voie, elle inspire seulement le regret que le loisir ait manqué à Racine pour faire quelques autres tentatives dans un genre où il eût certainement continué d'exceller, soit qu'il eût encore avec autant de bonheur imité Aristophane, soit qu'il eût suivi de préférence le penchant qui le portait à prendre pour modèle l'élégance de Térence, la douceur charmante et la vérité de ses peintures morales. De toute façon il eût eu, comme dans *les Plaideurs*, son originalité ; et le voisinage de l'incomparable Molière ne l'eût pas trop écrasé, parce que sa manière, on le voit bien, eût été toute différente.

Les acteurs du Théâtre-Français, qui ont toujours conservé les traditions de la bonne comédie, ont joué de tout temps et jouent aujourd'hui encore *les Plaideurs* avec beaucoup d'intelligence et de verve. Il serait difficile de nommer tous les comédiens que le public y a tour à tour applaudis. Pour ne parler que des temps déjà un peu anciens, on cite de 1702 à 1740 Dangeville, qui excellait, dit-on, dans le rôle de Chicanneau[1] ; plus tard Baptiste cadet, dont les débuts remontent à 1792, qui ne prit sa retraite qu'en 1822, et reparut même, après 1830, dans quelques représentations, a laissé le souvenir d'une bouffonnerie inimitable dans le rôle de Perrin Dandin.

---

Pour les variantes des *Plaideurs*, les éditions dont nous avons

[1]. Le Mazurier, *Galerie historique des acteurs*, tome I, p. 209.

fait usage sont d'abord celle de 1669[1], édition séparée et la première de toutes, puis les différentes éditions collectives dont il a été fait mention à l'occasion des pièces précédentes. Notre texte est, comme pour les tragédies, celui de 1697.

## AU LECTEUR.

QUAND je lus *les Guêpes* d'Aristophane, je ne songeois guères que j'en dusse faire *les Plaideurs*. J'avoue qu'elles me divertirent beaucoup, et que j'y trouvai quantité de plaisanteries qui me tentèrent d'en faire part au public; mais c'étoit en les mettant dans la bouche des Italiens[2], à qui je les avois destinées, comme une chose qui leur appartenoit de plein droit. Le juge qui saute par les fenêtres, le chien criminel, et les larmes de sa famille, me sembloient autant d'incidents dignes de la gravité de Scaramouche. Le départ de cet acteur[3] interrompit mon

---

1. En voici le titre :

LES PLAIDEURS,
COMEDIE.
A Paris,
chez Claude Barbin....
M.DC.LXIX.
Avec privilege du Roy.

Le privilége est donné à Paris le 5 décembre 1668. L'Achevé d'imprimer n'est pas mentionné. Quatre feuillets, sans pagination, pour le titre, l'avis *Au lecteur*, l'extrait du privilége, et la liste des acteurs. Après ces préliminaires, 88 pages.
2. La troupe italienne donnait, au dix-septième siècle, ses représentations, en alternant avec les comédiens français. Elle joua d'abord au Petit-Bourbon, puis au Palais-Royal, et enfin à l'Hôtel de Bourgogne.
3. Il s'agit de Tiberio Fiurilli, né à Naples en 1608, mort à la fin de 1694. Cet excellent comédien, dont les exemples avaient été profitables à Molière, parut le premier en France sous l'habit de Scaramouche. Voyez ci-dessus la *Notice* sur *les Plaideurs*, p. 130 et 131.

dessein, et fit naître l'envie à quelques-uns de mes amis de voir sur notre théâtre un échantillon¹ d'Aristophane. Je ne me rendis pas à la première proposition qu'ils m'en firent. Je leur dis que quelque esprit que je trouvasse dans cet auteur, mon inclination ne me porteroit pas à le prendre pour modèle, si j'avois à faire une comédie; et que j'aimerois beaucoup mieux imiter la régularité de Ménandre et de Térence, que la liberté de Plaute et d'Aristophane². On me répondit que ce n'étoit pas une comédie qu'on me demandoit, et qu'on vouloit seulement voir si les bons mots d'Aristophane auroient quelque grâce dans notre langue. Ainsi, moitié en m'encourageant, moitié en mettant eux-mêmes la main à l'œuvre, mes amis me firent commencer une pièce qui ne tarda guère à être achevée.

Cependant la plupart du monde ne se soucie point de l'intention ni de la diligence des auteurs. On examina d'abord mon amusement comme on auroit fait une tragédie. Ceux mêmes qui s'y étoient le plus divertis eurent peur de n'avoir pas ri dans les règles, et trouvèrent mauvais que je n'eusse pas songé plus sérieusement à les faire rire. Quelques autres s'imaginèrent qu'il étoit bienséant à eux de s'y ennuyer, et que les matières de Palais ne pouvoient pas être un sujet de divertissement pour des gens de cour ³. La pièce fut bientôt après jouée à Versailles. On ne fit point de scrupule de s'y réjouir; et ceux qui avoient cru se déshonorer de rire à Paris, furent peut-être obligés de rire à Versailles pour se faire honneur.

---

1. VAR. (édit. de 1669) : quelque échântillon.

2. VAR. (édit. de 1669) : et que la régularité de Ménandre et de Térence me sembloit bien plus glorieuse et même plus agréable à imiter que la liberté de Plaute et d'Aristophane.

3. Les éditions de 1713, 1728, 1736 ont : « *les* gens de cour. » D'Olivet indique *des* comme variante.

Ils auroient tort, à la vérité, s'ils me reprochoient d'avoir fatigué leurs oreilles de trop de chicane. C'est une langue qui m'est plus étrangère qu'à personne, et je n'en ai [1] employé que quelques mots barbares que je puis avoir appris dans le cours d'un procès que ni mes juges ni moi n'avons jamais bien entendu [2].

Si j'appréhende quelque chose, c'est que des personnes un peu sérieuses ne traitent de badineries le procès du chien et les extravagances du juge. Mais enfin je traduis Aristophane, et l'on doit se souvenir qu'il avoit affaire à des spectateurs assez difficiles. Les Athéniens savoient apparemment ce que c'étoit que le sel attique; et ils étoient bien sûrs, quand ils avoient ri d'une chose, qu'ils n'avoient pas ri d'une sottise.

Pour moi, je trouve qu'Aristophane a eu raison de pousser les choses au delà du vraisemblable. Les juges de l'Aréopage n'auroient pas peut-être trouvé bon qu'il eût marqué au naturel leur avidité de gagner, les bons tours de leurs secrétaires, et les forfanteries de leurs avocats. Il étoit à propos d'outrer un peu les personnages pour les empêcher de se reconnoître. Le public ne laissoit pas de discerner le vrai au travers du ridicule; et je m'assure qu'il vaut mieux avoir occupé l'impertinente éloquence de deux orateurs autour d'un chien accusé, que si l'on avoit mis sur la sellette un véritable criminel, et qu'on eût intéressé les spectateurs à la vie d'un homme.

Quoi qu'il en soit, je puis dire que notre siècle n'a pas été de plus mauvaise humeur que le sien, et que si le but de ma comédie étoit de faire rire, jamais comédie

---

1. Dans l'édition de M. Aimé-Martin on lit : « et je n'ai employé. »
2. Var. (édit. de 1669) : que je puis avoir retenus dans le cours d'un procès que ni moi ni mes juges n'ont jamais bien entendu.

n'a mieux attrapé son but. Ce n'est pas que j'attende un grand honneur d'avoir assez longtemps réjoui le monde. Mais je me sais quelque gré de l'avoir fait sans qu'il m'en ait coûté une seule de ces sales équivoques [1] et de ces malhonnêtes plaisanteries qui coûtent maintenant si peu à la plupart de nos écrivains, et qui font retomber le théâtre dans la turpitude d'où quelques auteurs plus modestes l'avoient tiré.

1. Var. (édit. de 1669-87) : un seul de ces sales équivoques.

## ACTEURS.

DANDIN, juge[1].
LÉANDRE, fils de Dandin.
CHICANNEAU, bourgeois[2].
ISABELLE, fille de Chicanneau.
LA COMTESSE.
PETIT JEAN, portier.
L'INTIMÉ, secrétaire[3].
LE SOUFFLEUR.

La scène est dans une ville de basse Normandie.

---

1. Racine a pris le nom de Perrin Dandin dans Rabelais (*Pantagruel*, livre III, chapitre xli). Là toutefois Perrin Dandin n'est pas un juge, mais un « appointeur de procès. » Le même chapitre de Rabelais offrait à Racine un nom de juge, *Bridoye*, qui lui a semblé sans doute moins heureux, et dont Beaumarchais plus tard devait s'emparer : tout le monde connaît *Bridoison*.

2. Nous avons conservé à ce nom les deux *n*, qui sont dans toutes les éditions imprimées du vivant de Racine. C'est seulement dans les éditions plus récentes qu'on l'écrit Chicaneau. Voyez plus bas, p. 160, note 2. Rabelais a encore fourni ce nom ; mais chez lui les *chicanous* sont des huissiers, non des plaideurs.

3. Le nom de l'Intimé est emprunté à la langue du Palais : l'*intimé* est le défendeur en cause d'appel.

# LES PLAIDEURS.
## COMÉDIE.

## ACTE I.

### SCÈNE PREMIERE.

PETIT JEAN, traînant un gros sac de procès.

Ma foi, sur l'avenir bien fou qui se fira :
Tel qui rit vendredi, dimanche pleurera.
Un juge, l'an passé, me prit à son service ;
Il m'avoit fait venir d'Amiens pour être Suisse[1].
Tous ces Normands vouloient se divertir de nous :　　　5
On apprend à hurler, dit l'autre[2], avec les loups.
Tout Picard que j'étois, j'étois un bon apôtre[3],
Et je faisois claquer mon fouet[4] tout comme un autre.

---

1. Les *suisses*, domestiques chargés de garder la porte des hôtels, étaient autrefois véritablement *Suisses* de nation. Celui-ci, au lieu de venir de Suisse, vient de Picardie ; c'est ce qui rend ce vers plaisant.

2. *Dit l'autre*, c'est-à-dire : *dit-on, dit le proverbe*, façon populaire de parler. On trouve aussi dans Molière (*le Médecin malgré lui*, acte III, scène II) : « Tout ça, comme dit l'autre, n'a été que de l'onguent mitonmitaine. »

3. *Bon apôtre* a d'ordinaire le sens d'hypocrite : dans la Fontaine, *Grippeminaud le bon apôtre, Cormoran le bon apôtre*. Il paraît signifier ici un homme qui sait son métier, un rusé compère.

4. *Faire claquer son fouet*, se donner de l'importance.

Tous les plus gros monsieurs[1] me parloient chapeau bas :
« Monsieur de Petit Jean, » ah ! gros comme le bras[2] !  10
Mais sans argent l'honneur n'est qu'une maladie.
Ma foi, j'étois un franc portier de comédie[3] :
On avoit beau heurter et m'ôter son chapeau,
On n'entroit point chez nous sans graisser le marteau[4].
Point d'argent, point de Suisse[5], et ma porte étoit close.
Il est vrai qu'à Monsieur j'en rendois quelque chose :
Nous comptions quelquefois. On me donnoit le soin
De fournir la maison de chandelle et de foin ;
Mais je n'y perdois rien. Enfin, vaille que vaille,
J'aurois sur le marché fort bien fourni la paille.  20
C'est dommage : il avoit le cœur trop au métier ;
Tous les jours le premier aux plaids, et le dernier,
Et bien souvent tout seul ; si l'on l'eût voulu croire,
Il y seroit couché sans manger et sans boire[6].

---

1. Molière avait déjà mis dans la bouche naïve de Georgette cette expression *Monsieurs*, au lieu de *Messieurs* :

> . . . . Nous en voyons qui paroissent joyeux
> Lorsque leurs femmes sont avec les beaux Monsieurs.
> (*École des femmes*, acte II, scène III.)

2. La phrase est elliptique : « On me donnait *gros comme le bras* (c'est-à-dire *très-respectueusement, très-cérémonieusement*) le titre de Monsieur de Petit Jean. »

3. Le *portier de comédie* était celui qui se tenait à la porte du théâtre pour recevoir l'argent. Chapuzeau, dans son *Théâtre françois*, p. 242 et 243, donne des détails sur les portiers de la comédie. Il dit que les contrôleurs des portes « ont soin que les portiers fassent leur devoir, qu'ils ne reçoivent de l'argent de qui que ce soit. » Le vers de Racine donne à penser que la défense faite aux portiers n'était pas toujours bien observée.

4. *Graisser le marteau* (de la porte, qu'on nommait aussi le *heurtoir*), c'est donner de l'argent au portier, pour qu'il nous laisse entrer.

5. *Point d'argent, point de Suisse*, se disait proverbialement, parce que les troupes suisses engagées à prix d'argent au service des puissances étrangères se retiraient quand leur solde n'était pas exactement payée.

6. *Il y seroit couché* est le texte de toutes les éditions imprimées du vivant de Racine. Louis Racine dit dans ses *Notes sur la langue des Plaideurs*, que c'est une faute d'impression. Plusieurs éditeurs, adoptant sans doute cette opinion, qui n'est nullement fondée, ont imprimé : « Il s'y seroit couché. »

Je lui disois parfois : « Monsieur Perrin Dandin, 25
Tout franc, vous vous levez tous les jours trop matin :
Qui veut voyager loin ménage sa monture.
Buvez, mangez, dormez, et faisons feu qui dure. »
Il n'en a tenu compte. Il a si bien veillé
Et si bien fait, qu'on dit que son timbre est brouillé[1]. 30
Il nous veut tous juger les uns après les autres.
Il marmotte toujours certaines patenôtres[2]
Où je ne comprends rien. Il veut, bon gré, mal gré,
Ne se coucher qu'en robe et qu'en bonnet carré[3].
Il fit couper la tête à son coq, de colère[4], 35
Pour l'avoir éveillé plus tard qu'à l'ordinaire ;
Il disoit qu'un plaideur dont l'affaire alloit mal
Avoit graissé la patte à ce pauvre animal[5].
Depuis ce bel arrêt, le pauvre homme a beau faire,
Son fils ne souffre plus qu'on lui parle d'affaire. 40

1. *Son timbre est brouillé*, c'est-à-dire sa cervelle est brouillée, dérangée. On dit plus souvent dans ce sens : « son timbre est fêlé. » Des commentateurs ont blâmé l'expression de Racine. La métaphore ne veut pas être ici analysée si exactement, et pourrait d'ailleurs être justifiée.

2. *Patenôtres* signifie le plus souvent des *pater noster*, des prières. Petit Jean donne ce nom aux formules inintelligibles, au *grimoire* que récite son maître.

3. L'esclave Xanthias, dans *les Guêpes* d'Aristophane, fait de la folie de son maître Philocléon un tableau à peu près semblable :

Φιληλιαστής ἐστιν ὡς οὐδεὶς ἀνήρ,
Ἐρᾷ τε τούτου, τοῦ δικάζειν, καὶ στένει
Ἢν μὴ 'πὶ τοῦ πρώτου καθίζηται ξύλου·
Ὕπνου δ' ὁρᾷ τῆς νυκτὸς οὐδὲ πασπάλην.

(*Guêpes*, 89-92.)

4. Ce trait est emprunté à Aristophane :

Τὸν ἀλεκτρυόνα δ', ὃς ᾖδ' ἐπ'ἑσπέρας, ἔφη,
Ὡς ὄψ' ἐγείρειν αὐτὸν ἀναπεπεισμένον,
Παρὰ τῶν ὑπευθύνων ἔχοντα χρήματα.

(*Guêpes*, vers 100-102.)

5. *Graisser la patte* signifie corrompre en donnant de l'argent.

Il nous le fait garder jour et nuit, et de près[1] :
Autrement serviteur, et mon homme est aux plaids.
Pour s'échapper de nous, Dieu sait s'il est allaigre.
Pour moi, je ne dors plus : aussi je deviens maigre,
C'est pitié. Je m'étends, et ne fais que bâiller[2].          45
Mais veille qui voudra, voici mon oreiller.
Ma foi, pour cette nuit il faut que je m'en donne ;
Pour dormir dans la rue on n'offense personne.
Dormons[3].

## SCÈNE II.

### L'INTIMÉ, PETIT JEAN.

L'INTIMÉ.

Ay, Petit Jean ! Petit Jean !

PETIT JEAN.

                                    L'Intimé !
Il a déjà bien peur de me voir enrhumé[4].          50

L'INTIMÉ.

Que diable ! si matin que fais-tu dans la rue ?

PETIT JEAN.

Est-ce qu'il faut toujours faire le pied de grue[5],
Garder toujours un homme, et l'entendre crier ?
Quelle gueule[6] ! Pour moi, je crois qu'il est sorcier.

---

1. Οὗτος φυλάττειν τὸν πατέρ' ἐπέταξε νῷν,
  Ἔνδον καθείρξας, ἵνα θύραζε μὴ 'ξίῃ. (Guépes, vers 69 et 70.)

2. Ce mot, dans les anciennes éditions, est constamment écrit : *baailler*.

3. L'édition de 1736 et celle de M. Aimé-Martin donnent ici l'indication : « *Il se couche par terre.* »

4. L'édition de M. Aimé-Martin fait précéder ce vers de l'indication : « *A part.* »

5. *Faire le pied de grue*, attendre longtemps sur ses pieds, comme une grue se tient immobile sur une jambe.

6. Boileau s'est aussi servi du mot *gueule*, en parlant de la chicane, dans la satire VIII (vers 299) :

    Lorsqu'il entend de loin d'une gueule infernale
    La chicane en fureur mugir dans la grand'salle.

Gaultier, célèbre avocat de ce temps, était surnommé *Gaultier la Gueule*.

L'INTIMÉ.

Bon !

PETIT JEAN.

Je lui disois donc, en me grattant la tête, 55
Que je voulois dormir. « Présente ta requête
Comme tu veux dormir, » m'a-t-il dit gravement[1].
Je dors en te contant la chose seulement.
Bonsoir.

L'INTIMÉ.

Comment bonsoir? Que le diable m'emporte
Si.... Mais j'entends du bruit au-dessus de la porte. 60

## SCÈNE III.

DANDIN, L'INTIMÉ, PETIT JEAN.

DANDIN, à la fenêtre.

Petit Jean ! L'Intimé !

L'INTIMÉ, à Petit Jean.

Paix !

DANDIN.

Je suis seul ici.
Voilà mes guichetiers en défaut, Dieu merci.
Si je leur donne temps, ils pourront comparoître[2].

---

1. « Il y avoit alors.... un président si amoureux de son métier qu'il l'exerçoit dans son domestique. Quand son fils lui représentoit qu'il avoit besoin d'un habit neuf, il lui répondoit gravement : *Présente ta requête...*; et quand le fils lui avoit présenté sa requête, il répondoit par un : *Soit communiqué à sa mère.* » (Louis Racine, *Comparaison des* Plaideurs *et de la comédie d'Aristophane intitulée* les Guêpes, au tome I des *Remarques sur les Tragédies de Jean Racine*, p. 217 et 218.)

2. Il y a, dans les anciennes éditions, *comparestre*, pour rimer avec *fenestre*.

Çà, pour nous élargir, sautons par la fenêtre.
Hors de cour[1].

L'INTIMÉ.

Comme il saute!

PETIT JEAN.

Ho! Monsieur, je vous tien.

DANDIN.

Au voleur! Au voleur!

PETIT JEAN.

Ho! nous vous tenons bien.

L'INTIMÉ.

Vous avez beau crier.

DANDIN.

Main forte! l'on me tue[2]!


# SCÈNE IV.

LÉANDRE, DANDIN, L'INTIMÉ, PETIT JEAN.

LÉANDRE.

Vite un flambeau! j'entends mon père dans la rue.
Mon père, si matin qui vous fait déloger?
Où courez-vous la nuit?

DANDIN.

Je veux aller juger.   70

LÉANDRE.

Et qui juger? Tout dort.

---

1. *Comparoître, élargir, hors de cour*, sont des termes de Palais.
2. Il y a une lutte semblable entre Philocléon et les esclaves qui le gardent:

Βδελυκλ. Παῖ, τὴν θύραν ὤθει· πίεζέ νυν σφόδρα
         Εὖ κἀνδρικῶς . . . . . . . . . . . .
Φιλοκλ.  Τί δράσετ'; οὐκ ἐκφρήσετ', ὦ μιαρώτατοι,
         Δικάσοντά με; . . . . . . . . . . . .
                        (*Guêpes*, vers 152-157.)

PETIT JEAN.

Ma foi, je ne dors guères.

LÉANDRE.

Que de sacs ! il en a jusques aux jarretières [1].

DANDIN.

Je ne veux de trois mois rentrer dans la maison.
De sacs et de procès j'ai fait provision.

LÉANDRE.

Et qui vous nourrira?

DANDIN.

Le buvetier, je pense.

LÉANDRE.

Mais où dormirez-vous, mon père ?

DANDIN.

A l'audience.

LÉANDRE.

Non, mon père : il vaut mieux que vous ne sortiez pas.
Dormez chez vous. Chez vous faites tous vos repas.
Souffrez que la raison enfin vous persuade ;
Et pour votre santé....

DANDIN.

Je veux être malade.

LÉANDRE.

Vous ne l'êtes que trop. Donnez-vous du repos :
Vous n'avez tantôt plus que la peau sur les os.

---

1. Aujourd'hui le *dossier*, dans la langue du Palais, a remplacé le *sac*. Rabelais plaisante aussi beaucoup sur les *sacz* où « a sont contenues, comme il dit, les escriptures et autres procedures, » sur « les sacz de toille plains d'informations. » Lorsque les procès « sont bien *ensachez*, on les peut vrayement dire membrez et formez.... Les sergeans, huissiers, appariteurs, chicquaneurs, procureurs.... etc., sucgeans bien fort et continuellement les bourses des parties, engendrent a leurs proces, teste, pieds, griphes, bec, dens, mains, venes, arteres, nerfz, muscles, humeurs. Ce sont les sacz.... La vraie etymologie de *proces* est en ce qu'il doit avoir.... *prou sacz.* » ( *Pantagruel*, livre III, chapitre XLII.)

DANDIN.

Du repos? Ah! sur toi tu veux régler ton père.
Crois-tu qu'un juge n'ait qu'à faire bonne chère,
Qu'à battre le pavé comme un tas de galants,     85
Courir le bal la nuit, et le jour les brelans?
L'argent ne nous vient pas si vite que l'on pense.
Chacun de tes rubans me coûte une sentence[1].
Ma robe vous fait honte: un fils de juge! Ah, fi!
Tu fais le gentilhomme. Hé! Dandin, mon ami,     90
Regarde dans ma chambre et dans ma garderobe
Les portraits des Dandins: tous ont porté la robe;
Et c'est le bon parti. Compare prix pour prix
Les étrennes d'un juge à celles d'un marquis:
Attends que nous soyons à la fin de décembre.     95
Qu'est-ce qu'un gentilhomme? Un pilier d'antichambre.
Combien en as-tu vu, je dis des plus hupés[2],
A souffler dans leurs doigts dans ma cour occupés,
Le manteau sur le nez, ou la main dans la poche;
Enfin, pour se chauffer, venir tourner ma broche[3]!     100
Voilà comme on les traite. Hé! mon pauvre garçon,
De ta défunte mère est-ce là la leçon?
La pauvre Babonnette! Hélas! lorsque j'y pense,
Elle ne manquoit pas une seule audience.
Jamais, au grand jamais, elle ne me quitta,     105
Et Dieu sait bien souvent ce qu'elle en rapporta:

---

1. « On portait encore des rubans au temps de Racine. C'était un reste de l'ancien habillement déchiqueté. Aujourd'hui les comédiens substituent au mot de *rubans* celui de *boutons*. » (*Note de l'édition de* 1768.) On pourrait croire que les comédiens se permettaient encore ce changement ridicule au temps où la Harpe écrivait son commentaire, puisqu'il a reproduit cette note, sans en citer la source, et semble se l'approprier.

2. Τί γὰρ εὔδαιμόν γ', ἢ μακαριστὸν μᾶλλον νῦν ἐστὶ δικαστοῦ;...
Οὗ πρῶτα μὲν ἕρποντ' ἐξ εὐνῆς τηροῦσ' ἐπὶ τοῖσι δρυφάκτοις
Ἄνδρες μεγάλοι καὶ τετραπήχεις. (*Guêpes*, vers 563-566.)
— Il y a bien *hupés*, et non *huppés*, dans les anciennes éditions.

3. *Var.* Enfin, pour se chauffer, venir tourner la broche. (1676)

Elle eût du buvetier emporté les serviettes,
Plutôt que de rentrer au logis les mains nettes[1].
Et voilà comme on fait les bonnes maisons. Va,
Tu ne seras qu'un sot.

LÉANDRE.

Vous vous morfondez là, 110
Mon père. Petit Jean, remenez votre maître;
Couchez-le dans son lit; fermez porte, fenêtre[2];
Qu'on barricade tout, afin qu'il ait plus chaud.

PETIT JEAN.

Faites donc mettre au moins des garde-fous là-haut.

DANDIN.

Quoi? l'on me mènera coucher sans autre forme? 115
Obtenez un arrêt comme il faut que je dorme[3]

LÉANDRE.

Hé! par provision, mon père, couchez-vous.

DANDIN.

J'irai; mais je m'en vais vous faire enrager tous :
Je ne dormirai point.

---

1. Ce trait, suivant Brossette, aurait été fourni à Racine par un récit que l'on faisait des larcins de Marie Ferrier, femme de Jacques Tardieu, lieutenant criminel de Paris. Voici le commentaire de Brossette sur le vers 253 de la satire X de Boileau: « Mme Tardieu n'entroit jamais dans une maison qu'elle n'escroquât quelque chose.... C'est d'elle que Racine a dit dans ses *Plaideurs* :

Elle eût du buvetier emporté les serviettes..., etc.

Elle avait effectivement pris quelques serviettes chez le buvetier du Palais. »

2. Bdélycléon, dans *les Guêpes* (vers 199 et 200), ordonne de même à Sosie de fermer la porte au verrou et de tout barricader.

3. Au tome II, p. 260, du *Ducatiana* (Amsterdam, 1738, 2 vol. in-12), on dit que Racine a fait ici un emprunt au *Mensa philosophica*, ce petit livre de Thibauld d'Auguilbert auquel Molière doit l'idée de son *Médecin malgré lui*. Dans le *Mensa philosophica*, livre IV, chapitre XXXIII, *de Advocatis*, on raconte l'anecdote d'un avocat mourant, qui ne veut pas communier si un arrêt n'est rendu par des juges compétents pour le lui prescrire : « *Advocatus quidam, cum graviter infirmaretur, et dicerent ei ut communicaret : Volo*, inquit, *ut mihi judicetur, an debeam facere, necne. Et cum adstantes dicerent ei :* « *Judicamus quod sic, Appello*, inquit, *tanquam ab iniqua sententia, quia non estis judices mei. Et sic mortuus est.* »

LÉANDRE.

Hé bien, à la bonne heure !
Qu'on ne le quitte pas. Toi, l'Intimé, demeure[1].  120

## SCÈNE V.

### LÉANDRE, L'INTIMÉ.

LÉANDRE.
Je veux t'entretenir un moment sans témoin.
L'INTIMÉ.
Quoi ? vous faut-il garder ?
LÉANDRE.
J'en aurois bon besoin[2].
J'ai ma folie, hélas ! aussi bien que mon père.
L'INTIMÉ.
Ho ! vous voulez juger ?
LÉANDRE[3].
Laissons là le mystère.
Tu connois ce logis.
L'INTIMÉ.
Je vous entends enfin :  125
Diantre ! l'amour vous tient au cœur de bon matin.
Vous me voulez parler sans doute d'Isabelle.
Je vous l'ai dit cent fois, elle est sage, elle est belle ;
Mais vous devez songer que monsieur Chicanneau
De son bien en procès consume le plus beau.  130
Qui ne plaide-t-il point ? Je crois qu'à l'audience[4]
Il fera, s'il ne meurt, venir toute la France.

---

1. *Var.* Qu'on ne le quitte point. Toi, l'Intimé, demeure. (1669)
2. *Var.* Quoi ? vous faut-il garder ? LÉAN. J'en aurois bien besoin. (1669-87)
3. LÉANDRE, *montrant le logis d'Isabelle.* (1736 et M. Aimé-Martin)
4. *Var.* A qui n'en veut-il point ? Je crois qu'à l'audience. (1669-87)

Tout auprès de son juge il s'est venu loger :
L'un veut plaider toujours, l'autre toujours juger.
Et c'est un grand hasard s'il conclut votre affaire   135
Sans plaider le curé, le gendre et le notaire.

LÉANDRE.

Je le sais comme toi. Mais, malgré tout cela,
Je meurs pour Isabelle.

L'INTIMÉ.

Hé bien ! épousez-la.
Vous n'avez qu'à parler : c'est une affaire prête.

LÉANDRE.

Hé ! cela ne va pas si vite que ta tête.   140
Son père est un sauvage à qui je ferois peur [1].
A moins que d'être huissier, sergent ou procureur,
On ne voit point sa fille ; et la pauvre Isabelle,
Invisible et dolente, est en prison chez elle.
Elle voit dissiper sa jeunesse en regrets [2],   145
Mon amour en fumée, et son bien en procès.
Il la ruinera si l'on le laisse faire.
Ne connoîtrois-tu point quelque honnête faussaire
Qui servît ses amis, en le payant, s'entend,
Quelque sergent zélé ?

L'INTIMÉ.

Bon ! l'on en trouve tant !   150

LÉANDRE.

Mais encore ?

L'INTIMÉ.

Ah ! Monsieur, si feu mon pauvre père
Étoit encor vivant, c'étoit bien votre affaire.

---

1. Dans l'édition de 1669, il n'y a qu'une virgule à la fin de ce vers ; point et virgule à la fin du vers suivant.

2. Pour le tour de cette phrase, voyez la note sur le vers 1410 d'*Andromaque*. Racine a dit aussi dans *Britannicus* (vers 979) :

J'ai vu sur ma ruine élever l'injustice.

Il gagnoit en un jour plus qu'un autre en six mois :
Ses rides sur son front gravoient tous ses exploits[1].
Il vous eût arrêté le carrosse d'un prince ; 155
Il vous l'eût pris lui-même ; et si dans la province
Il se donnoit en tout vingt coups de nerfs de bœuf,
Mon père, pour sa part, en emboursoit dix-neuf[2].
Mais de quoi s'agit-il? Suis-je pas fils de maître[3] ?
Je vous servirai.

LÉANDRE.

Toi?

L'INTIMÉ.

Mieux qu'un sergent peut-être. 160

LÉANDRE.

Tu porterois au père un faux exploit?

L'INTIMÉ.

Hon! hon[4] !

LÉANDRE.

Tu rendrois à la fille un billet?

L'INTIMÉ.

Pourquoi non?
Je suis des deux métiers.

LÉANDRE.

Viens, je l'entends qui crie.
Allons à ce dessein rêver ailleurs.

---

1. Cette parodie du vers 35 du *Cid* :

   Ses rides sur son front ont gravé ses exploits,

blessa Corneille. « J'ai vu, dit le *Menagiana* (tome III, p. 306 et 307), feu M. Corneille fort en colère contre M. Racine pour cette bagatelle.... « Quoi? « disoit M. Corneille, ne tient-il qu'à un jeune homme de venir tourner en « ridicule les plus beaux vers des gens? » Nous ferons remarquer, aux vers 368 et 601, deux autres parodies de vers du *Cid*.

2. C'est ce que dit Rabelais d'un *chicquanous a rouge muzeau* : « Si en tout le territoyre nestoyent que trente coupz de bastons a guaingner, il en emboursoyt tousiours vingthuyct et demy. » (*Pantagruel*, livre IV, chapitre XVI.)

3. Dans la *maîtrise*, il y avait certains droits particuliers pour ceux qui étaient *fils de maître*. Ici l'expression est figurée.

4. Tu porterois au père un faux exploit? L'INT. Quoi donc? (1669-87)

## SCÈNE VI.

CHICANNEAU, allant et revenant.

         La Brie,
Qu'on garde la maison, je reviendrai bientôt.   165
Qu'on ne laisse monter aucune âme là-haut.
Fais porter cette lettre à la poste du Maine.
Prends-moi dans mon clapier trois lapins de garenne[1],
Et chez mon procureur porte-les ce matin.
Si son clerc vient céans, fais-lui goûter mon vin.  170
Ah! donne-lui ce sac qui pend à ma fenêtre.
Est-ce tout? Il viendra me demander peut-être
Un grand homme sec, là, qui me sert de témoin,
Et qui jure pour moi lorsque j'en ai besoin :
Qu'il m'attende. Je crains que mon juge ne sorte.  175
Quatre heures vont sonner. Mais frappons à sa porte.

    PETIT JEAN, entr'ouvrant la porte.
Qui va là?

      CHICANNEAU.
  Peut-on voir Monsieur?

    PETIT JEAN, refermant la porte.
         Non.

      CHICANNEAU [2].
        Pourroit-on
Dire un mot à Monsieur son secrétaire?

      PETIT JEAN [3].
        Non.

      CHICANNEAU [4].
Et Monsieur son portier?

---

1. *Var.* Prends-moi dans ce clapier trois lapins de garenne. (1669 et 76)
2. CHICANNEAU, *frappant à la porte.* (1736 et M. Aimé-Martin)
3. PETIT JEAN, *fermant la porte.* (*Ibidem*)
4. CHICANNEAU, *frappant à la porte.* (*Ibidem*)

PETIT JEAN.
C'est moi-même.
CHICANNEAU.
De grâce,
Buvez à ma santé, Monsieur.
PETIT JEAN[1].
Grand bien vous fasse[2] !
Mais revenez demain.
CHICANNEAU.
Hé ! rendez donc l'argent.
Le monde est devenu, sans mentir, bien méchant.
J'ai vu que les procès ne donnoient point de peine :
Six écus en gagnoient une demi-douzaine.
Mais aujourd'hui, je crois que tout mon bien entier  185
Ne me suffiroit pas pour gagner un portier.
Mais j'aperçois venir Madame la comtesse
De Pimbesche[3]. Elle vient pour affaire qui presse.

---

1. PETIT JEAN, *prenant l'argent*. (1736 et M. Aimé-Martin)
2. Après ce vers les mêmes éditions donnent de nouveau l'indication : « *Fermant la porte.* »
3. Racine a pu tirer de quelque vieil auteur le nom de *Pimbesche*, comme il a fait ceux de *Dandin* et de *Chicanneau*. En tout cas, c'était un nom déjà connu. Le *Dictionnaire anglais et français* de Cotgrave (Londres, 1611) donne le mot *Pimbesche*, qu'il définit : « A wilie queane, subtile wench...; one « that can finely execute her mistresses knavish devises. » Mais il n'y a rien là qui convienne au caractère de notre comtesse. L'édition de 1694 du *Dictionnaire de l'Académie* explique ainsi le même mot : « Terme de mépris, dont on se sert en parlant d'une femme impertinente, qui fait la capable. » Ce n'est pas encore tout à fait ce que nous cherchons. Nous ignorons si Racine avait ailleurs rencontré *Pimbesche* employé, avant lui, dans un sens moins éloigné de celui qu'il lui a donné.

## SCÈNE VII.

### CHICANNEAU, LA COMTESSE.

CHICANNEAU.

Madame, on n'entre plus.

LA COMTESSE.

      Hé bien! l'ai-je pas dit?
Sans mentir, mes valets me font perdre l'esprit.   190
Pour les faire lever c'est en vain que je gronde :
Il faut que tous les jours j'éveille tout mon monde.

CHICANNEAU.

Il faut absolument qu'il se fasse celer.

LA COMTESSE.

Pour moi, depuis deux jours je ne lui puis parler.

CHICANNEAU.

Ma partie est puissante, et j'ai lieu de tout craindre. 195

LA COMTESSE.

Après ce qu'on m'a fait, il ne faut plus se plaindre.

CHICANNEAU.

Si pourtant[1] j'ai bon droit.

LA COMTESSE.

      Ah! Monsieur, quel arrêt!

---

1. *Si pourtant* se disait autrefois pour signifier *cependant*. Racine a mis une seconde fois (vers 558) cette locution surannée dans la bouche du vieux bourgeois plaideur, à qui elle sied bien. Luneau de Boisjermain ayant fait remarquer que *si pourtant* ne se disait plus, la Harpe le contredit, et avertit « qu'il ne faut pas induire en erreur les étrangers, qui pourroient croire en lisant les vers d'*Iphigénie* :

  Si pourtant ce respect, si cette obéissance, etc.,

que Racine a employé une locution hors d'usage. » Il paraîtrait que la Harpe faisait un contre-sens sur le vers des *Plaideurs*.

CHICANNEAU.
Je m'en rapporte à vous. Écoutez, s'il vous plaît [1].
LA COMTESSE.
Il faut que vous sachiez, Monsieur, la perfidie.
CHICANNEAU.
Ce n'est rien dans le fond.
LA COMTESSE.
Monsieur, que je vous die....
CHICANNEAU.
Voici le fait. Depuis quinze ou vingt ans en çà,
Au travers d'un mien pré certain ânon passa,
S'y vautra, non sans faire un notable dommage,
Dont je formai ma plainte au juge du village.
Je fais saisir l'ânon. Un expert est nommé, 205
A deux bottes de foin le dégât estimé.
Enfin, au bout d'un an, sentence par laquelle
Nous sommes renvoyés hors de cour. J'en appelle.
Pendant qu'à l'audience on poursuit un arrêt,
Remarquez bien ceci, Madame, s'il vous plaît, 210
Notre ami Drolichon, qui n'est pas une bête,
Obtient pour quelque argent un arrêt sur requête,
Et je gagne ma cause. A cela que fait-on ?
Mon chicaneur [2] s'oppose à l'exécution.
Autre incident : tandis qu'au procès on travaille, 215
Ma partie en mon pré laisse aller sa volaille.
Ordonné qu'il sera fait rapport à la cour
Du foin que peut manger une poule en un jour [3] :

1. Furetière dit, à la page 423 de son *Roman bourgeois* (Paris, Claude Barbin, 1666, 1 vol. in-12) : « Il n'y a rien de plus naturel à des plaideurs que de se conter leurs procès les uns aux autres. Ils font facilement connoissance ensemble, et ne manquent point de matière pour fournir à la conversation. »

2. Les éditions imprimées du vivant de Racine ont partout *chicaneur, chicanne*, ce qui explique l'orthographe du nom de *Chicanneau*, que nous avons cru devoir conserver.

3. Cizeron-Rival, dans ses *Récréations littéraires*, p. 104 et 105, croit que Racine a fait ici un emprunt à un poëme poitevin. C'est peut-être chercher un

Le tout joint au procès enfin, et toute chose
Demeurant en état, on appointe la cause               220
Le cinquième ou sixième avril cinquante-six.
J'écris sur nouveaux frais. Je produis, je fournis
De dits, de contredits, enquêtes, compulsoires,
Rapports d'experts, transports, trois interlocutoires,
Griefs et faits nouveaux, baux et procès-verbaux.      225
J'obtiens lettres royaux, et je m'inscris en faux.
Quatorze appointements, trente exploits, six instances,
Six-vingts[1] productions, vingt arrêts de défenses[2],
Arrêt enfin. Je perds ma cause avec dépens,
Estimés environ cinq à six mille francs.              230
Est-ce là faire droit ? Est-ce là comme on juge ?
Après quinze ou vingt ans ! Il me reste un refuge :
La requête civile[3] est ouverte pour moi,
Je ne suis pas rendu. Mais vous, comme je voi,
Vous plaidez.

LA COMTESSE.

Plût à Dieu !

peu loin l'origine d'une plaisanterie que notre poëte a bien pu imaginer sans ce secours. Quoi qu'il en soit, voici la petite découverte de Cizeron-Rival : « Racine a pris l'idée de cet *incident* du procès de Chicanneau dans *la Gente Poitevin'rie*, poëme en langage poitevin imprimé à Poitiers en 1610. Il est parlé dans cet ouvrage d'un procès qu'un paysan poitevin avoit fait à son voisin, en réparation du dommage fait à ses champs par cinq ou six oisons de ce même voisin. »

1. Les éditions anciennes ont toutes *six-vingt*, sans *s*.

2. Louis Racine, dans ses *Mémoires* (voyez notre tome I, p. 228), dit que ce fut M. de Brilhac, conseiller au parlement de Paris, qui apprit à Racine ces termes de Palais. On les trouve pour la plupart dans ce passage de Rabelais, qui, au besoin, a pu, tout aussi bien que M. de Brilhac, les enseigner à Racine : « ayant bien veu, reveu, leu, releu, paperassé et feuilleté les complainctes, adiournemens, .... contredictz, requestes, enquestes, replicques, duplicques, triplicques, .... *lettres royaux, compulsoires*, declinatoires, .... *apoinctemens*, ... *exploictz*, et autres telles dragées et espisseryes.... » (*Pantagruel*, livre III, chapitre XXXIX.)

3. La *requête civile* est celle qu'on présente à une cour souveraine, pour en obtenir qu'elle revoie et juge de nouveau la même affaire sur laquelle elle a déjà rendu un arrêt définitif auquel il n'y a plus lieu de former opposition.

CHICANNEAU.
                    J'y brûlerai mes livres.   235
            LA COMTESSE.
Je....

            CHICANNEAU.
    Deux bottes de foin cinq à six mille livres[1] !
            LA COMTESSE.
Monsieur, tous mes procès alloient être finis ;
Il ne m'en restoit plus que quatre ou cinq petits :
L'un contre mon mari, l'autre contre mon père,
Et contre mes enfants. Ah! Monsieur, la misère !   240
Je ne sais quel biais ils ont imaginé,
Ni tout ce qu'ils ont fait ; mais on leur a donné
Un arrêt par lequel, moi vêtue et nourrie,
On me défend, Monsieur, de plaider de ma vie.
            CHICANNEAU.
De plaider?
            LA COMTESSE.
        De plaider.
            CHICANNEAU.
                Certes, le trait est noir.   245
J'en suis surpris.
            LA COMTESSE.
        Monsieur, j'en suis au désespoir.
            CHICANNEAU.
Comment, lier les mains aux gens de votre sorte !
Mais cette pension, Madame, est-elle forte ?
            LA COMTESSE.
Je n'en vivrois, Monsieur, que trop honnêtement.

---

1. « Les traits des poëtes comiques paroissent quelquefois outrés, et ne le sont pas. Il est rapporté dans l'éloge historique de M. Boivin l'aîné qu'il soutint un procès pour une redevance de vingt-quatre sols, dont il prétendoit qu'une maison qu'il avoit achetée en Normandie devoit être exempte. Ce procès, qu'il perdit, dura douze ans, et lui coûta douze mille livres de frais. » (*Louis Racine*, dans ses *Remarques* sur *les Plaideurs*.)

Mais vivre sans plaider, est-ce contentement ? 250
### CHICANNEAU.
Des chicaneurs viendront nous manger jusqu'à l'âme,
Et nous ne dirons mot ! Mais, s'il vous plaît, Madame,
Depuis quand plaidez-vous ?
### LA COMTESSE.
      Il ne m'en souvient pas ;
Depuis trente ans, au plus.
### CHICANNEAU.
      Ce n'est pas trop.
### LA COMTESSE.
       Hélas !
### CHICANNEAU.
Et quel âge avez-vous ? Vous avez bon visage. 255
### LA COMTESSE.
Hé ! quelque soixante ans[1].
### CHICANNEAU.
     Comment ! c'est le bel âge
Pour plaider.
### LA COMTESSE.
   Laissez faire, ils ne sont pas au bout :
J'y vendrai ma chemise ; et je veux rien ou tout.
### CHICANNEAU.
Madame, écoutez-moi. Voici ce qu'il faut faire.
### LA COMTESSE.
Oui, Monsieur, je vous crois comme mon propre père.
### CHICANNEAU.
J'irois trouver mon juge.
### LA COMTESSE.
    Oh ! oui, Monsieur, j'irai.
### CHICANNEAU.
Me jeter à ses pieds.

---

1. Dans les éditions de 1669-87 il y a : « quelques soixante ans. »

LA COMTESSE.
Oui, je m'y jetterai :
Je l'ai bien résolu.
CHICANNEAU.
Mais daignez donc m'entendre.
LA COMTESSE.
Oui, vous prenez la chose ainsi qu'il la faut prendre.
CHICANNEAU.
Avez-vous dit, Madame?
LA COMTESSE.
Oui.
CHICANNEAU.
J'irois sans façon[1] 265
Trouver mon juge.
LA COMTESSE.
Hélas! que ce Monsieur est bon!
CHICANNEAU.
Si vous parlez toujours, il faut que je me taise.
LA COMTESSE.
Ah! que vous m'obligez! Je ne me sens pas d'aise.
CHICANNEAU.
J'irois trouver mon juge, et lui dirois....
LA COMTESSE.
Oui.
CHICANNEAU.
Voi[2].
Et lui dirois : Monsieur....
LA COMTESSE.
Oui, Monsieur.

---

1. *Var.* Avez-vous dit, Madame ? LA COMT. Oui, Monsieur. CHIC. J'irois donc.
(1669-87)

2. L'édition de 1702 et la plupart des suivantes écrivent *voi!* ou *voy!* avec un point d'exclamation. C'est en effet ici une interjection d'impatience. Nous avons trouvé deux exemples de l'exclamation : *voy!* dans la comédie du Champenois Pierre de Larivey, intitulée : *les Jaloux* (acte I, scène 1, et acte II, scène 1). Voyez l'*Ancien Théâtre françois* de la collection Jannet, tome VI, p. 9 et p. 21.

ACTE I, SCÈNE VII.

CHICANNEAU.

Liez-moi....

LA COMTESSE.

Monsieur, je ne veux point être liée[1].

1. Brossette, dans une note sur le vers 105 de la satire III de Boileau, dit que Racine dut l'idée de cette scène à un récit que lui fit Boileau : « B. D. L., dit-il, cousin issu de germain de notre auteur (*de Boileau*), étoit neveu de M. de L..., grand audiencier de France, qui lui avoit acheté une charge de président à la cour des Monnoies.... Il alloit souvent chez M. Boileau le greffier, frère aîné de M. Despréaux. Ce fut là que se passa entre ce même M. D. L. et la comtesse de Crissé cette scène plaisante et vive qui a été décrite par M. Racine sous les noms de *Chicanneau* et [de] la comtesse *de Pimbêche*. La comtesse de Crissé étoit une plaideuse de profession, qui a passé toute sa vie dans les procès, et qui a dissipé de grands biens dans cette occupation ruineuse. Le Parlement, fatigué de son obstination à plaider, lui défendit d'intenter aucun procès sans l'avis par écrit de deux avocats que la cour lui nomma. Cette interdiction de plaider la mit dans une fureur inconcevable. Après avoir fatigué de son désespoir les juges, les avocats et son procureur, elle alla encore porter ses plaintes à M. Boileau le greffier, chez qui se trouva par hasard M. de L... dont il s'agit. Cet homme, qui vouloit se rendre nécessaire partout, s'avisa de donner des conseils à cette plaideuse. Elle les écouta d'abord avec avidité; mais par un malentendu qui survint entre eux, elle crut qu'il vouloit l'insulter, et l'accabla d'injures. M. Despréaux, qui étoit présent à cette scène, en fit le récit à M. Racine, qui l'accommoda au théâtre, et l'inséra dans la comédie des *Plaideurs*. Il n'a presque fait que la rimer. La première fois que l'on joua cette comédie, on donna à l'actrice qui représentoit la comtesse de Pimbêche un habit de couleur de rose sèche et un masque sur l'oreille qui étoit l'ajustement ordinaire de la comtesse de Crissé. » Le parent de Boileau que Brossette désigne par les initiales B. D. L. était Balthazard de Lyonne. Il n'étoit point cousin issu de germain de Boileau, mais son cousin au septième degré, comme l'établit M. Berriat-Saint-Prix, *OEuvres de Boileau*, tome III, p. 478 (*Erreurs de Brossette*). Les autres inexactitudes que M. Berriat-Saint-Prix relève dans la note de Brossette, en ce qui concerne Balthazard de Lyonne, lui rendent suspecte l'historiette du commentateur. Toutefois le *Menagiana*, recueil plus ancien que le commentaire de Brossette, et imprimé du vivant de Racine, raconte la même anecdote, avec un peu moins de détails, et sans pouvoir nommer la Comtesse : « La scène des *Plaideurs* de M. Racine où Chicanneau se brouille avec la Comtesse.... est arrivée, de la même manière qu'on la rapporte, chez M. Boileau le greffier. Chicanneau étoit M. le président de L****. Je ne sais point qui étoit la Comtesse, mais j'ai su autrefois son nom; et il me souvient seulement que lorsqu'on la joua pour la première fois, on avoit conservé à celle qui la représentoit sur le théâtre un habit de couleur de rose sèche et un masque sur l'oreille, qui étoit l'ajustement ordinaire de cette comtesse. » (*Menagiana*, tome III, p. 24 et 25.)

CHICANNEAU.

A l'autre !

LA COMTESSE.

Je ne la serai point.

CHICANNEAU.

Quelle humeur est la vôtre?

LA COMTESSE.

Non.

CHICANNEAU.

Vous ne savez pas, Madame, où je viendrai.

LA COMTESSE.

Je plaiderai, Monsieur, ou bien je ne pourrai.

CHICANNEAU.

Mais....

LA COMTESSE.

Mais je ne veux point, Monsieur, que l'on me lie.

CHICANNEAU.

Enfin, quand une femme en tête a sa folie....

LA COMTESSE.

Fou vous-même.

CHICANNEAU.

Madame !

LA COMTESSE.

Et pourquoi me lier ?

CHICANNEAU.

Madame....

LA COMTESSE.

Voyez-vous? il se rend familier.

CHICANNEAU.

Mais, Madame....

LA COMTESSE.

Un crasseux, qui n'a que sa chicane,
Veut donner des avis !

## ACTE I, SCÈNE VII.

CHICANNEAU.
Madame!

LA COMTESSE.
Avec son âne!

CHICANNEAU.
Vous me poussez..

LA COMTESSE.
Bonhomme, allez garder vos foins.

CHICANNEAU.
Vous m'excédez.

LA COMTESSE.
Le sot!

CHICANNEAU.
Que n'ai-je des témoins?

## SCÈNE VIII.

### PETIT JEAN, LA COMTESSE, CHICANNEAU.

PETIT JEAN.
Voyez le beau sabbat qu'ils font à notre porte.
Messieurs, allez plus loin tempêter de la sorte.

CHICANNEAU.
Monsieur, soyez témoin....

LA COMTESSE.
Que Monsieur est un sot.

CHICANNEAU.
Monsieur, vous l'entendez : retenez bien ce mot.

PETIT JEAN[1].
Ah! vous ne deviez pas lâcher cette parole.

LA COMTESSE.
Vraiment, c'est bien à lui de me traiter de folle!

---

1. PETIT JEAN, *à la Comtesse.* (1736 et M. Aimé-Martin)

PETIT JEAN.

Folle![1] Vous avez tort. Pourquoi l'injurier?

CHICANNEAU.

On la conseille.

PETIT JEAN.

Oh!

LA COMTESSE.

Oui, de me faire lier.  290

PETIT JEAN.

Oh! Monsieur.

CHICANNEAU.

Jusqu'au bout que ne m'écoute-t-elle?

PETIT JEAN.

Oh! Madame.

LA COMTESSE.

Qui? moi? souffrir qu'on me querelle?

CHICANNEAU.

Une crieuse!

PETIT JEAN.

Hé, paix!

LA COMTESSE.

Un chicaneur!

PETIT JEAN.

Holà!

CHICANNEAU.

Qui n'ose plus plaider!

LA COMTESSE.

Que t'importe cela?
Qu'est-ce qui t'en revient, faussaire abominable,  295
Brouillon, voleur?

CHICANNEAU.

Et bon, et bon, de par le diable!
Un sergent! un sergent!

---

1. Avant les mots : « Vous avez tort, » l'édition de 1736 et celle de M. Aimé-Martin donnent l'indication : « PETIT JEAN, *à Chicanneau.* »

LA COMTESSE.

Un huissier ! un huissier !

PETIT JEAN[1].

Ma foi, juge et plaideurs, il faudroit tout lier.

1. PETIT JEAN, *seul.* (1736 et M. Aimé-Martin)

FIN DU PREMIER ACTE.

# ACTE II.

## SCÈNE PREMIÈRE.
### LÉANDRE, L'INTIMÉ.

L'INTIMÉ.

Monsieur, encore un coup, je ne puis pas tout faire :
Puisque je fais l'huissier, faites le commissaire.  300
En robe sur mes pas il ne faut que venir :
Vous aurez tout moyen de vous entretenir[1].
Changez en cheveux noirs votre perruque blonde.
Ces plaideurs songent-ils que vous soyez au monde?
Hé! lorsqu'à votre père ils vont faire leur cour,  305
A peine seulement savez-vous s'il est jour.
Mais n'admirez-vous pas cette bonne comtesse
Qu'avec tant de bonheur la fortune m'adresse;
Qui dès qu'elle me voit, donnant dans le panneau,
Me charge d'un exploit pour Monsieur Chicanneau,  310
Et le fait assigner pour certaine parole,
Disant qu'il la voudroit faire passer pour folle :
Je dis folle à lier ; et pour d'autres excès
Et blasphèmes, toujours l'ornement des procès?
Mais vous ne dites rien de tout mon équipage?  315
Ai-je bien d'un sergent le port et le visage?

---

1. M. Marty-Laveaux, dans les *OEuvres de Corneille*, rapproche ce vers du vers 1132 de *la Suite du Menteur* :

> Nous aurons tout loisir de nous entretenir.

S'il y a plagiat, il est véniel.

LÉANDRE.

Ah! fort bien.

L'INTIMÉ.

Je ne sais, mais je me sens enfin
L'âme et le dos six fois plus durs que ce matin.
Quoi qu'il en soit, voici l'exploit et votre lettre.
Isabelle l'aura, j'ose vous le promettre. 320
Mais pour faire signer le contrat que voici,
Il faut que sur mes pas vous vous rendiez ici.
Vous feindrez d'informer sur toute cette affaire,
Et vous ferez l'amour en présence du père.

LÉANDRE.

Mais ne va pas donner l'exploit pour le billet. 325

L'INTIMÉ.

Le père aura l'exploit, la fille le poulet.
Rentrez [1].

## SCÈNE II.

L'INTIMÉ, ISABELLE.

ISABELLE.

Qui frappe?

L'INTIMÉ.

Ami. C'est la voix d'Isabelle.

ISABELLE.

Demandez-vous quelqu'un, Monsieur?

L'INTIMÉ.

Mademoiselle,
C'est un petit exploit que j'ose vous prier
De m'accorder l'honneur de vous signifier. 330

---

1. L'édition de 1736 et M. Aimé-Martin donnent ici l'indication suivante :
« *L'Intimé va frapper à la porte d'Isabelle.* »

ISABELLE.
Monsieur, excusez-moi, je n'y puis rien comprendre.
Mon père va venir, qui pourra vous entendre.
L'INTIMÉ.
Il n'est donc pas ici, Mademoiselle?
ISABELLE.
Non.
L'INTIMÉ.
L'exploit, Mademoiselle, est mis sous votre nom.
ISABELLE.
Monsieur, vous me prenez pour une autre, sans doute [1] :
Sans avoir de procès, je sais ce qu'il en coûte;
Et si l'on n'aimoit pas à plaider plus que moi,
Vos pareils pourroient bien chercher un autre emploi.
Adieu.
L'INTIMÉ.
Mais permettez....
ISABELLE.
Je ne veux rien permettre.
L'INTIMÉ.
Ce n'est pas un exploit.
ISABELLE.
Chanson!
L'INTIMÉ.
C'est une lettre. 340
ISABELLE.
Encor moins.
L'INTIMÉ.
Mais lisez.
ISABELLE.
Vous ne m'y tenez pas.

---

1. *Var.* Monsieur, vous me prenez pour un autre sans doute. (1676)
— Voyez ci-dessus, p. 109, note 2.

## ACTE II, SCÈNE II.

L'INTIMÉ.

C'est de Monsieur....

ISABELLE.

Adieu.

L'INTIMÉ.

Léandre.

ISABELLE.

Parlez bas.
C'est de Monsieur...?

L'INTIMÉ.

Que diable ! on a bien de la peine
A se faire écouter : je suis tout hors d'haleine.

ISABELLE.

Ah ! l'Intimé, pardonne à mes sens étonnés ; 345
Donne.

L'INTIMÉ.

Vous me deviez fermer la porte au nez.

ISABELLE.

Et qui t'auroit connu déguisé de la sorte ?
Mais donne.

L'INTIMÉ.

Aux gens de bien ouvre-t-on votre porte ?

ISABELLE.

Hé ! donne donc.

L'INTIMÉ.

La peste....

ISABELLE.

Oh ! ne donnez donc pas.
Avec votre billet retournez sur vos pas. 350

L'INTIMÉ.

Tenez. Une autre fois ne soyez pas si prompte.

## SCÈNE III.

### CHICANNEAU, ISABELLE, L'INTIMÉ.

#### CHICANNEAU.

Oui? je suis donc un sot, un voleur, à son compte?
Un sergent s'est chargé de la remercier,
Et je lui vais servir un plat de mon métier.
Je serois bien fâché que ce fût à refaire, 355
Ni qu'elle m'envoyât assigner la première.
Mais un homme ici parle à ma fille. Comment?
Elle lit un billet? Ah! c'est de quelque amant!
Approchons.

#### ISABELLE.

Tout de bon, ton maître est-il sincère?
Le croirai-je?

#### L'INTIMÉ.

Il ne dort non plus que votre père. 360
*(Apercevant Chicanneau.)*
Il se tourmente; il vous.... fera voir aujourd'hui
Que l'on ne gagne rien à plaider contre lui[1].

#### ISABELLE[2].

C'est mon père[3]! Vraiment, vous leur pouvez apprendre
Que si l'on nous poursuit, nous saurons nous défendre.
[4] Tenez, voilà le cas qu'on fait de votre exploit. 365

#### CHICANNEAU.

Comment? c'est un exploit que ma fille lisoit[5]?

---

1. *Var.* Que l'on ne gagne guère à plaider contre lui. (1669 et 76)
2. ISABELLE, *apercevant Chicanneau.* (1736 et M. Aimé-Martin)
3. ISABELLE, *à l'Intimé.* (Ibidem)
4. *Déchirant le billet.* (Ibidem)
5. Il faut prononcer *lisoit*, comme il est écrit; et de même un peu plus bas, vers 369, *le Praticien françois.* Ce n'était plus la prononciation de la cour, ni celle du monde poli, mais c'était encore celle du Palais. « Vaugelas (*Re-*

Ah ! tu seras un jour l'honneur de ta famille :
Tu défendras ton bien. Viens, mon sang, viens, ma fille[1].
Va, je t'achèterai *le Praticien françois*[2].
Mais, diantre ! il ne faut pas déchirer les exploits.  370

ISABELLE [3].

Au moins, dites-leur bien que je ne les crains guère ;
Ils me feront plaisir : je les mets à pis faire.

CHICANNEAU.

Hé ! ne te fâche point.

ISABELLE [4].

Adieu, Monsieur.

---

*marque* CX) nous apprend que les gens de Palais prononçaient encore de son temps *à pleine bouche* la diphthongue *oi ;* et cette coutume sans doute s'était conservée jusqu'au temps de Racine, du moins parmi les vieux procureurs. Ainsi c'est à dessein et avec grâce qu'il fait parler de cette sorte Chicanneau, plaideur de profession. » (D'Olivet, *Remarques de grammaire sur* les Plaideurs.) Le même d'Olivet (*ibidem*), à propos du vers :

Va, je t'achèterai *le Praticien françois,*

ajoute : « Quand je haranguai la reine de Suède, dit Patru (note sur Vaugelas, *Remarque* CX), je prononçai « l'Académie *françoise,* » suivant l'avis de la Compagnie. Thomas Corneille (note sur Vaugelas, *Remarque* CCCXIII) veut aussi qu'en parlant publiquement on dise *les François*. » D'Olivet dit même que l'évêque de Mirepoix (Jean-François Boyer), lorsqu'il avait été reçu à l'Académie française (ce fut en 1736), « venait encore de suivre l'usage de nos pères. »

1. C'est une parodie du vers 266 du *Cid :*

Viens, mon fils, viens, mon sang, viens réparer ma honte.

2. Ce livre de Lepain, avocat au Parlement, a eu plusieurs éditions qui ont successivement paru sous les titres de : *le Vrai Praticien François, le Vrai et nouveau Praticien François, le Parfait Praticien François.* Chicanneau pouvait offrir à sa fille l'édition de 1666, revue par *L. F.* (F. Desmaisons), avocat au Parlement.

3. ISABELLE, *à l'Intimé.* (1736 et M. Aimé-Martin)

4. ISABELLE, *à l'Intimé.* (*Ibidem*)

## SCÈNE IV.

### CHICANNEAU, L'INTIMÉ.

L'INTIMÉ[1].

Or çà,
Verbalisons.

CHICANNEAU.

Monsieur, de grâce, excusez-la :
Elle n'est pas instruite ; et puis, si bon vous semble, 375
En voici les morceaux que je vais mettre ensemble.

L'INTIMÉ.

Non.

CHICANNEAU.

Je le lirai bien.

L'INTIMÉ.

Je ne suis pas méchant :
J'en ai sur moi copie.

CHICANNEAU.

Ah ! le trait est touchant.
Mais je ne sais pourquoi, plus je vous envisage,
Et moins je me remets, Monsieur, votre visage. 380
Je connois force huissiers.

L'INTIMÉ.

Informez-vous de moi :
Je m'acquitte assez bien de mon petit emploi.

CHICANNEAU.

Soit. Pour qui venez-vous ?

L'INTIMÉ.

Pour une brave dame,
Monsieur, qui vous honore, et de toute son âme

---

1. L'INTIMÉ, *se mettant en état d'écrire.* (1736 et M. Aimé-Martin)

Voudroit que vous vinssiez à ma sommation 385
Lui faire un petit mot de réparation.
### CHICANNEAU.
De réparation ? Je n'ai blessé personne.
### L'INTIMÉ.
Je le crois : vous avez, Monsieur, l'âme trop bonne.
### CHICANNEAU.
Que demandez-vous donc?
### L'INTIMÉ.
Elle voudroit, Monsieur,
Que devant des témoins vous lui fissiez l'honneur 390
De l'avouer pour sage, et point extravagante.
### CHICANNEAU.
Parbleu, c'est ma comtesse.
### L'INTIMÉ.
Elle est votre servante.
### CHICANNEAU.
Je suis son serviteur.
### L'INTIMÉ.
Vous êtes obligeant,
Monsieur.
### CHICANNEAU.
Oui, vous pouvez l'assurer qu'un sergent
Lui doit porter pour moi tout ce qu'elle demande. 395
Hé quoi donc ? les battus, ma foi, paîront l'amende !
Voyons ce qu'elle chante. Hon.... *Sixième janvier,*
*Pour avoir faussement dit qu'il falloit lier,*
*Étant à ce porté par esprit de chicane,*
*Haute et puissante dame Yolande Cudasne,* 400
*Comtesse de Pimbesche, Orbesche, et cætera,*
*Il soit dit que sur l'heure il se transportera*
*Au logis de la dame ; et là, d'une voix claire,*
*Devant quatre témoins assistés d'un notaire,*

Zeste[1], *ledit Hiérome avoûra hautement* 405
*Qu'il la tient pour sensée et de bon jugement.*
LE BON. C'est donc le nom de votre seigneurie?
L'INTIMÉ.
Pour vous servir.[2] Il faut payer d'effronterie.
CHICANNEAU.
Le Bon? Jamais exploit ne fut signé LE BON[3].
Monsieur le Bon!
L'INTIMÉ.
Monsieur.
CHICANNEAU.
Vous êtes un fripon. 410
L'INTIMÉ.
Monsieur, pardonnez-moi, je suis fort honnête homme.
CHICANNEAU.
Mais fripon le plus franc qui soit de Caen à Rome.
L'INTIMÉ.
Monsieur, je ne suis pas pour vous désavouer :
Vous aurez la bonté de me le bien payer.
CHICANNEAU.
Moi, payer? En soufflets.
L'INTIMÉ.
Vous êtes trop honnête : 415
Vous me le paîrez bien.

---

1. *Zeste.* Chicanneau interrompt sa lecture de l'exploit par cette interjection de mépris, que le *Dictionnaire de l'Académie* a toujours écrite *Zest!*

2. *A part.* (1736 et M. Aimé-Martin)

3. Michault, dans ses *Mélanges historiques et philologiques* (M.DCC.LIV), p. 386 et 387, dit que la *Logique* de Port-Royal, qui est de MM. Arnauld et Nicole, parut sous le titre de *Logique de M. le Bon.* Il ajoute : « Je suis comme persuadé que Racine, dans le temps qu'il étoit brouillé avec Messieurs de Port-Royal, affecta, par rapport à eux et pour les mystifier, de donner dans sa comédie des *Plaideurs* le nom de *le Bon* à un sergent. » Il est possible que Racine ait emprunté à Port-Royal le pseudonyme de *le Bon.* Ce n'était pas une *mystification* bien méchante.

CHICANNEAU.
Oh! tu me romps la tête.
Tiens, voilà ton paîment.
L'INTIMÉ.
Un soufflet ! Ecrivons :
*Lequel Hiérome, après plusieurs rébellions,*
*Auroit atteint, frappé, moi sergent, à la joue,*
*Et fait tomber d'un coup mon chapeau dans la boue*[1]. 420
CHICANNEAU[2].
Ajoute cela.
L'INTIMÉ.
Bon : c'est de l'argent comptant ;
J'en avois bien besoin. *Et de ce non content,*
*Auroit avec le pied réitéré.* Courage !
*Outre plus, le susdit seroit venu, de rage,*
*Pour lacérer ledit présent procès-verbal.* 425
Allons, mon cher Monsieur, cela ne va pas mal.
Ne vous relâchez point.
CHICANNEAU.
Coquin !
L'INTIMÉ.
Ne vous déplaise,
Quelques coups de bâton, et je suis à mon aise [3].

1. *Var.* Et fait tomber du coup mon chapeau dans la boue. (1669 et 76)
2. CHICANNEAU, *lui donnant un coup de pied.* (1736 et M. Aimé-Martin)
3. Cette plaisanterie sur les sergents est dans Rabelais : « Les chicquanous gaignent leur vie a estre battuz. De mode que si par long temps demouroyent sans estre battuz, ilz mourroient de male faim, eulx, leurs femmes et enfans.... Quand ung moyne, presbtre, usurier ou aduocat veult mal a quelque gentilhomme de son pays, il enuoye vers luy ung de ces chicquanous : chicquanous le citera, ladiournera, le oultraigera, le iniuriera impudentement, suyuant son record et instruction ; tant que le gentilhomme, s'il n'est paralyticque de sens, .... sera contrainct de luy donner bastonnades.... Cela faict, voyla chicquanous riche pour quatre moys ; comme si coupz de baston feussent ses naifues moissons. » (*Pantagruel*, livre IV, chapitre XII.) — Au chapitre XVII du même livre de *Pantagruel*, frère Jean fait essai du naturel des chicquanous en les battant. Un d'eux, bien battu, lui dit : « Monsieur, si mauez treuué bonne robbe, et

CHICANNEAU [1].

Oui-da : je verrai bien s'il est sergent.

L'INTIMÉ, en posture d'écrire.

Tôt donc,
Frappez : j'ai quatre enfants à nourrir.

CHICANNEAU.

Ah ! pardon !
Monsieur, pour un sergent je ne pouvois vous prendre;
Mais le plus habile homme enfin peut se méprendre.
Je saurai réparer ce soupçon outrageant.
Oui, vous êtes sergent, Monsieur, et très-sergent.
Touchez là. Vos pareils sont gens que je révère ;   435
Et j'ai toujours été nourri par feu mon père
Dans la crainte de Dieu, Monsieur, et des sergents.

L'INTIMÉ.

Non, à si bon marché l'on ne bat point les gens.

CHICANNEAU.

Monsieur, point de procès!

L'INTIMÉ.

Serviteur. Contumace [2],
Bâton levé, soufflet, coup de pied. Ah !

CHICANNEAU.

De grâce,
Rendez-les-moi plutôt.

L'INTIMÉ.

Suffit qu'ils soient reçus :
Je ne les voudrois pas donner pour mille écus.

---

vous plaist encore en me battant vous esbattre, je me contenteray de la moitié du iuste prix. » .... « Les aultres chicquanous se retyroyent vers Panurge, Epistemon, Gymnaste et aultres, les supplians deuotement estre par eulx à quelque petit prix battuz : aultrement estoyent en danger de bien longuement ieusner. »

1. CHICANNEAU, *tenant un bâton*. (1736 et M. Aimé-Martin)

2. Au lieu de *contumace*, l'édition de 1669 a ici *coutumace*, et de même plus loin, au vers 456.

## SCÈNE V.

### LÉANDRE[1], CHICANNEAU, L'INTIMÉ.

L'INTIMÉ.

Voici fort à propos Monsieur le commissaire.
Monsieur, votre présence est ici nécessaire.
Tel que vous me voyez, Monsieur ici présent 445
M'a d'un fort grand soufflet fait un petit présent.

LÉANDRE.

A vous, Monsieur?

L'INTIMÉ.

A moi, parlant à ma personne.
*Item*, un coup de pied; plus, les noms qu'il me donne.

LÉANDRE.

Avez-vous des témoins?

L'INTIMÉ.

Monsieur, tâtez plutôt :
Le soufflet sur ma joue est encore tout chaud. 450

LÉANDRE.

Pris en flagrant délit. Affaire criminelle.

CHICANNEAU.

Foin de moi!

L'INTIMÉ.

Plus, sa fille, au moins soi-disant telle,
A mis un mien papier en morceaux, protestant
Qu'on lui feroit plaisir, et que d'un œil content
Elle nous défioit.

LÉANDRE.

Faites venir la fille. 455
L'esprit de contumace est dans cette famille.

---

1. LÉANDRE, *en robe de commissaire.* (1736 et M. Aimé-Martin)

CHICANNEAU.

Il faut absolument qu'on m'ait ensorcelé :
Si j'en connois pas un, je veux être étranglé.

LÉANDRE.

Comment? battre un huissier! Mais voici la rebelle.


## SCENE VI.

### LÉANDRE, ISABELLE, CHICANNEAU, L'INTIMÉ.

L'INTIMÉ, à Isabelle.

Vous le reconnoissez.

LÉANDRE.

Hé bien, Mademoiselle,  460
C'est donc vous qui tantôt braviez notre officier,
Et qui si hautement osez nous défier?
Votre nom?

ISABELLE.

Isabelle.

LÉANDRE, à l'Intimé.

Écrivez. Et votre âge?

ISABELLE.

Dix-huit ans.

CHICANNEAU.

Elle en a quelque peu davantage,
Mais n'importe.

LÉANDRE.

Êtes-vous en pouvoir de mari?  465

ISABELLE.

Non, Monsieur.

LÉANDRE.

Vous riez? Écrivez qu'elle a ri.

CHICANNEAU.
Monsieur, ne parlons point de maris à des filles :
Voyez-vous, ce sont là des secrets de familles.
LÉANDRE.
Mettez qu'il interrompt.
CHICANNEAU.
Hé! je n'y pensois pas.
Prends bien garde, ma fille, à ce que tu diras. 470
LÉANDRE.
Là, ne vous troublez point. Répondez à votre aise.
On ne veut pas rien faire ici qui vous déplaise.
N'avez-vous pas reçu de l'huissier que voilà
Certain papier tantôt ?
ISABELLE.
Oui, Monsieur.
CHICANNEAU.
Bon cela.
LÉANDRE.
Avez-vous déchiré ce papier sans le lire [1] ? 475
ISABELLE.
Monsieur, je l'ai lu.
CHICANNEAU.
Bon.
LÉANDRE [2].
Continuez d'écrire.
[3] Et pourquoi l'avez-vous déchiré ?
ISABELLE.
J'avois peur

---

1. Voici encore une rencontre avec Corneille, qui paraît fortuite. S'il y a eu réminiscence, peu importe :

   Elle a donc déchiré mon billet sans le lire.
   (*Le Menteur*, vers 1653.)

2. LÉANDRE, *à l'Intimé*. (1736 et M. Aimé-Martin)
3. *A Isabelle.* (*Ibidem*)

Que mon père ne prît l'affaire trop à cœur,
Et qu'il ne s'échauffât le sang à sa lecture.
### CHICANNEAU.
Et tu fuis les procès ? C'est méchanceté pure. 480
### LÉANDRE.
Vous ne l'avez donc pas déchiré par dépit,
Ou par mépris de ceux qui vous l'avoient écrit?
### ISABELLE.
Monsieur, je n'ai pour eux ni mépris ni colère.
### LÉANDRE [1].
Écrivez.
### CHICANNEAU.
   Je vous dis qu'elle tient de son père :
Elle répond fort bien.
### LÉANDRE.
     Vous montrez cependant 485
Pour tous les gens de robe un mépris évident.
### ISABELLE.
Une robe toujours m'avoit choqué la vue;
Mais cette aversion à présent diminue.
### CHICANNEAU.
La pauvre enfant ! Va, va, je te marîrai bien,
Dès que je le pourrai, s'il ne m'en coûte rien. 490
### LÉANDRE.
A la justice donc vous voulez satisfaire?
### ISABELLE.
Monsieur, je ferai tout pour ne vous pas déplaire.
### L'INTIMÉ.
Monsieur, faites signer.
### LÉANDRE.
    Dans les occasions
Soutiendrez-vous au moins vos dépositions?

---

1. LÉANDRE, *à l'Intimé.* (1736 et M. Aimé-Martin)

ISABELLE.
Monsieur, assurez-vous qu'Isabelle est constante.  495
LÉANDRE.
Signez. Cela va bien : la justice est contente.
Çà, ne signez-vous pas, Monsieur?
CHICANNEAU.
Oui-da, gaîment,
A tout ce qu'elle a dit, je signe aveuglément.
LÉANDRE, à Isabelle[1].
Tout va bien. A mes vœux le succès est conforme :
Il signe un bon contrat écrit en bonne forme,  500
Et sera condamné tantôt sur son écrit.
CHICANNEAU[2].
Que lui dit-il? Il est charmé de son esprit.
LÉANDRE.
Adieu. Soyez toujours aussi sage que belle :
Tout ira bien. Huissier, remenez-la chez elle.
Et vous, Monsieur, marchez.
CHICANNEAU.
Où, Monsieur?
LÉANDRE.
Suivez-moi.
CHICANNEAU.
Où donc?
LÉANDRE.
Vous le saurez. Marchez de par le Roi.
CHICANNEAU.
Comment?

---

1. LÉANDRE, *bas à Isabelle*. (1736 et M. Aimé-Martin)
2. CHICANNEAU, *à part*. (*Ibidem*)

## SCÈNE VII.

#### PETIT JEAN, LÉANDRE, CHICANNEAU.

PETIT JEAN.

Holà! quelqu'un n'a-t-il point vu mon maître?
Quel chemin a-t-il pris? la porte ou la fenêtre?

LÉANDRE.

A l'autre!

PETIT JEAN.

Je ne sais qu'est devenu son fils;
Et pour le père, il est où le diable l'a mis. 510
Il me redemandoit sans cesse ses épices;
Et j'ai tout bonnement couru dans les offices
Chercher la boîte au poivre¹; et lui, pendant cela,
Est disparu.

## SCÈNE VIII.

#### DANDIN², LÉANDRE, CHICANNEAU, L'INTIMÉ, PETIT JEAN.

DANDIN.

Paix! paix! que l'on se taise là.

---

1. Luneau de Boisjermain rapproche ce jeu de mots d'une épigramme de Saint-Amand *sur l'incendie du Palais*:

> Certes l'on vit un triste jeu
> Quand à Paris Dame Justice
> Se mit le Palais tout en feu
> Pour avoir trop mangé d'épice.

Autrefois on appelait *épices* des confitures, des dragées. L'usage s'établit de présenter des boîtes de confitures aux juges, après le jugement du procès. Ce petit don volontaire se changea insensiblement en une rétribution exigée, qui finit par se payer en argent.

2. DANDIN, *à une fenêtre.* (1736) — DANDIN, *à une lucarne du toit.* (M. Aimé-Martin)

## ACTE II, SCÈNE VIII.

LÉANDRE.

Hé! grand Dieu!

PETIT JEAN.

Le voilà, ma foi, dans les gouttières[1].

DANDIN.

Quelles gens êtes-vous? Quelles sont vos affaires?
Qui sont ces gens en robe? Êtes-vous avocats?
Çà, parlez.

PETIT JEAN.

Vous verrez qu'il va juger les chats.

DANDIN.

Avez-vous eu le soin de voir mon secrétaire?
Allez lui demander si je sais votre affaire.

LÉANDRE.

Il faut bien que je l'aille arracher de ces lieux.
Sur votre prisonnier, huissier, ayez les yeux.

PETIT JEAN.

Ho! ho! Monsieur.

LÉANDRE.

Tais-toi, sur les yeux de ta tête,
Et suis-moi.

---

1. Philocléon se sauve aussi par les gouttières :

'Ο δ' ἐξεδίδρασκε διά τε τῶν ὑδορροῶν
Καὶ τῶν ὀπῶν . . . . . . . . . . . . . .

(*Guêpes*, vers 126 et 127.)

Racine peut bien ne s'être pas seulement souvenu ici d'Aristophane, mais avoir pensé aussi à une anecdote bien connue alors, et que Tallemant a contée dans ses *Historiettes* (tome I, p. 453) : « M. de Portail étoit un conseiller au parlement de Paris, fort homme de bien, mais fort visionnaire. Il avoit retranché son grenier, y avoit fait son cabinet, et ne parloit aux gens que par la fenêtre de son grenier. » Tallemant représente ensuite M. de Portail « la tête à la lucarne, » donnant audience à des pâtissiers qui venaient le remercier de l'arrêt rendu par lui dans une affaire de leur communauté, et, un autre jour, à un procureur qu'il laisse se morfondre dans sa cour.

## SCÈNE IX.

### DANDIN, CHICANNEAU, LA COMTESSE, L'INTIMÉ.

DANDIN.

Dépêchez, donnez votre requête.

CHICANNEAU.

Monsieur, sans votre aveu, l'on me fait prisonnier. 525

LA COMTESSE.

Hé, mon Dieu ! j'aperçois Monsieur dans son grenier.
Que fait-il là ?

L'INTIMÉ.

Madame, il y donne audience.
Le champ vous est ouvert.

CHICANNEAU.

On me fait violence,
Monsieur; on m'injurie; et je venois ici
Me plaindre à vous.

LA COMTESSE.

Monsieur, je viens me plaindre aussi.

CHICANNEAU ET LA COMTESSE.

Vous voyez devant vous mon adverse partie.

L'INTIMÉ.

Parbleu ! je me veux mettre aussi de la partie.

CHICANNEAU, LA COMTESSE ET L'INTIMÉ.

Monsieur, je viens ici pour un petit exploit.

CHICANNEAU.

Hé ! Messieurs, tour à tour exposons notre droit.

LA COMTESSE.

Son droit ? tout ce qu'il dit sont autant d'impostures. 535

DANDIN.

Qu'est-ce qu'on vous a fait ?

CHICANNEAU, L'INTIMÉ ET LA COMTESSE.

On m'a dit des injures.
L'INTIMÉ, continuant.
Outre un soufflet, Monsieur, que j'ai reçu plus qu'eux.
CHICANNEAU.
Monsieur, je suis cousin de l'un de vos neveux.
LA COMTESSE.
Monsieur, père Cordon vous dira mon affaire.
L'INTIMÉ.
Monsieur, je suis bâtard de votre apothicaire [1].    540
DANDIN.
Vos qualités ?
LA COMTESSE.
Je suis comtesse.
L'INTIMÉ.
Huissier.
CHICANNEAU.
Bourgeois.
Messieurs....
DANDIN [2].
Parlez toujours : je vous entends tous trois.
CHICANNEAU.
Monsieur....

---

1. Ces traits comiques ont pu être suggérés à Racine par Furetière. On trouve quelque chose de semblable dans *le Roman bourgeois*, p. 432-434 : « En continuant dans le style ordinaire des plaideurs, qui vont rechercher des habitudes auprès des juges dans une longue suite de générations et jusqu'au dixième degré de parenté et d'alliance, Collantine (c'est, dans *le Roman bourgeois*, le nom de *la demoiselle chicaneuse*) demanda à Charroselles s'il ne lui pourroit point donner quelques adresses pour avoir de l'accès auprès de quelques autres conseillers.... Il lui dit : « Je connois assez le secrétaire du secré-
« taire de celui-là ; je puis, par son moyen, faire recommander votre procès
« au maître secrétaire et par le maître secrétaire à Monsieur le conseiller.....
« Ma belle-sœur a tenu un enfant du fils aîné de celui-là, chez lequel elle est
« cuisinière ; je puis lui faire tenir un placet par cette voie. »

2. DANDIN, *se retirant de la fenêtre*. (1736) — DANDIN, *se retirant de la lucarne du toit*. (M. Aimé-Martin)

L'INTIMÉ.

Bon! le voilà qui fausse compagnie.

LA COMTESSE.

Hélas!

CHICANNEAU.

Hé quoi? déjà l'audience est finie?
Je n'ai pas eu le temps de lui dire deux mots. 545

## SCENE X.

CHICANNEAU; LÉANDRE, sans robe, etc.

LÉANDRE.

Messieurs, voulez-vous bien nous laisser en repos?

CHICANNEAU.

Monsieur, peut-on entrer?

LÉANDRE.

Non, Monsieur, ou je meure!

CHICANNEAU.

Hé, pourquoi? J'aurai fait en une petite heure,
En deux heures au plus.

LÉANDRE.

On n'entre point, Monsieur.

LA COMTESSE.

C'est bien fait de fermer la porte à ce crieur[1]. 550
Mais moi....

LÉANDRE.

L'on n'entre point, Madame, je vous jure.

LA COMTESSE.

Ho! Monsieur, j'entrerai.

LÉANDRE.

Peut-être.

---

1. Nous croirions volontiers que la Comtesse prononçait *crieu*. Toutefois la rime peut bien ici, comme aux vers 389 et 390, 737 et 738, n'être pas si exacte.

ACTE II, SCÈNE X.

LA COMTESSE.
J'en suis sûre.
LÉANDRE.
Par la fenêtre donc.
LA COMTESSE.
Par la porte.
LÉANDRE.
Il faut voir.
CHICANNEAU.
Quand je devrois ici demeurer jusqu'au soir.

## SCÈNE XI.
### PETIT JEAN, LÉANDRE, CHICANNEAU, etc.

PETIT JEAN, à Léandre.
On ne l'entendra pas, quelque chose qu'il fasse,   555
Parbleu! je l'ai fourré dans notre salle basse,
Tout auprès de la cave.
LÉANDRE.
En un mot comme en cent,
On ne voit point mon père.
CHICANNEAU.
Hé bien donc. Si pourtant[1]
Sur toute cette affaire il faut que je le voie.
(Dandin paroît par le soupirail.)
Mais que vois-je? Ah! c'est lui que le ciel nous renvoie.
LÉANDRE.
Quoi? par le soupirail?
PETIT JEAN.
Il a le diable au corps.

---

1. Nouvel exemple dans cette pièce de *si pourtant*. Voyez ci-dessus, page 159, note 1.

CHICANNEAU.

Monsieur....

DANDIN.

L'impertinent! Sans lui j'étois dehors.

CHICANNEAU.

Monsieur....

DANDIN.

Retirez-vous, vous êtes une bête.

CHICANNEAU.

Monsieur, voulez-vous bien [1]....

DANDIN.

Vous me rompez la tête.

CHICANNEAU.

Monsieur, j'ai commandé....

DANDIN.

Taisez-vous, vous dit-on.

CHICANNEAU.

Que l'on portât chez vous....

DANDIN.

Qu'on le mène en prison.

CHICANNEAU.

Certain cartaut[2] de vin.

DANDIN.

Hé! je n'en ai que faire.

CHICANNNEAU.

C'est de très-bon muscat.

DANDIN.

Redites votre affaire [3].

---

1. *Var.* Monsieur, vous voulez bien.... (1669)

2. *Cartaut* est l'orthographe des éditions publiées du vivant de Racine. L'Académie (1694) et Furetière (1690) écrivent *quartaud, quartaut.*

3. Le germe de cette plaisanterie se trouve dans la satire de Furetière, *le Déjeuner d'un procureur.* Si Furetière a donné l'idée, Racine l'a assaisonnée

LÉANDRE, à l'Intimé.

Il faut les entourer ici de tous côtés.

LA COMTESSE.

Monsieur, il vous va dire autant de faussetés.  570

CHICANNEAU.

Monsieur, je vous dis vrai.

DANDIN.

Mon Dieu, laissez-la dire.

LA COMTESSE.

Monsieur, écoutez-moi.

DANDIN.

Souffrez que je respire.

CHICANNEAU.

Monsieur....

DANDIN.

Vous m'étranglez.

LA COMTESSE.

Tournez les yeux vers moi.

DANDIN.

Elle m'étrangle.... Ay! ay!

---

d'un bien meilleur sel. Dans la satire, le plaideur, qui a été trouver son procureur, parle ainsi :

> « Vous m'importunez bien, mon ami, me dit-il;
> Vous croyez que je songe à votre seule affaire;
> Voyez le rapporteur, parlez au secrétaire :
> Ils sont allés aux champs, et n'ont rien fait du tout.
> C'est beaucoup si d'un mois vous en venez à bout.
> — Excusez, dis-je alors, Monsieur, je ne vous presse
> Qu'après m'avoir donné votre parole expresse.
> J'aurois plus attendu; mais souffrez qu'à présent
> D'un levraut que j'ai pris je vous fasse un présent.... »
> A ces mots il se lève, et m'ôte son bonnet..., etc.

Cela fait aussi souvenir des vers 168 et 169 des *Plaideurs* :

> Prends-moi dans mon clapier trois lapins de garenne,
> Et chez mon procureur porte-les ce matin.

CHICANNEAU.

     Vous m'entraînez, ma foi!
Prenez garde, je tombe.

PETIT JEAN.

     Ils sont, sur ma parole,    575
L'un et l'autre encavés.

LÉANDRE.

     Vite, que l'on y vole :
Courez à leur secours. Mais au moins je prétends
Que Monsieur Chicanneau, puisqu'il est là dedans,
N'en sorte d'aujourd'hui. L'Intimé, prends-y garde.

L'INTIMÉ.

Gardez le soupirail.

LÉANDRE.

    Va vite : je le garde.    580

## SCÈNE XII.

### LA COMTESSE, LEANDRE.

LA COMTESSE.

Misérable! il s'en va lui prévenir l'esprit.
    (Par le soupirail.)
Monsieur, ne croyez rien de tout ce qu'il vous dit;
Il n'a point de témoins : c'est un menteur.

LÉANDRE.

       Madame,
Que leur contez-vous là? Peut-être ils rendent l'âme.

LA COMTESSE.

Il lui fera, Monsieur, croire ce qu'il voudra.    585
Souffrez que j'entre.

LÉANDRE.

   Oh non! personne n'entrera.

LA COMTESSE.

Je le vois bien, Monsieur, le vin muscat opère
Aussi bien sur le fils que sur l'esprit du père.
Patience! je vais protester comme il faut
Contre Monsieur le juge et contre le cartaut.                 590

LÉANDRE.

Allez donc, et cessez de nous rompre la tête.
Que de fous! Je ne fus jamais à telle fête.

## SCÈNE XIII.

DANDIN, L'INTIMÉ, LÉANDRE.

L'INTIMÉ.

Monsieur, où courez-vous? C'est vous mettre en danger,
Et vous boitez tout bas.

DANDIN.

Je veux aller juger.

LÉANDRE.

Comment, mon père? Allons, permettez qu'on vous panse.
Vite, un chirurgien.

DANDIN.

Qu'il vienne à l'audience.

LÉANDRE

Hé! mon père, arrêtez....

DANDIN.

Ho! je vois ce que c'est :
Tu prétends faire ici de moi ce qui te plaît;
Tu ne gardes pour moi respect ni complaisance :
Je ne puis prononcer une seule sentence.                      600
Achève, prends ce sac, prends vite [1].

---

[1]. Voici pour la troisième fois un vers du *Cid* (le vers 227) parodié dans cette pièce :

Achève, et prends ma vie après un tel affront.

LÉANDRE.

Hé! doucement,
Mon père. Il faut trouver quelque accommodement.
Si pour vous, sans juger, la vie est un supplice,
Si vous êtes pressé de rendre la justice,
Il ne faut point sortir pour cela de chez vous :   605
Exercez le talent, et jugez parmi nous [1].

DANDIN.

Ne raillons point ici de la magistrature [2] :
Vois-tu? je ne veux point être un juge en peinture.

LÉANDRE.

Vous serez, au contraire, un juge sans appel,
Et juge du civil comme du criminel.   610
Vous pourrez tous les jours tenir deux audiences :
Tout vous sera chez vous matière de sentences.
Un valet manque-t-il de rendre un verre net,
Condamnez-le à l'amende; ou s'il le casse, au fouet [3].

DANDIN.

C'est quelque chose. Encor passe quand on raisonne.
Et mes vacations, qui les paîra? Personne [4]?

LÉANDRE.

Leurs gages vous tiendront lieu de nantissement.

---

1. Bdélycléon donne le même conseil à son père :

Σὺ δ' οὖν, ἐπειδὴ τοῦτο κεχάρηκας ποιῶν,
Ἐκεῖσε μὲν μηκέτι βάδιζ', ἀλλ' ἐνθάδε
Αὐτοῦ μένων, δίκαζε τοῖσιν οἰκέταις.
(*Guêpes*, vers 783-785.)

2. Philocléon répond à son fils, à peu près comme Dandin :

Περὶ τοῦ; τί ληρεῖς; . . . . . . . .
(*Ibidem*, vers 786.)

3  Ὅτι τὴν θύραν ἀνέῳξεν ἡ σηκὶς λάθρα,
Ταύτης ἐπιβολὴν ψηφιεῖ μίαν μόνην.
(*Ibidem*, vers 787 et 788.)

Ἀνά τοί με πείθεις. Ἀλλ' ἐκεῖν' οὔπω λέγεις,
Τὸν μισθὸν ὁπόθεν λήψομαι . . . . . . . .
(*Ibidem*, vers 802 et 803.)

#### DANDIN.

Il parle, ce me semble, assez pertinemment.

#### LÉANDRE.

Contre un de vos voisins[1]....

## SCÈNE XIV.

### DANDIN, LÉANDRE, L'INTIMÉ, PETIT JEAN.

#### PETIT JEAN.

Arrête! arrête! attrape!

#### LÉANDRE.

Ah! c'est mon prisonnier, sans doute, qui s'échappe! 620

#### L'INTIMÉ.

Non, non, ne craignez rien.

#### PETIT JEAN.

Tout est perdu.... Citron....
Votre chien.... vient là-bas de manger un chapon.
Rien n'est sûr devant lui : ce qu'il trouve il l'emporte.

#### LÉANDRE.

Bon! voilà pour mon père une cause. Main-forte[2]!
Qu'on se mette après lui. Courez tous.

---

1. *Var.* Contre un de nos voisins.... (1669)
2. Le commencement de cette scène est imité d'Aristophane. L'esclave Xanthias entrant brusquement en scène, comme Petit Jean, poursuit le chien Labès, qui vient d'emporter un fromage de Sicile :

Ξανθ.  Βάλλ' ἐς κόρακας. Τοιουτονὶ τρέφειν κύνα!
Βδελυκλ. Τί δ' ἔστιν ἐτεόν;
Ξανθ.  Οὐ γὰρ ὁ Λάβης ἀρτίως
 Ὁ κύων παράξας ἐς τὸν ἰπνὸν, ἀρπάσας;
 Τροφαλίδα τυροῦ Σικελικὴν κατεδήδοκε;
Βδελυκλ. Τοῦτ' ἄρα πρῶτον τἀδίκημα τῷ πατρὶ
 Εἰσακτέον μοι· σὺ δὲ κατηγόρει παρών.

(*Guêpes*, vers 854-859.)

DANDIN.

      Point de bruit,   625
Tout doux. Un amené¹ sans scandale suffit.

LÉANDRE.

Çà, mon père, il faut faire un exemple authentique :
Jugez sévèrement ce voleur domestique.

DANDIN.

Mais je veux faire au moins la chose avec éclat.
Il faut de part et d'autre avoir un avocat;   630
Nous n'en avons pas un.

LÉANDRE.

     Hé bien! il en faut faire.
Voilà votre portier et votre secrétaire :
Vous en ferez, je crois, d'excellents avocats;
Ils sont fort ignorants.

L'INTIMÉ.

    Non pas, Monsieur, non pas.
J'endormirai Monsieur tout aussi bien qu'un autre.   635

PETIT JEAN.

Pour moi, je ne sais rien; n'attendez rien du nôtre.

LÉANDRE.

C'est ta première cause, et l'on te la fera.

PETIT JEAN.

Mais je ne sais pas lire.

LÉANDRE.

     Hé! l'on te soufflera².

---

1. *Un amené* signifie un ordre d'amener.
2. *Var.*    [LÉANDRE. Hé! l'on te soufflera.]
 PETIT JEAN. Je vous entends, ouï; mais d'une première cause,
  Monsieur, à l'avocat revient-il quelque chose?
 LÉAND. Ah, fi! Garde-toi bien d'en vouloir rien toucher :
  C'est la cause d'honneur, on l'achète bien cher.
  On sème des billets par toute la famille ;
  Et le petit garçon et la petite fille,
  Oncle, tante, cousins, tout vient, jusques au chat,

## DANDIN.

Allons nous préparer. Çà, Messieurs, point d'intrigue !
Fermons l'œil aux présents, et l'oreille à la brigue. 640
Vous, maître Petit Jean, serez le demandeur ;
Vous, maître l'Intimé, soyez le défendeur.

Dormir au plaidoyer (ª) de Monsieur l'avocat.
DAND. [Allons nous préparer. Çà, Messieurs, point d'intrigue.] (1669)

(ª) Il y a *plaidoyé* dans l'édition de 1669.

FIN DU SECOND ACTE.

# ACTE III.

## SCÈNE PREMIÈRE.
### CHICANNEAU, LÉANDRE, LE SOUFFLEUR.

CHICANNEAU.
Oui, Monsieur, c'est ainsi qu'ils ont conduit l'affaire.
L'huissier m'est inconnu, comme le commissaire.
Je ne mens pas d'un mot.
     LÉANDRE.
      Oui, je crois tout cela ;   645
Mais si vous m'en croyez, vous les laisserez là.
En vain vous prétendez les pousser l'un et l'autre,
Vous troublerez bien moins leur repos que le vôtre.
Les trois quarts de vos biens sont déjà dépensés
A faire enfler des sacs l'un sur l'autre entassés ;   650
Et dans une poursuite à vous-même contraire[1]....

---

1. *Var.* Et dans une poursuite à vous-même funeste,
Vous en voulez encore absorber tout le reste.
Ne vaudroit-il pas mieux, sans soucis, sans chagrins,
Et de vos revenus régalant vos voisins,
Vivre en père jaloux du bien de sa famille,
Pour en laisser un jour le fonds à votre fille,
Que de nourrir un tas d'officiers affamés
Qui moissonnent les champs que vous avez semés ;
Dont la main toujours pleine, et toujours indigente,
S'engraisse impunément de vos chapons de rente ?
Le beau plaisir d'aller, tout mourant de sommeil,
A la porte d'un juge attendre son réveil,
Et d'essuyer le vent qui vous souffle aux oreilles,
Tandis que Monsieur dort, et cuve vos bouteilles !
Ou bien, si vous entrez, de passer tout un jour
A compter, en grondant, les carreaux de sa cour !
Hé ! Monsieur, croyez-moi, quittez cette misère.
CHIC. [Vraiment, vous me donnez un conseil salutaire.] (1669)

#### CHICANNEAU.

Vraiment, vous me donnez un conseil salutaire,
Et devant qu'il soit peu je veux en profiter ;
Mais je vous prie au moins de bien solliciter.
Puisque Monsieur Dandin va donner audience, 655
Je vais faire venir ma fille en diligence.
On peut l'interroger, elle est de bonne foi ;
Et même elle saura mieux répondre que moi.

#### LÉANDRE.

Allez et revenez : l'on vous fera justice.

#### LE SOUFFLEUR.

Quel homme !

## SCÈNE II.

#### LÉANDRE, LE SOUFFLEUR.

#### LÉANDRE.

Je me sers d'un étrange artifice ; 660
Mais mon père est un homme à se désespérer,
Et d'une cause en l'air il le faut bien leurrer.
D'ailleurs j'ai mon dessein, et je veux qu'il condamne
Ce fou qui réduit tout au pied de la chicane.
Mais voici tous nos gens qui marchent sur nos pas. 665

## SCÈNE III.

#### DANDIN, LÉANDRE, L'INTIMÉ, PETIT JEAN [1], LE SOUFFLEUR.

#### DANDIN.

Çà, qu'êtes-vous ici ?

---

1. L'INTIMÉ et PETIT JEAN, *en robe.* (1736 et M. Aimé-Martin)

LÉANDRE.

Ce sont les avocats.

DANDIN.

Vous?

LE SOUFFLEUR.

Je viens secourir leur mémoire troublée¹.

DANDIN.

Je vous entends. Et vous?

LÉANDRE.

Moi? Je suis l'assemblée.

DANDIN.

Commencez donc.

LE SOUFFLEUR.

Messieurs....

PETIT JEAN.

Oh! prenez-le plus bas :
Si vous soufflez si haut, l'on ne m'entendra pas.  670
Messieurs....

DANDIN.

Couvrez-vous.

PETIT JEAN.

Oh! Mes....

DANDIN

Couvrez-vous, vous dis-je.

PETIT JEAN.

Oh! Monsieur, je sais bien à quoi l'honneur m'oblige.

DANDIN.

Ne te couvre donc pas.

---

1. Cette idée du *Souffleur* a peut-être été empruntée au *Roman bourgeois* (p. 503), où Belastre, prévôt très-ignorant, a besoin de ce que Furetière appelle *un siffleur*. « Il y avoit un advocat qui montoit au siége auprès de lui, pour lui servir de conseil ou de trucheman, qui lui souffloit mot à mot tout ce qu'il auroit à prononcer. »

PETIT JEAN, *se couvrant.*

Messieurs.... Vous[1], doucement;
Ce que je sais le mieux, c'est mon commencement.
Messieurs, quand je regarde avec exactitude[2]      675
L'inconstance du monde et sa vicissitude;
Lorsque je vois, parmi tant d'hommes différents,
Pas une étoile fixe, et tant d'astres errants;
Quand je vois les Césars, quand je vois leur fortune;
Quand je vois le soleil, et quand je vois la lune;      680
Quand je vois les États des Babiboniens[3]
Transférés des Serpans[4] aux Nacédoniens[5];
Quand je vois les Lorrains[6], de l'état dépotique[7],
Passer au démocrite[8], et puis au monarchique;
Quand je vois le Japon....

L'INTIMÉ.

Quand aura-t-il tout vu?      685

PETIT JEAN.

Oh! pourquoi celui-là m'a-t-il interrompu?
Je ne dirai plus rien.

DANDIN.

Avocat incommode,

---

1. Il y a ici, dans l'édition de 1736 et dans celle de M. Aimé-Martin, l'indication: « *Au souffleur.* »

2. Dans *les Plaidoyés de M. Gaultier* (tome II, publié par Gueret, 1688), le quatorzième plaidoyer, *contre la Requête civile touchant le Prieuré de la Charité*, prononcé au mois d'août 1646, et dans lequel nous aurons à signaler une autre imitation de Racine, a un exorde dont le tour rappelle celui de Petit Jean: « Messieurs, quand je vois dans cette cause le concours de tant de puissances, .... quand je considère ce partage de brigues et de faveurs, etc. » La ressemblance a déjà été signalée dans le commentaire des *Historiettes* de Tallemant des Réaux (édition de 1858), tome II, p. 190. Mais peut-être la répétition: *quand je vois, quand je vois,* et la boutade: *Quand aura-t-il tout vu?* ont-elles été suggérées à Racine par la lecture du livre dixième de l'*Alaric* de Scudéry, dans lequel une quarantaine de vers commencent invariablement par: *Je vois, Je vois.*

3. Babyloniens. — 4. Persans. — 5. Macédoniens. — 6. Romains. — 7. Despotique. — 8. Démocratique. (*Notes de Racine*, placées entre les lignes dans les anciennes éditions.)

Que ne lui laissez-vous finir sa période ?
Je suois sang et eau, pour voir si du Japon
Il viendroit à bon port au fait de son chapon, 690
Et vous l'interrompez par un discours frivole.
Parlez donc, avocat.

PETIT JEAN.
J'ai perdu la parole.

LÉANDRE.
Achève, Petit Jean : c'est fort bien débuté.
Mais que font là tes bras pendants à ton côté ?
Te voilà sur tes pieds droit comme une statue. 695
Dégourdis-toi. Courage ! allons, qu'on s'évertue.

PETIT JEAN, remuant les bras.
Quand.... je vois.... Quand.... je vois....

LÉANDRE.
Dis donc ce que tu vois.

PETIT JEAN.
Oh dame ! on ne court pas deux lièvres à la fois.

LE SOUFFLEUR.
On lit....

PETIT JEAN.
On lit....

LE SOUFFLEUR.
Dans la....

PETIT JEAN.
Dans la....

LE SOUFFLEUR.
Métamorphose....

PETIT JEAN.
Comment ?

LE SOUFFLEUR.
Que la métem....

PETIT JEAN.
Que la métem....

## ACTE III, SCÈNE III.

LE SOUFFLEUR.

psycose....

PETIT JEAN.

Psycose....

LE SOUFFLEUR.

Hé! le cheval!

PETIT JEAN.

Et le cheval....

LE SOUFFLEUR.

Encor!

PETIT JEAN.

Encor....

LE SOUFFLEUR.

Le chien!

PETIT JEAN.

Le chien....

LE SOUFFLEUR.

Le butor!

PETIT JEAN.

Le butor....

LE SOUFFLEUR.

Peste de l'avocat!

PETIT JEAN.

Ah! peste de toi-même!
Voyez cet autre avec sa face de carême!
Va-t'en au diable!

DANDIN.

Et vous, venez au fait. Un mot 705
Du fait.

PETIT JEAN.

Hé! faut-il tant tourner autour du pot?
Ils me font dire aussi des mots longs d'une toise,
De grands mots qui tiendroient d'ici jusqu'à Pontoise.
Pour moi, je ne sais point tant faire de façon

Pour dire qu'un mâtin vient de prendre un chapon. 710
Tant y a qu'il n'est rien que votre chien ne prenne ;
Qu'il a mangé là-bas un bon chapon du Maine ;
Que la première fois que je l'y trouverai,
Son procès est tout fait, et je l'assommerai.

LÉANDRE.

Belle conclusion, et digne de l'exorde ! 715

PETIT JEAN.

On l'entend bien toujours. Qui voudra mordre y morde.

DANDIN.

Appelez les témoins.

LÉANDRE.

C'est bien dit, s'il le peut :
Les témoins sont fort chers, et n'en a pas qui veut.

PETIT JEAN.

Nous en avons pourtant, et qui sont sans reproche.

DANDIN.

Faites-les donc venir.

PETIT JEAN.

Je les ai dans ma poche. 720
Tenez : voilà la tête et les pieds du chapon [1].
Voyez-les, et jugez.

L'INTIMÉ.

Je les récuse.

DANDIN.

Bon !
Pourquoi les récuser ?

L'INTIMÉ.

Monsieur, ils sont du Maine.

DANDIN.

Il est vrai que du Mans il en vient par douzaine.

---

1.  . . . . . Τοὺς μάρτυρας γὰρ ἐσκαλῶ.
Λάβητι μάρτυρας παρεῖναι, τρυβλίον,
Δοίδυκα, τυρόκνηστιν . . . . . . . .
(*Guêpes*, vers 955-957.)

## ACTE III, SCÈNE III.

L'INTIMÉ.

Messieurs....

DANDIN.

Serez-vous long, avocat? dites-moi[1].     725

L'INTIMÉ.

Je ne réponds de rien.

DANDIN.

Il est de bonne foi.

L'INTIMÉ, d'un ton finissant en fausset.

Messieurs, tout ce qui peut étonner un coupable,
Tout ce que les mortels ont de plus redoutable,
Semble s'être assemblé contre nous par hasar :
Je veux dire la brigue et l'éloquence[2]. Car     730
D'un côté le crédit du défunt m'épouvante ;
Et de l'autre côté l'éloquence éclatante
De maître Petit Jean m'éblouit.

---

1. « Quand l'Intimé répond au juge qui lui demande s'il sera long, en disant *oui* contre la coutume, c'est M. de Montauban ; et il me souvient de lui avoir entendu dire en pareille occasion par Monsieur le premier président : « Du « moins, vous êtes de bonne foi. » (*Menagiana*, tome III, p. 26.)

2. « Par l'Intimé qui emploie, dans une cause de *bibus* (*une cause qui roule sur une bagatelle*), le magnifique exorde de l'oraison [*de Cicéron*] *pro Quintio* : « Quæ res in civitate duæ plurimum possunt, hæ contra nos ambæ faciunt « in hoc tempore, summa gratia et eloquentia, etc., » on a voulu tourner en ridicule M. P..., qui, dans un procès qu'un pâtissier avoit pour une vétille contre un boulanger, s'étoit servi du même exorde. J'ai entendu dire que l'avocat de la partie adverse lui dit : « Maître P**** ne se tiendra pas pour « interrompu, si je lui dis que pour l'éloquence, je n'en ai jamais été autrement « soupçonné ; quant au crédit de ma partie, c'est un maître boulanger de petit « pain. » (*Menagiana*, tome III, p. 25.) M. P....  est, dit-on généralement, M. Patru. Peut-être, comme nous l'avons dit dans la *Notice*, n'est-il pas très-vraisemblable que Racine ait cru trouver matière à s'égayer à ses dépens. D'ailleurs l'anecdote du *Menagiana* est une de celles qui couraient depuis longtemps, et qu'on attribuait à différents avocats. Tallemant des Réaux (tome VII, p. 273) la conte aussi à sa manière : « Un jeune avocat, ayant à plaider contre un nommé Desfitas, bon praticien et non autre chose, s'avisa de prendre l'exorde de l'oraison pour Quintius. Desfitas aussitôt prit la parole et dit : « Messieurs, l'avocat de la partie adverse ne se tiendra pas pour in-« terrompu : je ne me pique point d'éloquence, et ma partie est un savetier. »

DANDIN.

    Avocat,
De votre ton vous-même adoucissez l'éclat.

   L'INTIMÉ, du beau ton.

Oui-da, j'en ai plusieurs.... Mais quelque défiance   735
Que nous doive donner la susdite éloquence,
Et le susdit crédit, ce néanmoins, Messieurs,
L'ancre de vos bontés nous rassure d'ailleurs [1].
Devant le grand Dandin l'innocence est hardie;
Oui, devant ce Caton de basse Normandie,      740
Ce soleil d'équité qui n'est jamais terni:
*Victrix causa diis placuit, sed victa Catoni*[2].

    DANDIN.

Vraiment, il plaide bien.

    L'INTIMÉ.

       Sans craindre aucune chose,
Je prends donc la parole, et je viens à ma cause.
Aristote, *primo*, *peri Politicon*[3],       745
Dit fort bien....

    DANDIN.

  Avocat, il s'agit d'un chapon,

---

1. Nous avons suivi la ponctuation de toutes les anciennes éditions. M. Aimé-Martin ponctue ainsi:

 L'ancre de vos bontés nous rassure. D'ailleurs,
  Devant, etc.

2. La cause du vainqueur a pour elle les Dieux, la cause du vaincu a pour elle Caton. (Lucain, *Pharsale*, livre I, vers 128.) — Racine a peut-être emprunté cette citation au quatorzième plaidoyer, déjà cité, de l'avocat Gaultier: « Que dirai-je davantage? Le ciel qui a décidé du droit des combats a pris notre parti contre vous,

  *Victrix causa Diis placuit.*

Et faites les Catons, tant que vous voudrez, par des jugements téméraires et présomptueux, pour témoigner que la cause des vaincus vous plaît, etc. »

3. « Dans le premier livre de la *Politique*, » περὶ Πολιτικῶν. L'ouvrage cité d'Aristote est intitulé: Πολιτικά.

## ACTE III, SCÈNE III.

Et non point d'Aristote et de sa *Politique*¹.

L'INTIMÉ.

Oui ; mais l'autorité du Péripatétique²
Prouveroit que le bien et le mal....

DANDIN.

Je prétends
Qu'Aristote n'a point d'autorité céans.           750
Au fait.

L'INTIMÉ.

Pausanias, en ses *Corinthiaques*³....

DANDIN.

Au fait.

L'INTIMÉ.

Rebuffe....

DANDIN.

Au fait, vous dis-je.

L'INTIMÉ.

Le grand Jacques⁴....

1. « Ceci, dit Luneau de Boisjermain, est une imitation de l'épigramme XIX du livre VII de Martial, *in Posthumum causidicum*, que M. de la Monnoye a traduite ainsi :

> Pour trois moutons qu'on m'avoit pris,
> J'avois un procès au bailliage.
> Gui, le phénix des beaux esprits,
> Plaidoit ma cause et faisoit rage.
> Quand il eut dit un mot du fait,
> Pour exagérer le forfait
> Il cita la fable et l'histoire,
> Les Aristotes, les Platons.
> Gui, laissez là tout ce grimoire,
> Et retournez à vos moutons. »

2. Ce vers est ainsi ponctué dans les éditions de 1669 et de 1676 :

> Oui mais. L'autorité du Péripatétique, etc.

— Le *Péripatétique* est Aristote, chef de l'école dite péripatéticienne.

3. Pausanias, historien grec du second siècle. Son *Voyage en Grèce* est divisé en dix livres, dont chacun porte le nom de la contrée qu'il décrit : *les Attiques, les Corinthiaques*, etc.

4. *Rebuffe* (Pierre Rebuffi), jurisconsulte français, né en 1487, mort en 1557, a écrit sur les matières bénéficiales. — Le *grand Jacques* pourrait bien être Jacques Cujas, né à Toulouse en 1520, mort en 1590.

DANDIN.

Au fait, au fait, au fait.

L'INTIMÉ.

Armeno Pul, *in Prompt*[1]....

DANDIN.

Ho ! je te vais juger[2].

L'INTIMÉ.

Ho ! vous êtes si prompt !

(Vite.)

Voici le fait. Un chien vient dans une cuisine ;   755
Il y trouve un chapon, lequel a bonne mine.
Or celui pour lequel je parle est affamé ;
Celui contre lequel je parle *autem* plumé ;
Et celui pour lequel je suis prend en cachette
Celui contre lequel je parle. L'on décrète :   760
On le prend. Avocat pour et contre appelé ;
Jour pris. Je dois parler, je parle, j'ai parlé.

DANDIN.

Ta, ta, ta, ta. Voilà bien instruire une affaire !
Il dit fort posément ce dont on n'a que faire,
Et court le grand galop quand il est à son fait.   765

---

1. *Var.* Armen Pul en son *Prompt*.... (1669)
— La citation de l'Intimé est interrompue. Il allait dire : « *Armeno Pul in Promptuario.* » Constantin *Harmenopul* ou *Harmenopoulos* est un jurisconsulte grec du quatorzième siècle. Son ouvrage, autrefois célèbre, Πρόχειρον νόμων, *Manuel des lois*, a été plusieurs fois traduit en latin, sous le titre de *Promptuarium juris civilis*. — Nous avons, pour ce nom d'Harmenopul, conservé l'orthographe des éditions imprimées du vivant de Racine. L'édition de 1736 donne, comme les éditions les plus récentes, *Harmenopul*. Nous ne saurions dire si ce nom a été défiguré par la faute des imprimeurs, ou si on le citait ainsi au temps de Racine. — Louis Racine défigure encore plus le nom de ce jurisconsulte. Il le nomme *Aménophus*.

2. La colère de Dandin contre l'Intimé, et ses cris répétés : *Au fait*, forment une scène que le Palais avait vue souvent. Tallemant (tome VII, p. 275) a encore ici une petite historiette qu'il est à propos de citer : « A Thoulouse un jeune advocat commença son plaidoyer par : « Le Roy Pyrrhus. » Il y avoit alors un président fort rébarbatif, qui lui dit : *Au fait ! au fait !* Quelqu'un eut pitié du pauvre garçon, et représenta que c'estoit une première cause. « Eh bien ! dit le président, parlez donc, l'advocat du Roy Pyrrhus. »

###### L'INTIMÉ.
Mais le premier, Monsieur, c'est le beau.
###### DANDIN.
C'est le laid.
A-t-on jamais plaidé d'une telle méthode?
Mais qu'en dit l'assemblée?
###### LÉANDRE.
Il est fort à la mode.
###### L'INTIMÉ, d'un ton véhément.
Qu'arrive-t-il, Messieurs? On vient. Comment vient-on?
On poursuit ma partie. On force une maison[1].     770
Quelle maison? maison de notre propre juge!
On brise le cellier[2] qui nous sert de refuge!
De vol, de brigandage on nous déclare auteurs!
On nous traîne, on nous livre à nos accusateurs,
A maître Petit Jean, Messieurs. Je vous atteste :     775
Qui ne sait que la loi *Si quis canis*, Digeste,
*De Vi*, paragrapho, Messieurs, *Caponibus*[3],
Est manifestement contraire à cet abus?
Et quand il seroit vrai que Citron, ma partie,
Auroit mangé, Messieurs, le tout, ou bien partie     780
Dudit chapon : qu'on mette en compensation
Ce que nous avons fait avant cette action.
Quand ma partie a-t-elle été réprimandée?
Par qui votre maison a-t-elle été gardée?
Quand avons-nous manqué d'aboyer au larron[4]?     785

---

1. Les éditions de 1702, de 1713, de 1728 donnent : *la maison*.
2. Les anciennes éditions ont : « le sellier. »
3. L'Intimé cite la loi imaginaire : « Si quis canis, » *si quelque chien*, titre « de Vi, » *de la Violence*, paragraphe « Caponibus, » *des Chapons*, dans le *Digeste*. On sait que le *Digeste* est un recueil de décisions des jurisconsultes, composé par l'ordre de l'empereur Justinien.
4. Bdélycléon fait valoir de semblables services en faveur du chien Labès :

Ἀγαθὸς γάρ ἐστι καὶ διώκει τοὺς λύκους....
... σοῦ προμάχεται καὶ φυλάττει τὴν θύραν.
(*Guêpes*, vers 971 et 976.)

Témoin trois procureurs, dont icelui Citron
A déchiré la robe. On en verra les pièces.
Pour nous justifier, voulez-vous d'autres pièces ?

PETIT JEAN.

Maître Adam....

L'INTIMÉ.

Laissez-nous.

PETIT JEAN.

L'Intimé....

L'INTIMÉ.

Laissez-nous.

PETIT JEAN.

S'enroue¹.

L'INTIMÉ.

Hé! laissez-nous. Euh! euh!

DANDIN.

Reposez-vous,
Et concluez.

L'INTIMÉ, d'un ton pesant.

Puis donc, qu'on nous, permet, de prendre²,
Haleine, et que l'on nous, défend, de nous, étendre,
Je vais, sans rien obmettre, et sans prévariquer,
Compendieusement³ énoncer, expliquer,

---

1. La phrase, deux fois interrompue, de Petit Jean paraît devoir être lue de suite : « Maître Adam l'Intimé s'enroue. » Ce nom d'*Adam* n'est donné à l'Intimé dans aucun autre passage de la pièce. Nous hasarderons cette explication : Petit Jean, qui veut appeler l'Intimé *maître*, de même que celui-ci l'a appelé *maître Petit Jean*, et qui ne connaît d'autre maître que *Maître Adam*, le poëte populaire, ajoute à la qualification de *maître* le nom d'*Adam*, comme s'il en était inséparable.

2. Pour la ponctuation de ce vers et des cinq vers suivants nous avons suivi le texte de 1669. Les éditions suivantes ont de moins la virgule après *exposer*, au vers 795; l'édition de 1697 n'en a pas non plus après le premier *nous*, au vers 792.

3. *Compendieusement* signifie : en abrégeant. « C'est une faute ridicule, dit M. Littré dans son *Dictionnaire de la langue française*, d'employer ce mot pour dire *avec détail, sans rien omettre et tout au long*. Il n'est pas sûr que Racine n'ait pas voulu la faire faire à son faux avocat. » Nous croyons qu'il faut

Exposer, à vos yeux, l'idée universelle 795
De ma cause, et des faits, renfermés, en icelle.
### DANDIN.
Il auroit plus tôt fait de dire tout vingt fois,
Que de l'abréger une. Homme, ou qui que tu sois,
Diable, conclus; ou bien que le ciel te confonde!
### L'INTIMÉ.
Je finis.
### DANDIN.
Ah!
### L'INTIMÉ.
Avant la naissance du monde.... 800
### DANDIN, bâillant.
Avocat, ah! passons au déluge.
### L'INTIMÉ.
Avant donc
La naissance du monde, et sa création,
Le monde, l'univers, tout, la nature entière
Étoit ensevelie au fond de la matière.
Les éléments, le feu, l'air, et la terre, et l'eau, 805
Enfoncés, entassés, ne faisoient qu'un monceau,
Une confusion, une masse sans forme,
Un désordre, un chaos, une cohue énorme :
*Unus erat toto naturæ vultus in orbe,*
*Quem Græci dixere chaos*[1], *rudis indigestaque moles*[2].

s'en tenir à la remarque de M. Geruzez, que cite M. Littré dans le même article : « *Compendieusement* exprime si bien le contraire de ce qu'il signifie, que bien des gens y sont pris et lui donnent le sens de *longuement*. La Harpe a fort bien dit : « Où l'auteur a-t-il été chercher ce mot de six syllabes, qui tient un demi-« vers, et qui signifie *en abrégé*? C'est une bonne fortune. »

1. Ce mot est écrit *cahos* dans les éditions publiées du vivant de Racine. L'orthographe est la même, en français, au vers 817.

2. « La nature avait partout une même figure. C'est ce que les Grecs ont nommé *le chaos*, masse informe et confuse. » (Ovide, *Métamorphoses*, livre I, vers 6 et 7.) Dans le second vers le mot *Græci* est de trop. C'est une glose que des éditions à l'usage des écoliers ont parfois placée dans le texte entre parenthèses. — Après le vers 810, l'édition de 1736 et celle de M. Aimé-Martin ont cette indication : « *Dandin, endormi, se laisse tomber.* »

LÉANDRE.

Quelle chute ! Mon père !

PETIT JEAN.

Ay ! Monsieur. Comme il dort !

LÉANDRE.

Mon père, éveillez-vous.

PETIT JEAN.

Monsieur, êtes-vous mort ?

LÉANDRE.

Mon père !

DANDIN.

Hé bien ? hé bien ? Quoi ? Qu'est-ce ? Ah ! ah ! [quel homme !
Certes, je n'ai jamais dormi d'un si bon somme.

LÉANDRE.

Mon père, il faut juger.

DANDIN.

Aux galères.

LÉANDRE.

Un chien 815
Aux galères !

DANDIN.

Ma foi ! je n'y conçois plus rien[1] :
De monde, de chaos, j'ai la tête troublée.
Hé ! concluez.

L'INTIMÉ, lui présentant de petits chiens.

Venez, famille désolée ;
Venez, pauvres enfants qu'on veut rendre orphelins[2] :

---

1. L'édition de 1736 et celle de M. Aimé-Martin donnent ici la variante : « Je n'y connois plus rien. » Mais nous ne la trouvons que là.

2. . . . . . . . . . . . Ποῦ τὰ παιδία ;
Ἀναβαίνετ', ὦ πονηρὰ, καὶ κνυζούμενα
Αἰτεῖτε, κἀντιβολεῖτε, καὶ δακρύετε.
(Guêpes, vers 995-997.)

Venez faire parler vos esprits enfantins[1].  820
Oui, Messieurs, vous voyez ici notre misère :
Nous sommes orphelins; rendez-nous notre père,
Notre père, par qui nous fûmes engendrés,
Notre père, qui nous....

DANDIN.

Tirez, tirez, tirez[2].

L'INTIMÉ.

Notre père, Messieurs....

DANDIN.

Tirez donc. Quels vacarmes !

Ils ont pissé partout.

L'INTIMÉ.

Monsieur, voyez nos larmes[3].

DANDIN.

Ouf ! Je me sens déjà pris de compassion[4].
Ce que c'est qu'à propos toucher la passion !
Je suis bien empêché. La vérité me presse;
Le crime est avéré : lui-même il le confesse.  830
Mais s'il est condamné, l'embarras est égal :
Voilà bien des enfants réduits à l'hôpital.
Mais je suis occupé, je ne veux voir personne.

---

1. *Var.* Venez faire parler vos soupirs enfantins. (1669 et 76)

2.    Κατάβα, κατάβα, κατάβα, κατάβα . . . . .
                    (*Guêpes*, vers 998.)

« *Tirez, tirez*, terme, dit le *Dictionnaire de l'Académie*, dont on se servait autrefois pour chasser un chien. » Mascarille, dans l'*Étourdi* de Molière, acte IV, scène VIII, en fait une application irrévérencieuse à son maître Lélie :

Tirez, tirez, vous dis-je, ou bien je vous assomme.

3. *Var.* Ils ont pissé partout. L'INT. Monsieur, ce sont leurs larmes. (1669)

4.    Αἰβοῖ, τί οὖν τὸ κακόν ποτ' ἔσθ' ὅτῳ μαλάττομαι;
      Κακόν τι περιβαίνει με, κἀναπείθομαι.
                    (*Guêpes*, vers 992 et 993.)

## SCÈNE IV.

### CHICANNEAU, ISABELLE, ETC.[1].

CHICANNEAU.

Monsieur....

DANDIN.

Oui, pour vous seuls l'audience se donne[2].
Adieu. Mais, s'il vous plaît, quel est cet enfant-là[3] ? 835

CHICANNEAU.

C'est ma fille, Monsieur.

DANDIN.

Hé! tôt, rappelez-la.

ISABELLE.

Vous êtes occupé.

DANDIN.

Moi! Je n'ai point d'affaire.
Que ne me disiez-vous que vous étiez son père?

CHICANNEAU.

Monsieur....

DANDIN.

Elle sait mieux votre affaire que vous.
Dites. Qu'elle est jolie, et qu'elle a les yeux doux ! 840
Ce n'est pas tout, ma fille, il faut de la sagesse.

1. L'édition de 1669 donne ainsi les noms des personnages : CHICANNEAU, ISABELLE, DANDIN, LÉANDRE, etc.; et elle omet le nom de celui qui commence la scène en disant : *Monsieur*.

2. Les éditions de 1768, de 1808 et celle de M. Aimé-Martin ont avant ce vers l'indication : « DANDIN, *à Petit Jean et à l'Intimé.* » — L'édition de 1676, dans ce même vers, a : « pour vous seul. » Dans l'édition de 1807 (avec commentaires de la Harpe), l'éditeur adopte ce dernier texte, et dit : « Ceci s'adresse ironiquement à Chicanneau, et non pas affirmativement à l'Intimé et à Petit Jean. » Il suppose un point d'exclamation à la fin du vers.

3. Les éditions de 1702, de 1713, de 1728 ont : *cette enfant-là*. Comme la phrase entière s'y lit : « *quel* est *cette* enfant-là? » il doit y avoir une faute d'impression, qui peut tomber aussi bien sur *quel* que sur *cette*.

Je suis tout réjoui de voir cette jeunesse.
Savez-vous que j'étois un compère autrefois?
On a parlé de nous.

ISABELLE.

Ah! Monsieur, je vous crois.

DANDIN.

Dis-nous : à qui veux-tu faire perdre la cause? 845

ISABELLE.

A personne.

DANDIN.

Pour toi je ferai toute chose.
Parle donc.

ISABELLE.

Je vous ai trop d'obligation.

DANDIN.

N'avez-vous jamais vu donner la question[1]?

ISABELLE.

Non; et ne le verrai, que je crois, de ma vie.

DANDIN.

Venez, je vous en veux faire passer l'envie. 850

ISABELLE.

Hé! Monsieur, peut-on voir souffrir des malheureux?

DANDIN.

Bon! Cela fait toujours passer une heure ou deux.

CHICANNEAU.

Monsieur, je viens ici pour vous dire....

LÉANDRE.

Mon père,

---

1. « Belastre ne laissoit pas d'employer ses soins à faire la cour à Collantine et à lui conter des fleurettes aussi douces que des chardons.... Il lui faisoit bailler place commode dans les lieux publics, pour voir les pendus et les roués qu'il faisoit exécuter. » (*le Roman bourgeois*, p. 533.) On se rappelle dans *le Malade imaginaire* (postérieur de quatre années aux *Plaideurs*) Thomas Diafoirus disant à Angélique (acte II, scène VI) : « Je vous invite à venir voir, l'un de ces jours, pour vous divertir, la dissection d'une femme. »

Je vous vais en deux mots dire toute l'affaire :
C'est pour un mariage. Et vous saurez d'abord 855
Qu'il ne tient plus qu'à vous, et que tout est d'accord.
La fille le veut bien; son amant le respire;
Ce que la fille veut, le père le desire.
C'est à vous de juger.

DANDIN, *se rasseyant.*

Mariez au plus tôt :
Dès demain, si l'on veut; aujourd'hui, s'il le faut. 860

LÉANDRE.

Mademoiselle, allons, voilà votre beau-père :
Saluez-le.

CHICANNEAU.

Comment?

DANDIN.

Quel est donc ce mystère?

LÉANDRE.

Ce que vous avez dit se fait de point en point.

DANDIN.

Puisque je l'ai jugé, je n'en reviendrai point.

CHICANNEAU.

Mais on ne donne pas une fille sans elle. 865

LÉANDRE.

Sans doute, et j'en croirai la charmante Isabelle.

CHICANNEAU.

Es-tu muette? Allons, c'est à toi de parler.
Parle.

ISABELLE.

Je n'ose pas, mon père, en appeler.

CHICANNEAU.

Mais j'en appelle, moi.

LÉANDRE [1].

Voyez cette écriture.

---

1. LÉANDRE, *lui montrant un papier*. (1736 et M. Aimé-Martin)

## ACTE III, SCÈNE IV.

Vous n'appellerez pas de votre signature?

CHICANNEAU.

Plaît-il?

DANDIN.

C'est un contrat en fort bonne façon.

CHICANNEAU.

Je vois qu'on m'a surpris; mais j'en aurai raison :
De plus de vingt procès ceci sera la source.
On a la fille, soit : on n'aura pas la bourse.

LÉANDRE.

Hé! Monsieur, qui vous dit qu'on vous demande rien?
Laissez-nous votre fille, et gardez votre bien.

CHICANNEAU.

Ah!

LÉANDRE.

Mon père, êtes-vous content de l'audience?

DANDIN.

Oui-da. Que les procès viennent en abondance,
Et je passe avec vous le reste de mes jours.
Mais que les avocats soient désormais plus courts.
Et notre criminel?

LÉANDRE.

Ne parlons que de joie :
Grâce! grâce! mon père.

DANDIN.

Hé bien, qu'on le renvoie :
C'est en votre faveur, ma bru, ce que j'en fais.
Allons nous délasser à voir d'autres procès.

FIN DU TROISIÈME ET DERNIER ACTE.

# BRITANNICUS

TRAGÉDIE

1669

# NOTICE.

*Britannicus* fut joué pour la première fois sur le théâtre de l'Hôtel de Bourgogne, le vendredi 13 décembre 1669. Corneille assistait, dans une loge, à cette représentation, qui se termina à sept heures du soir, et dont il ne sortit sans doute pas sans avoir fait entendre autour de lui quelques-unes de ces critiques de la pièce dont Racine a cité un exemple dans sa première préface, toute pleine de ripostes si vives, si amères. La cabale des poëtes envieux, qui d'ordinaire se tenait réunie au théâtre, en un groupe très-redouté, s'était dispersée cette fois dans la salle, afin d'agir un peu partout sans être reconnue. L'assemblée n'était pas aussi nombreuse que l'on avait dû s'y attendre, parce qu'il y avait ce même jour sur la place publique une autre tragédie sanglante, une exécution capitale, qui avait disputé à la pièce de Racine l'affluence des spectateurs. Sans cette concurrence imprévue que la Grève fit à l'Hôtel de Bourgogne, nul doute que la représentation n'eût été de celles où l'on n'avait pas accès sans risquer de se faire étouffer. Le prix des places du parterre avait été doublé, ce que nous présumons d'ailleurs avoir été l'usage, sinon pour toutes les premières représentations, au moins pour celles des pièces des grands auteurs.

Si nous connaissons si exactement la date et quelques-unes des circonstances de la première représentation de *Britannicus*, c'est que Boursault en a fixé le souvenir dans les premières pages d'une petite nouvelle intitulée : *Artemise et Poliante*, et publiée très-peu de temps après[1]. Pour la date, les

---

1. *Artemise et Poliante, Nouvelle.* A Paris, chez René Guignard,

frères Parfait, dans l'*Histoire du Théâtre françois*[1], hésitent entre le 11 (ils auraient dû dire le 10) et le 13 décembre; mais le supplice du marquis de Courboyer, dont parle Boursault, ne laisse aucune incertitude[2]. Le même Boursault nous fait connaître quels furent les acteurs qui jouèrent d'original dans *Britannicus*.

Le récit de Boursault n'est pas seulement curieux par tous les renseignements précis qu'il nous donne, mais aussi parce qu'en dépit de ses froides plaisanteries, il est vivant. C'est le seul témoignage contemporain qui nous fasse, on peut le dire, assister réellement à une de ces anciennes représentations. Il nous met sous les yeux jusqu'aux passions diverses dont les spectateurs y étaient agités. Nous ne devons pas oublier sans doute que c'est un guide malveillant qui nous place à ses côtés dans la salle de l'Hôtel de Bourgogne; mais s'il veut nous montrer la nouvelle tragédie de Racine sous le jour le moins favorable, nous y gagnons du moins de surprendre à leur naissance quelques-unes des critiques qui assaillirent *Britannicus* dès qu'il parut sur le théâtre, et « qui sembloient, nous dit Racine, le devoir détruire. » Il faut donc transcrire ces pages de Boursault, quoiqu'elles aient été déjà souvent citées : « …. Il étoit sept heures sonnées par tout Paris, quand je sortis de l'Hôtel

---

M.DC.LXX. Un vol. in-12. — Le récit de la représentation de *Britannicus* est le début de la *Nouvelle*, p. 1-16.

1. Tome X, p. 426.
2. Le marquis de Courboyer, gentilhomme huguenot, condamné à mort pour une dénonciation calomnieuse de lèse-majesté contre le sieur d'Aunoy, aurait eu la tête tranchée en grève, le samedi 14 décembre 1669, si l'on s'en rapportait au *Journal* de d'Ormesson (voyez le tome II de ce *Journal*, p. 579, édition de M. Chéruel). Mais le samedi n'étant pas un jour de représentations théâtrales, et Boursault n'ayant pu se tromper lorsqu'il a écrit que l'exécution eut lieu le jour où *Britannicus* fut joué pour la première fois, il est évident qu'il y a une petite erreur dans le souvenir de d'Ormesson. Le procès-verbal du premier commis au greffe de la cour du Parlement, qui est aux Archives de l'Empire (section judiciaire, instructions, n° 2404), constate en effet que le vendredi 13 fut réellement le jour de l'exécution. M. François Ravaisson a eu l'obligeance de nous indiquer ce document, que nous avons eu la permission de consulter.

de Bourgogne, où l'on venoit de représenter pour la première fois le *Britannicus* de M. Racine, qui ne menaçoit pas moins que de mort violente tous ceux qui se mêlent d'écrire pour le théâtre. Pour moi, qui m'en suis autrefois mêlé, mais si peu que par bonheur il n'y a personne qui s'en souvienne, je ne laissois pas d'appréhender comme les autres; et dans le dessein de mourir d'une plus honnête mort que ceux qui seroient obligés de s'aller pendre, je m'étois mis dans le parterre pour avoir l'honneur de me faire étouffer par la foule. Mais le marquis de Courboyer, qui ce jour-là justifia publiquement qu'il étoit noble, ayant attiré à son spectacle tout ce que la rue Saint-Denis a de marchands qui se rendent régulièrement à l'Hôtel de Bourgogne pour avoir la première vue de tous les ouvrages qu'on y représente, je me trouvai si à mon aise que j'étois résolu de prier M. de Corneille, que j'aperçus tout seul dans une loge, d'avoir la bonté de se précipiter sur moi, au moment que l'envie de se désespérer le voudroit prendre : lorsqu'Agrippine, ci-devant impératrice de Rome, qui, de peur de ne pas trouver Néron, à qui elle desiroit parler, l'attendoit à sa porte dès quatre heures du matin, imposa silence à tous ceux qui étoient là pour écouter.... Monsieur de \*\*\*\*, admirateur de tous les nobles vers de M. Racine[1], fit tout ce qu'un véritable ami d'auteur peut faire pour contribuer au succès de son ouvrage, et n'eut pas la patience d'attendre qu'on le commençât pour avoir la joie de l'applaudir. Son visage, qui à un besoin passeroit pour un répertoire du caractère des passions, épousoit toutes celles de la pièce l'une après l'autre, et se transformoit comme un caméléon à mesure que les acteurs débitoient leurs rôles : surtout le jeune Britannicus, qui avoit quitté la bavette depuis peu et qui lui sembloit élevé dans la crainte de Jupiter Capitolin, le touchoit si fort que le bonheur dont apparemment il devoit bientôt jouir l'ayant fait rire, le récit qu'on vint faire de sa mort le fit pleurer; et je ne sais rien

---

1. Les frères Parfait, dans une note sur ce passage, disent que Boursault veut désigner Despréaux. Cela est assez probable, quoique *Monsieur de* \*\*\*\* ne paraisse pas bien indiquer le commencement de son nom, et qu'il n'y ait ici aucun trait qui s'applique à lui plus particulièrement qu'à bien d'autres admirateurs du génie de Racine.

de plus obligeant que d'avoir à point nommé un fond de joie et un fond de tristesse au très-humble service de M. Racine.

« Cependant les auteurs qui ont la malice de s'attrouper pour décider souverainement des pièces de théâtre, et qui s'arrangent d'ordinaire sur un banc de l'Hôtel de Bourgogne, qu'on appelle le banc formidable, à cause des injustices qu'on y rend, s'étoient dispersés de peur de se faire reconnoître; et tant que durèrent les deux premiers actes, l'appréhension de la mort leur faisoit désavouer une si glorieuse qualité; mais le troisième acte les ayant un peu rassurés, le quatrième qui lui succéda sembloit ne leur vouloir point faire de miséricorde, quand le cinquième, qu'on estime le plus méchant de tous, eut pourtant la bonté de leur rendre tout à fait la vie. Des connoisseux, auprès de qui j'étois *incognito*, et de qui j'écoutois les sentiments, en trouvèrent les vers fort épurés; mais Agrippine leur parut fière sans sujet, Burrhus vertueux sans dessein, Britannicus amoureux sans jugement, Narcisse lâche sans prétexte, Junie constante sans fermeté, et Néron cruel sans malice. D'autres, qui pour les trente sous qu'ils avoient donnés à la porte crurent avoir la permission de dire ce qu'ils en pensoient, trouvèrent la nouveauté de la catastrophe si étonnante, et furent si touchés de voir Junie, après l'empoisonnement de Britannicus, s'aller rendre religieuse de l'ordre de Vesta, qu'ils auroient nommé cet ouvrage une tragédie chrétienne, si l'on ne les eût assurés que Vesta ne l'étoit pas.... Quoique rien ne m'engage à vouloir du bien à M. Racine, et qu'il m'ait désobligé sans lui en avoir donné aucun sujet, je vais rendre justice à son ouvrage, sans examiner qui en est l'auteur. Il est constant que dans le *Britannicus* il y a d'aussi beaux vers qu'on en puisse faire, et cela ne me surprend pas; car il est impossible que M. Racine en fasse de méchants. Ce n'est pas qu'il n'ait répété en bien des endroits : *que fais-je? que dis-je?* et *quoi qu'il en soit*, qui n'entrent guère dans la belle poésie; mais je regarde cela comme sans doute il l'a regardé lui-même, c'est-à-dire comme une façon de parler naturelle qui peut échapper au génie le plus austère, et paroître dans un style qui d'ailleurs sera fort châtié. Le premier acte promet quelque chose de fort beau, et le second même ne le dément pas; mais au troisième il semble que l'auteur se soit lassé de travailler; et le quatrième, qui contient une partie de l'histoire romaine, et qui par conséquent n'apprend rien qu'on ne puisse voir dans Florus et dans Coëffeteau, ne laisseroit pas de faire oublier qu'on s'est ennuyé au précédent, si dans le cinquième la façon dont Britannicus est empoisonné, et celle dont Junie se rend vestale, ne faisoient pitié. Au reste, si la pièce n'a pas eu tout le succès qu'on s'en étoit promis, ce n'est pas faute que chaque acteur n'ait triomphé dans son personnage. La des OEillets, qui ouvre la scène en qualité de mère de Néron, et qui a coutume de charmer tous ceux devant qui elle paroît, fait mieux qu'elle n'a jamais fait jusqu'à présent ; et quand Lafleur, qui vient ensuite sous le titre de Burrhus, en seroit aussi bien l'original qu'il n'en est que la copie, à peine le représenteroit-il plus naturellement. Brécourt, de qui l'on admire l'intelligence, fait mieux Britannicus que s'il étoit le fils de Claude ; et Hauteroche joue si finement ce qu'il y représente qu'il attraperoit un plus habile homme que Britannicus. La d'Ennebaut, qui dès la première fois qu'elle parut sur le théâtre attira les applaudissements de tous ceux qui la virent, s'acquitte si agréablement du personnage de Junie, qu'il n'y a point d'auditeurs qu'elle n'intéresse en sa douleur ; et pour ce qui est de Floridor, qui n'a pas besoin que je fasse son éloge, et qui est si accoutumé à bien faire que dans sa bouche une méchante chose ne le paroît plus, on peut dire que si Néron, qui avoit tant de plaisir à réciter des vers, n'étoit pas mort il y a quinze cents je ne sais combien d'années, il prendroit un soin particulier de sa fortune, ou le feroit mourir par jalousie.... »

Boursault eût évidemment constaté avec beaucoup d'empressement la chute de la pièce. Mais on peut conclure de son compte rendu, si dénigrant d'ailleurs, qu'à la première représentation il n'y eut rien de semblable. Il se contente de dire « qu'elle n'eut pas le succès qu'on s'en étoit promis. » Si dans les éloges excessifs qu'il distribue à tous les acteurs il ne fait que suivre la tactique ordinaire des cabales, qui ne vouloient reconnaître aux chefs-d'œuvre du poëte d'autre mérite que celui d'être bien joués, ces éloges du moins, qui supposent un bon accueil fait aux interprètes de la tragédie nouvelle, nous donnent à penser que les spectateurs s'abstinrent de manifestations hostiles contre la pièce elle-même. Robinet, qui le dimanche 15 décembre assistait à la seconde représentation, ne dit pas un mot non plus qui permette de croire à une chute de *Britannicus*. Il loue le *style magnifique* des vers de Racine, bien supérieurs, selon lui, à ceux mêmes d'*Andromaque*; il est moins content, il est vrai, de l'économie de la pièce, de la conception du sujet; et quoiqu'il se récuse, afin de n'être pas juge et partie, ayant lui-même composé un *Britannicus*, il se déclare forcé d'avouer qu'il a plus varié sa matière, mis plus de passion et de véhémence dans le caractère de Néron et d'Agrippine, mieux préparé chaque incident, et moins précipité la catastrophe[1]. Mais quelque supériorité qu'il se décerne à lui-même avec une outrecuidance si grotesque, ce n'est pas un rival à terre qu'il accable ainsi. Évidemment, malgré tous les défauts que Robinet y a découverts, la tragédie de Racine se soutient encore sur la scène. Cependant il est certain qu'elle ne s'y soutint pas longtemps, et que la froideur du public en fit disparaître pour quelque temps un chef-d'œuvre dont l'auteur ne craignait pas de dire qu'il n'avait rien fait de plus solide. Racine lui-même convient de son premier désappointement. « J'avoue, dit-il dans sa seconde préface, que le succès ne répondit pas d'abord à mes espérances. » Si dans sa première préface il ne fait pas précisément le même aveu, s'il y parle des applaudissements qu'il a reçus, et dont la vivacité a égalé celle des attaques, plus déchaînées que jamais, il n'y peut cacher la blessure que l'injustice lui a faite : c'est une protestation de vaincu, malheureusement trop emportée et qui va beaucoup trop loin dans les représailles, puisqu'à une objection de Corneille, « faite, dit-il, avec chaleur, » il répond par des allusions très-blessantes à plusieurs des tragédies du grand poëte, et un peu plus loin lui applique évidemment les plaintes de Térence contre « les critiques d'un vieux poëte malintentionné. » Monchesnay confirme par son témoignage ce que les préfaces de Racine auraient suffi pour nous apprendre : « Cette tragédie, dit-il, n'eut pas d'abord un succès proportionné à son mérite[2]. » De Léris, dans son *Dictionnaire portatif des théâtres*[3], dit que

---

1. Lettre en vers du 21 décembre 1669. — 2. *Bolæana*, p. 106.
3. *Dictionnaire portatif des théâtres* (2 vol. in-12, à Paris, chez C. A. Jombert, M.DCC.LIV), tome 1, au mot *Britannicus*.

*Britannicus* tomba à la huitième représentation; il n'aurait pas été plus loin que la cinquième, s'il fallait en croire la *Préface des éditeurs* qui précède cette tragédie dans l'édition de Luneau de Boisjermain. Toutes ces assertions, qui se produisent sans preuves, ne sont pas d'un temps assez voisin des faits pour être acceptées avec pleine confiance. Mais quoique nous ne puissions compter avec certitude le nombre des représentations de la pièce dans sa nouveauté, on voit que la tradition générale et constante est qu'elles furent bientôt arrêtées.

La beauté des vers avait cependant frappé tout le monde : les juges les plus prévenus, et ceux dont le goût était le moins délicat, n'avaient pu la méconnaître. Nous avons vu que les auteurs jaloux, dont Boursault recueillit les sentiments, avouaient que « les vers étoient fort épurés. » De son côté Robinet répétait ce qu'il avait sans doute entendu dire partout sur la magnificence du style. Tel était aussi, ce qui a un peu plus d'autorité, le jugement de Boileau; Brossette le rapporte en ces termes. « *Britannicus* est la pièce de Racine dont les vers sont les plus finis [1]. » Monchesnay avait entendu Boileau dire quelque chose d'à peu près semblable, avec une expression assez singulière, il est vrai, mais qui se laisse bien comprendre · « M. Despréaux disoit que son ami n'avoit jamais fait des vers plus sentencieux [2]. »

Mais les plus beaux vers ne suffisent pas pour le succès d'une pièce de théâtre. Les grandes qualités dramatiques, celles qui saisissent surtout le spectateur, manquaient-elles à la tragédie de Racine? L'action en était-elle dénuée d'intérêt? La pièce était-elle mal conduite, les caractères sans vérité et sans relief? Qui l'oserait soutenir aujourd'hui? C'est un fait cependant que, dans les premiers temps des représentations de *Britannicus*, on s'attacha surtout à censurer l'action et les caractères; et soit que tant d'attaques fussent parvenues à égarer le jugement du public, soit que les beautés sévères d'une grande composition historique se trouvassent trop inaccessibles à la foule des esprits médiocres, les censeurs eurent d'abord gain de cause; et la pièce parut ne pouvoir vivre longtemps, parce qu'elle fut jugée froide.

---

1. Recueil manuscrit de la Bibliothèque impériale, p. 43.
2. *Bolæana*, p. 106.

La première préface de *Britannicus* nous apprend quelles furent quelques-unes des objections qu'on y fit : beaucoup sont assurément ridicules. Il y en a, on l'a vu, de bien impertinentes dans le compte rendu de Boursault, et aussi dans celui de Robinet, qui demeure d'ailleurs dans des termes assez généraux. Nous ne saurions guère trouver plus justes les appréciations d'un critique, dont l'opinion cependant a d'ordinaire tout un autre poids, mais qui dans les éloges donnés à Racine s'arrêtait toujours à temps pour ne pas se compromettre avec Corneille : nous voulons parler de Saint-Évremond. Il est aisé de voir qu'il aurait bonne envie d'être juste pour l'auteur de *Britannicus*; mais il faut au moins qu'il l'accuse d'avoir mal choisi son sujet : « J'ai lu *Britannicus* avec assez d'attention, écrit-il à M. de Lionne [1], pour y remarquer de belles choses. Il passe, à mon sens, l'*Alexandre* et l'*Andromaque*; les vers en sont plus magnifiques; et je ne serois pas étonné qu'on y trouvât du sublime. Cependant je déplore le malheur de cet auteur d'avoir si dignement travaillé sur un sujet qui ne peut souffrir une représentation agréable. En effet, l'idée de Narcisse, d'Agrippine et de Néron, l'idée, dis-je, si noire et si horrible qu'on se fait de leurs crimes, ne sauroit s'effacer de la mémoire du spectateur, et quelques efforts qu'il fasse pour se défaire de la pensée de leurs cruautés, l'horreur qu'il s'en forme détruit en quelque manière la pièce. »

Est-il vrai, comme le dit Monchesnay, que Boileau lui-même ait joint à ses louanges d'assez fortes critiques? Elles furent faites, dit-il, « en présence du fils de Racine. » Comme Louis Racine, dans ses *Mémoires* [2], les déclare tout à fait invraisemblables, ou Monchesnay parle du fils aîné, ou la mémoire de l'un des deux témoins est en défaut. Quoi qu'il en soit, voici le passage du *Bolæana*. Il se lit à la suite de la phrase, que nous avons tout à l'heure citée, sur les *vers sentencieux* de *Britannicus :* « Mais il n'étoit pas content du dénouement. Il disoit qu'il étoit trop puéril; que Junie, voyant son amant mort, se fait tout à coup religieuse, comme si le couvent des Vestales étoit un couvent d'Ursulines, au lieu qu'il falloit des formalités

---

1. OEuvres de Saint-Évremond, tome II, p. 325 et 326.
2. Voyez notre tome I, p. 241.

infinies pour recevoir une vestale. Il disoit encore que Britannicus est trop petit devant Néron. » Ces objections, qu'en tout cas d'autres que Boileau ont proposées, n'étaient pas au nombre des plus insoutenables qu'on eût soulevées. Il se peut, malgré les doutes de Louis Racine, qu'elles aient été réellement recueillies de la bouche de Boileau, mais sans doute mieux exprimées. Il n'y a dans le dénoûment aucune puérilité (Boileau n'a rien pu dire de pareil), mais, ce nous semble, quelque longueur; et il n'est pas d'un effet assez puissant, malgré d'admirables beautés de détail. Ajoutons qu'il était plus facile de s'excuser, comme Racine l'a fait, sur la petite faute commise en n'observant pas avec assez d'exactitude l'âge où l'on était reçu dans le collége des Vestales (car les droits d'un poëte s'étendent très-légitimement jusqu'à une licence de ce genre), que d'échapper au reproche du grave anachronisme de mœurs, si souvent adressé à cette amante au désespoir qui cherche dans la vie religieuse un refuge à sa douleur et un asile contre les persécutions d'un ravisseur : le siècle des Miramion et des la Vallière prend un peu trop ici la place de l'âge des Césars.

Il est loin d'être vrai que Britannicus soit petit devant Néron; car l'âme généreuse et noble du malheureux prince ne manque pas de grandeur, et la scélératesse de Néron n'en peut avoir aucune. Mais ce que le grand critique disait apparemment, ce qu'il devait sentir, c'est que l'amant de Junie est une de ces figures de pâles soupirants dont Racine, avec tout son art exquis et charmant, pouvait à peine relever la fadeur.

Nous craindrions plutôt d'avoir fait à la critique trop de concessions sur ces défauts que d'avoir cherché à les pallier. Mais fussent-ils incontestables, ils ne sauraient suffire pour faire refuser à *Britannicus* tout autre mérite que celui des beaux vers. Combien de scènes de cette tragédie, par leur beauté fière, leur élévation, leur profondeur, ne craignent pas la comparaison avec les grandes scènes politiques de Corneille! Jamais Racine, tout en gardant les qualités qui lui sont propres, ne s'est montré aussi heureusement l'émule du grand poëte qu'il avait, dans ses deux premières pièces, imité avec plus d'efforts, mais sans pouvoir saisir aussi bien quelques-uns des traits les plus marquants de ce génie sublime. Racine avait à lutter avec un autre génie, avec celui que Rousseau nommait très-bien un rude jouteur. Sa pièce est pleine de pensées empruntées à Tacite, de passages qui sont presque traduits du grand historien latin ; mais ils y sont fondus si naturellement que jamais conception originale ne parut avoir plus de spontanéité : il cesse d'y avoir traduction lorsque l'inspiration reçue est à la fois si continue, si libre et si large. La plupart des caractères sont tracés de main de maître. Racine, nous le croyons, a très-bien défendu lui-même celui qu'il donne à Néron, ce monstre naissant. Burrhus, dit-on, plaisait singulièrement à Boileau, comme une des plus nobles images de la vertu, et sa prédilection pour ce personnage, parmi tous ceux de la pièce, semble attestée par un des vers de son *Épître à Racine*. Sans doute l'honnêteté de Burrhus, au milieu de la corruption qui l'entoure, admet parfois quelques accommodements ; mais c'est par là que la peinture de cette sagesse de cour est surtout vraie. La bassesse et la perfidie de Narcisse sont d'une effrayante vérité, que l'on regarde cette vérité comme générale et humaine, ou comme retraçant le caractère d'une époque : Narcisse est l'Iago de notre théâtre classique, et l'art d'insinuer le poison dans les cœurs n'est assurément pas mis en scène avec des traits plus profonds dans Shakspeare que dans Racine. Mais la préférence que l'auteur de *Britannicus* nous paraît avoir eue pour le personnage d'Agrippine est bien naturelle, et il n'y a pas lieu de s'étonner lorsqu'il dit : « C'est elle que je me suis surtout efforcé de bien exprimer. » On l'a critiquée de notre temps comme bien adoucie dans ses vices, beaucoup trop lavée de sa hideuse corruption impériale, et, dans son ambition qui a perdu sa monstrueuse énergie, ne nous montrant plus la mère incestueuse. Mais la loi de l'histoire et celle du poëme dramatique ne sont pas semblables ; on le pensait du moins au temps de Racine ; si nous avons changé tout cela, ce que l'art a pu y gagner n'est pas démontré pour tout le monde. L'Agrippine de Racine n'est pas du moins scrupuleuse à l'excès. Quoique le poëte ait fait un choix parmi les traits de cette physionomie, telle que Tacite l'a dépeinte, ceux que les conditions moins libres de son art lui ont permis d'emprunter à l'historien, sont restés, dans sa tragédie, dignes d'un si grand modèle. L'ambition et l'orgueil, avec les caractères particuliers que ces passions prennent dans une âme féminine, n'ont jamais été étudiés avec cette finesse d'analyse et exprimés avec cette sûreté de touche, cette vérité d'accent.

Avec des caractères si vivants, si nouveaux au théâtre, et de si belles scènes, une tragédie peut-elle manquer d'intérêt, fût-il vrai qu'elle n'excitât pas assez la terreur et la pitié? Est-il permis de n'y voir qu'une tragédie de cabinet? Non, sans doute; mais il était naturel qu'elle plût surtout *aux connaisseurs*. Voltaire, à propos de *Britannicus*, a souvent répété ce mot, qui est celui de Racine lui-même dans sa seconde préface. Le même Voltaire, dans une de ses lettres, donnant à sa pensée la forme, plus piquante qu'exacte, que comporte volontiers la correspondance familière, a dit : « La politique est une fort bonne chose, mais elle ne réussit guère dans les tragédies.... Tacite est fort bon au coin du feu, mais ne serait guère à sa place sur la scène [1]. » Cette boutade, prise trop au sérieux, condamnerait une bonne partie du théâtre de Corneille dans ce qu'il a de si justement admiré. En vain dira-t-on que ces grandes peintures de l'histoire, qui se déroulent et s'achèvent en tableaux successifs, perdent beaucoup à être resserrées dans le cadre plus étroit de la tragédie, et que les hommes assemblés au théâtre y attendent un autre plaisir que celui d'une profonde étude politique. Les plus illustres tragiques modernes ont su plus d'une fois prouver que l'histoire et la politique peuvent être d'un grand intérêt sur la scène. Qu'on ne croie pas d'ailleurs que Voltaire ait médiocrement goûté *Britannicus*. Toutes les fois qu'il en a parlé [2], il l'a fait en jugeant très-sévère-

[1]. Lettre à M. le marquis de Chauvelin, 9 octobre 1764. (*OEuvres complètes de Voltaire*, tome LXII, p. 44.)

[2]. Voyez particulièrement, dans les *OEuvres complètes de Voltaire*, la *Préface du Triumvirat*, tome VIII, p. 80; les *Remarques sur le second discours de Corneille*, tome XXXVI, p. 511 et 512; les *Remarques sur Bérénice*, *préface du commentateur*, même tome, p. 385 et 386. Dans ces différents passages, Voltaire, tout en faisant ses réserves sur plusieurs points, laisse la plus grande part à la juste admiration. Ainsi, dans le dernier de ceux auxquels nous venons de renvoyer le lecteur, il dit, après quelques critiques : « Ce n'est qu'avec le temps que les connaisseurs firent revenir le public. On vit que cette pièce était la peinture fidèle de la cour de Néron. On admira enfin toute l'énergie de Tacite exprimée dans des vers dignes de Virgile. On com-

ment sans doute le fond même et le nœud de l'action, et quelques-uns de ses incidents, mais avec une vive admiration des beautés que découvrent dans cette tragédie les appréciateurs éclairés, ceux qui ne demandent pas, dans une pièce de théâtre, tout leur plaisir à l'émotion sensible, mais aussi à la réflexion.

Il est à regretter que nous n'ayons plus les registres de l'Hôtel de Bourgogne, qui, pour le nombre des représentations dans les premières années, nous auraient permis de comparer *Britannicus* avec les autres pièces de Racine, et nous auraient fait connaître combien de temps avait duré l'injustice du public. Nous apprenons du moins par la seconde préface de Racine, publiée au commencement de 1676[1], que cette tragédie était alors celle du même poète « que la cour et le public revoyoient le plus volontiers. » A l'époque où le Registre de la Grange peut constater les représentations de *Britannicus*, nous en trouvons deux en 1679, cinq en 1680, cinq en 1681, quatre en 1682, une en 1683, cinq en 1684. Il semble qu'un si admirable tableau d'histoire ait plu surtout à la cour, où mieux qu'ailleurs on pouvait sentir avec quelle vérité sont peintes l'ambition et la vanité d'Agrippine, la perfidie de Narcisse, l'adroite et circonspecte vertu de Burrhus. Nous voyons que *Britannicus* fut joué à Versailles le 9 mai 1681, à Saint-Germain le 4 décembre de la même année; l'année suivante, à Saint-Cloud, le 21 avril, et à Fontainebleau au mois d'octobre; à Chambord le 29 septembre 1684. Cette tragédie fut la première que l'on fit voir au duc de Bourgogne et à ses frères : ce fut le 17 novembre 1698, à Versailles[2]. On la joua aussi à Fontainebleau, le

prit que Britannicus et Junie ne devaient pas avoir un autre caractère. On démêla dans Agrippine des beautés vraies, solides, qui ne sont ni gigantesques, ni hors de la nature.... Le développement du caractère de Néron fut regardé comme un chef-d'œuvre. On convint que le rôle de Burrhus est admirable d'un bout à l'autre, et qu'il n'y a rien de ce genre dans toute l'antiquité. *Britannicus* fut la pièce des connaisseurs, qui conviennent des défauts, et qui apprécient les beautés. »

1. L'Achevé d'imprimer de cette édition est du dernier décembre 1675.

2. *Journal* de Dangeau, lundi 17 novembre 1698.

17 octobre 1703 [1]. Devons-nous croire que Louis XIV ait été tellement frappé des premières représentations de cette éloquente tragédie que de quelques-uns de ses beaux vers il ait, comme on l'a dit, tiré pour lui-même une leçon qui ne devait plus être oubliée? Tout le monde connaît ce passage d'une lettre écrite par Boileau en septembre 1707 à Monchesnay : « Un grand prince, qui avoit dansé à plusieurs ballets, ayant vu jouer le *Britannicus* de M. Racine, où la fureur de Néron à monter sur le théâtre est si bien attaquée, il ne dansa plus à aucun ballet, non pas même au temps du carnaval. » Quelque autorité qu'il faille reconnaître au témoignage de Boileau, il n'a pas convaincu tout le monde. On y a opposé ce fait que Louis XIV, en 1670, deux mois après la représentation de *Britannicus*, s'était encore montré dans le ballet des *Amants magnifiques*. Mais la réponse qui a été faite à cette objection nous paraît concluante [2]. Bien que dans la pièce imprimée de Molière les indications sur les personnes qui figuraient dans les entrées de ballet, semblent constater que le Roi prenait part aux intermèdes, et y représentait Neptune et Apollon, une lettre en vers de Robinet, du 15 février 1670, nous apprend qu'il avait renoncé aux rôles d'abord acceptés par lui, et qu'il *fit danser et ne dansa point*. Il reste tout au plus à dire, comme on l'a fait [3], en citant une autre lettre de la même gazette rimée, en date du 9 mars 1669, que Louis XIV, avant le temps de *Britannicus*, ayant déjà à peu près cessé de danser en public, le sermon du poëte était prêché à un converti. Du reste la gloire de Racine peut se passer de l'anecdote que l'on conteste. Ce qui n'est pas douteux, c'est le grand succès que sa tragédie avait à la cour.

Le jugement plus équitable qu'après un premier moment de surprise les contemporains de Racine avaient fini par porter de *Britannicus* n'a pas été démenti par les temps qui ont suivi. Non-seulement cette pièce a continué d'avoir en sa faveur les suffrages des juges éclairés, pour qui Voltaire la croyait sur-

---

1. *Journal* de Dangeau, mercredi 17 octobre 1703; et *Mercure* de novembre 1703.
2. Voyez *les Ennemis de Racine*, par M. Deltour, p. 224 et 225.
3. *L'Esprit de l'histoire*, par M. Édouard Fournier, p. 196 et 197.

tout faite, mais elle a toujours été d'un grand effet au théâtre ; et cette fois Tacite s'est trouvé n'être pas seulement bon au coin du feu. On en peut donner pour preuve les triomphes éclatants dont *Britannicus* a été l'occasion pour plusieurs acteurs. Rappelons quelques-uns des souvenirs que les plus renommés d'entre eux ont laissés dans les principaux rôles.

On a vu par le récit de Boursault que la des OEillets s'était surpassée dans le personnage d'Agrippine, et que Floridor avait été très-admiré dans celui de Néron. Si l'on en croit le *Bolæana*, Floridor ne put longtemps tenir ce rôle, où, malgré l'excellence de son jeu, il faisait tort à la pièce, et cela pour une raison très-étrange, qui donnerait à penser que Racine avait affaire à un parterre très-naïf. « M. Despréaux, dit Monchesnay, m'apprit une circonstance assez particulière sur cette tragédie.... Le rôle de Néron y étoit joué par Floridor, le meilleur comédien de son siècle ; mais comme c'étoit un acteur aimé du public, tout le monde souffroit de lui voir représenter Néron, et d'être obligé de lui vouloir du mal. Cela fut cause qu'on donna le rôle à un acteur moins chéri ; et la pièce s'en trouva mieux[1]. »

Lorsque Baron faisait partie de la troupe de l'Hôtel de Bourgogne, où il était entré en 1673, après la mort de Molière, il eut, dit-on, l'ambition de jouer le rôle de Néron. Celui de Britannicus convenait mieux alors à sa jeunesse ; il fallut cependant un ordre du Roi pour le forcer à le remplir. Après avoir quitté le théâtre en 1691, il y remonta au bout de vingt-neuf ans, en 1720. Pour sa rentrée il choisit ce même rôle de Britannicus, qu'il avait autrefois dédaigné, et pour lequel il semble qu'il fût alors bien vieux, étant âgé de soixante-sept ans. Il n'avait du moins avec les années rien perdu de son merveilleux talent. Il voulut dans le même temps satisfaire enfin son désir de représenter le personnage de Néron. Tous les rôles de cette tragédie de *Britannicus* le tentaient : il est dit dans les *Mémoires* de Préville qu'il se chargea aussi de celui de Burrhus.

Beaubourg, qui avait paru sur la scène après la première retraite de Baron, joua Néron avec un grand succès. Il n'avait point le jeu correct et naturel du fameux comédien formé par

---

1. *Bolæana*, p. 106.

Molière et par Racine, mais il savait donner à quelques parties de son rôle une expression énergique qui frappait de terreur.

Au dix-huitième siècle, la plus admirée des Agrippines fut Mlle Dumesnil. Elle joua ce rôle dans ses débuts en 1737. Grimm le cite[1] comme un de ses plus beaux; ainsi que ceux de Sémiramis et de Mérope, il convenait particulièrement à la noblesse imposante de sa physionomie. Mlle Volnais et Mlle Raucourt, avec moins d'éclat sans doute, passent cependant aussi pour avoir mérité beaucoup d'applaudissements dans ce même rôle d'Agrippine. On reprochait à Mlle Raucourt d'y apporter une dignité trop étudiée; mais elle en rendait supérieurement la fierté; et dans les imprécations de la scène VI du dernier acte, elle produisait une forte impression.

Nous comprenons peu ce que dit Grimm, lorsqu'il prétend que jusqu'à le Kain le rôle de Néron n'avait été regardé que comme un rôle secondaire; il ne l'est certainement point dans la pièce elle-même; et quant à la manière dont il avait été joué jusque-là, nous avons vu qu'il avait déjà trouvé d'excellents interprètes. Mais il se peut que le Kain les ait surpassés. Quelques mois après la mort du célèbre acteur, en 1778, Grimm écrivait : « Il n'est presque aucune tragédie de Racine que nous ayons vue plus suivie dans ces derniers temps (que *Britannicus*), et c'est au rôle de Néron qu'elle dut tout son effet. L'art de le Kain y sut présenter la vive et frappante image de la jeunesse d'un tyran échappant pour la première fois aux liens de la contrainte et de l'habitude[2]. »

Un reproche qui ne peut s'accorder avec ce témoignage de Grimm est celui que Geoffroy adressait à le Kain en même temps qu'à Talma. A l'en croire, tous deux oubliaient trop que Néron est un jeune prince qui commence seulement à développer des vices longtemps comprimés par une bonne éducation, et lui donnaient trop de profondeur et de politique. C'était d'ailleurs Talma surtout que, suivant son habitude, Geoffroy accablait de ses critiques. Il cherchait à faire ressortir

---

1. *Correspondance littéraire de Grimm et de Diderot* (édition de 1829-1830), tome IX, p. 148 (juillet 1776).

2. *Correspondance littéraire de Grimm et de Diderot*, tome IX, p. 488 (février 1778).

en bien des points la supériorité de le Kain, par exemple dans les entretiens de Néron avec Junie, où, suivant lui, il faisait mieux sentir l'ironie et la malignité du personnage. Mais si nous ne pouvons aujourd'hui apprécier le plus ou moins de justesse de ces comparaisons, il est très-certain du moins que Geoffroy, qui s'est efforcé longtemps de décourager Talma dans ce rôle, où il le disait déplacé, s'est trouvé en opposition avec le sentiment de tous ses contemporains. Leur admiration unanime ne laisse point de doute sur les magnifiques inspirations que le grand tragédien puisa dans la pièce de *Britannicus*.

---

Nous avons recueilli les variantes de *Britannicus* dans le texte de 1670, édition séparée et la première de toutes [1], et dans les différentes éditions collectives, déjà nommées à l'occasion des pièces précédentes. Notre texte est conforme à celui de l'impression de 1697.

[1]. L'édition originale a pour titre :

BRITANNICUS,
TRAGEDIE.
A Paris,
chez Claude Barbin....
M.DC.LXX.
Avec privilege du Roy.

L'Achevé d'imprimer n'est pas mentionné. Le privilége est « du septiéme Janvier 1670. »

Outre huit feuillets pour le titre, l'*Épître* au duc de Chevreuse, la *Préface*, l'extrait du privilége, et la liste des acteurs, la pièce a quatre-vingts pages.

A¹ MONSEIGNEUR

## LE DUC DE CHEVREUSE².

Monseigneur,

Vous serez peut-être étonné de voir votre nom à la tête de cet ouvrage ; et si je vous avois demandé la permission de vous l'offrir, je doute si je l'aurois obtenue. Mais ce seroit être en quelque sorte ingrat que de cacher plus longtemps au monde les bontés dont vous m'avez toujours honoré. Quelle apparence qu'un homme qui ne

---

1. Nous suivons, comme pour toutes les épîtres dédicatoires, le texte de l'édition originale. Nous l'avons comparé à celui d'un manuscrit donné, comme autographe, à la bibliothèque de la ville de Lyon par M. Monfalcon. Ce manuscrit n'est pas entièrement conforme à la première édition de *Britannicus*, la seule des anciennes qui contienne l'épître, mais à celle de 1736. Nous avons déjà fait la même remarque au sujet de la dédicace de *la Thébaïde* (tome I, p. 389, note 1). Voyez aussi plus haut, dans le tome II (p. 30, note 1), ce que nous avons dit de l'épître d'*Andromaque*.

2. Charles-Honoré d'Albert, duc de Luynes, de Chevreuse et de Chaulnes, était né le 7 octobre 1646. Il mourut le 5 novembre 1712. Il avait été, comme Racine, mais plus tard que lui, élève de Lancelot. Racine l'avait connu très-jeune à l'hôtel de Luynes, et c'est de lui qu'il parle dans ses lettres de 1661, sous le nom de *Monsieur le Marquis*. On connaît la liaison si étroite du duc de Chevreuse avec le duc de Beauvillers et Fénelon, et l'influence de ces trois hommes de bien sur le duc de Bourgogne. Saint-Simon a dit du duc de Chevreuse qu'il était « né avec beaucoup d'esprit naturel, d'agrément dans l'esprit,... de facilité pour le travail et pour toutes sortes de sciences. » (*Mémoires*, tome X, p. 266.) Mais ce qu'en lui il a loué surtout, d'accord en cela avec tous les témoignages et avec les éloges que lui donne ici Racine, ce sont ses vertus, la droiture de son cœur, « sa douceur, sa mesure, sa modestie. » (*Ibidem*, tome VI, p. 185.)

travaille que pour la gloire se puisse taire d'une protection aussi glorieuse que la vôtre? Non, Monseigneur, il m'est trop avantageux que l'on sache que mes amis mêmes ne vous sont pas indifférents, que vous prenez part à tous mes ouvrages[1], et que vous m'avez procuré l'honneur de lire celui-ci devant un homme dont toutes les heures sont précieuses[2]. Vous fûtes témoin avec quelle pénétration d'esprit il jugea de l'économie de la pièce, et combien l'idée qu'il s'est formée d'une excellente tragédie est au delà de tout ce que j'en ai pu concevoir. Ne craignez pas, Monseigneur, que je m'engage plus avant, et que n'osant le louer en face, je m'adresse à vous pour le louer avec plus de liberté. Je sais qu'il seroit dangereux de le fatiguer de ses louanges; et j'ose dire que cette même modestie, qui vous est commune avec lui, n'est pas un des moindres liens qui vous attachent l'un à l'autre. La modération n'est qu'une vertu ordinaire quand elle ne se rencontre qu'avec des qualités ordinaires. Mais qu'avec toutes les qualités et du cœur et de l'esprit, qu'avec un jugement qui, ce semble, ne devroit être le

---

1. *Prendre part* peut bien signifier simplement ici *prendre intérêt*. Il nous semble peu probable que le duc de Chevreuse ait eu quelque part aux ouvrages de Racine. De Visé semble, il est vrai, insinuer dans son *Mercure* qu'un sage, un Socrate collaborait avec notre poëte. Chevreuse était un sage; mais à l'époque où fut composé *Britannicus*, il était bien jeune pour qu'on pût le reconnaître sous le nom de Socrate. Quoi qu'il en soit, voici le passage du *Mercure galant* de 1672, écrit à propos de *Bajazet* : « Ses amis (*les amis de Racine*) le placent entre Sophocle et Euripide, aux pièces duquel il semble que Diogène Laërce veuille nous faire entendre que Socrate avait la meilleure part des plus beaux endroits. »

2. Racine désigne clairement ici Colbert, dont le duc de Chevreuse avait épousé la fille aînée en 1667. Colbert ne passe pas pour avoir été aussi bon juge des choses de l'esprit que le dit Racine dans ce passage. Mais il avait donné des pensions aux gens de lettres, et Racine lui devait de la reconnaissance.

fruit que de l'expérience de plusieurs années, qu'avec mille belles connoissances que vous ne sauriez cacher à vos amis particuliers, vous ayez encore cette sage retenue que tout le monde admire en vous, c'est sans doute une vertu rare en un siècle où l'on fait vanité des moindres choses. Mais je me laisse emporter insensiblement à la tentation de parler de vous. Il faut qu'elle soit bien violente, puisque je n'ai pu y résister dans une lettre où je n'avois autre dessein que de vous témoigner avec combien de respect je suis,

    MONSEIGNEUR,
        Votre très-humble et très-obéissant serviteur [1],
                          RACINE.

1. Dans le manuscrit, comme dans l'édition de 1736 et dans celle de M. Aimé-Martin, il y a : « Votre très-humble, très-obéissant et très-fidèle serviteur. » Nous ferons remarquer en outre que dans le manuscrit, de même que dans ces deux éditions, l'épître se divise en quatre alinéa. Dans l'édition de 1670, elle n'en forme, comme ici, qu'un seul.

## PREMIÈRE PRÉFACE[1].

De tous les ouvrages que j'ai donnés au public, il n'y en a point qui m'ait attiré plus d'applaudissements ni plus de censeurs que celui-ci. Quelque soin que j'aie pris pour travailler cette tragédie, il semble qu'autant que je me suis efforcé de la rendre bonne, autant de certaines gens se sont efforcés de la décrier. Il n'y a point de cabale qu'ils n'aient faite, point de critique dont ils ne se soient avisés. Il y en a qui ont pris même le parti de Néron contre moi. Ils ont dit que je le faisois trop cruel. Pour moi, je croyois que le nom seul de Néron faisoit entendre quelque chose de plus que cruel. Mais peut-être qu'ils raffinent sur son histoire, et veulent dire qu'il étoit honnête homme dans ses premières années. Il ne faut qu'avoir lu Tacite pour savoir que s'il a été quelque temps un bon empereur, il a toujours été un très-méchant homme. Il ne s'agit point dans ma tragédie des affaires du dehors. Néron est ici dans son particulier et dans sa famille. Et ils me dispenseront de leur rapporter tous les passages qui pourroient bien aisément[2] leur prouver que je n'ai point de réparation à lui faire.

D'autres ont dit, au contraire, que je l'avois fait trop bon. J'avoue que je ne m'étois pas formé l'idée d'un bon homme en la personne de Néron. Je l'ai toujours regardé comme un monstre. Mais c'est ici un monstre naissant. Il n'a pas encore mis le feu à Rome. Il n'a pas tué[3] sa

1. Cette préface est celle de l'édition de 1670.
2. Les éditions de 1807, de 1808 et celle de M. Aimé-Martin omettent *bien* devant *aisément*.
3. Les mêmes éditions donnent ici : « Il n'a pas encore tué. » C'est ainsi que Racine s'exprime dans sa seconde préface.

mère, sa femme, ses gouverneurs. A cela près, il me semble qu'il lui échappe assez de cruautés pour empêcher que personne ne le méconnoisse.

Quelques-uns ont pris l'intérêt de Narcisse, et se sont plaints que j'en eusse fait un très-méchant homme et le confident de Néron. Il suffit d'un passage pour leur répondre. « Néron, dit Tacite, porta impatiemment la mort de Narcisse, parce que cet affranchi avoit une conformité merveilleuse avec les vices du prince encore cachés : *Cujus abditis adhuc vitiis mire congruebat*[1]. »

Les autres se sont scandalisés que j'eusse choisi un homme aussi jeune que Britannicus pour le héros d'une tragédie. Je leur ai déclaré, dans la préface d'*Andromaque*[2], les sentiments d'Aristote sur le héros de la tragédie; et que bien loin d'être parfait, il faut toujours qu'il ait quelque imperfection. Mais je leur dirai encore ici qu'un jeune prince de dix-sept ans, qui a beaucoup de cœur, beaucoup d'amour, beaucoup de franchise et beaucoup de crédulité, qualités ordinaires d'un jeune homme, m'a semblé très-capable d'exciter la compassion. Je n'en veux pas davantage.

Mais, disent-ils, ce prince n'entroit que dans sa quinzième année lorsqu'il mourut. On le fait vivre, lui et Narcisse, deux ans plus qu'ils n'ont vécu[3]. Je n'aurois point parlé de cette objection, si elle n'avoit été faite avec chaleur par un homme qui s'est donné la liberté de faire régner vingt ans un empereur qui n'en a régné que huit[4], quoique ce changement soit bien plus considé-

---

1. *Annales*, livre XIII, chapitre 1.
2. Voyez ci-dessus la *première préface* d'*Andromaque*, p. 35 et 36.
3. Narcisse se tua au commencement du règne de Néron. Voyez les *Annales* de Tacite, livre XIII, chapitre 1; et ci-après, p. 256, note 2.
4. Corneille, qui est ici désigné, reconnaît lui-même, dans l'*Examen* de son *Héraclius*, qu'il a pris cette licence : « J'ai prolongé de

rable dans la chronologie, où l'on suppute les temps par les années des empereurs.

Junie ne manque pas non plus de censeurs. Ils disent que d'une vieille coquette, nommée Junia Silana, j'en ai fait une jeune fille très-sage. Qu'auroient-ils à me répondre si je leur disois que cette Junie est un personnage inventé, comme l'Émilie de *Cinna*, comme la Sabine d'*Horace?* Mais j'ai à leur dire que s'ils avoient bien lu l'histoire, ils auroient trouvé une Junia Calvina, de la famille d'Auguste, sœur de Silanus, à qui Claudius avoit promis Octavie. Cette Junie étoit jeune, belle, et, comme dit Sénèque, *festivissima omnium puellarum*[1]. Elle ai-

douze ans la durée de l'empire de Phocas. » Voyez le *Corneille* de M. Marty-Laveaux, tome V, p. 152. Corneille parle aussi de cet anachronisme, et l'excuse par les exemples des anciens, dans son avis *Au lecteur*. (*Ibidem*, p. 143 et 144.)

1. « La plus charmante des jeunes femmes. » Voici le passage de Sénèque (*Apocolokyntose*, chapitre VIII) : « Lucium Silanum, generum « suum, occidit. Oro, propter quid? Sororem suam, festivissimam « omnium puellarum, quam omnes Venerem vocarent, maluit Juno-« nem vocare. » L'abbé du Bos (*Réflexions critiques*, 1re partie, section XXIX) fait la remarque suivante sur la *Junie* de Racine : « Junia Calvina, l'amante de Britannicus, sur laquelle le poëte prend soin de nous instruire dans sa préface, et qu'il a tant de peur que nous ne confondions avec Junia Silana, n'étoit point à Rome dans le temps de la mort de Britannicus.... Elle avoit été exilée à la fin du règne de Claude, et Néron ne la rappela de son exil que lorsqu'il voulut faire un certain nombre d'actions de bonté, afin d'adoucir les esprits aigris contre lui par le meurtre de sa mère. D'ailleurs le caractère que M. Racine s'est plu à donner à cette Junia Calvina est bien démenti par l'histoire.... Plus d'une fois il lui fait dire en phrases poétiques qu'elle n'a point vu le monde et qu'elle ne le connoît pas encore. Tacite, qui doit avoir vu Junia Calvina, puisqu'elle a vécu jusque sous le règne de Vespasien, dit dans l'histoire de Claudius (*Annales*, livre XII, chapitre IV) qu'elle étoit une *effrontée*. Avant que Claudius épousât Agrippine, elle avoit été mariée à Lucius Vitellius, le frère de Vitellius qui fut empereur dans la suite. Sénèque, dans la satire ingénieuse qu'il écrivit sur la mort de l'empereur Claudius, parle de Junia Calvina en homme qui la tenoit réellement coupable

moit tendrement son frère; « et leurs ennemis, dit Tacite, les accusèrent tous deux d'inceste, quoiqu'ils ne fussent coupables que d'un peu d'indiscrétion[1]. » Si je la représente[2] plus retenue qu'elle n'étoit, je n'ai pas ouï dire qu'il nous fût défendu de rectifier les mœurs d'un personnage, surtout lorsqu'il n'est pas connu.

L'on trouve étrange qu'elle paroisse sur le théâtre après la mort de Britannicus. Certainement la délicatesse est grande de ne pas vouloir qu'elle dise en quatre vers assez touchants qu'elle passe chez Octavie[3]. Mais, disent-ils, cela ne valoit pas la peine de la faire revenir. Un autre l'auroit pu raconter pour elle. Ils ne savent pas qu'une des règles du théâtre est de ne mettre en récit que

du crime d'inceste avec son propre frère, pour lequel elle avoit été exilée sous le règne de ce prince. M. Racine rapporte une partie du passage de Sénèque, d'une manière à faire croire qu'il ne l'a pas lu tout entier.... Il ne nous dit pas ce que Sénèque ajoute, que Junia Calvina paraissoit une Vénus à tout le monde, mais que son frère aimoit mieux en faire sa Junon.... M. Racine suppose, dans sa préface, que l'âge seul de Junia Calvina l'empêcha d'être reçue chez les Vestales, puisqu'il pense avoir rendu sa réception dans leur collége vraisemblable, en lui faisant donner par le peuple une dispense d'âge, événement ridicule par rapport à ce temps-là, où le peuple ne faisoit plus les lois. Mais outre que l'âge de Junia Calvina étoit trop avancé pour sa réception parmi les Vestales, il y avoit encore plusieurs raisons qui rendoient sa réception dans leur collége impossible. » Ces observations sont exactes, mais bien rigoureuses. Racine aurait dû, pour en finir avec les chicanes, se contenter de répondre, comme il se montre d'abord tenté de le faire, qu'il avait inventé le personnage de Junie. C'était son droit de poëte.

1. « Fratrum, non incestum, sed incustoditum, amorem ad infa-
« miam traxit (*Vitellius*). » (*Annales*, livre XII, chapitre IV.)

2. M. Aimé-Martin et, avant lui, les éditeurs de 1807 et de 1808 ont changé *représente* en *présente*.

3. Plus tard, ayant reconnu sans doute quelque vérité dans la critique qu'il cherche ici à repousser, Racine se décida à supprimer la scène où se lisaient ces quatre vers, et qui ne se trouve que dans l'édition de 1670, où elle est la VI<sup>e</sup> de l'acte V. Voyez la variante du vers 1647.

les choses qui ne se peuvent passer en action; et que tous les anciens font venir souvent sur la scène des acteurs qui n'ont autre chose à dire, sinon qu'ils viennent d'un endroit, et qu'ils s'en retournent en un autre.

Tout cela est inutile, disent mes censeurs. La pièce est finie au récit de la mort de Britannicus, et l'on ne devroit point écouter le reste. On l'écoute pourtant, et même avec autant d'attention qu'aucune fin de tragédie. Pour moi, j'ai toujours compris que la tragédie étant l'imitation d'une action complète, où plusieurs personnes concourent, cette action n'est point finie que l'on ne sache en quelle situation elle laisse ces mêmes personnes. C'est ainsi que Sophocle en use presque partout. C'est ainsi que dans l'*Antigone* il emploie autant de vers à représenter la fureur d'Hémon et la punition de Créon après la mort de cette princesse, que j'en ai employé[1] aux imprécations d'Agrippine, à la retraite de Junie, à la punition de Narcisse, et au désespoir de Néron, après la mort de Britannicus.

Que faudroit-il faire pour contenter des juges si difficiles? La chose seroit aisée, pour peu qu'on voulût trahir le bon sens. Il ne faudroit que s'écarter du naturel pour se jeter dans l'extraordinaire. Au lieu d'une action simple, chargée de peu de matière, telle que doit être une action qui se passe en un seul jour, et qui s'avançant par degrés vers sa fin, n'est soutenue que par les intérêts, les sentiments et les passions des personnages, il faudroit remplir cette même action de quantité d'incidents qui ne se pourroient passer qu'en un mois, d'un grand nombre de jeux de théâtre, d'autant plus surprenants qu'ils seroient moins vraisemblables, d'une infinité de déclamations où l'on feroit dire aux acteurs tout

---

1. L'édition de 1670 a : *employés*.

le contraire de ce qu'ils devroient dire. Il faudroit, par exemple, représenter quelque héros ivre, qui se voudroit faire haïr de sa maîtresse de gaieté de cœur[1], un Lacédémonien grand parleur[2], un conquérant qui ne débiteroit que des maximes d'amour[3], une femme qui donneroit des leçons de fierté à des conquérants[4]. Voilà sans doute de quoi faire récrier tous ces Messieurs. Mais que diroit cependant le petit nombre de gens sages auxquels je m'efforce de plaire? De quel front oserois-je me montrer, pour ainsi dire, aux yeux de ces grands hommes de l'antiquité que j'ai choisis pour modèles? Car, pour me servir de la pensée d'un ancien[5], voilà les véritables

1. Allusion à l'Attila de Corneille, dans la pièce de ce nom. Les historiens « rapportent, dit Corneille dans son avis *Au lecteur* (tome VII, p. 105), qu'il avoit accoutumé de saigner du nez, et que les vapeurs du vin et des viandes dont il se chargea fermèrent le passage à ce sang, qui, après l'avoir étouffé, sortit avec violence par tous les conduits. » Et en effet, dans la scène III de l'acte V (vers 1603 et 1604) on voit couler le sang d'Attila. C'est le dénoûment de la pièce qui commence. Il faut dire cependant qu'il s'agit moins d'une ivresse causée par *les vapeurs du vin*, que d'un mal auquel le roi des Huns est en proie depuis qu'il a tué son frère. Ce qui est rigoureusement exact, c'est qu'Attila *veut de gaieté de cœur se faire haïr de sa maîtresse* Ildione. Voyez la scène II de l'acte III (vers 879-892).
2. Agésilas ou Lysander, dans la tragédie d'*Agésilas* de Corneille.
3. César, dans le *Pompée* de Corneille.
4. Cornélie, dans le *Pompée* de Corneille.
5. C'est de Longin qu'il s'agit. Voici le passage de cet auteur, tel que Boileau l'a traduit au chapitre XII du *Traité du Sublime* : « Ces grands hommes.... nous élèvent l'âme presque aussi haut que l'idée que nous avons conçue de leur génie, surtout si nous nous imprimons bien ceci en nous-mêmes : « Que penseroient Homère ou Dé« mosthène de ce que je dis, s'ils m'écoutoient? et quel jugement « feroient-ils de moi? » En effet, nous ne croirons pas avoir un médiocre prix à disputer si nous pouvons nous figurer que nous allons, mais sérieusement, rendre compte de nos écrits devant un si célèbre tribunal, et sur un théâtre où nous avons de tels héros pour juges et pour témoins. »

spectateurs que nous devons nous proposer; et nous devons sans cesse nous demander : « Que diroient Homère et Virgile, s'ils lisoient ces vers? que diroit Sophocle, s'il voyoit représenter cette scène? » Quoi qu'il en soit, je n'ai point prétendu empêcher qu'on ne parlât contre mes ouvrages. Je l'aurois prétendu inutilement. *Quid de te alii loquantur ipsi videant*, dit Cicéron; *sed loquentur tamen*[1].

Je prie seulement le lecteur de me pardonner cette petite préface, que j'ai faite pour lui rendre raison de ma tragédie. Il n'y a rien de plus naturel que de se défendre quand on se croit injustement attaqué. Je vois que Térence même semble n'avoir fait des prologues que pour se justifier contre les critiques d'un vieux poëte malintentionné, *malevoli veteris poetæ*[2], et qui venoit briguer des voix contre lui jusqu'aux heures où l'on représentoit ses comédies.

> . . . . . . . . . . *Occepta est agi,*
> *Exclamat,* etc.[3]

On me pouvoit faire une difficulté qu'on ne m'a point faite. Mais ce qui est échappé aux spectateurs pourra être remarqué par les lecteurs. C'est que je fais entrer Junie dans les Vestales, où, selon Aulu-Gelle[4], on ne recevoit personne au-dessous de six ans, ni au-dessus de dix. Mais le peuple prend ici Junie sous sa protection, et j'ai cru qu'en considération de sa naissance, de sa

---

1. « C'est aux autres à voir comment ils voudront parler de vous; mais à coup sûr ils parleront. » (*République*, livre VI, chapitre XVI.)

2. Racine vient de traduire ces mots : « d'un vieux poëte malintentionné. » Ils se trouvent dans le Prologue de l'*Andrienne*, aux vers 6 et 7.

3. « On commence à jouer la pièce : il s'écrie, etc. » (*Eunuque*, Prologue, vers 22 et 23.)

4. *Nuits attiques*, livre I, chapitre XII.

vertu et de son malheur, il pouvoit la dispenser de l'âge prescrit par les lois, comme il a dispensé de l'âge pour le consulat tant de grands hommes qui avoient mérité ce privilége.

Enfin je suis très-persuadé qu'on me peut faire bien d'autres critiques, sur lesquelles je n'aurois d'autre parti à prendre que celui d'en profiter à l'avenir. Mais je plains fort le malheur d'un homme qui travaille pour le public. Ceux qui voient le mieux nos défauts sont ceux qui les dissimulent le plus volontiers. Ils nous pardonnent les endroits qui leur ont déplu, en faveur de ceux qui leur ont donné du plaisir. Il n'y a rien, au contraire, de plus injuste qu'un ignorant. Il croit toujours que l'admiration est le partage des gens qui ne savent rien. Il condamne toute une pièce pour une scène qu'il n'approuve pas. Il s'attaque même aux endroits les plus éclatants, pour faire croire qu'il a de l'esprit; et pour peu que nous résistions à ses sentiments, il nous traite de présomptueux qui ne veulent croire personne, et ne songe pas qu'il tire quelquefois plus de vanité d'une critique fort mauvaise, que nous n'en tirons d'une assez bonne pièce de théâtre.

*Homine imperito nunquam quidquam injustius*[1].

---

1. Térence, *Adelphes*, vers 99. — C'est ce vers que traduit Racine lorsqu'il dit un peu plus haut : « Il n'y a rien.... de plus injuste qu'un ignorant. »

## SECONDE PRÉFACE[1].

Voici celle de mes tragédies que je puis dire que j'ai le plus travaillée. Cependant j'avoue que le succès ne répondit pas d'abord à mes espérances. A peine elle parut sur le théâtre, qu'il s'éleva quantité de critiques qui sembloient la devoir détruire. Je crus moi-même que sa destinée seroit à l'avenir moins heureuse que celle de mes autres tragédies. Mais enfin il est arrivé de cette pièce ce qui arrivera toujours des ouvrages qui auront quelque bonté. Les critiques se sont évanouies; la pièce est demeurée. C'est maintenant celle des miennes que la cour et le public revoient le plus volontiers; et si j'ai fait quelque chose de solide et qui mérite quelque louange, la plupart des connoisseurs demeurent d'accord que c'est ce même *Britannicus*.

A la vérité j'avois travaillé sur des modèles qui m'avoient extrêmement soutenu dans la peinture que je voulois faire de la cour d'Agrippine et de Néron. J'avois copié mes personnages d'après le plus grand peintre de l'antiquité, je veux dire d'après Tacite. Et j'étois alors si rempli de la lecture de cet excellent historien, qu'il n'y a presque pas un trait éclatant dans ma tragédie dont il ne m'ait donné l'idée. J'avois voulu mettre dans ce recueil un extrait des plus beaux endroits que j'ai tâché d'imiter[2]; mais j'ai trouvé que cet extrait tiendroit presque autant de place que la tragédie. Ainsi le lecteur trouvera bon que je le renvoie à cet auteur, qui aussi bien

---

1. C'est la préface de 1676 et des éditions suivantes.
2. Comme avait fait Corneille dans une de ses éditions du *Cid*, et plus tard de *la Mort de Pompée*.

est entre les mains de tout le monde ; et je me contenterai de rapporter ici quelques-uns de ses passages sur chacun des personnages que j'introduis sur la scène.

Pour commencer par Néron, il faut se souvenir qu'il est ici dans les premières années de son règne, qui ont été heureuses, comme l'on sait. Ainsi il ne m'a pas été permis de le représenter aussi méchant qu'il a été depuis. Je ne le représente pas non plus comme un homme vertueux, car il ne l'a jamais été. Il n'a pas encore tué sa mère, sa femme, ses gouverneurs; mais il a en lui les semences de tous ces crimes. Il commence à vouloir secouer le joug. Il les hait les uns et les autres, et il leur cache sa haine sous de fausses caresses : *Factus natura velare odium fallacibus blanditiis*[1]. En un mot, c'est ici un monstre naissant, mais qui n'ose encore se déclarer, et qui cherche des couleurs à ses méchantes actions : *Hactenus Nero flagitiis et sceleribus velamenta quæsivit*[2]. Il ne pouvoit souffrir Octavie, princesse d'une bonté et d'une vertu exemplaire : *Fato quodam, an quia prævalent illicita; metuebaturque ne in stupra feminarum illustrium prorumperet*[3].

Je lui donne Narcisse pour confident. J'ai suivi en cela Tacite, qui dit que Néron porta impatiemment la mort de Narcisse, parce que cet affranchi avoit une conformité merveilleuse avec les vices du prince encore cachés : *Cujus abditis adhuc vitiis mire congruebat*[4]. Ce

---

[1] « Formé par la nature à voiler sa haine sous de fausses caresses. » (Tacite, *Annales*, livre XIV, chapitre LVI.)

[2] « Néron, jusque-là, chercha à voiler ses vices et ses crimes. » (*Ibidem*, livre XIII, chapitre XLVII.)

[3] « Soit fatalité, soit attrait des plaisirs défendus ; et l'on craignait que, dans l'emportement de ses passions, il ne déshonorât les femmes de la plus illustre naissance. » (*Ibidem*, livre XIII, chapitre XII.)

[4] *Annales*, livre XIII, chapitre I. Racine vient de traduire cette phrase.

passage prouve deux choses : il prouve et que Néron étoit déjà vicieux, mais qu'il dissimuloit ses vices, et que Narcisse l'entretenoit dans ses mauvaises inclinations.

J'ai choisi Burrhus pour opposer un honnête homme à cette peste de cour; et je l'ai choisi plutôt que Sénèque. En voici la raison : ils étoient tous deux gouverneurs de la jeunesse de Néron, l'un pour les armes, l'autre pour les lettres; et ils étoient fameux, Burrhus pour son expérience dans les armes et pour la sévérité de ses mœurs, *militaribus curis et severitate morum;* Senèque pour son éloquence et le tour agréable de son esprit, *Seneca præceptis eloquentiæ et comitate honesta*[1]. Burrhus, après sa mort, fut extrêmement regretté à cause de sa vertu : *Civitati grande desiderium ejus mansit per memoriam virtutis*[2].

Toute leur peine étoit de résister à l'orgueil et à la férocité d'Agrippine, *quæ, cunctis malæ dominationis cupidinibus flagrans, habebat in partibus Pallantem*[3]. Je ne dis que ce mot d'Agrippine, car il y auroit trop de choses à en dire. C'est elle que je me suis surtout efforcé de bien exprimer, et ma tragédie n'est pas moins la disgrâce d'Agrippine que la mort de Britannicus. Cette mort fut un coup de foudre pour elle, et il parut, dit Tacite, par sa frayeur et par sa consternation, qu'elle étoit aussi innocente de cette mort qu'Octavie. Agrippine perdoit en lui sa dernière espérance, et ce crime lui en faisoit craindre un plus grand : *Sibi supremum auxilium ereptum, et parricidii exemplum intelligebat*[4].

---

1. Tacite, *Annales*, livre XIII, chapitre II.
2. « Sa mort laissa de longs et grands regrets à Rome, qui se souvenait de ses vertus. » (*Ibidem*, livre XIV, chapitre LI.)
3. « Qui, brûlant de toutes les passions d'une tyrannie malfaisante, avait Pallas dans son parti. » (*Ibidem*, livre XIII, chapitre II.)
4. « Elle comprenait que sa dernière ressource venait de lui être

L'âge de Britannicus étoit si connu, qu'il ne m'a pas été permis de le représenter autrement que comme un jeune prince qui avoit beaucoup de cœur, beaucoup d'amour et beaucoup de franchise, qualités ordinaires d'un jeune homme. Il avoit quinze ans, et on dit qu'il avoit beaucoup d'esprit, soit qu'on dise vrai, ou que ses malheurs aient fait croire cela de lui, sans qu'il ait pu en donner des marques : *Neque segnem ei fuisse indolem ferunt; sive verum, seu periculis commendatus retinuit famam sine experimento*[1].

Il ne faut pas s'étonner s'il n'a auprès de lui qu'un aussi méchant homme que Narcisse; car il y avoit longtemps qu'on avoit donné ordre qu'il n'y eût auprès de Britannicus que des gens qui n'eussent ni foi ni honneur : *Nam ut proximus quisque Britannico neque fas neque fidem pensi haberet olim provisum erat*[2].

Il me reste à parler de Junie. Il ne la faut pas confondre avec une vieille coquette qui s'appeloit *Junia Silana*. C'est ici une autre Junie, que Tacite appelle *Junia Calvina*, de la famille d'Auguste, sœur de Silanus à qui Claudius avoit promis Octavie. Cette Junie étoit jeune, belle, et comme dit Sénèque, *festivissima omnium puellarum*. Son frère et elle s'aimoient tendrement; « et leurs ennemis, dit Tacite, les accusèrent tous deux d'inceste, quoiqu'ils ne fussent coupables que d'un peu d'indiscrétion[3]. » Elle vécut jusqu'au règne de Vespasien.

Je la fais entrer dans les Vestales, quoique, selon Aulu-Gelle, on n'y reçût jamais personne au-dessous

---

enlevée, et qu'il y avait là un exemple de parricide. » (Tacite, *Annales*, livre XIII, chapitre XVI.)

1. *Ibidem*, livre XII, chapitre XXVI. La phrase qui précède cette citation en est une traduction.
2. *Ibidem*, livre XIII, chapitre XV.
3. Sur ce passage, voyez ci-dessus, p. 244, note 1.

de six ans, ni au-dessus de dix. Mais le peuple prend ici Junie sous sa protection. Et j'ai cru qu'en considération de sa naissance, de sa vertu et de son malheur, il pouvoit la dispenser de l'âge prescrit par les lois, comme il a dispensé de l'âge pour le consulat tant de grands hommes qui avoient mérité ce privilége.

## ACTEURS.

NÉRON, empereur, fils d'Agrippine.

BRITANNICUS, fils de l'empereur Claudius[1].

AGRIPPINE, veuve de Domitius Enobarbus, père de Néron, et, en secondes noces, veuve de l'empereur Claudius.

JUNIE, amante de Britannicus.

BURRHUS, gouverneur de Néron.

NARCISSE, gouverneur de Britannicus.

ALBINE, confidente d'Agrippine.

GARDES.

La scène est à Rome, dans une chambre du palais de Néron.

---

1. Dans aucune des anciennes éditions on ne lit : *fils de l'empereur Claudius et de Messaline*. C'est l'érudition malheureuse des éditions plus récentes qui a ajouté ici le nom de *Messaline*, dont Racine a évité de rappeler le souvenir.

# BRITANNICUS.

## TRAGÉDIE.

## ACTE I.

### SCÈNE PREMIÈRE.

#### AGRIPPINE, ALBINE.

**ALBINE.**
Quoi? tandis que Néron s'abandonne au sommeil,
Faut-il que vous veniez attendre son réveil[1]?
Qu'errant dans le palais sans suite et sans escorte,
La mère de César veille seule à sa porte?
Madame, retournez dans votre appartement.

**AGRIPPINE.**
Albine, il ne faut pas s'éloigner un moment.
Je veux l'attendre ici. Les chagrins qu'il me cause
M'occuperont assez tout le temps qu'il repose.

---

1. Il y a dans *les Plaideurs* deux vers qui ont quelque ressemblance avec ceux-ci. Ils sont dans les variantes de l'acte III, scène 1 (ci-dessus, p. 200) :

> Le beau plaisir d'aller, tout mourant de sommeil,
> A la porte d'un juge attendre son réveil !

Mais on comparerait mieux peut-être ce début de *Britannicus* avec les vers suivants de Juvénal :

> . . . . . . *Sedet ad prætoria Regis*
> *Donec Bithyno libeat vigilare tyranno.*
> (Satire X, vers 160 et 161.)

Tout ce que j'ai prédit n'est que trop assuré :
Contre Britannicus Néron s'est déclaré ; 10
L'impatient Néron cesse de se contraindre ;
Las de se faire aimer, il veut se faire craindre.
Britannicus le gêne, Albine ; et chaque jour
Je sens que je deviens importune à mon tour.

### ALBINE.

Quoi? vous à qui Néron doit le jour qu'il respire, 15
Qui l'avez appelé de si loin à l'Empire ?
Vous qui déshéritant le fils de Claudius,
Avez nommé César l'heureux Domitius[1] ?
Tout lui parle, Madame, en faveur d'Agrippine :
Il vous doit son amour.

### AGRIPPINE.

Il me le doit, Albine : 20
Tout, s'il est généreux, lui prescrit cette loi ;
Mais tout, s'il est ingrat, lui parle contre moi.

### ALBINE.

S'il est ingrat, Madame ! Ah ! toute sa conduite
Marque dans son devoir une âme trop instruite.
Depuis trois ans entiers, qu'a-t-il dit, qu'a-t-il fait 25
Qui ne promette à Rome un empereur parfait ?
Rome, depuis deux ans, par ses soins gouvernée[2],
Au temps de ses consuls croit être retournée :

---

1. C'était, comme l'on sait, le nom de Néron avant son adoption par Claude. Voyez ci-après, p. 257, note 2, quelques détails sur les Domitius.

2. *Var.* Rome, depuis trois ans, par ses soins gouvernée. (1670 et 76)
— Le changement de « trois ans » en « deux ans, » fait par Racine dans son édition de 1687 et conservé dans celle de 1697, lui a paru nécessaire, comme s'éloignant beaucoup moins de la date exacte. Néron était monté sur le trône au milieu d'octobre de l'an 54 après Jésus-Christ, et il empoisonna Britannicus avant le printemps de l'an 55. Dans les éditions publiées au commencement du dix-huitième siècle, les unes, par exemple celles de 1700 (Amsterdam) et de 1736, ont gardé l'ancienne leçon *trois ans* ; les autres, comme celles de 1702, de 1713 et de 1728, ont adopté la correction *deux ans*. Les éditions modernes (1807, 1808 et M. Aimé-Martin) s'accordent à donner *trois ans*, et ne mentionnent même pas *deux* comme variante.

## ACTE I, SCÈNE I.

Il la gouverne en père. Enfin Néron naissant
A toutes les vertus d'Auguste vieillissant[1].      30

###### AGRIPPINE.

Non, non, mon intérêt ne me rend point injuste :
Il commence, il est vrai, par où finit Auguste ;
Mais crains que l'avenir détruisant le passé,
Il ne finisse ainsi qu'Auguste a commencé.
Il se déguise en vain : je lis sur son visage      35
Des fiers Domitius l'humeur triste et sauvage[2].
Il mêle avec l'orgueil qu'il a pris dans leur sang
La fierté des Nérons qu'il puisa dans mon flanc[3].
Toujours la tyrannie a d'heureuses prémices :
De Rome, pour un temps, Caïus[4] fut les délices ;      40
Mais sa feinte bonté se tournant en fureur,
Les délices de Rome en devinrent l'horreur.
Que m'importe, après tout, que Néron, plus fidèle,
D'une longue vertu laisse un jour le modèle?

---

1. Sénèque, dans son traité qui a pour titre *de Clementia* (livre I, chapitre XI), allant plus loin encore dans la même pensée, dit que personne n'oserait comparer la vieillesse elle-même d'Auguste avec la douceur des jeunes années de Néron : « Comparare nemo mansuetudini tuæ audebit divum Augustum, etiam si « in certamen juvenilium annorum deduxerit senectutem plus quam maturam. »

2. Suétone (*Néron*, chapitres II-V) peint sous les mêmes traits les Domitius. Il remonte jusqu'au quatrième aïeul de Néron, Cneius Domitius Ænobarbus, tribun du peuple l'an de Rome 650, dont l'orateur Crassus disait qu'il ne fallait pas s'étonner s'il avait une barbe d'airain, parce qu'il avait un visage de fer et un cœur de plomb, c'est-à-dire, l'impudence et l'insensibilité. Le même historien représente le trisaïeul de Néron, Lucius Domitius, tué à Pharsale, comme un homme d'humeur farouche, *vir ingenio truci*. Le moins mauvais de la famille fut, suivant lui, le bisaïeul, qui changea souvent de parti dans les guerres civiles. Quant au grand-père, orgueilleux, prodigue, cruel, il montra dans les jeux de gladiateurs qu'il donna une telle férocité qu'Auguste dut la réprimer. Le plus méchant de tous ces Domitius fut le père de Néron, Cneius Domitius Ænobarbus. Suétone rapporte de lui des traits révoltants de barbarie.

3. Agrippine était fille de l'illustre Germanicus, petite-fille de Claudius Drusus Néron, arrière-petite-fille de Tibérius Claudius Néron, premier mari de Livie. Parmi ces *fiers* Nérons, ses ancêtres, qui étaient de l'illustre famille des Claudius, était le vainqueur d'Asdrubal, C. Claudius Néron.

4. Caïus, fils de Germanicus, et par conséquent frère d'Agrippine, est cet empereur qu'on désigne d'ordinaire par son surnom de *Caligula*.

Ai-je mis dans sa main le timon de l'État 45
Pour le conduire au gré du peuple et du sénat?
Ah! que de la patrie il soit, s'il veut, le père;
Mais qu'il songe un peu plus qu'Agrippine est sa mère.
De quel nom cependant pouvons-nous appeler
L'attentat que le jour vient de nous révéler? 50
Il sait, car leur amour ne peut être ignorée,
Que de Britannicus Junie est adorée;
Et ce même Néron, que la vertu conduit,
Fait enlever Junie au milieu de la nuit.
Que veut-il? Est-ce haine, est-ce amour qui l'inspire? 55
Cherche-t-il seulement le plaisir de leur nuire?
Ou plutôt n'est-ce point que sa malignité
Punit sur eux l'appui que je leur ai prêté?

ALBINE.

Vous leur appui, Madame?

AGRIPPINE.

Arrête, chère Albine.
Je sais que j'ai moi seule avancé leur ruine; 60
Que du trône, où le sang l'a dû faire monter,
Britannicus par moi s'est vu précipiter.
Par moi seule, éloigné de l'hymen d'Octavie[1],
Le frère de Junie abandonna la vie,
Silanus, sur qui Claude avoit jeté les yeux, 65
Et qui comptoit Auguste au rang de ses aïeux[2].
Néron jouit de tout; et moi, pour récompense,

---

1. L'empereur Claude avait fiancé à Lucius Silanus sa fille Octavie. Agrippine, dont le mariage avec Claude n'était pas encore célébré, mais déjà résolu, voulut enlever Octavie à Silanus, pour la marier à Domitius. Elle fit accuser d'inceste Silanus et sa sœur Junia Calvina. Le jour même du mariage d'Agrippine et de Claude, Silanus se donna la mort. Voyez Tacite, *Annales*, livre XII, chapitres III, IV et VIII.

2. Lucius Silanus était fils d'Émilia Lépida, arrière-petite-fille d'Auguste. Julie, fille d'Auguste, et femme d'Agrippa, avait eu une fille, qui portait aussi le nom de Julie, et qui fut mariée à L. Émilius Paulus: de ce mariage était née la mère de Silanus.

Il faut qu'entre eux et lui je tienne la balance,
Afin que quelque jour, par une même loi,
Britannicus la tienne entre mon fils et moi. 70
### ALBINE.
Quel dessein !
### AGRIPPINE.
        Je m'assure un port dans la tempête.
Néron m'échappera, si ce frein ne l'arrête.
### ALBINE.
Mais prendre contre un fils tant de soins superflus?
### AGRIPPINE.
Je le craindrois bientôt, s'il ne me craignoit plus.
### ALBINE.
Une injuste frayeur[1] vous alarme peut-être. 75
Mais si Néron pour vous n'est plus ce qu'il doit être,
Du moins son changement ne vient pas jusqu'à nous,
Et ce sont des secrets entre César et vous.
Quelques titres nouveaux que Rome lui défère,
Néron n'en reçoit point qu'il ne donne à sa mère. 80
Sa prodigue amitié ne se réserve rien.
Votre nom est dans Rome aussi saint que le sien.
A peine parle-t-on de la triste Octavie.
Auguste votre aïeul honora moins Livie.
Néron devant sa mère a permis le premier[2] 85
Qu'on portât les faisceaux couronnés de laurier[3].
Quels effets voulez-vous de sa reconnoissance?

---

1. A ces mots: « Une injuste frayeur, » l'édition de 1741 a substitué : « Une juste frayeur, » faute reproduite dans l'édition de M. Aimé-Martin.

2. Néron avait fait décerner par le sénat deux licteurs à sa mère : « Omnes « in eam honores cumulabantur; signumque more militiæ petenti tribuno de- « dit, *optimæ matris*. Decreti et a senatu duo lictores. » (Tacite, *Annales*, livre XIII, chapitre II.)

3. Les éditions de 1702, 1713, 1722, 1728 et 1750 ont :

    Qu'on portât des faisceaux couronnés de laurier.

AGRIPPINE.

Un peu moins de respect, et plus de confiance.
Tous ces présents, Albine, irritent mon dépit :
Je vois mes honneurs croître, et tomber mon crédit. 90
Non, non, le temps n'est plus que Néron, jeune encore,
Me renvoyoit les vœux d'une cour qui l'adore,
Lorsqu'il se reposoit sur moi de tout l'État,
Que mon ordre au palais assembloit le sénat,
Et que derrière un voile, invisible et présente, 95
J'étois de ce grand corps l'âme toute-puissante[1].
Des volontés de Rome alors mal assuré,
Néron de sa grandeur n'étoit point enivré.
Ce jour, ce triste jour frappe encor ma mémoire,
Où Néron fut lui-même ébloui de sa gloire, 100
Quand les ambassadeurs de tant de rois divers
Vinrent le reconnoître au nom de l'univers.
Sur son trône avec lui j'allois prendre ma place.
J'ignore quel conseil prépara ma disgrâce :
Quoi qu'il en soit, Néron, d'aussi loin qu'il me vit, 105
Laissa sur son visage éclater son dépit.
Mon cœur même en conçut un malheureux augure.
L'ingrat, d'un faux respect colorant son injure,
Se leva par avance, et courant m'embrasser,
Il m'écarta du trône où je m'allois placer[2]. 110
Depuis ce coup fatal, le pouvoir d'Agrippine

1. « In palatium ob id vocabantur (*patres*), ut (*Agrippina*) adstaret abditis
« a tergo foribus velo discreta, quod visum arceret, auditum non adimeret. »
(Tacite, *Annales*, livre XIII, chapitre v.)

2. Cette scène est racontée par Tacite ; mais Racine l'a un peu arrangée.
Elle se passa en présence, non des envoyés des différentes nations venus pour
rendre hommage au nouvel empereur, mais des ambassadeurs arméniens qui
plaidaient devant Néron la cause de leur pays. Agrippine vouloit monter sur
le tribunal de l'Empereur, et présider avec lui. Ce fut Sénèque qui avertit Néron
d'aller au-devant de sa mère. «Legatis Armeniorum, causam gentis apud Nero-
« nem orantibus, escendere suggestum imperatoris et præsidere simul parabat
« (*Agrippina*); nisi, ceteris pavore defixis, Seneca admonuisset venienti matri
« occurreret. Ita, specie pietatis, obviam itum dedecori. » (*Annales, ibidem.*)

Vers sa chute, à grands pas, chaque jour s'achemine[1].
L'ombre seule m'en reste, et l'on n'implore plus
Que le nom de Sénèque et l'appui de Burrhus.

###### ALBINE.

Ah! si de ce soupçon votre âme est prévenue, 115
Pourquoi nourrissez-vous le venin qui vous tue?
Daignez avec César vous éclaircir du moins[2].

###### AGRIPPINE.

César ne me voit plus, Albine, sans témoins.
En public, à mon heure, on me donne audience.
Sa réponse est dictée, et même son silence. 120
Je vois deux surveillants, ses maîtres et les miens,
Présider l'un ou l'autre à tous nos entretiens.
Mais je le poursuivrai d'autant plus qu'il m'évite.
De son désordre, Albine, il faut que je profite.
J'entends du bruit; on ouvre. Allons subitement 125
Lui demander raison de cet enlèvement.
Surprenons, s'il se peut, les secrets de son âme.
Mais quoi? déjà Burrhus sort de chez lui?

## SCÈNE II.

### AGRIPPINE, BURRHUS, ALBINE.

###### BURRHUS.

Madame,
Au nom de l'Empereur j'allois vous informer

---

1. Les commentateurs ont rappelé que Corneille avait dit :

> Je sais par quels moyens sa sagesse profonde
> S'achemine à grands pas à l'empire du monde.
>       (*Nicomède*, acte V, scène I, vers 1511 et 1512.)

Si les vers de Racine sont une réminiscence de ceux de Corneille, ils en diffèrent cependant assez par le sens et par l'expression pour ne point paraître dérobés.

2. *Var.* Allez avec César vous éclaircir du moins. (1670 et 76)

D'un ordre qui d'abord a pu vous alarmer, 130
Mais qui n'est que l'effet d'une sage conduite,
Dont César a voulu que vous soyez instruite.
### AGRIPPINE.
Puisqu'il le veut, entrons : il m'en instruira mieux.
### BURRHUS.
César pour quelque temps s'est soustrait à nos yeux.
Déjà par une porte au public moins connue 135
L'un et l'autre consul vous avoient prévenue,
Madame. Mais souffrez que je retourne exprès....
### AGRIPPINE.
Non, je ne trouble point ses augustes secrets.
Cependant voulez-vous qu'avec moins de contrainte
L'un et l'autre une fois nous nous parlions sans feinte?
### BURRHUS.
Burrhus pour le mensonge eut toujours trop d'horreur.
### AGRIPPINE.
Prétendez-vous longtemps me cacher l'Empereur?
Ne le verrai-je plus qu'à titre d'importune?
Ai-je donc élevé si haut votre fortune
Pour mettre une barrière entre mon fils et moi? 145
Ne l'osez-vous laisser un moment sur sa foi?
Entre Sénèque et vous disputez-vous la gloire
A qui m'effacera plutôt de sa mémoire?
Vous l'ai-je confié pour en faire un ingrat?
Pour être, sous son nom, les maîtres de l'État? 150
Certes plus je médite, et moins je me figure
Que vous m'osiez compter pour votre créature,
Vous dont j'ai pu laisser vieillir l'ambition
Dans les honneurs obscurs de quelque légion,
Et moi, qui sur le trône ai suivi mes ancêtres, 155
Moi, fille, femme, sœur, et mère de vos maîtres[1] !

---

1. Racine s'est inspiré du passage de Tacite où il est dit qu'Agrippine était

Que prétendez-vous donc? Pensez-vous que ma voix
Ait fait un empereur pour m'en imposer trois?
Néron n'est plus enfant : n'est-il pas temps qu'il règne?
Jusqu'à quand voulez-vous que l'Empereur vous craigne?
Ne sauroit-il rien voir qu'il n'emprunte vos yeux?
Pour se conduire, enfin, n'a-t-il pas ses aïeux[1]?
Qu'il choisisse, s'il veut, d'Auguste ou de Tibère;
Qu'il imite, s'il peut, Germanicus, mon père.
Parmi tant de héros je n'ose me placer;                165
Mais il est des vertus que je lui puis tracer.
Je puis l'instruire au moins combien sa confidence
Entre un sujet et lui doit laisser de distance.

BURRHUS.

Je ne m'étois chargé dans cette occasion
Que d'excuser César d'une seule action.                170
Mais puisque sans vouloir que je le justifie
Vous me rendez garant du reste de sa vie,
Je répondrai, Madame, avec la liberté
D'un soldat qui sait mal farder la vérité.

Vous m'avez de César confié la jeunesse,               175
Je l'avoue, et je dois m'en souvenir sans cesse.

un exemple unique jusqu'alors d'une femme fille d'un César (Germanicus), sœur, épouse et mère de souverains (Caligula, Claude et Néron) : « Quam « imperatore genitam, sororem ejus qui rerum potitus sit et conjugem et « matrem fuisse, unicum ad hunc diem exemplum est. » (*Annales,* livre XII, chapitre XLII.) — Dans *Athalie* (vers 447) Racine a dit aussi :

Hé quoi? vous de nos rois et la femme et la mère.

Et Bossuet, dans l'*Oraison funèbre de Henriette de France :* « Une grande reine, fille, femme, mère de rois si puissants. » Cette oraison funèbre fut prononcée le 16 novembre 1669, un mois seulement avant la première représentation de *Britannicus.* L'orateur et le poëte se sont rencontrés, sans qu'on puisse croire que l'un ait imité l'autre.

1. Ce langage est, dans Tacite, celui des ennemis de Sénèque : « Quem ad « finem nihil in republica clarum fore, quod non ab illo reperiri credatur? « Certe finitam Neronis pueritiam, et robur juventæ adesse : exueret ma- « gistrum, satis amplis doctoribus instructus, majoribus suis. » (*Annales,* livre XIV, chapitre LII.)

Mais vous avois-je fait serment de le trahir,
D'en faire un empereur qui ne sût qu'obéir?
Non. Ce n'est plus à vous qu'il faut que j'en réponde.
Ce n'est plus votre fils, c'est le maître du monde. 180
J'en dois compte, Madame, à l'empire romain,
Qui croit voir son salut ou sa perte en ma main.
Ah! si dans l'ignorance il le falloit instruire,
N'avoit-on que Sénèque et moi pour le séduire?
Pourquoi de sa conduite éloigner les flatteurs? 185
Falloit-il dans l'exil chercher des corrupteurs?
La cour de Claudius, en esclaves fertile,
Pour deux que l'on cherchoit, en eût présenté mille,
Qui tous auroient brigué l'honneur de l'avilir :
Dans une longue enfance ils l'auroient fait vieillir. 190
De quoi vous plaignez-vous, Madame? On vous révère.
Ainsi que par César, on jure par sa mère[1].
L'Empereur, il est vrai, ne vient plus chaque jour
Mettre à vos pieds l'Empire, et grossir votre cour.
Mais le doit-il, Madame? et sa reconnoissance 195
Ne peut-elle éclater que dans sa dépendance?
Toujours humble, toujours le timide Néron,
N'ose-t-il être Auguste et César que de nom?
Vous le dirai-je enfin? Rome le justifie.
Rome, à trois affranchis si longtemps asservie[2], 200
A peine respirant du joug qu'elle a porté,
Du règne de Néron compte sa liberté.

---

1. Dans la lettre, rédigée, affirmait-on, par Sénèque, que Néron écrivit au sénat après la mort d'Agrippine, il était seulement dit que celle-ci était accusée d'avoir espéré que les cohortes prétoriennes jureraient par son nom : « Quod consortium imperii, juraturasque in feminæ verba prætorias cohor-« tes.... speravisset. » (Tacite, *Annales*, livre XIV, chapitre XI.)

2. Les trois affranchis de Claude que Racine a eus en vue sont ceux dont parle Tacite au chapitre XXIX du livre XI et au chapitre I du livre XII des *Annales* : Narcisse, Pallas et Calliste. Suétone (*Claude*, chapitre XXVIII), et Sénèque dans l'*Apocolokyntose* en nomment plusieurs autres.

Que dis-je? la vertu semble même renaître.
Tout l'Empire n'est plus la dépouille d'un maître.
Le peuple au champ de Mars nomme ses magistrats; 205
César nomme les chefs sur la foi des soldats;
Thraséas au sénat, Corbulon dans l'armée[1],
Sont encore innocents, malgré leur renommée;
Les déserts, autrefois peuplés de sénateurs,
Ne sont plus habités que par leurs délateurs[2]. 210
Qu'importe que César continue à nous croire,
Pourvu que nos conseils ne tendent qu'à sa gloire;
Pourvu que dans le cours d'un règne florissant
Rome soit toujours libre, et César tout-puissant[3]?
Mais, Madame, Néron suffit pour se conduire. 215
J'obéis, sans prétendre à l'honneur de l'instruire.
Sur ses aïeux sans doute il n'a qu'à se régler;
Pour bien faire, Néron n'a qu'à se ressembler :
Heureux si ses vertus, l'une à l'autre enchaînées,
Ramènent tous les ans ses premières années! 220

AGRIPPINE.

Ainsi, sur l'avenir n'osant vous assurer,
Vous croyez que sans vous Néron va s'égarer.
Mais vous qui jusqu'ici content de votre ouvrage

---

1. Le stoïcien Pétus Thraséas se fit toujours remarquer dans le sénat par sa généreuse liberté. Il fut une des dernières victimes de Néron. Tacite (*Annales*, livre XVI, chapitre XXI) a dit qu'en le faisant mourir, Néron avait voulu exterminer la vertu même. — Cneius Domitius Corbulon fut le plus grand guerrier et l'un des hommes les plus vertueux de son siècle. Ses exploits avaient commencé sous Claude. Sous Néron il avait commandé les légions de Syrie et fait glorieusement la guerre d'Arménie. Néron le fit aussi périr.

2. Racine s'est souvenu de ce passage du *Panégyrique de Trajan* (chapitre XXXV) : « Quantum diversitas temporum posset, tum maxime cognitum « est, .... quum.... insulas omnes, quas modo senatorum, jam delatorum turba « compleret. »

3. Comparez ce beau passage de la *Vie d'Agricola* (chapitre III), où Tacite félicite Nerva d'avoir réuni deux choses autrefois incompatibles, la liberté et la monarchie : « Res olim dissociabiles.... principatum ac liberta-
« tem. »

Venez de ses vertus nous rendre témoignage,
Expliquez-nous pourquoi, devenu ravisseur,
Néron de Silanus fait enlever la sœur[1].
Ne tient-il qu'à marquer de cette ignominie
Le sang de mes aïeux qui brille dans Junie[2]?
De quoi l'accuse-t-il? et par quel attentat
Devient-elle en un jour criminelle d'État :
Elle qui sans orgueil jusqu'alors élevée,
N'auroit point vu Néron, s'il ne l'eût enlevée,
Et qui même auroit mis au rang de ses bienfaits
L'heureuse liberté de ne le voir jamais?

BURRHUS.

Je sais que d'aucun crime elle n'est soupçonnée;
Mais jusqu'ici César ne l'a point condamnée,
Madame. Aucun objet ne blesse ici ses yeux :
Elle est dans un palais tout plein de ses aïeux.
Vous savez que les droits qu'elle porte avec elle
Peuvent de son époux faire un prince rebelle;
Que le sang de César ne se doit allier
Qu'à ceux à qui César le veut bien confier;
Et vous-même avoûrez qu'il ne seroit pas juste
Qu'on disposât sans lui de la nièce d'Auguste[3].

AGRIPPINE.

Je vous entends : Néron m'apprend par votre voix
Qu'en vain Britannicus s'assure sur mon choix.
En vain, pour détourner ses yeux de sa misère,

---

1. On lit dans l'édition de M. Aignan :

   Expliquez-vous pourquoi, devenu ravisseur,
   Néron de Silanus fait enlever la sœur?

Nous ne savons où il a pris cette leçon. Cette fois ce n'est point dans l'édition de M. Aimé-Martin, qu'il reproduit d'ordinaire avec exactitude.

2. *Var.* Le sang de nos aïeux qui brille dans Junie? (1670-87)

3. *Nièce* est pris ici dans le sens indéfini de *descendante*. On a vu, à la note du vers 63, que Junia Calvina était sœur de Silanus; et à la note du vers 66, que Silanus était fils d'une arrière-petite-fille d'Auguste.

J'ai flatté son amour d'un hymen qu'il espère :
A ma confusion, Néron veut faire voir
Qu'Agrippine promet par delà son pouvoir.                250
Rome de ma faveur est trop préoccupée :
Il veut par cet affront qu'elle soit détrompée,
Et que tout l'univers apprenne avec terreur
A ne confondre plus mon fils et l'Empereur.
Il le peut. Toutefois j'ose encore lui dire             255
Qu'il doit avant ce coup affermir son empire,
Et qu'en me réduisant à la nécessité
D'éprouver contre lui ma foible autorité,
Il expose la sienne, et que dans la balance
Mon nom peut-être aura plus de poids qu'il ne pense.    260

BURRHUS.

Quoi? Madame, toujours soupçonner son respect?
Ne peut-il faire un pas qui ne vous soit suspect[1]?
L'Empereur vous croit-il du parti de Junie?
Avec Britannicus vous croit-il réunie?
Quoi? de vos ennemis devenez-vous l'appui              265
Pour trouver un prétexte à vous plaindre de lui?
Sur le moindre discours qu'on pourra vous redire,
Serez-vous toujours prête à partager l'Empire?
Vous craindrez-vous sans cesse, et vos embrassements
Ne se passeront-ils qu'en éclaircissements?             270
Ah! quittez d'un censeur la triste diligence;
D'une mère facile affectez l'indulgence;
Souffrez quelques froideurs sans les faire éclater,
Et n'avertissez point la cour de vous quitter[2].

---

1. Les éditions de 1702, 1713, 1722, 1728 et 1750 ont :

   Ne peut-il faire un pas, qu'il ne vous soit suspect?

2. Ce vers rappelle ce passage de Tacite (*Annales*, livre XIII, chapitre XIX), où la menace de Burrhus est accomplie : « Statim relictum Agrippinæ limen. « Nemo solari, nemo adire. »

###### AGRIPPINE.

Et qui s'honoreroit de l'appui d'Agrippine [1] 275
Lorsque Néron lui-même annonce ma ruine [2] ?
Lorsque de sa présence il semble me bannir ?
Quand Burrhus à sa porte ose me retenir ?

###### BURRHUS.

Madame, je vois bien qu'il est temps de me taire,
Et que ma liberté commence à vous déplaire. 280
La douleur est injuste, et toutes les raisons
Qui ne la flattent point aigrissent ses soupçons.
Voici Britannicus : je lui cède ma place.
Je vous laisse écouter et plaindre sa disgrâce,
Et peut-être, Madame, en accuser les soins 285
De ceux que l'Empereur a consultés le moins.

## SCÈNE III.

#### AGRIPPINE, BRITANNICUS, NARCISSE, ALBINE.

###### AGRIPPINE.

Ah! Prince, où courez-vous? Quelle ardeur inquiète
Parmi vos ennemis en aveugle vous jette?
Que venez-vous chercher?

###### BRITANNICUS.

Ce que je cherche? Ah Dieux!
Tout ce que j'ai perdu, Madame, est en ces lieux. 290
De mille affreux soldats Junie environnée
S'est vue en ce palais indignement traînée.
Hélas! de quelle horreur ses timides esprits

---

1. C'est le même mouvement que dans ces vers de Virgile :

 . . . . *Et quisquam numen Junonis adoret*
 *Præterea ?* . . . . . . . . . . . . . . . .
 (*Énéide*, livre I, vers 48 et 49.)

2. *Var.* Lorsque Néron lui-même annonce sa ruine. (1670)

A ce nouveau spectacle auront été surpris?
Enfin on me l'enlève. Une loi trop sévère       295
Va séparer deux cœurs qu'assembloit leur misère.
Sans doute on ne veut pas que mêlant nos douleurs
Nous nous aidions l'un l'autre à porter nos malheurs.

AGRIPPINE.

Il suffit. Comme vous je ressens vos injures :
Mes plaintes ont déjà précédé vos murmures;       300
Mais je ne prétends pas qu'un impuissant courroux
Dégage ma parole et m'acquitte envers vous.
Je ne m'explique point. Si vous voulez m'entendre,
Suivez-moi chez Pallas[1], où je vais vous attendre.

## SCÈNE IV.

### BRITANNICUS, NARCISSE.

BRITANNICUS.

La croirai-je, Narcisse? et dois-je sur sa foi       305
La prendre pour arbitre entre son fils et moi?
Qu'en dis-tu? N'est-ce pas cette même Agrippine
Que mon père épousa jadis pour ma ruine,
Et qui, si je t'en crois, a de ses derniers jours,
Trop lents pour ses desseins, précipité le cours?       310

NARCISSE.

N'importe. Elle se sent comme vous outragée;
A vous donner Junie elle s'est engagée :

---

1. L'affranchi Pallas est compté par Tacite parmi ceux sur qui s'appuyait l'orgueil d'Agrippine, *quibus superbia muliebris innitebatur.* (*Annales*, livre XIII, chapitre XIV.) « Agrippine, est-il dit au même livre des *Annales* (chapitre II), avait dans son parti Pallas, qui avait conseillé à Claude le mariage incestueux et la funeste adoption, causes de sa perte. » Pallas avait amassé (*Annales*, livre XII, chapitre LIII) de scandaleuses richesses, qui montaient à trois cents millions de sesterces. Son orgueil et son arrogance étaient sans bornes. On croit que Néron le fit mourir par le poison. (*Ibidem*, livre XIV, chapitre LXV.)

Unissez vos chagrins ; liez vos intérêts.
Ce palais retentit en vain de vos regrets :
Tandis qu'on vous verra d'une voix suppliante[1] 315
Semer ici la plainte et non pas l'épouvante,
Que vos ressentiments se perdront en discours,
Il n'en faut point douter, vous vous plaindrez toujours.

### BRITANNICUS.

Ah! Narcisse, tu sais si de la servitude
Je prétends faire encore une longue habitude ; 320
Tu sais si pour jamais, de ma chute étonné,
Je renonce à l'Empire où j'étois destiné[2].
Mais je suis seul encor. Les amis de mon père
Sont autant d'inconnus que glace ma misère[3] ;
Et ma jeunesse même écarte loin de moi 325
Tous ceux qui dans le cœur me réservent leur foi.
Pour moi, depuis un an qu'un peu d'expérience
M'a donné de mon sort la triste connoissance,
Que vois-je autour de moi, que des amis vendus
Qui sont de tous mes pas les témoins assidus, 330
Qui choisis par Néron pour ce commerce infâme,
Trafiquent avec lui des secrets de mon âme ?
Quoi qu'il en soit, Narcisse, on me vend tous les jours :
Il prévoit mes desseins, il entend mes discours ;
Comme toi, dans mon cœur il sait ce qui se passe. 335
Que t'en semble, Narcisse ?

### NARCISSE.

Ah! quelle âme assez basse....
C'est à vous de choisir des confidents discrets,
Seigneur, et de ne pas prodiguer vos secrets.

---

1. *Var.* Tant que l'on vous verra d'une voix suppliante. (1670-87)
2. *Var.* Je renonce aux grandeurs où j'étois destiné. (1670 et 76)
3. *Var.* Sont autant d'inconnus qu'écarte ma misère ;
   Et ma jeunesse même éloigne loin de moi. (1670)

BRITANNICUS.

Narcisse, tu dis vrai. Mais cette défiance
Est toujours d'un grand cœur la dernière science[1] :   340
On le trompe longtemps. Mais enfin je te crois,
Ou plutôt je fais vœu de ne croire que toi.
Mon père, il m'en souvient, m'assura de ton zèle.
Seul de ses affranchis tu m'es toujours fidèle ;
Tes yeux, sur ma conduite incessamment ouverts,   345
M'ont sauvé jusqu'ici de mille écueils couverts.
Va donc voir si le bruit de ce nouvel orage
Aura de nos amis excité le courage.
Examine leurs yeux, observe leurs discours ;
Vois si j'en puis attendre un fidèle secours.   350
Surtout dans ce palais remarque avec adresse
Avec quel soin Néron fait garder la princesse.
Sache si du péril ses beaux yeux sont remis,
Et si son entretien m'est encore permis.
Cependant de Néron je vais trouver la mère   355
Chez Pallas, comme toi l'affranchi de mon père.
Je vais la voir, l'aigrir, la suivre, et s'il se peut,
M'engager sous son nom plus loin qu'elle ne veut.

---

1. Racine a dit aussi dans *Esther* (vers 1217-1219) :

    Un cœur noble ne peut soupçonner en autrui
      La bassesse et la malice
      Qu'il ne sent point en lui.

Boursault, dans son *Germanicus* (acte IV, scène II), a exprimé la même pensée :

    . . Ah! qu'un héros est facile à trahir !
    Et que lorsqu'on possède une vertu sublime,
    On se livre aisément aux embûches du crime !

Et Voltaire dans *la Henriade*, chant III :

    Rarement un héros connaît la défiance.

**FIN DU PREMIER ACTE.**

# ACTE II.

## SCÈNE PREMIÈRE.
### NÉRON, BURRHUS, NARCISSE, Gardes.

NÉRON.

N'en doutez point, Burrhus : malgré ses injustices,
C'est ma mère, et je veux ignorer ses caprices[1].    360
Mais je ne prétends plus ignorer ni souffrir
Le ministre insolent qui les ose nourrir.
Pallas de ses conseils empoisonne ma mère[2];
Il séduit chaque jour Britannicus mon frère.
Ils l'écoutent tout seul; et qui suivroit leurs pas[3],    365
Les trouveroit peut-être assemblés chez Pallas.
C'en est trop. De tous deux il faut que je l'écarte.
Pour la dernière fois, qu'il s'éloigne, qu'il parte :
Je le veux, je l'ordonne; et que la fin du jour
Ne le retrouve pas dans Rome ou dans ma cour.    370
Allez : cet ordre importe au salut de l'Empire.
Vous, Narcisse, approchez. Et vous, qu'on se retire.

---

1. Ce vers est presque une traduction du passage de Tacite où Néron se plaît à répéter qu'il faut supporter les emportements d'une mère : « ferendas « parentum iracundias, et placandum animum dictitans. » (*Annales*, livre XIV, chapitre IV.)

2. Nous avons déjà parlé de Pallas à la note du vers 304. Claude lui avait confié une puissance qui mettait, pour ainsi dire, l'État dans ses mains : « Cura « rerum queis a Claudio impositus (*Pallas*) velut arbitrium regni agebat. » (Tacite, *Annales*, livre XIII, chapitre XIV.) Suétone nous apprend que ce *ministère* confié à Pallas était l'administration du trésor de l'Empereur : *Pallantem a rationibus.* (*Claude*, chapitre XXVIII.)

3. *Var.* Ils l'écoutent lui seul; et qui suivroit leurs pas. (1670)

## SCÈNE II.

### NÉRON, NARCISSE.

NARCISSE.

Grâces aux Dieux, Seigneur, Junie entre vos mains
Vous assure aujourd'hui du reste des Romains.
Vos ennemis, déchus de leur vaine espérance, 375
Sont allés chez Pallas pleurer leur impuissance.
Mais que vois-je? Vous-même, inquiet, étonné,
Plus que Britannicus paroissez consterné.
Que présage à mes yeux cette tristesse obscure,
Et ces sombres regards errants à l'aventure? 380
Tout vous rit : la fortune obéit à vos vœux.

NÉRON.

Narcisse, c'en est fait, Néron est amoureux.

NARCISSE.

Vous?

NÉRON.

Depuis un moment, mais pour toute ma vie[1].
J'aime, que dis-je aimer? j'idolâtre Junie.

NARCISSE.

Vous l'aimez?

NÉRON.

Excité d'un desir curieux, 385
Cette nuit je l'ai vue arriver en ces lieux,
Triste, levant au ciel ses yeux mouillés de larmes,
Qui brilloient au travers des flambeaux et des armes :
Belle, sans ornements, dans le simple appareil[2]

---

1. Les éditions de 1670 et de 1676 n'ont qu'une virgule, et les suivantes ont un point après *vie*.

2. *Var.* Belle, sans ornement, dans le simple appareil. (1670 et 76)
— Les éditions de 1700 (Amsterdam), de 1736, de 1807, de 1808 et celle de M. Aimé-Martin écrivent aussi *ornement*, sans *s*. Ces trois dernières, de même que l'impression de 1750 (Amsterdam), n'ont pas de virgule après *belle*.

D'une beauté qu'on vient d'arracher au sommeil. 390
Que veux-tu ? Je ne sais si cette négligence,
Les ombres, les flambeaux, les cris et le silence,
Et le farouche aspect de ses fiers ravisseurs
Relevoient de ses yeux les timides douceurs.
Quoi qu'il en soit, ravi d'une si belle vue, 395
J'ai voulu lui parler, et ma voix s'est perdue :
Immobile, saisi d'un long étonnement,
Je l'ai laissé passer dans son appartement.
J'ai passé dans le mien. C'est là que solitaire,
De son image en vain j'ai voulu me distraire : 400
Trop présente à mes yeux, je croyois lui parler ;
J'aimois jusqu'à ses pleurs que je faisois couler.
Quelquefois, mais trop tard, je lui demandois grâce ;
J'employois les soupirs, et même la menace.
Voilà comme, occupé de mon nouvel amour, 405
Mes yeux, sans se fermer, ont attendu le jour.
Mais je m'en fais peut-être une trop belle image ;
Elle m'est apparue avec trop d'avantage :
Narcisse, qu'en dis-tu?

NARCISSE.
Quoi, Seigneur? croira-t-on
Qu'elle ait pu si longtemps se cacher à Néron? 410

NÉRON.
Tu le sais bien, Narcisse ; et soit que sa colère
M'imputât le malheur qui lui ravit son frère ;
Soit que son cœur, jaloux d'une austère fierté,
Enviât à nos yeux sa naissante beauté ;
Fidèle à sa douleur, et dans l'ombre enfermée, 415
Elle se déroboit même à sa renommée.
Et c'est cette vertu, si nouvelle à la cour,
Dont la persévérance irrite mon amour.
Quoi, Narcisse? tandis qu'il n'est point de Romaine
Que mon amour n'honore et ne rende plus vaine, 420

Qui dès qu'à ses regards elle ose se fier,
Sur le cœur de César ne les vienne essayer :
Seule dans son palais la modeste Junie
Regarde leurs honneurs comme une ignominie,
Fuit, et ne daigne pas peut-être s'informer
Si César est aimable, ou bien s'il sait aimer ?
Dis-moi : Britannicus l'aime-t-il ?

NARCISSE.

Quoi ? s'il l'aime,
Seigneur ?

NÉRON.

Si jeune encor, se connoît-il lui-même ?
D'un regard enchanteur connoît-il le poison ?

NARCISSE.

Seigneur, l'amour toujours n'attend pas la raison.
N'en doutez point, il l'aime. Instruits par tant de charmes,
Ses yeux sont déjà faits à l'usage des larmes.
A ses moindres desirs il sait s'accommoder ;
Et peut-être déjà sait-il persuader.

NÉRON.

Que dis-tu ? Sur son cœur il auroit quelque empire ?

NARCISSE.

Je ne sais ; mais, Seigneur, ce que je puis vous dire,
Je l'ai vu quelquefois s'arracher de ces lieux,
Le cœur plein d'un courroux qu'il cachoit à vos yeux,
D'une cour qui le fuit pleurant l'ingratitude,
Las de votre grandeur et de sa servitude,
Entre l'impatience et la crainte flottant :
Il alloit voir Junie, et revenoit content.

NÉRON.

D'autant plus malheureux qu'il aura su lui plaire,
Narcisse, il doit plutôt souhaiter sa colère.
Néron impunément ne sera pas jaloux.

NARCISSE.

Vous? Et de quoi, Seigneur, vous inquiétez-vous?
Junie a pu le plaindre et partager ses peines :
Elle n'a vu couler de larmes que les siennes.
Mais, aujourd'hui, Seigneur, que ses yeux dessillés,
Regardant de plus près l'éclat dont vous brillez,   450
Verront autour de vous les rois sans diadème,
Inconnus dans la foule, et son amant lui-même,
Attachés sur vos yeux s'honorer d'un regard
Que vous aurez sur eux fait tomber au hasard ;
Quand elle vous verra, de ce degré de gloire,   455
Venir en soupirant avouer sa victoire :
Maître, n'en doutez point, d'un cœur déjà charmé
Commandez qu'on vous aime, et vous serez aimé.

NÉRON.

A combien de chagrins il faut que je m'apprête !
Que d'importunités !

NARCISSE.

Quoi donc? qui vous arrête,   460
Seigneur?

NÉRON.

Tout : Octavie, Agrippine, Burrhus,
Sénèque, Rome entière, et trois ans de vertus.
Non que pour Octavie un reste de tendresse[1]
M'attache à son hymen et plaigne sa jeunesse.

1. Dans la tragédie latine, attribuée mal à propos à Sénèque, dont le titre est *Octavie*, Néron parle bien plus durement de celle qu'il veut répudier, et qui, dit-il, jamais ne l'a aimé, mais laisse lire sur son visage la haine qu'elle lui porte. (*Octavie*, vers 537 et 542.) Mais c'est un Néron déjà déchaîné. Octavie (voyez ci-dessus la note du vers 63), fille de Claude et de Messaline, était, dit Tacite, d'une vertu éprouvée, *probitatis spectatæ*. Néron la haïssait : *fato quodam, an quia prævalent illicita, abhorrebat*. (*Annales*, livre XIII, chapitre XII.) Ce fut seulement après la mort d'Agrippine que Néron la répudia, et la relégua en Campanie. Le mécontentement du peuple le força à la rappeler ; bientôt après il l'exila une seconde fois. Confinée dans l'île de Pandataria, elle y reçut l'ordre de mourir. On lui ouvrit les veines ; elle était dans sa vingtième année. (Tacite, *Annales*, livre XIV, chapitre LXIV.)

Mes yeux, depuis longtemps fatigués de ses soins, 465
Rarement de ses pleurs daignent être témoins :
Trop heureux si bientôt la faveur d'un divorce
Me soulageoit d'un joug qu'on m'imposa par force !
Le ciel même en secret semble la condamner :
Ses vœux, depuis quatre ans, ont beau l'importuner. 470
Les Dieux ne montrent point que sa vertu les touche :
D'aucun gage, Narcisse, ils n'honorent sa couche ;
L'Empire vainement demande un héritier[1].

NARCISSE.

Que tardez-vous, Seigneur, à la répudier ?
L'Empire, votre cœur, tout condamne Octavie. 475
Auguste, votre aïeul, soupiroit pour Livie :
Par un double divorce ils s'unirent tous deux[2] ;
Et vous devez l'Empire à ce divorce heureux.
Tibère, que l'hymen plaça dans sa famille,
Osa bien à ses yeux répudier sa fille[3]. 480
Vous seul, jusques ici contraire à vos desirs[4],
N'osez par un divorce assurer vos plaisirs.

NÉRON.

Et ne connois-tu pas l'implacable Agrippine ?
Mon amour inquiet déjà se l'imagine
Qui m'amène Octavie, et d'un œil enflammé 485
Atteste les saints droits d'un nœud qu'elle a formé,
Et portant à mon cœur des atteintes plus rudes,
Me fait un long récit de mes ingratitudes.
De quel front soutenir ce fâcheux entretien ?

---

1. « Exturbat Octaviam, sterilem dictitans. » (Tacite, *Annales*, livre XIV, chapitre LX.)

2. Auguste, pour épouser Livie, avait répudié Scribonie. Livie, de son côté, s'étoit séparée de Tibérius Claudius Néron, dont elle avait déjà un fils (l'empereur Tibère), et dont elle portait dans son sein un autre fils (Drusus Néron).

3. Tibère avait répudié Julie, fille d'Auguste et de Scribonie.

4. *Prohibebor unus facere quod cunctis licet?* « Moi seul, ne pourrai-je faire ce qui est permis à tout le monde ? » dit Néron dans la tragédie latine d'*Octavie*, vers 574.

NARCISSE.

N'êtes-vous pas, Seigneur, votre maître et le sien ? 490
Vous verrons-nous toujours trembler sous sa tutelle ?
Vivez, régnez pour vous : c'est trop régner pour elle.
Craignez-vous ? Mais, Seigneur, vous ne la craignez pas :
Vous venez de bannir le superbe Pallas,
Pallas dont vous savez qu'elle soutient l'audace. 495

NÉRON.

Éloigné de ses yeux, j'ordonne, je menace,
J'écoute vos conseils, j'ose les approuver;
Je m'excite contre elle, et tâche à la braver.
Mais (je t'expose ici mon âme toute nue)
Sitôt que mon malheur me ramène à sa vue, 500
Soit que je n'ose encor démentir le pouvoir
De ces yeux où j'ai lu si longtemps mon devoir;
Soit qu'à tant de bienfaits ma mémoire fidèle
Lui soumette en secret tout ce que je tiens d'elle,
Mais enfin mes efforts ne me servent de rien : 505
Mon Génie étonné tremble devant le sien[1].
Et c'est pour m'affranchir de cette dépendance,
Que je la fuis partout, que même je l'offense,
Et que de temps en temps j'irrite ses ennuis,
Afin qu'elle m'évite autant que je la fuis. 510
Mais je t'arrête trop. Retire-toi, Narcisse :
Britannicus pourroit t'accuser d'artifice.

1. Racine doit à un récit de Plutarque cette belle image, d'une couleur si antique. Dans la *Vie d'Antoine*, chapitre XXXIII, l'historien raconte que dépité d'être toujours vaincu par Octave dans les jeux de hasard, Antoine consulta sur cette mauvaise chance un devin d'Égypte, qui lui répondit : « Ton Génie redoute le sien : fier et hardi quand il est seul, il perd devant celui de César toute sa grandeur et devient foible et timide. » Shakspeare, dans sa tragédie d'*Antoine et Cléopâtre* (acte II, scène III), fait ainsi parler le même devin :

> *Therefore, o Antony, stay not by his side:*
> *Thy dæmon, that's thy spirit, which keeps thee, is*
> *Noble, courageous, high, unmatchable,*
> *Where Cæsar's is not; but near him, thy angel*
> *Becomes a Fear, as being o'erpowered.* . . .

### NARCISSE.

Non, non : Britannicus s'abandonne à ma foi.
Par son ordre, Seigneur, il croit que je vous voi,
Que je m'informe ici de tout ce qui le touche, 515
Et veut de vos secrets être instruit par ma bouche.
Impatient surtout de revoir ses amours,
Il attend de mes soins ce fidèle secours.

### NÉRON.

J'y consens, porte-lui cette douce nouvelle :
Il la verra.

### NARCISSE.

Seigneur, bannissez-le loin d'elle. 520

### NÉRON.

J'ai mes raisons, Narcisse ; et tu peux concevoir
Que je lui vendrai cher le plaisir de la voir.
Cependant vante-lui ton heureux stratagème :
Dis-lui qu'en sa faveur on me trompe moi-même,
Qu'il la voit sans mon ordre. On ouvre : la voici. 525
Va retrouver ton maître, et l'amener ici.

## SCÈNE III.

### NÉRON, JUNIE.

### NÉRON.

Vous vous troublez, Madame, et changez de visage.
Lisez-vous dans mes yeux quelque triste présage?

### JUNIE.

Seigneur, je ne vous puis déguiser mon erreur :
J'allois voir Octavie, et non pas l'Empereur. 530

### NÉRON.

Je le sais bien, Madame, et n'ai pu sans envie
Apprendre vos bontés pour l'heureuse Octavie.

### JUNIE.

Vous, Seigneur?

### NÉRON.

    Pensez-vous, Madame, qu'en ces lieux
Seule pour vous connoître Octavie ait des yeux?

### JUNIE.

Et quel autre, Seigneur, voulez-vous que j'implore? 535
A qui demanderai-je un crime que j'ignore?
Vous qui le punissez, vous ne l'ignorez pas.
De grâce, apprenez-moi, Seigneur, mes attentats.

### NÉRON.

Quoi? Madame, est-ce donc une légère offense
De m'avoir si longtemps caché votre présence? 540
Ces trésors dont le ciel voulut vous embellir,
Les avez-vous reçus pour les ensevelir?
L'heureux Britannicus verra-t-il sans alarmes
Croître, loin de nos yeux, son amour et vos charmes?
Pourquoi, de cette gloire exclus jusqu'à ce jour, 545
M'avez-vous, sans pitié, relégué dans ma cour?
On dit plus: vous souffrez sans en être offensée,
Qu'il vous ose, Madame, expliquer sa pensée.
Car je ne croirai point que sans me consulter
La sévère Junie ait voulu le flatter, 550
Ni qu'elle ait consenti d'aimer et d'être aimée,
Sans que j'en sois instruit que par la renommée.

### JUNIE.

Je ne vous nîrai point, Seigneur, que ses soupirs
M'ont daigné quelquefois expliquer ses desirs.
Il n'a point détourné ses regards d'une fille 555
Seul reste du débris d'une illustre famille.
Peut-être il se souvient qu'en un temps plus heureux
Son père me nomma pour l'objet de ses vœux.
Il m'aime; il obéit à l'Empereur son père,
Et j'ose dire encore à vous, à votre mère. 560

Vos desirs sont toujours si conformes aux siens....
NÉRON.
Ma mère a ses desseins, Madame, et j'ai les miens.
Ne parlons plus ici de Claude et d'Agrippine :
Ce n'est point par leur choix que je me détermine.
C'est à moi seul, Madame, à répondre de vous ; 565
Et je veux de ma main vous choisir un époux.
JUNIE.
Ah! Seigneur, songez-vous que toute autre alliance
Fera honte aux Césars, auteurs de ma naissance?
NÉRON.
Non, Madame, l'époux dont je vous entretiens
Peut sans honte assembler vos aïeux et les siens : 570
Vous pouvez, sans rougir, consentir à sa flamme.
JUNIE.
Et quel est donc, Seigneur, cet époux?
NÉRON.
　　　　　　　　　　　Moi, Madame.
JUNIE.
Vous?
NÉRON.
　　Je vous nommerois, Madame, un autre nom,
Si j'en savois quelque autre au-dessus de Néron.
Oui, pour vous faire un choix où vous puissiez souscrire,
J'ai parcouru des yeux la cour, Rome et l'Empire.
Plus j'ai cherché, Madame, et plus je cherche encor
En quelles mains je dois confier ce trésor,
Plus je vois que César, digne seul de vous plaire,
En doit être lui seul l'heureux dépositaire, 580
Et ne peut dignement vous confier qu'aux mains
A qui Rome a commis l'empire des humains.
Vous-même, consultez vos premières années.
Claudius à son fils les avoit destinées ;
Mais c'étoit en un temps où de l'Empire entier 585

Il croyoit quelque jour le nommer l'héritier.
Les Dieux ont prononcé. Loin de leur contredire,
C'est à vous de passer du côté de l'Empire.
En vain de ce présent ils m'auroient honoré,
Si votre cœur devoit en être séparé ; 590
Si tant de soins ne sont adoucis par vos charmes ;
Si tandis que je donne aux veilles, aux alarmes
Des jours toujours à plaindre et toujours enviés,
Je ne vais quelquefois respirer à vos pieds.
Qu'Octavie à vos yeux ne fasse point d'ombrage : 595
Rome, aussi bien que moi, vous donne son suffrage,
Répudie Octavie, et me fait dénouer
Un hymen que le ciel ne veut point avouer.
Songez-y donc, Madame, et pesez en vous-même
Ce choix digne des soins d'un prince qui vous aime, 600
Digne de vos beaux yeux trop longtemps captivés[1],
Digne de l'univers à qui vous vous devez[2].

JUNIE.

Seigneur, avec raison je demeure étonnée.
Je me vois, dans le cours d'une même journée,
Comme une criminelle amenée en ces lieux ; 605
Et lorsque avec frayeur je parois à vos yeux,
Que sur mon innocence à peine je me fie,
Vous m'offrez tout d'un coup la place d'Octavie.
J'ose dire pourtant que je n'ai mérité
Ni cet excès d'honneur, ni cette indignité[3]. 610

---

1. *Trop longtemps captivés*, c'est-à-dire trop longtemps tenus dans l'ombre. Un peu plus loin Britannicus dit à Junie (vers 716) :

Quoi ? déjà votre amour souffre qu'on le *captive ?*

et il entend par là *qu'on le tienne captif, qu'on lui ôte sa liberté*. L'emploi du verbe *captiver* n'est pas très-différent pour le sens dans les deux passages : il paraît plus heureux et plus clair dans le second.

2. *Var.* Digne de l'univers à qui vous les devez. (1670 et 76)

3. L'édition de 1702 a : *cette dignité*. Cette faute d'impression a été reproduite par les éditions de 1713 et de 1728.

## ACTE II, SCÈNE III.

Et pouvez-vous, Seigneur, souhaiter qu'une fille
Qui vit presque en naissant éteindre sa famille,
Qui dans l'obscurité nourrissant sa douleur,
S'est fait une vertu conforme à son malheur,
Passe subitement de cette nuit profonde    615
Dans un rang qui l'expose aux yeux de tout le monde,
Dont je n'ai pu de loin soutenir la clarté,
Et dont une autre enfin remplit la majesté?

NÉRON.

Je vous ai déjà dit que je la répudie.
Ayez moins de frayeur, ou moins de modestie.    620
N'accusez point ici mon choix d'aveuglement;
Je vous réponds de vous : consentez seulement.
Du sang dont vous sortez rappelez la mémoire;
Et ne préférez point à la solide gloire
Des honneurs dont César prétend vous revêtir,    625
La gloire d'un refus, sujet au repentir.

JUNIE.

Le ciel connoît, Seigneur, le fond de ma pensée.
Je ne me flatte point d'une gloire insensée :
Je sais de vos présents mesurer la grandeur;
Mais plus ce rang sur moi répandroit de splendeur,    630
Plus il me feroit honte, et mettroit en lumière[1]
Le crime d'en avoir dépouillé l'héritière.

NÉRON.

C'est de ses intérêts prendre beaucoup de soin,
Madame; et l'amitié ne peut aller plus loin.
Mais ne nous flattons point, et laissons le mystère[2].    635

---

1. Racine s'est inspiré de la belle expression de Juvénal :

*Incipit ipsorum contra te stare parentum*
*Nobilitas*, claramque facem præferre pudendis.
(Satire VIII, vers 138.)

Avant lui, Molière, dans *le Festin de pierre*, acte IV, scène IV, et Boileau, satire V, vers 61 et 62, avaient imité ces vers de Juvénal.

2. La même phrase est dans *les Plaideurs* (acte I, scène v, vers 124) :
« Laissons là le mystère. »

La sœur vous touche ici beaucoup moins que le frère;
Et pour Britannicus....
### JUNIE.
Il a su me toucher,
Seigneur; et je n'ai point prétendu m'en cacher.
Cette sincérité sans doute est peu discrète;
Mais toujours de mon cœur ma bouche est l'interprète.
Absente de la cour, je n'ai pas dû penser,
Seigneur, qu'en l'art de feindre il fallût m'exercer.
J'aime Britannicus. Je lui fus destinée
Quand l'Empire devoit suivre son hyménée[1].
Mais ces mêmes malheurs qui l'en ont écarté, 645
Ses honneurs abolis, son palais déserté,
La fuite d'une cour que sa chute a bannie,
Sont autant de liens qui retiennent Junie.
Tout ce que vous voyez conspire à vos desirs;
Vos jours toujours sereins coulent dans les plaisirs. 650
L'Empire en est pour vous l'inépuisable source;
Ou si quelque chagrin en interrompt la course,
Tout l'univers, soigneux de les entretenir,
S'empresse à l'effacer de votre souvenir.
Britannicus est seul. Quelque ennui qui le presse, 655
Il ne voit dans son sort que moi qui s'intéresse,
Et n'a pour tous plaisirs, Seigneur, que quelques pleurs
Qui lui font quelquefois oublier ses malheurs.
### NÉRON.
Et ce sont ces plaisirs et ces pleurs que j'envie,
Que tout autre que lui me paîroit de sa vie. 660
Mais je garde à ce prince un traitement plus doux.
Madame, il va bientôt paroître devant vous.
### JUNIE.
Ah! Seigneur, vos vertus m'ont toujours rassurée.

---

1. *Var.* Quand l'Empire sembloit suivre son hyménée. (1670 et 76)

## ACTE II, SCÈNE III.

NÉRON.

Je pouvois de ces lieux lui défendre l'entrée ;
Mais, Madame, je veux prévenir le danger
Où son ressentiment le pourroit engager.
Je ne veux point le perdre. Il vaut mieux que lui-même
Entende son arrêt de la bouche qu'il aime.
Si ses jours vous sont chers, éloignez-le de vous,
Sans qu'il ait aucun lieu de me croire jaloux.
De son bannissement prenez sur vous l'offense ;
Et soit par vos discours, soit par votre silence,
Du moins par vos froideurs, faites-lui concevoir
Qu'il doit porter ailleurs ses vœux et son espoir.

JUNIE.

Moi ! que je lui prononce un arrêt si sévère !
Ma bouche mille fois lui jura le contraire.
Quand même jusque-là je pourrois me trahir,
Mes yeux lui défendront, Seigneur, de m'obéir.

NÉRON.

Caché près de ces lieux, je vous verrai, Madame.
Renfermez votre amour dans le fond de votre âme.
Vous n'aurez point pour moi de langages secrets :
J'entendrai des regards que vous croirez muets ;
Et sa perte sera l'infaillible salaire
D'un geste ou d'un soupir échappé pour lui plaire.

JUNIE.

Hélas ! si j'ose encor former quelques souhaits,
Seigneur, permettez-moi de ne le voir jamais !

## SCÈNE IV.

### NÉRON, JUNIE, NARCISSE.

#### NARCISSE.
Britannicus, Seigneur, demande la princesse :
Il approche.

#### NÉRON.
Qu'il vienne.

#### JUNIE.
Ah ! Seigneur.

#### NÉRON.
Je vous laisse.
Sa fortune dépend de vous plus que de moi.
Madame, en le voyant, songez que je vous voi. 690

## SCÈNE V.

### JUNIE, NARCISSE.

#### JUNIE.
Ah ! cher Narcisse, cours au-devant de ton maître ;
Dis-lui.... Je suis perdue, et je le vois paraître[1].

## SCÈNE VI.

### JUNIE, BRITANNICUS, NARCISSE.

#### BRITANNICUS.
Madame, quel bonheur me rapproche de vous ?
Quoi ? je puis donc jouir d'un entretien si doux ?

---

1. Il y a *paraistre* dans les éditions de 1676-1697, pour rimer avec *maître*.

Mais parmi ce plaisir quel chagrin me dévore¹ !  695
Hélas ! puis-je espérer de vous revoir encore ?
Faut-il que je dérobe, avec mille détours,
Un bonheur que vos yeux m'accordoient tous les jours ?
Quelle nuit ! Quel réveil ! Vos pleurs, votre présence
N'ont point de ces cruels désarmé l'insolence ?  700
Que faisoit votre amant ? Quel démon envieux
M'a refusé l'honneur de mourir à vos yeux ?
Hélas ! dans la frayeur dont vous étiez atteinte,
M'avez-vous en secret adressé quelque plainte ?
Ma princesse, avez-vous daigné me souhaiter ?  705
Songiez-vous aux douleurs que vous m'alliez coûter ?
Vous ne me dites rien ? Quel accueil ! Quelle glace !
Est-ce ainsi que vos yeux consolent ma disgrâce ?
Parlez. Nous sommes seuls : notre ennemi trompé,
Tandis que je vous parle, est ailleurs occupé.  710
Ménageons les moments² de cette heureuse absence.

JUNIE.

Vous êtes en des lieux tout pleins de sa puissance.
Ces murs mêmes³, Seigneur, peuvent avoir des yeux ;
Et jamais l'Empereur n'est absent de ces lieux.

BRITANNICUS.

Et depuis quand, Madame, êtes-vous si craintive ?  715
Quoi ? déjà votre amour souffre qu'on le captive⁴ ?
Qu'est devenu ce cœur qui me juroit toujours
De faire à Néron même envier nos amours ?
Mais bannissez, Madame, une inutile crainte.
La foi dans tous les cœurs n'est pas encore éteinte ;  720
Chacun semble des yeux approuver mon courroux ;

---

1. Les éditions de 1702, de 1713, de 1728 ont : *vous dévore.*
2. Par une erreur évidente, il y a *moiens* dans l'édition de 1687 ; *moyens* dans celle de 1697.
3. *Même* est sans *s* dans les éditions de 1676-1697. Celle de 1670 a *mêmes*.
4. Voyez ci-dessus, p. 282, note 1.

La mère de Néron se déclare pour nous.
Rome, de sa conduite elle-même offensée....
### JUNIE.
Ah! Seigneur, vous parlez contre votre pensée.
Vous-même, vous m'avez avoué mille fois 725
Que Rome le louoit d'une commune voix ;
Toujours à sa vertu vous rendiez quelque hommage.
Sans doute la douleur vous dicte ce langage.
### BRITANNICUS.
Ce discours me surprend, il le faut avouer.
Je ne vous cherchois pas pour l'entendre louer. 730
Quoi? pour vous confier la douleur qui m'accable,
A peine je dérobe un moment favorable,
Et ce moment si cher, Madame, est consumé
A louer l'ennemi dont je suis opprimé?
Qui vous rend à vous-même, en un jour, si contraire ?
Quoi? même vos regards ont appris à se taire[1]?
Que vois-je ? Vous craignez de rencontrer mes yeux?
Néron vous plairoit-il? Vous serois-je odieux ?
Ah ! si je le croyois.... Au nom des Dieux, Madame,
Éclaircissez le trouble où vous jetez mon âme. 740
Parlez. Ne suis-je plus dans votre souvenir?
### JUNIE.
Retirez-vous, Seigneur, l'Empereur va venir.
### BRITANNICUS.
Après ce coup, Narcisse, à qui dois-je m'attendre[2]?

---

1. Comparez ci-dessus le vers 682.
2. Dans l'édition de 1713, dans celles de 1728, de 1736, et dans quelques éditions récentes :

Après ce coup, Narcisse, à quoi dois-je m'attendre?

Mais toutes les éditions imprimées du vivant de Racine ont ce vers tel que nous le donnons. La Fontaine, dans la fable de *l'Alouette et ses petits* (livre IV, fable XXII), a dit :

Ne t'attends qu'à toi seul : c'est un commun proverbe.

## SCÈNE VII.

### NÉRON, JUNIE, NARCISSE.

#### NÉRON.

Madame....

#### JUNIE.

Non, Seigneur, je ne puis rien entendre. 
Vous êtes obéi. Laissez couler du moins 745
Des larmes dont ses yeux ne seront pas témoins.

## SCÈNE VIII.

### NÉRON, NARCISSE.

#### NÉRON.

Hé bien ! de leur amour tu vois la violence,
Narcisse : elle a paru jusque dans son silence.
Elle aime mon rival, je ne puis l'ignorer ;
Mais je mettrai ma joie à le désespérer. 750
Je me fais de sa peine une image charmante,
Et je l'ai vu douter du cœur de son amante.
Je la suis. Mon rival t'attend pour éclater.
Par de nouveaux soupçons, va, cours le tourmenter ;
Et tandis qu'à mes yeux on le pleure, on l'adore, 755
Fais-lui payer bien cher un bonheur qu'il ignore.

#### NARCISSE, seul[1].

La fortune t'appelle une seconde fois,

---

1. Louis Racine (*Remarques* sur *Britannicus*) nous apprend que très-souvent l'acteur chargé du rôle de Narcisse ne pouvait prononcer les quatre vers qui suivent, à cause du murmure qu'excitait l'indignation des spectateurs. La Harpe

Narcisse : voudrois-tu résister à sa voix ?
Suivons jusques au bout ses ordres favorables ;
Et pour nous rendre heureux, perdons les misérables[1].

affirme le même fait, et, donnant raison aux spectateurs, regrette que Boileau n'ait pas fait retrancher à Racine ce court monologue plutôt que la scène qui autrefois commençait l'acte III. Voltaire jugeait-il autrement de ces vers, ou les avait-il oubliés ? Il est à remarquer du moins que dans le commentaire de *la Mort de Pompée*, blâmant le langage atroce mis par Corneille dans la bouche de Photin, il dit : « Narcisse, dans *Britannicus*,... ne débite aucune de ces maximes d'un vain déclamateur. » Mais, suivant qu'il s'agit de Corneille ou de Racine, n'a-t-il pas changé de poids et de mesure ? Voyez le rapprochement que nous faisons dans la note suivante.

1. Dans *la Mort de Pompée* (acte I, scène I, vers 80-84), Photin parle à peu près de même :

> Rangez-vous du parti des destins et des Dieux....
> Quels que soient leurs décrets, déclarez-vous pour eux ;
> Et pour leur obéir, perdez le malheureux.

FIN DU SECOND ACTE.

# ACTE III.

## SCÈNE PREMIÈRE[1].

### NÉRON, BURRHUS.

BURRHUS.

Pallas obéira, Seigneur.

NÉRON.

Et de quel œil
Ma mère a-t-elle vu confondre son orgueil ?

BURRHUS.

Ne doutez point, Seigneur, que ce coup ne la frappe,
Qu'en reproches bientôt sa douleur ne s'échappe.
Ses transports dès longtemps commencent d'éclater : 765
A d'inutiles cris puissent-ils s'arrêter !

NÉRON.

Quoi ? de quelque dessein la croyez-vous capable ?

BURRHUS.

Agrippine, Seigneur, est toujours redoutable.
Rome et tous vos soldats révèrent ses aïeux[2] ;

---

1. Nous ne donnons pas ici parmi les variantes la scène qui primitivement était la première de cet acte III, parce qu'on la trouve dans les *Mémoires* de Louis Racine (voyez notre tome I, p. 242-244), et qu'elle n'a été imprimée dans aucune des éditions de 1670 à 1697. Nous ignorons d'ailleurs toute l'étendue du remaniement qui fut fait par Racine d'après le conseil de Boileau, et comment la scène supprimée se liait à celle qui est devenue à son tour la première. La scène entre Néron et Burrhus ne pouvait venir immédiatement, telle qu'elle est, après celle que Louis Racine nous a conservée. Cela serait évident, quand il n'y aurait pas à faire observer que la citation faite par Louis Racine finit par deux vers de rime masculine, et que la nouvelle scène première commence par deux rimes également masculines.

2. *Var.* Rome et tous vos soldats honorent ses aïeux. (1670)

Germanicus son père est présent à leurs yeux. 770
Elle sait son pouvoir; vous savez son courage;
Et ce qui me la fait redouter davantage,
C'est que vous appuyez vous-même son courroux,
Et que vous lui donnez des armes contre vous.

NÉRON.

Moi, Burrhus ?

BURRHUS.

   Cet amour, Seigneur, qui vous possède....

NÉRON.

Je vous entends, Burrhus : le mal est sans remède.
Mon cœur s'en est plus dit que vous ne m'en direz.
Il faut que j'aime enfin.

BURRHUS.

    Vous vous le figurez,
Seigneur; et satisfait de quelque résistance,
Vous redoutez un mal foible dans sa naissance. 780
Mais si dans son devoir votre cœur affermi[1]
Vouloit ne point s'entendre avec son ennemi;
Si de vos premiers ans vous consultiez la gloire;
Si vous daigniez, Seigneur, rappeler la mémoire
Des vertus d'Octavie, indignes de ce prix, 785
Et de son chaste amour vainqueur de vos mépris;
Surtout si de Junie évitant la présence,
Vous condamniez vos yeux à quelques jours d'absence :
Croyez-moi, quelque amour qui semble vous charmer,
On n'aime point, Seigneur, si l'on ne veut aimer[2]. 790

---

1. *Var.* Mais si dans sa fierté votre cœur affermi. (1670 et 76)
2. On peut rapprocher ces vers d'un passage de la tragédie latine d'*Octavie*. Sénèque veut détourner Néron de l'amour de Poppée :

> *Vis magna mentis, blandus atque animi calor*
> *Amor est. . . . . . . . . . . . . . . .*
> *Quem si fovere atque alere desistas, cadit,*
> *Brevique vires perdit exstinctus suas.*
>    (*Octavie*, vers 561-565.)

NÉRON.

Je vous croirai, Burrhus, lorsque dans les alarmes
Il faudra soutenir la gloire de nos armes,
Ou lorsque plus tranquille, assis dans le sénat,
Il faudra décider du destin de l'État :
Je m'en reposerai sur votre expérience. 795
Mais, croyez-moi, l'amour est une autre science,
Burrhus; et je ferois quelque difficulté
D'abaisser jusque-là votre sévérité.
Adieu. Je souffre trop, éloigné de Junie.

## SCÈNE II.

BURRHUS, seul.

Enfin, Burrhus, Néron découvre son génie[1]. 800
Cette férocité que tu croyois fléchir
De tes foibles liens est prête à s'affranchir.
En quels excès peut-être elle va se répandre !
O Dieux ! en ce malheur quel conseil dois-je prendre ?
Sénèque, dont les soins me devroient soulager[2], 805
Occupé loin de Rome, ignore ce danger.
Mais quoi? si d'Agrippine excitant la tendresse,
Je pouvois.... La voici : mon bonheur me l'adresse.

1. *Var.* Hé bien, Burrhus, Néron découvre son génie. (1670)
2. Ce vers et le suivant se trouvent dans la scène supprimée, dont nous avons parlé ci-dessus, p. 291, note 1. Ce sont les seuls que Racine en ait conservés.

## SCÈNE III.

### AGRIPPINE, BURRHUS, ALBINE.

#### AGRIPPINE.

Hé bien ! je me trompois, Burrhus, dans mes soupçons ?
Et vous vous signalez par d'illustres leçons !  810
On exile Pallas, dont le crime peut-être
Est d'avoir à l'Empire élevé votre maître.
Vous le savez trop bien. Jamais sans ses avis
Claude, qu'il gouvernoit, n'eût adopté mon fils.
Que dis-je ? A son épouse on donne une rivale ;  815
On affranchit Néron de la foi conjugale.
Digne emploi d'un ministre, ennemi des flatteurs,
Choisi pour mettre un frein à ses jeunes ardeurs,
De les flatter lui-même, et nourrir dans son âme
Le mépris de sa mère et l'oubli de sa femme !  820

#### BURRHUS.

Madame, jusqu'ici c'est trop tôt m'accuser.
L'Empereur n'a rien fait qu'on ne puisse excuser.
N'imputez qu'à Pallas un exil nécessaire :
Son orgueil dès longtemps exigeoit ce salaire ;
Et l'Empereur ne fait qu'accomplir à regret  825
Ce que toute la cour demandoit en secret.
Le reste est un malheur qui n'est point sans ressource :
Des larmes d'Octavie on peut tarir la source.
Mais calmez vos transports. Par un chemin plus doux,
Vous lui pourrez plutôt ramener son époux :  830
Les menaces, les cris le rendront plus farouche.

#### AGRIPPINE.

Ah ! l'on s'efforce en vain de me fermer la bouche.
Je vois que mon silence irrite vos dédains ;
Et c'est trop respecter l'ouvrage de mes mains.

Pallas n'emporte pas tout l'appui d'Agrippine : 835
Le ciel m'en laisse assez pour venger ma ruine.
Le fils de Claudius commence à ressentir
Des crimes dont je n'ai que le seul repentir.
J'irai, n'en doutez point, le montrer à l'armée,
Plaindre aux yeux des soldats son enfance opprimée,
Leur faire, à mon exemple, expier leur erreur.
On verra d'un côté le fils d'un empereur
Redemandant la foi jurée à sa famille,
Et de Germanicus on entendra la fille;
De l'autre, l'on verra le fils d'Énobarbus¹, 845
Appuyé de Sénèque et du tribun Burrhus,
Qui tous deux de l'exil rappelés par moi-même,
Partagent à mes yeux l'autorité suprême.
De nos crimes communs je veux qu'on soit instruit :
On saura les chemins par où je l'ai conduit. 850
Pour rendre sa puissance et la vôtre odieuses,
J'avoûrai les rumeurs les plus injurieuses :
Je confesserai tout, exils, assassinats,
Poison même²....

BURRHUS.

Madame, ils ne vous croiront pas.
Ils sauront récuser l'injuste stratagème 855
D'un témoin irrité qui s'accuse lui-même.
Pour moi, qui le premier secondai vos desseins,

---

1. Nous avons dit à la note du vers 36 que Néron était fils de Cneius Domitius Ænobarbus.

2. Toute cette tirade d'Agrippine est imitée de Tacite (*Annales*, livre XIII, chapitre XIV) : « Præceps post hæc Agrippina ruere ad terrorem et minas...: « adultum jam esse Britannicum, veram dignamque stirpem suscipiendo patris « imperio, quod insitus et adoptivus per injurias matris exerceret. Non ab- « nuere se quin cuncta infelicis domus mala patefierent, suæ in primis nuptiæ, « suum veneficium. Id solum Diis et sibi provisum quod viveret privignus : « ituram cum illo in castra; audiretur hinc Germanici filia, debilis rursus « Burrus et exsul Seneca, trunca scilicet manu et professoria lingua, generis « humani regimen expostulantes. »

Qui fis même jurer l'armée entre ses mains,
Je ne me repens point de ce zèle sincère.
Madame, c'est un fils qui succède à son père.  860
En adoptant Néron, Claudius par son choix
De son fils et du vôtre a confondu les droits.
Rome l'a pu choisir. Ainsi, sans être injuste,
Elle choisit Tibère adopté par Auguste[1];
Et le jeune Agrippa, de son sang descendu[2],  865
Se vit exclus du rang vainement prétendu[3].
Sur tant de fondements sa puissance établie
Par vous-même aujourd'hui ne peut être affoiblie;
Et s'il m'écoute encor, Madame, sa bonté
Vous en fera bientôt perdre la volonté.  870
J'ai commencé, je vais poursuivre mon ouvrage.

## SCÈNE IV.

### AGRIPPINE, ALBINE.

ALBINE.

Dans quel emportement la douleur vous engage,
Madame! L'Empereur puisse-t-il l'ignorer!

AGRIPPINE.

Ah! lui-même à mes yeux puisse-t-il se montrer!

ALBINE.

Madame, au nom des Dieux, cachez votre colère.  875
Quoi? pour les intérêts de la sœur ou du frère,

---

1. Burrhus, qui doit s'exprimer ici dans le style de la cour, feint de prendre pour un libre choix que Rome aurait fait de Néron et de Tibère l'adhésion tacite du sénat et du peuple au fait accompli de l'élévation de ces princes.

2. Marcus Julius Agrippa Postumus, fils de M. Vipsanius Agrippa et de Julie, fille d'Auguste. Les artifices de Livie le firent exiler par Auguste dans l'île de Planasie, où Tibère, au commencement de son règne, ordonna de le mettre à mort.

3. *Var.* Se vit exclus d'un rang vainement prétendu. (1670 et 76)

Faut-il sacrifier le repos de vos jours?
Contraindrez-vous César jusque dans ses amours?

AGRIPPINE.

Quoi? tu ne vois donc pas jusqu'où l'on me ravale,
Albine? C'est à moi qu'on donne une rivale. 880
Bientôt, si je ne romps ce funeste lien,
Ma place est occupée, et je ne suis plus rien.
Jusqu'ici d'un vain titre Octavie honorée,
Inutile à la cour, en étoit ignorée.
Les grâces, les honneurs par moi seule versés 885
M'attiroient des mortels les vœux intéressés.
Une autre de César a surpris la tendresse :
Elle aura le pouvoir d'épouse et de maîtresse.
Le fruit de tant de soins, la pompe des Césars,
Tout deviendra le prix d'un seul de ses regards. 890
Que dis-je? l'on m'évite, et déjà délaissée....
Ah! je ne puis, Albine, en souffrir la pensée.
Quand je devrois du ciel hâter l'arrêt fatal[1],
Néron, l'ingrat Néron.... Mais voici son rival.

## SCÈNE V.

BRITANNICUS, AGRIPPINE, NARCISSE, ALBINE.

BRITANNICUS.

Nos ennemis communs ne sont pas invincibles, 895
Madame : nos malheurs trouvent des cœurs sensibles.
Vos amis et les miens, jusqu'alors si secrets,

---

1. Tacite rapporte que, bien des années avant sa mort, Agrippine avait cru aux prédictions des Chaldéens qui lui annonçaient cette mort, et les avait méprisées : « Hunc sui finem multos ante annos crediderat Agrippina contempse-« ratque ; nam consulenti super Nerone responderunt Chaldæi fore ut impe-« raret, matremque occideret; atque illa : « Occidat, inquit, dum imperet. » (*Annales*, livre XIV, chapitre IX.)

Tandis que nous perdions le temps en vains regrets,
Animés du courroux qu'allume l'injustice,
Viennent de confier leur douleur à Narcisse. 900
Néron n'est pas encor tranquille possesseur
De l'ingrate qu'il aime au mépris de ma sœur.
Si vous êtes toujours sensible à son injure,
On peut dans son devoir ramener le parjure.
La moitié du sénat s'intéresse pour nous : 905
Sylla, Pison, Plautus [1]....

### AGRIPPINE.

Prince, que dites-vous ?
Sylla, Pison, Plautus ! les chefs de la noblesse !

### BRITANNICUS.

Madame, je vois bien que ce discours vous blesse,
Et que votre courroux, tremblant, irrésolu,
Craint déjà d'obtenir tout ce qu'il a voulu. 910
Non, vous avez trop bien établi ma disgrâce :
D'aucun ami pour moi ne redoutez l'audace.
Il ne m'en reste plus; et vos soins trop prudents
Les ont tous écartés ou séduits dès longtemps.

### AGRIPPINE.

Seigneur, à vos soupçons donnez moins de créance : 915
Notre salut dépend de notre intelligence.
J'ai promis, il suffit. Malgré vos ennemis,
Je ne révoque rien de ce que j'ai promis.
Le coupable Néron fuit en vain ma colère :

---

1. Cornélius Sylla était suspect à Néron par l'illustration de sa naissance et comme gendre de Claude. Pallas et Burrhus furent accusés d'avoir voulu l'élever à l'Empire. (*Annales*, livre XIII, chapitre XXIII.) Néron le fit tuer après la chute de Sénèque. (*Ibidem*, livre XIV, chapitre LVII). — C. Pison fut le chef de la grande conjuration formée contre Néron vers la fin de son règne. (*Ibidem*, livre XV, chapitre XLVIII-LIX.) — Rubellius Plautus descendait d'Auguste par les femmes au même degré que Néron. Tacite dit (*ibidem*, livre XIII, chapitre XIX) qu'après la mort de Britannicus, Agrippine fut accusée de méditer une révolution en sa faveur. Néron le fit tuer dans le même temps que Cornélius Sylla. (*Ibidem*, livre XIV, chapitre LIX.)

Tôt ou tard il faudra qu'il entende sa mère. 920
J'essaîrai tour à tour la force et la douceur;
Ou moi-même, avec moi conduisant votre sœur,
J'irai semer partout ma crainte et ses alarmes,
Et ranger tous les cœurs du parti de ses larmes.
Adieu. J'assiégerai Néron de toutes parts. 925
Vous, si vous m'en croyez, évitez ses regards.

## SCÈNE VI.

### BRITANNICUS, NARCISSE.

#### BRITANNICUS.

Ne m'as-tu point flatté d'une fausse espérance?
Puis-je sur ton récit fonder quelque assurance,
Narcisse?

#### NARCISSE.

Oui. Mais, Seigneur, ce n'est pas en ces lieux
Qu'il faut développer ce mystère à vos yeux. 930
Sortons. Qu'attendez-vous?

#### BRITANNICUS.

Ce que j'attends, Narcisse?
Hélas!

#### NARCISSE.

Expliquez-vous.

#### BRITANNICUS.

Si par ton artifice
Je pouvois revoir....

#### NARCISSE.

Qui?

#### BRITANNICUS.

J'en rougis. Mais enfin
D'un cœur moins agité j'attendrois mon destin.

NARCISSE.

Après tous mes discours, vous la croyez fidèle ? 935
BRITANNICUS.
Non : je la crois, Narcisse, ingrate, criminelle,
Digne de mon courroux ; mais je sens, malgré moi,
Que je ne le crois pas autant que je le doi.
Dans ses égarements mon cœur opiniâtre
Lui prête des raisons, l'excuse, l'idolâtre. 940
Je voudrois vaincre enfin mon incrédulité :
Je la voudrois haïr avec tranquillité.
Et qui croira qu'un cœur si grand en apparence,
D'une infidèle cour ennemi dès l'enfance,
Renonce à tant de gloire, et dès le premier jour 945
Trame une perfidie inouïe à la cour ?
NARCISSE.
Et qui sait si l'ingrate, en sa longue retraite,
N'a point de l'Empereur médité la défaite ?
Trop sûre que ses yeux ne pouvoient se cacher,
Peut-être elle fuyoit pour se faire chercher, 950
Pour exciter Néron par la gloire pénible [1]
De vaincre une fierté jusqu'alors invincible.
BRITANNICUS.
Je ne la puis donc voir ?
NARCISSE.
Seigneur, en ce moment
Elle reçoit les vœux de son nouvel amant.
BRITANNICUS.
Hé bien ! Narcisse, allons. Mais que vois-je ? C'est elle.
NARCISSE [2].
Ah, Dieux ! A l'Empereur portons cette nouvelle.

1. *Var.* Pour exciter César par la gloire pénible. (1670 et 76)
2. NARCISSE, *à part.* (1736 et M. Aimé-Martin)

## SCÈNE VII.

### BRITANNICUS, JUNIE.

#### JUNIE.

Retirez-vous, Seigneur, et fuyez un courroux
Que ma persévérance allume contre vous.
Néron est irrité. Je me suis échappée,
Tandis qu'à l'arrêter sa mère est occupée. 960
Adieu : réservez-vous, sans blesser mon amour,
Au plaisir de me voir justifier un jour.
Votre image sans cesse est présente à mon âme :
Rien ne l'en peut bannir.

#### BRITANNICUS.

Je vous entends, Madame :
Vous voulez que ma fuite assure vos desirs, 965
Que je laisse un champ libre à vos nouveaux soupirs.
Sans doute, en me voyant, une pudeur secrète
Ne vous laisse goûter qu'une joie inquiète.
Hé bien ! il faut partir.

#### JUNIE.

Seigneur, sans m'imputer....

#### BRITANNICUS.

Ah ! vous deviez du moins plus longtemps disputer. 970
Je ne murmure point qu'une amitié commune
Se range du parti que flatte la fortune,
Que l'éclat d'un empire ait pu vous éblouir,
Qu'aux dépens de ma sœur vous en vouliez jouir ;
Mais que de ces grandeurs comme une autre occupée,
Vous m'en ayez paru si longtemps détrompée :
Non, je l'avoue encor, mon cœur désespéré
Contre ce seul malheur n'étoit point préparé.

J'ai vu sur ma ruine élever l'injustice[1] ;
De mes persécuteurs j'ai vu le ciel complice.　　　980
Tant d'horreurs n'avoient point épuisé son courroux,
Madame : il me restoit d'être oublié de vous.

JUNIE.

Dans un temps plus heureux ma juste impatience
Vous feroit repentir de votre défiance.
Mais Néron vous menace : en ce pressant danger,　985
Seigneur, j'ai d'autres soins que de vous affliger.
Allez, rassurez-vous, et cessez de vous plaindre :
Néron nous écoutoit, et m'ordonnoit de feindre.

BRITANNICUS.

Quoi? le cruel....

JUNIE.

　　　　　Témoin de tout notre entretien,
D'un visage sévère examinoit le mien,　　　990
Prêt à faire sur vous éclater la vengeance
D'un geste confident de notre intelligence.

BRITANNICUS.

Néron nous écoutoit, Madame! Mais, hélas!
Vos yeux auroient pu feindre, et ne m'abuser pas.
Ils pouvoient me nommer l'auteur de cet outrage.　995
L'amour est-il muet, ou n'a-t-il qu'un langage?
De quel trouble un regard pouvoit me préserver!
Il falloit....

JUNIE.

　　　Il falloit me taire et vous sauver.
Combien de fois, hélas! puisqu'il faut vous le dire,
Mon cœur de son désordre alloit-il vous instruire!　1000
De combien de soupirs interrompant le cours
Ai-je évité vos yeux que je cherchois toujours!
Quel tourment de se taire en voyant ce qu'on aime!

---

1. Voyez sur ce tour la note du vers 1410 d'*Andromaque* et la note du vers 145 des *Plaideurs*.

De l'entendre gémir, de l'affliger soi-même,
Lorsque par un regard on peut le consoler ! 1005
Mais quels pleurs ce regard auroit-il fait couler !
Ah ! dans ce souvenir, inquiète, troublée,
Je ne me sentois pas assez dissimulée.
De mon front effrayé je craignois la pâleur ;
Je trouvois mes regards trop pleins de ma douleur. 1010
Sans cesse il me sembloit que Néron en colère
Me venoit reprocher trop de soin de vous plaire ;
Je craignois mon amour vainement renfermé ;
Enfin j'aurois voulu n'avoir jamais aimé.
Hélas ! pour son bonheur, Seigneur, et pour le nôtre,
Il n'est que trop instruit de mon cœur et du vôtre.
Allez, encore un coup, cachez-vous à ses yeux :
Mon cœur plus à loisir vous éclaircira mieux.
De mille autres secrets j'aurois compte à vous rendre.

BRITANNICUS.

Ah ! n'en voilà que trop : c'est trop me faire entendre[1],
Madame, mon bonheur, mon crime, vos bontés.
Et savez-vous pour moi tout ce que vous quittez ?
Quand pourrai-je à vos pieds expier ce reproche[2] ?

JUNIE.

Que faites-vous ? Hélas ! votre rival s'approche.

## SCÈNE VIII.

### NÉRON, BRITANNICUS, JUNIE.

NÉRON.

Prince, continuez des transports si charmants. 1025

1. *Var.* Ah ! n'en voilà que trop pour me faire comprendre. (1670)
2. Avant ce vers, l'édition de 1736 et celle de M. Aimé-Martin donnent l'indication : « *Se jetant aux pieds de Junie.* »

Je conçois vos bontés par ses remercîments,
Madame : à vos genoux je viens de le surprendre.
Mais il auroit aussi quelque grâce à me rendre :
Ce lieu le favorise, et je vous y retiens
Pour lui faciliter de si doux entretiens.

BRITANNICUS.

Je puis mettre à ses pieds ma douleur ou ma joie
Partout où sa bonté consent que je la voie ;
Et l'aspect de ces lieux où vous la retenez
N'a rien dont mes regards doivent être étonnés.

NÉRON.

Et que vous montrent-ils qui ne vous avertisse
Qu'il faut qu'on me respecte et que l'on m'obéisse ?

BRITANNICUS.

Ils ne nous ont pas vu l'un et l'autre élever,
Moi pour vous obéir, et vous pour me braver ;
Et ne s'attendoient pas, lorsqu'ils nous virent naître,
Qu'un jour Domitius me dût parler en maître[1].

NÉRON.

Ainsi par le destin nos vœux sont traversés :
J'obéissois alors, et vous obéissez.
Si vous n'avez appris à vous laisser conduire,
Vous êtes jeune encore, et l'on peut vous instruire.

BRITANNICUS.

Et qui m'en instruira ?

NÉRON.

Tout l'Empire à la fois,
Rome.

BRITANNICUS.

Rome met-elle au nombre de vos droits

---

1. Racine s'est souvenu du passage de Tacite où il est dit qu'un jour (c'était avant la mort de Claude) Néron ayant rencontré Britannicus, le salua de son nom, et que celui-ci répondit en donnant à Néron le nom de Domitius : « Obvii inter se, Nero Britannicum nomine, ille Domitium, salutavere. » (*Annales*, livre XII, chapitre XLI.)

Tout ce qu'a de cruel l'injustice et la force,
Les emprisonnements, le rapt et le divorce ?

NÉRON.

Rome ne porte point ses regards curieux
Jusque dans des secrets que je cache à ses yeux. 1050
Imitez son respect.

BRITANNICUS.

On sait ce qu'elle en pense.

NÉRON.

Elle se tait du moins : imitez son silence.

BRITANNICUS.

Ainsi Néron commence à ne se plus forcer.

NÉRON.

Néron de vos discours commence à se lasser.

BRITANNICUS.

Chacun devoit bénir le bonheur de son règne. 1055

NÉRON.

Heureux ou malheureux, il suffit qu'on me craigne[1].

BRITANNICUS.

Je connois mal Junie, ou de tels sentiments
Ne mériteront pas ses applaudissements.

NÉRON.

Du moins, si je ne sais le secret de lui plaire,
Je sais l'art de punir un rival téméraire. 1060

BRITANNICUS.

Pour moi, quelque péril qui me puisse accabler,
Sa seule inimitié peut me faire trembler.

---

1. Dans *Octavie* (vers 457-459) un dialogue entre Néron et Sénèque offre quelques traits semblables :

> NERO. *Decet timeri Cæsarem.* SENEC. *At plus diligi.*
> NERO. *Metuant necesse est.* . . . . . . . . . . . .
> *Jussique nostris pareant....*

NÉRON.

Souhaitez-la : c'est tout ce que je vous puis dire[1].
BRITANNICUS.
Le bonheur de lui plaire est le seul où j'aspire.
NÉRON.
Elle vous l'a promis, vous lui plairez toujours.　　1065
BRITANNICUS.
Je ne sais pas du moins épier ses discours.
Je la laisse expliquer sur tout ce qui me touche,
Et ne me cache point pour lui fermer la bouche.
NÉRON.
Je vous entends. Hé bien, gardes!
JUNIE.
　　　　　　　　　　Que faites-vous?
C'est votre frère. Hélas! c'est un amant jaloux.　　1070
Seigneur, mille malheurs persécutent sa vie.
Ah! son bonheur peut-il exciter votre envie?
Souffrez que de vos cœurs rapprochant les liens,
Je me cache à vos yeux, et me dérobe aux siens.
Ma fuite arrêtera vos discordes fatales;　　1075
Seigneur, j'irai remplir le nombre des Vestales.
Ne lui disputez plus mes vœux infortunés :
Souffrez que les Dieux seuls en soient importunés.
NÉRON.
L'entreprise, Madame, est étrange et soudaine.
Dans son appartement, gardes, qu'on la remène.　　1080
Gardez Britannicus dans celui de sa sœur.
BRITANNICUS.
C'est ainsi que Néron sait disputer un cœur.

---

1. Corneille (*Pompée*, acte III, scène II, vers 927 et 928) fait dire à César parlant à Ptolémée :

> Vous craigniez ma clémence! ah! n'ayez plus ce soin ;
> Souhaitez-la plutôt, vous en avez besoin.

Géoffroy rappelle que, dans le vers de Racine, le Kain prononçait *souhaitez-la* avec un accent que n'avaient pas oublié ceux qui l'avaient entendu.

JUNIE.

Prince, sans l'irriter, cédons à cet orage.
NÉRON.
Gardes, obéissez sans tarder davantage.

## SCÈNE IX.

### NÉRON, BURRHUS[1].

BURRHUS.

Que vois-je? O ciel!
NÉRON, *sans voir Burrhus.*
Ainsi leurs feux sont redoublés. 1085
Je reconnois la main qui les a rassemblés.
Agrippine ne s'est présentée à ma vue,
Ne s'est dans ses discours si longtemps étendue,
Que pour faire jouer ce ressort odieux.
Qu'on sache si ma mère est encore en ces lieux[2]. 1090
Burrhus, dans ce palais je veux qu'on la retienne,
Et qu'au lieu de sa garde on lui donne la mienne.
BURRHUS.
Quoi, Seigneur? sans l'ouïr ? Une mère?
NÉRON.
Arrêtez[3] :
J'ignore quel projet, Burrhus, vous méditez ;
Mais depuis quelques jours, tout ce que je desire 1095
Trouve en vous un censeur prêt à me contredire.

---

1. *Var.* NÉRON, BURRHUS, *un Garde.* (1736)
2. Avant ce vers, l'édition de 1736 donne l'indication : « *Au garde,* » et celle de M. Aimé-Martin : « *Apercevant Burrhus.* »
3. Néron, dans *Octavie* (vers 588 et 589), interrompt avec le même emportement les remontrances de Sénèque :

> *Desiste tandem, jam gravis nimium mihi,*
> *Instare : liceat facere quod Seneca improbat.*

Répondez-m'en, vous dis-je; ou sur votre refus
D'autres me répondront et d'elle et de Burrhus [1].

1. Lemazurier (*Galerie historique des acteurs du théâtre françois*, tome I, p. 125) rapporte que l'acteur Beaubourg prononçait les deux derniers vers de cette scène avec des cris aigus et tout l'emportement de la férocité, ce qui était tout opposé à la manière de Baron. L'abbé de la Porte, dans ses *Anecdotes dramatiques*, le dit également. Il ajoute que « cette expression étrange renfermoit tant de vérité que tout le monde étoit frappé de terreur. Ce n'étoit plus Beaubourg, c'étoit Néron lui-même. » Mais Voltaire reproche à Beaubourg d'avoir joué « comme un énergumène. »

FIN DU TROISIÈME ACTE.

# ACTE IV.

## SCÈNE PREMIÈRE.
### AGRIPPINE, BURRHUS.

BURRHUS.

Oui, Madame, à loisir vous pourrez vous défendre :
César lui-même ici consent de vous entendre.             1100
Si son ordre au palais vous a fait retenir,
C'est peut-être à dessein de vous entretenir.
Quoi qu'il en soit, si j'ose expliquer ma pensée,
Ne vous souvenez plus qu'il vous ait offensée :
Préparez-vous plutôt à lui tendre les bras ;             1105
Défendez-vous, Madame, et ne l'accusez pas.
Vous voyez, c'est lui seul que la cour envisage[1].
Quoiqu'il soit votre fils, et même votre ouvrage,
Il est votre empereur. Vous êtes, comme nous,
Sujette à ce pouvoir qu'il a reçu de vous.               1110
Selon qu'il vous menace, ou bien qu'il vous caresse
La cour autour de vous ou s'écarte, ou s'empresse.
C'est son appui qu'on cherche, en cherchant votre appui.
Mais voici l'Empereur.

AGRIPPINE.

Qu'on me laisse avec lui.

---

1. *Var.* Vous le voyez, c'est lui que la cour envisage. (1670)

## SCENE II.

### AGRIPPINE, NÉRON.

**AGRIPPINE**, s'asseyant.

Approchez-vous, Néron, et prenez votre place[1].  1115
On veut sur vos soupçons que je vous satisfasse.
J'ignore de quel crime on a pu me noircir :
De tous ceux que j'ai faits je vais vous éclaircir.
 Vous régnez. Vous savez combien votre naissance
Entre l'Empire et vous avoit mis de distance.  1120
Les droits de mes aïeux, que Rome a consacrés,
Étoient même, sans moi, d'inutiles degrés.
Quand de Britannicus la mère condamnée[2]
Laissa de Claudius disputer l'hyménée,
Parmi tant de beautés qui briguèrent son choix,  1125
Qui de ses affranchis mendièrent les voix,
Je souhaitai son lit, dans la seule pensée
De vous laisser au trône où je serois placée.
Je fléchis mon orgueil, j'allai prier Pallas.
Son maître, chaque jour caressé dans mes bras,  1130
Prit insensiblement dans les yeux de sa nièce
L'amour où je voulois amener sa tendresse.

---

1. Voltaire, dans son commentaire de *Rodogune* (acte II, scène III), dit qu'« il semble que Racine ait pris en quelque chose le discours de Cléopatre à ses enfants pour modèle du grand discours d'Agrippine à Néron. » Il est certain que la situation offre dans les deux scènes des rapports frappants. Cléopatre, qui a trempé dans le meurtre de Nicanor, son époux, se vante, comme Agrippine, de son crime ; et c'est, comme le dit Corneille dans l'*Examen* de sa tragédie, « pour remettre à ses fils devant les yeux combien ils lui ont d'obligation. » Si la rencontre n'est pas fortuite, et que Racine ait imité Corneille, il l'a imité en maître et avec une incontestable originalité. Voltaire fait remarquer dans la scène de Corneille une grande supériorité d'intérêt ; mais, comme peinture de caractère, achevée dans toutes ses nuances, on ne peut rien mettre au-dessus de la scène de Racine.

2. C'est la fameuse Messaline.

Mais ce lien du sang qui nous joignoit tous deux
Écartoit Claudius d'un lit incestueux.
Il n'osoit épouser la fille de son frère.  1135
Le sénat fut séduit : une loi moins sévère
Mit Claude dans mon lit, et Rome à mes genoux.
C'étoit beaucoup pour moi, ce n'étoit rien pour vous.
Je vous fis sur mes pas entrer dans sa famille :
Je vous nommai son gendre, et vous donnai sa fille. 1140
Silanus, qui l'aimoit, s'en vit abandonné,
Et marqua de son sang ce jour infortuné [1].
Ce n'étoit rien encore. Eussiez-vous pu prétendre
Qu'un jour Claude à son fils dût [2] préférer son gendre?
De ce même Pallas j'implorai le secours : 1145
Claude vous adopta, vaincu par ses discours;
Vous appela Néron; et du pouvoir suprême
Voulut, avant le temps, vous faire part lui-même.
C'est alors que chacun, rappelant le passé,
Découvrit mon dessein, déjà trop avancé; 1150
Que de Britannicus la disgrâce future
Des amis de son père excita le murmure [3].
Mes promesses aux uns éblouirent les yeux;
L'exil me délivra des plus séditieux;
Claude même, lassé de ma plainte éternelle, 1155
Éloigna de son fils tous ceux de qui le zèle,
Engagé dès longtemps à suivre son destin,
Pouvoit du trône encor lui rouvrir le chemin
Je fis plus : je choisis moi-même dans ma suite
Ceux à qui je voulois qu'on livrât sa conduite [4]; 1160

---

1. Voyez ci-dessus, p. 258, la note du vers 63.
2. M. Aimé-Martin a substitué *pût* à *dût*.
3. « Rogata.... lex qua in familiam Claudiam et nomen Neronis transiret
« (Domitius)..... Quibus patratis, nemo adeo expers misericordiæ fuit, quem
« non Britannici fortunæ mœror afficeret. » (Tacite, *Annales*, livre XII, chapitre XXVI.)
4. « Claudius optimum quemque educatorem filii exsilio ac morte afficit,

J'eus soin de vous nommer, par un contraire choix,
Des gouverneurs que Rome honoroit de sa voix.
Je fus sourde à la brigue, et crus la renommée.
J'appelai de l'exil, je tirai de l'armée,
Et ce même Sénèque, et ce même Burrhus, 1165
Qui depuis.... Rome alors estimoit leurs vertus[1].
De Claude en même temps épuisant les richesses,
Ma main, sous votre nom, répandoit ses largesses.
Les spectacles, les dons, invincibles appas[2],
Vous attiroient les cœurs du peuple et des soldats, 1170
Qui d'ailleurs, réveillant leur tendresse première,
Favorisoient en vous Germanicus mon père.
Cependant Claudius penchoit vers son déclin.
Ses yeux, longtemps fermés, s'ouvrirent à la fin :
Il connut son erreur. Occupé de sa crainte, 1175
Il laissa pour son fils échapper quelque plainte,
Et voulut, mais trop tard, assembler ses amis.
Ses gardes, son palais, son lit m'étoient soumis.
Je lui laissai sans fruit consumer sa tendresse ;
De ses derniers soupirs je me rendis maîtresse. 1180
Mes soins, en apparence épargnant ses douleurs,
De son fils, en mourant, lui cachèrent les pleurs.
Il mourut. Mille bruits en courent à ma honte[3].
J'arrêtai de sa mort la nouvelle trop prompte ;
Et tandis que Burrhus alloit secrètement 1185
De l'armée en vos mains exiger le serment,

---

« datosque a noverca custodiæ ejus imponit. » (Tacite, *Annales*, livre XII, chapitre XLI.)

1. Voltaire, dans *la Henriade*, chant VIII, parlant du maréchal de Biron, copie presque textuellement ce vers :

Qui depuis.... Mais alors il était vertueux.

2. *Appas*, dans le sens d'*appâts*. Voyez le *Lexique*.

3. M. Aimé-Martin nous a conservé ici un souvenir du jeu de Talma : « Pendant qu'Agrippine, dit-il, prononce ce vers, il détourne ses regards avec un sourire amer. »

## ACTE IV, SCÈNE II. 313

Que vous marchiez au camp, conduit sous mes auspices,
Dans Rome les autels fumoient de sacrifices ;
Par mes ordres trompeurs tout le peuple excité
Du prince déjà mort demandoit la santé[1].  1190
Enfin des légions l'entière obéissance
Ayant de votre empire affermi la puissance,
On vit Claude; et le peuple, étonné de son sort,
Apprit en même temps votre règne et sa mort.

C'est le sincère aveu que je voulois vous faire :  1195
Voilà tous mes forfaits. En voici le salaire.

Du fruit de tant de soins à peine jouissant
En avez-vous six mois paru reconnoissant,
Que lassé d'un respect qui vous gênoit peut-être,
Vous avez affecté de ne me plus connoître[2].  1200
J'ai vu Burrhus, Sénèque, aigrissant vos soupçons,
De l'infidélité vous tracer des leçons,
Ravis d'être vaincus dans leur propre science.
J'ai vu favoriser de votre confiance[3]
Othon, Sénécion, jeunes voluptueux[4],  1205

1. Tout ce récit est conforme à celui de Tacite : « Vota.... pro incolumitate « principis consules et sacerdotes nuncupabant, quum jam exanimis vestibus « et fomentis obtegeretur.... Cunctos aditus custodiis clauserat (*Agrippina*), « crebroque vulgabat ire in melius valetudinem principis.... Comitante Burro, « Nero egreditur ad cohortem quæ more militiæ excubiis adest. Ibi, monente « præfecto, festis vocibus exceptus.... » (*Annales*, livre XII, chapitres LXVIII et LXIX.)

2. Il y a *connaître* (*connaistre*) dans les éditions de 1670 et de 1676.

3. Malgré l'accord de toutes les éditions imprimées du vivant de l'auteur, Louis Racine est d'avis que *favoriser* doit être une faute d'impression, et qu'il faut lire *favorisés*. Les éditions de la Harpe, de Geoffroy et de M. Aimé-Martin ont adopté cette correction. Nous maintenons l'ancien texte, que nous croyons fort bon. Après *voir*, *entendre*, cet emploi de l'infinitif est très-régulier. Pour ne pas chercher loin un exemple, un peu plus bas au vers 1242 : « De s'ouïr par ma voix dicter vos volontés, » *dicter* n'équivaut-il pas aussi à un infinitif passif dont « vos volontés » serait le sujet?

4. M. Salvius Othon est celui même qui devint empereur. Claudius Sénécion était fils d'un affranchi de Claude. Quelques-uns pensent qu'il ne fait qu'un avec Tullius Sénécion compromis dans la conjuration de Pison. Voici le passage de Tacite que Racine a eu en vue : « Infracta paulatim potentia matris,

Et de tous vos plaisirs flatteurs respectueux ;
Et lorsque vos mépris excitant mes murmures,
Je vous ai demandé raison de tant d'injures,
(Seul recours d'un ingrat qui se voit confondu)
Par de nouveaux affronts vous m'avez répondu.            1210
Aujourd'hui je promets Junie à votre frère ;
Ils se flattent tous deux du choix de votre mère :
Que faites-vous ? Junie, enlevée à la cour,
Devient en une nuit l'objet de votre amour ;
Je vois de votre cœur Octavie effacée,                   1215
Prête à sortir du lit où je l'avois placée ;
Je vois Pallas banni, votre frère arrêté ;
Vous attentez enfin jusqu'à ma liberté :
Burrhus ose sur moi porter ses mains hardies.
Et lorsque convaincu de tant de perfidies,               1220
Vous deviez ne me voir que pour les expier,
C'est vous qui m'ordonnez de me justifier.

                    NÉRON.

Je me souviens toujours que je vous dois l'Empire ;
Et sans vous fatiguer du soin de le redire,
Votre bonté, Madame, avec tranquillité                   1225
Pouvoit se reposer sur ma fidélité.
Aussi bien ces soupçons, ces plaintes assidues
Ont fait croire à tous ceux qui les ont entendues
Que jadis, j'ose ici vous le dire entre nous,
Vous n'aviez, sous mon nom, travaillé que pour vous.
« Tant d'honneurs, disoient-ils, et tant de déférences,
Sont-ce de ses bienfaits de foibles récompenses ?
Quel crime a donc commis ce fils tant condamné ?
Est-ce pour obéir qu'elle l'a couronné ?

« delapso Nerone in amorem libertæ cui vocabulum Acte fuit, simul assumptis
« in conscientiam Othone et Claudio Senecione, adolescentulis decoris, quorum
« Otho familia consulari, Senecio liberto Cæsaris patre genitus, ignara matre,
« dein frustra obnitente, penitus irrepserant per luxum et ambigua secreta. »
(*Annales*, livre XIII, chapitre XII.)

N'est-il de son pouvoir que le dépositaire ? »            1235
Non que si jusque-là j'avois pu vous complaire,
Je n'eusse pris plaisir, Madame, à vous céder
Ce pouvoir que vos cris sembloient redemander.
Mais Rome veut un maître, et non une maîtresse.
Vous entendiez les bruits qu'excitoit ma foiblesse :   1240
Le sénat chaque jour et le peuple, irrités
De s'ouïr par ma voix dicter vos volontés[1],
Publioient qu'en mourant Claude avec sa puissance
M'avoit encor laissé sa simple obéissance.
Vous avez vu cent fois nos soldats en courroux       1245
Porter en murmurant leurs aigles devant vous,
Honteux de rabaisser par cet indigne usage
Les héros dont encore elles portent l'image.
Toute autre se seroit rendue à leurs discours ;
Mais si vous ne régnez, vous vous plaignez toujours[2].
Avec Britannicus contre moi réunie,
Vous le fortifiez du parti de Junie ;
Et la main de Pallas trame tous ces complots ;
Et lorsque, malgré moi, j'assure mon repos,
On vous voit de colère et de haine animée.             1255
Vous voulez présenter mon rival à l'armée :
Déjà jusques au camp le bruit en a couru.

                        AGRIPPINE.

Moi, le faire empereur, ingrat ? L'avez-vous cru ?
Quel seroit mon dessein ? qu'aurois-je pu prétendre ?
Quels honneurs dans sa cour, quel rang pourrois-je at-
Ah ! si sous votre empire on ne m'épargne pas, [tendre ?

---

1. Nous ne citerons pas comme une variante, mais comme une faute d'impression, la leçon de 1670 :

De s'ouïr par ma voix dicter leurs volontés.

2. Tacite rapporte un reproche semblable que Tibère adressa à la première Agrippine, veuve de Germanicus. Il lui représenta qu'on ne faisait pas tort à ses droits parce qu'elle ne régnait pas : « Correptam.... græco versu admonuit « *non ideo lædi, quia non regnaret.* » (*Annales,* livre IV, chapitre LII.)

Si mes accusateurs observent tous mes pas,
Si de leur empereur ils poursuivent la mère,
Que ferois-je au milieu d'une cour étrangère?
Ils me reprocheroient, non des cris impuissants, 1265
Des desseins étouffés aussitôt que naissants,
Mais des crimes pour vous commis à votre vue,
Et dont je ne serois que trop tôt convaincue[1].
Vous ne me trompez point, je vois tous vos détours :
Vous êtes un ingrat, vous le fûtes toujours. 1270
Dès vos plus jeunes ans, mes soins et mes tendresses
N'ont arraché de vous que de feintes caresses.
Rien ne vous a pu vaincre; et votre dureté
Auroit dû dans son cours arrêter ma bonté.
Que je suis malheureuse! Et par quelle infortune[2] 1275
Faut-il que tous mes soins me rendent importune?
Je n'ai qu'un fils. O ciel, qui m'entends aujourd'hui,
T'ai-je fait quelques vœux qui ne fussent pour lui?
Remords, crainte, périls, rien ne m'a retenue ;
J'ai vaincu ses mépris ; j'ai détourné ma vue 1280
Des malheurs qui dès lors me furent annoncés ;
J'ai fait ce que j'ai pu : vous régnez, c'est assez.
Avec ma liberté, que vous m'avez ravie,
Si vous le souhaitez, prenez encor ma vie,
Pourvu que par ma mort tout le peuple irrité 1285
Ne vous ravisse pas ce qui m'a tant coûté.

NÉRON.

Hé bien donc! prononcez. Que voulez-vous qu'on fasse?

---

1. « Vivere ego, Britannico potiente rerum, poteram? .... Desunt scilicet
« mihi accusatores, qui non verba, impatientia caritatis aliquando incauta,
« sed ea crimina objiciant quibus, nisi a filio, absolvi non possim. » (Tacite,
*Annales,* livre XIII, chapitre XXI.)

2. Les éditions de 1681 et de 1689 ont :

Que je suis malheureuse! Et par quelle fortune.

C'est très-probablement une faute d'impression.

###### AGRIPPINE.

De mes accusateurs qu'on punisse l'audace[1],
Que de Britannicus on calme le courroux,
Que Junie à son choix puisse prendre un époux,               1290
Qu'ils soient libres tous deux, et que Pallas demeure,
Que vous me permettiez de vous voir à toute heure,
Que ce même Burrhus, qui nous vient écouter[2],
A votre porte enfin n'ose plus m'arrêter.

###### NÉRON.

Oui, Madame, je veux que ma reconnoissance               1295
Désormais dans les cœurs grave votre puissance;
Et je bénis déjà cette heureuse froideur,
Qui de notre amitié va rallumer l'ardeur.
Quoi que Pallas ait fait, il suffit, je l'oublie;
Avec Britannicus je me réconcilie;                       1300
Et quant à cet amour qui nous a séparés,
Je vous fais notre arbitre, et vous nous jugerez.
Allez donc, et portez cette joie à mon frère.
Gardes, qu'on obéisse aux ordres de ma mère.

## SCÈNE III.

#### NÉRON, BURRHUS.

###### BURRHUS.

Que cette paix, Seigneur, et ces embrassements          1305
Vont offrir à mes yeux des spectacles charmants[3]!

---

1. Tacite dit aussi que dans l'entrevue qu'elle eut avec son fils, Agrippine obtint la punition de ses accusateurs, et des récompenses pour ses amis : « Ultionem « in delatores et præmia amicis obtinuit. » (*Annales*, livre XIII, chapitre XXI.)

2. Avant ce vers, l'édition de 1670 donne, en note, l'indication : «*Burrhus rentre;* » l'édition de 1736 et celle de M. Aimé-Martin : « *Apercevant Burrhus dans le fond du théâtre.* »

3. Quelques éditions, comme celles de 1713 et de 1728, ont :

Vont offrir à mes yeux de spectacles charmants!

Vous savez si jamais ma voix lui fut contraire,
Si de son amitié j'ai voulu vous distraire,
Et si j'ai mérité cet injuste courroux.

NÉRON.

Je ne vous flatte point, je me plaignois de vous, 1310
Burrhus : je vous ai crus tous deux d'intelligence ;
Mais son inimitié vous rend ma confiance.
Elle se hâte trop, Burrhus, de triompher.
J'embrasse mon rival, mais c'est pour l'étouffer.

BURRHUS.

Quoi, Seigneur?

NÉRON.

C'en est trop : il faut que sa ruine 1315
Me délivre à jamais des fureurs d'Agrippine.
Tant qu'il respirera, je ne vis qu'à demi.
Elle m'a fatigué de ce nom ennemi ;
Et je ne prétends pas que sa coupable audace
Une seconde fois lui promette ma place. 1320

BURRHUS.

Elle va donc bientôt pleurer Britannicus.

NÉRON.

Avant la fin du jour je ne le craindrai plus.

BURRHUS.

Et qui de ce dessein vous inspire l'envie?

NÉRON.

Ma gloire, mon amour, ma sûreté, ma vie.

BURRHUS.

Non, quoi que vous disiez, cet horrible dessein 1325
Ne fut jamais, Seigneur, conçu dans votre sein.

NÉRON.

Burrhus!

BURRHUS.

De votre bouche, ô ciel! puis-je l'apprendre?
Vous-même sans frémir avez-vous pu l'entendre?

Songez-vous dans quel sang vous allez vous baigner?
Néron dans tous les cœurs est-il las de régner? 1330
Que dira-t-on de vous? Quelle est votre pensée?
                    NÉRON.
Quoi? toujours enchaîné de ma gloire passée,
J'aurai devant les yeux je ne sais quel amour
Que le hasard nous donne et nous ôte en un jour?
Soumis à tous leurs vœux, à mes desirs contraire, 1335
Suis-je leur empereur seulement pour leur plaire[1]?
                    BURRHUS.
Et ne suffit-il pas, Seigneur, à vos souhaits[2]
Que le bonheur public soit un de vos bienfaits?
C'est à vous à choisir, vous êtes encor maître.
Vertueux jusqu'ici, vous pouvez toujours l'être : 1340
Le chemin est tracé, rien ne vous retient plus;
Vous n'avez qu'à marcher de vertus en vertus.
Mais si de vos flatteurs vous suivez la maxime,
Il vous faudra, Seigneur, courir de crime en crime,
Soutenir vos rigueurs par d'autres cruautés, 1345
Et laver dans le sang vos bras ensanglantés[3].
Britannicus mourant excitera le zèle
De ses amis, tout prêts à prendre sa querelle.
Ces vengeurs trouveront de nouveaux défenseurs,
Qui, même après leur mort, auront des successeurs[4]:

---

1. On croit surprendre dans Corneille (*Tite et Bérénice*, vers 991 et 992) une réminiscence du vers de Racine :

> N'êtes-vous dans ce trône, où tant de monde aspire,
> Que pour assujettir l'Empereur à l'Empire?

2. Sénèque, dans la tragédie d'*Octavie* (vers 472-491), parle à Néron dans le même sens. Mais Racine n'a rien trouvé à imiter directement dans les faibles vers du tragique latin. Il a, au contraire, dans ce discours de Burrhus fait beaucoup d'emprunts au traité *de la Clémence* de Sénèque. Nous allons les signaler.

3. « Hoc.... inter cætera vel pessimum habet crudelitas, quod perseverandum est, nec ad meliora patet regressus; scelera enim sceleribus tuenda sunt. » (Sénèque, *de Clementia*, livre I, chapitre XIII.)

4. « Regia crudelitas auget inimicorum numerum tollendo. Parentes enim

Vous allumez un feu qui ne pourra s'éteindre.
Craint de tout l'univers, il vous faudra tout craindre,
Toujours punir, toujours trembler dans vos projets,
Et pour vos ennemis compter tous vos sujets.
Ah! de vos premiers ans l'heureuse expérience  1355
Vous fait-elle, Seigneur, haïr votre innocence?
Songez-vous au bonheur qui les a signalés?
Dans quel repos, ô ciel! les avez-vous coulés!
Quel plaisir de penser et de dire en vous-même :
« Partout, en ce moment, on me bénit, on m'aime[1];
On ne voit point le peuple à mon nom s'alarmer[2];
Le ciel dans tous leurs pleurs ne m'entend point nommer;
Leur sombre inimitié ne fuit point mon visage;
Je vois voler partout les cœurs à mon passage[3]! »
Tels étoient vos plaisirs. Quel changement, ô Dieux!
Le sang le plus abject vous étoit précieux[4].
Un jour, il m'en souvient, le sénat équitable
Vous pressoit de souscrire à la mort d'un coupable;
Vous résistiez, Seigneur, à leur sévérité :

---

« liberique eorum qui interfecti sunt, et propinqui, et amici, in locum sin-
« gulorum succedunt. » (Sénèque, *de Clementia*, livre I, chapitre VIII.) Corneille a puisé à la même source, dans *Cinna* :

> Ma cruauté se lasse, et ne peut s'arrêter;
> Je veux me faire craindre, et ne fais qu'irriter.
> Rome a pour ma ruine une hydre trop fertile :
> Une tête coupée en fait renaître mille;
> Et le sang répandu de mille conjurés
> Rend mes jours plus maudits, et non plus assurés.
> (*Cinna*, acte IV, scène II, vers 1163-1168.)

1. « Juvat.... ita loqui secum : « .... Ex nostro responso lætitiæ causas populi
« urbesque concipiunt, etc. » (*De Clementia*, livre I, chapitre I.)

2. Les éditions de 1713, 1722, 1728 et 1750 portent :

> On ne voit plus le peuple à mon nom s'alarmer.

3. « Illius demum magnitudo stabilis fundataque est,... quo procedente, non,
« tanquam malum aliquid aut noxium animal e cubili prosilierit, diffugiunt, sed
« tanquam ad clarum ac beneficum sidus certatim advolant. » (*De Clementia*,
livre I, chapitre III.)

4. « Summa parcimonia etiam vilissimi sanguinis. » (*Ibidem*, livre I, chapitre I.)

Votre cœur s'accusoit de trop de cruauté; 1370
Et plaignant les malheurs attachés à l'Empire,
« Je voudrois, disiez-vous, ne savoir pas écrire¹. »
Non, ou vous me croirez, ou bien de ce malheur
Ma mort m'épargnera la vue et la douleur.
On ne me verra point survivre à votre gloire. 1375
Si vous allez commettre une action si noire,
(Il se jette à genoux².)
Me voilà prêt, Seigneur : avant que de partir,
Faites percer ce cœur qui n'y peut consentir;
Appelez les cruels qui vous l'ont inspirée;
Qu'ils viennent essayer leur main mal assurée. 1380
Mais je vois que mes pleurs touchent mon empereur;
Je vois que sa vertu frémit de leur fureur.
Ne perdez point de temps, nommez-moi les perfides
Qui vous osent donner ces conseils parricides.
Appelez votre frère, oubliez dans ses bras.... 1385

NÉRON.

Ah! que demandez-vous?

BURRHUS.

Non, il ne vous hait pas,

Seigneur; on le trahit : je sais son innocence;
Je vous réponds pour lui de son obéissance.
J'y cours. Je vais presser un entretien si doux.

NÉRON.

Dans mon appartement qu'il m'attende avec vous. 1390

---

1. Suétone rapporte ce mot de Néron. « Quum de supplicio cujusdam capite
« damnati, ut ex more subscriberet, admoneretur : « Quam vellem, inquit,
« nescire litteras! » (*Néron*, chapitre x.) Voyez aussi *de Clementia*, livre II
chapitre I.

2. Dans l'édition de 1736 : « *Se jetant aux pieds de Néron.* »

## SCÈNE IV.

### NÉRON, NARCISSE.

NARCISSE.

Seigneur, j'ai tout prévu pour une mort si juste.
Le poison est tout prêt. La fameuse Locuste [1]
A redoublé pour moi ses soins officieux :
Elle a fait expirer un esclave à mes yeux;
Et le fer est moins prompt, pour trancher une vie, 1395
Que le nouveau poison que sa main me confie.

NÉRON.

Narcisse, c'est assez; je reconnois ce soin,
Et ne souhaite pas que vous alliez plus loin.

NARCISSE.

Quoi? pour Britannicus votre haine affoiblie
Me défend....

NÉRON.

Oui, Narcisse, on nous réconcilie. 1400

NARCISSE.

Je me garderai bien de vous en détourner,
Seigneur; mais il s'est vu tantôt emprisonner :
Cette offense en son cœur sera longtemps nouvelle.
Il n'est point de secrets que le temps ne révèle :
Il saura que ma main lui devoit présenter 1405
Un poison que votre ordre avoit fait apprêter.

---

1. Locuste fut longtemps comptée, dit Tacite (*Annales*, livre XII, chapitre LXVI), parmi les instruments d'État, « diu inter instrumenta regni habita. » C'était elle qui avait préparé le poison dont mourut Claude. Suétone (*Néron*, chapitre XXXIII) dit que Néron demanda à Locuste le poison qu'il vouloit donner à Britannicus, et que l'essai en fut fait sur un bouc et sur un pourceau. Tacite (*Annales*, livre XIII, chapitre XV) raconte que l'agent choisi par Néron pour l'empoisonnement de Britannicus fut Julius Pollion, tribun d'une cohorte prétorienne, qui tenait sous sa garde Locuste, alors condamnée pour ses crimes.

Les Dieux de ce dessein puissent-ils le distraire!
Mais peut-être il fera ce que vous n'osez faire.
### NÉRON.
On répond de son cœur; et je vaincrai le mien.
### NARCISSE.
Et l'hymen de Junie en est-il le lien?
Seigneur, lui faites-vous encor ce sacrifice?
### NÉRON.
C'est prendre trop de soin. Quoi qu'il en soit, Narcisse,
Je ne le compte plus parmi mes ennemis.
### NARCISSE.
Agrippine, Seigneur, se l'étoit bien promis :
Elle a repris sur vous son souverain empire.
### NÉRON.
Quoi donc? Qu'a-t-elle dit? Et que voulez-vous dire?
### NARCISSE.
Elle s'en est vantée assez publiquement.
### NÉRON.
De quoi?
### NARCISSE.
Qu'elle n'avoit qu'à vous voir un moment:
Qu'à tout ce grand éclat, à ce courroux funeste
On verroit succéder un silence modeste;
Que vous-même à la paix souscririez le premier,
Heureux que sa bonté daignât tout oublier.
### NÉRON.
Mais, Narcisse, dis-moi, que veux-tu que je fasse?
Je n'ai que trop de pente à punir son audace;
Et si je m'en croyois, ce triomphe indiscret
Seroit bientôt suivi d'un éternel regret.
Mais de tout l'univers quel sera le langage?
Sur les pas des tyrans veux-tu que je m'engage,
Et que Rome, effaçant tant de titres d'honneur,
Me laisse pour tous noms celui d'empoisonneur?

Ils mettront ma vengeance au rang des parricides.

NARCISSE.

Et prenez-vous, Seigneur, leurs caprices pour guides?
Avez-vous prétendu qu'ils se tairoient toujours?
Est-ce à vous de prêter l'oreille à leurs discours?
De vos propres desirs perdrez-vous la mémoire? 1435
Et serez-vous le seul que vous n'oserez croire?
Mais, Seigneur, les Romains ne vous sont pas connus.
Non, non, dans leurs discours ils sont plus retenus.
Tant de précaution affoiblit votre règne :
Ils croiront, en effet, mériter qu'on les craigne. 1440
Au joug depuis longtemps ils se sont façonnés :
Ils adorent la main qui les tient enchaînés.
Vous les verrez toujours ardents à vous complaire.
Leur prompte servitude a fatigué Tibère[1].
Moi-même, revêtu d'un pouvoir emprunté, 1445
Que je reçus de Claude avec la liberté,
J'ai cent fois, dans le cours de ma gloire passée,
Tenté leur patience, et ne l'ai point lassée.
D'un empoisonnement vous craignez la noirceur?
Faites périr le frère, abandonnez la sœur : 1450
Rome, sur ses autels prodiguant les victimes[2],
Fussent-ils innocents, leur trouvera des crimes;
Vous verrez mettre au rang des jours infortunés
Ceux où jadis la sœur et le frère sont nés.

NÉRON

Narcisse, encore un coup, je ne puis l'entreprendre.
J'ai promis à Burrhus, il a fallu me rendre.
Je ne veux point encore, en lui manquant de foi,

---

1. Racine fait allusion à ce passage de Tacite : « Memoriæ proditur Tibe-
« rium, quoties curia egrederetur, græcis verbis in hunc modum eloqui solitum,
« O homines ad servitutem paratos! » Scilicet etiam illum qui libertatem
« publicam nollet tam projectæ servientium patientiæ tædebat. » (*Annales*,
livre III, chapitre LXV.)

2. *Var.* Rome, sur les autels prodiguant les victimes. (1670 et 76)

Donner à sa vertu des armes contre moi.
J'oppose à ses raisons un courage inutile :
Je ne l'écoute point avec un cœur tranquille. 1460

NARCISSE.

Burrhus ne pense pas, Seigneur, tout ce qu'il dit :
Son adroite vertu ménage son crédit ;
Ou plutôt ils n'ont tous qu'une même pensée :
Ils verroient par ce coup leur puissance abaissée ;
Vous seriez libre alors, Seigneur ; et devant vous 1465
Ces maîtres orgueilleux fléchiroient comme nous.
Quoi donc? ignorez-vous tout ce qu'ils osent dire?
« Néron, s'ils en sont crus, n'est point né pour l'Empire ;
Il ne dit, il ne fait que ce qu'on lui prescrit :
Burrhus conduit son cœur, Sénèque son esprit. 1470
Pour toute ambition, pour vertu singulière,
Il excelle à conduire un char dans la carrière,
A disputer des prix indignes de ses mains,
A se donner lui-même en spectacle aux Romains,
A venir prodiguer sa voix sur un théâtre, 1475
A réciter des chants qu'il veut qu'on idolâtre,
Tandis que des soldats, de moments en moments,
Vont arracher pour lui les applaudissements. »
Ah! ne voulez-vous pas les forcer à se taire?

NÉRON.

Viens, Narcisse. Allons voir ce que nous devons faire.

FIN DU QUATRIÈME ACTE.

# ACTE V.

## SCÈNE PREMIÈRE.
### BRITANNICUS, JUNIE.

#### BRITANNICUS.
Oui, Madame, Néron, qui l'auroit pu penser?
Dans son appartement m'attend pour m'embrasser.
Il y fait de sa cour inviter la jeunesse;
Il veut que d'un festin la pompe et l'allégresse
Confirment à leurs yeux la foi de nos serments, 1485
Et réchauffent l'ardeur de nos embrassements;
Il éteint cet amour, source de tant de haine;
Il vous fait de mon sort arbitre souveraine.
Pour moi, quoique banni du rang de mes aïeux,
Quoique de leur dépouille il se pare à mes yeux, 1490
Depuis qu'à mon amour cessant d'être contraire
Il semble me céder la gloire de vous plaire,
Mon cœur, je l'avoûrai, lui pardonne en secret,
Et lui laisse le reste avec moins de regret.
Quoi? je ne serai plus séparé de vos charmes? 1495
Quoi? même en ce moment je puis voir sans alarmes
Ces yeux que n'ont émus ni soupirs ni terreur,
Qui m'ont sacrifié l'Empire et l'Empereur[1]?
Ah! Madame. Mais quoi? Quelle nouvelle crainte
Tient parmi mes transports votre joie en contrainte?
D'où vient qu'en m'écoutant, vos yeux, vos tristes yeux

---

1. Louis Racine, dans ses *Notes sur la langue de* Britannicus, dit que, suivant la remarque du P. Bouhours, *sacrifier* en ce sens était alors nouveau.

Avec de longs regards se tournent vers les cieux?
Qu'est-ce que vous craignez?

JUNIE.

Je l'ignore moi-même;
Mais je crains.

BRITANNICUS.

Vous m'aimez?

JUNIE.

Hélas! si je vous aime?

BRITANNICUS.

Néron ne trouble plus notre félicité. 1505

JUNIE.

Mais me répondez-vous de sa sincérité?

BRITANNICUS.

Quoi? vous le soupçonnez d'une haine couverte?

JUNIE.

Néron m'aimoit tantôt, il juroit votre perte;
Il me fuit, il vous cherche: un si grand changement
Peut-il être, Seigneur, l'ouvrage d'un moment? 1510

BRITANNICUS.

Cet ouvrage, Madame, est un coup d'Agrippine:
Elle a cru que ma perte entraînoit sa ruine.
Grâce aux préventions de son esprit jaloux,
Nos plus grands ennemis ont combattu pour nous.
Je m'en fie aux transports qu'elle m'a fait paraître[1]; 1515
Je m'en fie à Burrhus; j'en crois même son maître:
Je crois qu'à mon exemple impuissant à trahir,
Il hait à cœur ouvert, ou cesse de haïr.

JUNIE.

Seigneur, ne jugez pas de son cœur par le vôtre:
Sur des pas différents vous marchez l'un et l'autre. 1520

---

1. Il y a *paraître* (*paraistre*) dans toutes les éditions publiées du vivant de Racine.

Je ne connois Néron et la cour que d'un jour;
Mais, si je l'ose dire, hélas! dans cette cour
Combien tout ce qu'on dit est loin de ce qu'on pense!
Que la bouche et le cœur sont peu d'intelligence!
Avec combien de joie on y trahit sa foi! 1525
Quel séjour étranger et pour vous et pour moi!

BRITANNICUS.

Mais que son amitié soit véritable ou feinte,
Si vous craignez Néron, lui-même est-il sans crainte?
Non, non, il n'ira point, par un lâche attentat,
Soulever contre lui le peuple et le sénat. 1530
Que dis-je? Il reconnoît sa dernière injustice.
Ses remords ont paru, même aux yeux de Narcisse.
Ah! s'il vous avoit dit, ma princesse, à quel point....

JUNIE.

Mais Narcisse, Seigneur, ne vous trahit-il point?

BRITANNICUS.

Et pourquoi voulez-vous que mon cœur s'en défie[1]? 1535

JUNIE.

Et que sais-je? Il y va, Seigneur, de votre vie.
Tout m'est suspect : je crains que tout ne soit séduit;
Je crains Néron; je crains le malheur qui me suit.
D'un noir pressentiment malgré moi prévenue,
Je vous laisse à regret éloigner de ma vue[2]. 1540

1. *Var.* Lui, me trahir? Hé quoi! vous voulez donc, Madame,
Qu'à d'éternels soupçons j'abandonne mon âme?
Seul de tous mes amis Narcisse m'est resté.
L'a-t-on vu de mon père oublier la bonté?
S'est-il rendu, Madame, indigne de la mienne?
Néron de temps en temps souffre qu'il l'entretienne,
Je le sais. Mais il peut, sans violer sa foi,
Tenir lieu d'interprète entre Néron et moi.
[Et pourquoi voulez-vous que mon cœur s'en défie?] (1670)

2. Le gallicisme qui permet la suppression du pronom personnel devant l'infinitif d'un verbe réfléchi, dépendant des verbes *laisser, voir, penser*, et de quelques autres, a déjà été noté par nous aux vers 1410 d'*Andromaque*, 145 des *Plaideurs*, enfin 979 de *Britannicus*.

## ACTE V, SCÈNE I.

Hélas ! si cette paix dont vous vous repaissez
Couvroit contre vos jours quelques piéges dressés ;
Si Néron, irrité de notre intelligence,
Avoit choisi la nuit pour cacher sa vengeance !
S'il préparoit ses coups, tandis que je vous vois ! 1545
Et si je vous parlois pour la dernière fois !
Ah ! Prince.

### BRITANNICUS.

Vous pleurez ! Ah ! ma chère princesse !
Et pour moi jusque-là votre cœur s'intéresse ?
Quoi ? Madame, en un jour où plein de sa grandeur
Néron croit éblouir vos yeux de sa splendeur, 1550
Dans des lieux où chacun me fuit et le révère,
Aux pompes de sa cour préférer ma misère !
Quoi ? dans ce même jour et dans ces mêmes lieux,
Refuser un empire, et pleurer à mes yeux !
Mais, Madame, arrêtez ces précieuses larmes : 1555
Mon retour va bientôt dissiper vos alarmes.
Je me rendrois suspect par un plus long séjour :
Adieu. Je vais, le cœur tout plein de mon amour,
Au milieu des transports d'une aveugle jeunesse,
Ne voir, n'entretenir que ma belle princesse. 1560
Adieu.

### JUNIE.

Prince....

### BRITANNICUS.

On m'attend, Madame, il faut partir.

### JUNIE.

Mais du moins attendez qu'on vous vienne avertir.

## SCÈNE II.

### AGRIPPINE, BRITANNICUS, JUNIE.

#### AGRIPPINE.

Prince, que tardez-vous? Partez en diligence :
Néron impatient se plaint de votre absence.
La joie et le plaisir de tous les conviés    1565
Attend pour éclater que vous vous embrassiez.
Ne faites point languir une si juste envie :
Allez. Et nous, Madame, allons chez Octavie.

#### BRITANNICUS.

Allez, belle Junie, et d'un esprit content
Hâtez-vous d'embrasser ma sœur qui vous attend[1].   1570
Dès que je le pourrai, je reviens sur vos[2] traces,
Madame; et de vos soins j'irai vous rendre grâces.


## SCENE III.

### AGRIPPINE, JUNIE.

#### AGRIPPINE.

Madame, ou je me trompe, ou durant vos adieux
Quelques pleurs répandus ont obscurci vos yeux.
Puis-je savoir quel trouble a formé ce nuage?   1575
Doutez-vous d'une paix dont je fais mon ouvrage?

#### JUNIE.

Après tous les ennuis que ce jour m'a coûtés,

---

1. Luneau de Boisjermain a fait remarquer la ressemblance de ces deux vers avec les deux derniers de l'*Héraclius* de Corneille :

> Allons lui rendre hommage, et d'un esprit content
> Montrer Héraclius au peuple qui l'attend.

2. Dans l'édition de 1670 il y a, par erreur sans doute : *ses*, au lieu de *vos*.

Ai-je pu rassurer mes esprits agités?
Hélas! à peine encor je conçois ce miracle.
Quand même à vos bontés je craindrois quelque obstacle,
Le changement, Madame, est commun à la cour;
Et toujours quelque crainte accompagne l'amour.

AGRIPPINE.

Il suffit, j'ai parlé, tout a changé de face :
Mes soins à vos soupçons ne laissent point de place.
Je réponds d'une paix jurée entre mes mains : 1585
Néron m'en a donné des gages trop certains.
Ah! si vous aviez vu par combien de caresses
Il m'a renouvelé la foi de ses promesses!
Par quels embrassements il vient de m'arrêter!
Ses bras, dans nos adieux, ne pouvoient me quitter;
Sa facile bonté, sur son front répandue,
Jusqu'aux moindres secrets est d'abord descendue.
Il s'épanchoit en fils, qui vient en liberté
Dans le sein de sa mère oublier sa fierté.
Mais bientôt, reprenant un visage sévère, 1595
Tel que d'un empereur qui consulte sa mère,
Sa confidence auguste a mis entre mes mains
Des secrets d'où dépend le destin des humains[1].
Non, il le faut ici confesser à sa gloire,
Son cœur n'enferme point une malice noire; 1600
Et nos seuls ennemis, altérant sa bonté,
Abusoient contre nous de sa facilité.
Mais enfin, à son tour, leur puissance décline;
Rome encore une fois va connoître Agrippine :
Déjà de ma faveur on adore le bruit. 1605

1. Tacite a fourni les principaux traits de cette entrevue avec Néron que raconte Agrippine. Chez l'historien, la scène se passe à un autre moment, lorsque Néron fait venir à Baïes sa mère, dont il a déjà préparé la mort : « Pluribus sermonibus, modo familiarite juvenili Nero, et rursus adductus, « quasi seria consociaret, tracto in longum convictu, prosequitur abeuntem, « artius oculis et pectori hærens. » (*Annales*, livre XIV, chapitre IV.)

Cependant en ces lieux n'attendons pas la nuit.
Passons chez Octavie, et donnons-lui le reste
D'un jour autant heureux que je l'ai cru funeste.
Mais qu'est-ce que j'entends ? Quel tumulte confus ?
Que peut-on faire ?

JUNIE.

O ciel, sauvez Britannicus !  1610

## SCENE IV.

### AGRIPPINE, JUNIE, BURRHUS.

AGRIPPINE.

Burrhus, où courez-vous ? Arrêtez. Que veut dire....

BURRHUS.

Madame, c'en est fait, Britannicus expire.

JUNIE.

Ah, mon prince !

AGRIPPINE.

Il expire ?

BURRHUS.

Ou plutôt il est mort,
Madame.

JUNIE.

Pardonnez, Madame, à ce transport.
Je vais le secourir, si je puis, ou le suivre.  1615

## SCÈNE V.

### AGRIPPINE, BURRHUS.

AGRIPPINE.

Quel attentat, Burrhus !

## ACTE V, SCÈNE V.

BURRHUS.
                    Je n'y pourrai survivre,
Madame : il faut quitter la cour et l'Empereur.

AGRIPPINE.
Quoi? du sang de son frère il n'a point eu d'horreur?

BURRHUS.
Ce dessein s'est conduit avec plus de mystère.
A peine l'Empereur a vu venir son frère,                                1620
Il se lève, il l'embrasse, on se tait, et soudain
César prend le premier une coupe à la main :
« Pour achever ce jour sous de meilleurs auspices,
Ma main de cette coupe épanche les prémices,
Dit-il; Dieux, que j'appelle à cette effusion,                          1625
Venez favoriser notre réunion. »
Par les mêmes serments Britannicus se lie;
La coupe dans ses mains par Narcisse est remplie;
Mais ses lèvres à peine en ont touché les bords,
Le fer ne produit point de si puissants efforts[1],                     1630
Madame : la lumière à ses yeux est ravie;
Il tombe sur son lit sans chaleur et sans vie.
Jugez combien ce coup frappe tous les esprits :
La moitié s'épouvante et sort avec des cris;
Mais ceux qui de la cour ont un plus long usage                         1635
Sur les yeux de César composent leur visage[2].
Cependant sur son lit il demeure penché ;
D'aucun étonnement il ne paroît touché :
« Ce mal dont vous craignez, dit-il, la violence,
A souvent sans péril attaqué son enfance[3]. »                          1640

---

1. « Tam præcipitem necem quam si ferro urgeretur. » (Tacite, *Annales*, livre XIII, chapitre xv.)

2. « Trepidatur a circumsedentibus : diffugiunt imprudentes; at quibus al-« tior intellectus, resistunt defixi, et Neronem intuentes. » (*Ibidem*, livre XIII, chapitre xvi.)

3. « Ille, ut erat reclinis, et nescio similis, solitum ita ait per comitialem

Narcisse veut en vain affecter quelque ennui,
Et sa perfide joie éclate malgré lui.
Pour moi, dût l'Empereur punir ma hardiesse,
D'une odieuse cour j'ai traversé la presse ;
Et j'allois, accablé de cet assassinat, 1645
Pleurer Britannicus, César et tout l'État.

AGRIPPINE.

Le voici. Vous verrez si c'est moi qui l'inspire[1].

« morbum, quo primum ab infantia adflictaretur Britannicus, et redituros pau-
« latim visus sensusque. » (Tacite, *Annales*, livre XIII, chapitre XVI.)

1. *Var.* Le voici. Vous verrez si je suis sa complice.
Demeurez. (1670)
— Là commençait, dans la même édition de 1670, une scène (la sixième) que Racine supprima depuis. La voici, avec le commencement de la scène suivante :

### SCÈNE VI.

NÉRON, AGRIPPINE, JUNIE, BURRHUS.

NÉRON, *à Junie*. De vos pleurs j'approuve la justice.
Mais, Madame, évitez ce spectacle odieux ;
Moi-même en frémissant j'en détourne les yeux.
Il est mort. Tôt ou tard il faut qu'on vous l'avoue.
Ainsi de nos desseins la fortune se joue.
Quand nous nous rapprochons, le ciel nous désunit.
JUN. J'aimois Britannicus, Seigneur : je vous l'ai dit.
Si de quelque pitié ma misère est suivie,
Qu'on me laisse chercher dans le sein d'Octavie
Un entretien conforme à l'état où je suis.
NÉR. Belle Junie, allez ; moi-même je vous suis.
Je vais, par tous les soins que la tendresse inspire,
Vous....

### SCÈNE VII.

AGRIPPINE, NÉRON, BURRHUS, NARCISSE.

AGRIPP. Arrêtez, Néron : j'ai deux mots à vous dire.

## SCÈNE VI.

### AGRIPPINE, NÉRON, BURRHUS, NARCISSE.

NÉRON, voyant Agrippine.

Dieux!

AGRIPPINE.

Arrêtez, Néron : j'ai deux mots à vous dire.
Britannicus est mort, je reconnois les coups;
Je connois l'assassin.

NÉRON.

Et qui, Madame?

AGRIPPINE.

Vous.   1650

NÉRON.

Moi! Voilà les soupçons dont vous êtes capable.
Il n'est point de malheurs dont je ne sois coupable;
Et si l'on veut, Madame, écouter vos discours,
Ma main de Claude même aura tranché les jours.
Son fils vous étoit cher : sa mort peut vous confondre;
Mais des coups du destin je ne puis pas répondre.

AGRIPPINE.

Non, non, Britannicus est mort empoisonné :
Narcisse a fait le coup, vous l'avez ordonné.

NÉRON.

Madame, mais qui peut vous tenir ce langage?

NARCISSE.

Hé! Seigneur, ce soupçon vous fait-il tant d'outrage?
Britannicus, Madame, eut des desseins secrets
Qui vous auroient coûté de plus justes regrets.
Il aspiroit plus loin qu'à l'hymen de Junie :
De vos propres bontés il vous auroit punie.
Il vous trompoit vous-même; et son cœur offensé[1]   1665

---

1. *Var.* Madame, il vous trompoit, et son cœur offensé. (1670 et 76)

Prétendoit tôt ou tard rappeler le passé.
Soit donc que malgré vous le sort vous ait servie,
Soit qu'instruit des complots qui menaçoient sa vie,
Sur ma fidélité César s'en soit remis,
Laissez les pleurs, Madame, à vos seuls ennemis.    1670
Qu'ils mettent ce malheur au rang des plus sinistres,
Mais vous....

### AGRIPPINE.

Poursuis, Néron, avec de tels ministres[1].
Par des faits glorieux tu te vas signaler.
Poursuis. Tu n'as pas fait ce pas pour reculer.
Ta main a commencé par le sang de ton frère;    1675
Je prévois que tes coups viendront jusqu'à ta mère[2].
Dans le fond de ton cœur je sais que tu me hais[3];
Tu voudras t'affranchir du joug de mes bienfaits.
Mais je veux que ma mort te soit même inutile.
Ne crois pas qu'en mourant je te laisse tranquille.    1680
Rome, ce ciel, ce jour que tu reçus de moi,
Partout, à tout moment, m'offriront devant toi[4].

---

1. Ces vers sont ainsi ponctués dans plusieurs éditions récentes, dans celles, entre autres, de 1807, de 1808 et de M. Aimé-Martin :

. . Poursuis, Néron : avec de tels ministres,
Par des faits glorieux, etc.

Nous avons suivi la ponctuation des éditions imprimées du vivant de Racine. Quelques éditions du commencement du dix-huitième siècle, par exemple celle de 1713, mettent *avec de tels ministres* entre deux virgules, et laissent le sens indécis. — L'édition de 1807 remplace en outre : « tu te vas signaler, » par : « tu vas te signaler. »

2. « Parricidii exemplum intelligebat (*Agrippina*). » (Tacite, *Annales*, livre XIII, chapitre XVI.)

3. *Var.* Tu te fatigueras d'entendre tes forfaits. (1670 et 76)

4.   *Et quum frigida mors anima seduxerit artus,*
     *Omnibus umbra locis adero : dabis, improbe, pœnas.*
                    (*Énéide*, livre IV, vers 385 et 386.)

Racine a surtout pensé aux visions vengeresses qui, d'après le récit de Tacite, assiégèrent ce fils parricide : « Obversabatur.... maris illius et littorum gravis « adspectus; et erant qui crederent sonitum tubæ collibus circum editis, planc- « tusque tumulo matris audiri. » (*Annales*, livre XIV, chapitre X.)

Tes remords te suivront comme autant de furies;
Tu croiras les calmer par d'autres barbaries;
Ta fureur, s'irritant soi-même dans son cours, 1685
D'un sang toujours nouveau marquera tous tes jours.
Mais j'espère qu'enfin le ciel, las de tes crimes,
Ajoutera ta perte à tant d'autres victimes;
Qu'après t'être couvert de leur sang et du mien,
Tu te verras forcé de répandre le tien; 1690
Et ton nom paroîtra, dans la race future,
Aux plus cruels tyrans une cruelle injure.
    Voilà ce que mon cœur se présage de toi.
Adieu : tu peux sortir.

### NÉRON.
Narcisse, suivez-moi.

## SCÈNE VII[1].

### AGRIPPINE, BURRHUS.

#### AGRIPPINE.
Ah ciel ! de mes soupçons quelle étoit l'injustice ! 1695
Je condamnois Burrhus, pour écouter Narcisse.
Burrhus, avez-vous vu quels regards furieux
Néron en me quittant m'a laissés pour adieux ?
C'en est fait : le cruel n'a plus rien qui l'arrête;
Le coup qu'on m'a prédit va tomber sur ma tête. 1700
Il vous accablera vous-même à votre tour.

#### BURRHUS.
Ah ! Madame, pour moi j'ai vécu trop d'un jour.
Plût au ciel que sa main, heureusement cruelle,
Eût fait sur moi l'essai de sa fureur nouvelle !

---

1. Cette scène est la scène VIII dans l'édition de 1670. Voyez ci-dessus, p. 334, note 1.

Qu'il ne m'eût pas donné, par ce triste attentat, 1705
Un gage trop certain des malheurs de l'État !
Son crime seul n'est pas ce qui me désespère ;
Sa jalousie a pu l'armer contre son frère ;
Mais s'il vous faut, Madame, expliquer ma douleur,
Néron l'a vu mourir sans changer de couleur. 1710
Ses yeux indifférents ont déjà la constance
D'un tyran dans le crime endurci dès l'enfance.
Qu'il achève, Madame, et qu'il fasse périr
Un ministre importun, qui ne le peut souffrir.
Hélas! loin de vouloir éviter sa colère, 1715
La plus soudaine mort me sera la plus chère.

## SCÈNE VIII.

### AGRIPPINE, BURRHUS, ALBINE.

#### ALBINE.

Ah! Madame; ah! Seigneur, courez vers l'Empereur:
Venez sauver César de sa propre fureur.
Il se voit pour jamais séparé de Junie.

#### AGRIPPINE.

Quoi? Junie elle-même a terminé sa vie ? 1720

#### ALBINE.

Pour accabler César d'un éternel ennui,
Madame, sans mourir, elle est morte pour lui.
Vous savez de ces lieux comme elle s'est ravie :
Elle a feint de passer chez la triste Octavie;
Mais bientôt elle a pris des chemins écartés, 1725
Où mes yeux ont suivi ses pas précipités.
Des portes du palais elle sort éperdue.
D'abord elle a d'Auguste aperçu la statue ;
Et mouillant de ses pleurs le marbre de ses pieds,
Que de ses bras pressants elle tenoit liés : 1730

« Prince, par ces genoux, dit-elle, que j'embrasse,
Protége en ce moment le reste de ta race.
Rome dans ton palais vient de voir immoler
Le seul de tes neveux qui te pût ressembler.
On veut après sa mort que je lui sois parjure ; 1735
Mais pour lui conserver une foi toujours pure,
Prince, je me dévoue à ces dieux immortels
Dont ta vertu t'a fait partager les autels. »
Le peuple cependant, que ce spectacle étonne,
Vole de toutes parts, se presse, l'environne, 1740
S'attendrit à ses pleurs ; et plaignant son ennui,
D'une commune voix la prend sous son appui.
Ils la mènent au temple, où depuis tant d'années
Au culte des autels nos vierges destinées
Gardent fidèlement le dépôt précieux 1745
Du feu toujours ardent qui brûle pour nos dieux.
César les voit partir sans oser les distraire.
Narcisse, plus hardi, s'empresse pour lui plaire.
Il vole vers Junie ; et sans s'épouvanter,
D'une profane main commence à l'arrêter. 1750
De mille coups mortels son audace est punie ;
Son infidèle sang rejaillit sur Junie.
César, de tant d'objets en même temps frappé,
Le laisse entre les mains qui l'ont enveloppé.
Il rentre. Chacun fuit son silence farouche ; 1755
Le seul nom de Junie échappe de sa bouche.
Il marche sans dessein ; ses yeux mal assurés
N'osent lever au ciel leurs regards égarés ;
Et l'on craint, si la nuit jointe à la solitude
Vient de son désespoir aigrir l'inquiétude, 1760
Si vous l'abandonnez plus longtemps sans secours,
Que sa douleur bientôt n'attente sur ses jours.
Le temps presse : courez. Il ne faut qu'un caprice,
Il se perdroit, Madame.

AGRIPPINE.

Il se feroit justice.
Mais, Burrhus, allons voir jusqu'où vont ses transports.
Voyons quel changement produiront ses remords,
S'il voudra désormais suivre d'autres maximes.

BURRHUS.

Plût aux Dieux que ce fût le dernier de ses crimes!

FIN DU CINQUIÈME ET DERNIER ACTE.

# BÉRÉNICE

TRAGÉDIE

1670

# NOTICE.

Il n'y a rien de plus connu que l'historique de la tragédie de *Bérénice*, et les circonstances dans lesquelles Racine, pour complaire à la duchesse d'Orléans, engagea ce *duel* avec le grand Corneille. L'abbé du Bos en a parlé dans ses *Réflexions critiques*[1], Fontenelle dans sa *Vie de Corneille*, Louis Racine dans ses *Mémoires* et dans l'*Examen* de *Bérénice*; Voltaire, avec plus de détails, au chapitre xxv du *Siècle de Louis XIV*, et dans la préface de son commentaire des deux tragédies rivales[2]. Il peut rester quelque doute sur le sens allégorique qu'on voulait donner à la séparation douloureuse de Titus et de Bérénice; mais ce qui n'en admet aucun, d'après les divers témoignages que nous venons de rappeler dans leur ordre chronologique, c'est que le sujet fut choisi par l'aimable princesse à qui Racine avait dédié son *Andromaque*, et attribué quelque « soin de la conduite » de cette tragédie. On pourrait cependant s'étonner de voir les deux poëtes, dont les pièces furent jouées quelques mois après la mort de celle qui les leur avait demandées, garder un silence si discret sur l'ordre qu'ils avaient reçu. Corneille en tête de son *Tite* n'a pas d'avis *Au lecteur*. Racine, dans la préface de *Bérénice*, ne nomme pas Henriette d'Angleterre. A l'entendre, il semblerait que de lui-même il s'était senti porté vers ce sujet, dont le pathétique et la simplicité l'avaient séduit; et, comme pour nous dérouter davantage, l'épître dédicatoire est adressée à Colbert, dont la

1. 1re partie, section xvi.
2. Voyez la *Notice* de *Tite et Bérénice* dans le *Corneille* de M. Marty-Laveaux, tome VII, p. 185 et 186.

figure sévère, et presque étrange en cet endroit, se trouve ainsi avoir pris, en tête de la tendre tragédie, la place de la douce et gracieuse image qu'on y cherche vainement. Serait-ce qu'il y avait dans la fantaisie de la princesse un mystère qu'on respectait, malgré la transparence du voile dont il était couvert, mystère que la mort rendait encore plus inviolable? Henriette d'Angleterre n'avait-elle pas eu réellement dans le choix de cette tragédie *l'intérêt secret* dont parle Voltaire? Si cela est, il faut avouer que celle qui était avide de voir retracer sur la scène, pour l'y montrer, il est vrai, dans sa défaite, une passion dont il eût fallu écarter tout souvenir, était demeurée dans une malheureuse disposition d'âme. Voltaire dit qu'elle cherchait ces souvenirs « pour son amusement. » Le mot semble léger.

Reconnaissons d'ailleurs que, sauf la donnée très-générale d'un amour combattu et vaincu par le devoir, il y a peu de rapports entre l'histoire de Titus et de Bérénice et l'inclination qu'avaient pu sentir l'un pour l'autre le beau-frère et la belle-sœur. Il fallait qu'Henriette d'Angleterre se contentât d'allusions fort éloignées, dans lesquelles ce qui pouvait le plus toucher un cœur trop mal guéri de sa passion était apparemment le portrait du grand Roi, indiqué d'une manière très-claire aux poëtes par le sujet lui-même. La ressemblance est beaucoup plus frappante avec le triomphe que Louis XIV avait remporté sur un plus naturel entraînement de jeunesse, en se séparant de Marie Mancini. Deux vers de la tragédie de Racine qui reproduisent les paroles mêmes de la nièce de Mazarin achèvent cette ressemblance, dont on croit saisir encore quelques autres traits, par exemple dans ce passage où Titus, parlant de la gloire, dit :

> . . . Cette ardeur que j'ai pour ses appas,
> Bérénice en mon sein l'a jadis allumée....
> Tout ce que je lui dois va retomber sur elle[1].

La glorieuse influence attribuée ici à Bérénice ne remet-elle pas en mémoire ce que l'histoire raconte des conseils donnés par Marie Mancini au jeune Louis XIV? C'est de ce côté seulement que sont les allusions bien marquées. Nous serions disposé à

---

[1]. Acte II, scène II.

croire que Racine, courtisan si fin, ne les aurait pas hasardées, s'il n'eût point cru que la princesse les approuvait. Plus que Corneille, dont il semblerait qu'elle pouvait prévoir, qu'elle souhaitait peut-être la défaite dans la lutte poétique provoquée par elle, Racine dut avoir la confidence de sa pensée, et comme son mot d'ordre. Henriette d'Angleterre avait été très-liée avec Marie Mancini par une amitié d'enfance; et lorsqu'après la mort de Mazarin Louis XIV revit souvent chez une autre nièce du ministre, chez Olympe Mancini, celle qui avait été l'objet de sa première passion et qu'il avait voulu épouser, Henriette assista plus d'une fois à ces soirées de l'hôtel de Soissons, si pleines de tendres souvenirs [1]. Il est vraisemblable qu'elle-même proposa ces souvenirs à notre poëte. Mais, si l'on adopte en même temps la supposition de Voltaire, quel charme pouvait-elle trouver à les mêler à ceux qui l'intéressaient plus directement? Nous ne chercherons pas à nous en rendre compte : l'étude des sentiments compliqués d'un cœur de femme ne peut être ici notre objet.

Corneille ne manqua pas de remplir à sa manière une des conditions du sujet, tel que la duchesse d'Orléans l'avait certainement entendu. On peut citer un passage de sa tragédie, où, comme il est dit dans la réponse à la *Critique* de l'abbé de Villars, « il a voulu copier son Tite sur notre invincible monarque; » mais il ne fut pas averti, comme Racine, ou n'eut pas l'idée, comme lui, de mettre ouvertement sur la scène le roman des amours du grand Roi. Cette fois Racine laissa reconnaître bien autrement encore que dans l'*Alexandre* le modèle qu'il avait eu sous les yeux ; et il eut « le bonheur, dit-il dans son épître à Colbert, de ne pas déplaire à Sa Majesté. » Louis XIV ne trouvait pas mauvais qu'on étalât en public les faiblesses, nous allions dire très-improprement les secrets, de son cœur. Pour l'avoir fait avec une étrange hardiesse, Benserade n'en était que plus en faveur. Il était loin d'avoir déplu par ses allusions aux amours du Roi et de la Vallière, avant même qu'ils fussent déclarés. Racine, ce qui était plus noble, n'eut du moins à peindre qu'un triomphe remporté sur la passion.

---

[1]. *Les Nièces de Mazarin*, par Amédée Renée (1 vol. in-8º, Paris, 1856), p. 281.

Tel était l'état de l'esprit public en tout ce qui touchait au Roi, qu'il était permis de croire alors que le souvenir d'une anecdote de cour n'était pas au-dessous de la dignité de la tragédie. La chaire elle-même, la chaire de Bossuet, n'a-t-elle pas, treize ans après *Bérénice*, retenti de ce même souvenir? « Cessez, dit le grand orateur dans l'*Oraison funèbre de Marie-Thérèse*, cessez, princes et potentats, de troubler par vos prétentions le projet de ce mariage. Que l'amour, qui semble aussi le vouloir troubler, cède lui-même. L'amour peut bien remuer le cœur des héros du monde; il peut bien y soulever des tempêtes, et y exciter des mouvements qui fassent trembler les politiques, et qui donnent des espérances aux insensés; mais il y a des âmes d'un ordre supérieur à ses lois, à qui il ne peut inspirer des sentiments indignes de leur rang. » Voilà tout le sujet de *Bérénice* déroulé devant un auditoire chrétien, sous les voûtes de Saint-Denis. Si Marie Mancini perdit un trône, et, après de si hautes espérances, dut se contenter de devenir la connétable Colonne, elle eut la consolation de voir ses douleurs immortalisées par l'éloquence et par la poésie.

*Bérénice* fut jouée sur le théâtre de l'Hôtel de Bourgogne le vendredi 21 novembre 1670, huit jours avant *Tite et Bérénice* de Corneille, que la troupe de Molière représenta le 28 novembre. Racine prenait ainsi l'avance sur son illustre concurrent. Un plus sérieux avantage lui était assuré par le talent de ses acteurs, très-supérieurs à ceux du Palais-Royal, comme, quelques années plus tard, Corneille s'en plaignait encore. Mais ce ne fut pas là ce qui rendit surtout les armes inégales : cette pièce commandée était, on l'a très-bien dit [1], « dans le goût secret et selon la pente naturelle de Racine; » Corneille, pour obéir, avait forcé son talent.

La date que nous venons de donner pour la première représentation de la tragédie de Racine n'est pas seulement celle que l'on trouve dans l'*Histoire du Théâtre françois;* elle est bien établie dans la réponse qui fut faite à la *Critique* de l'abbé de Villars, qui avait par distraction daté du 17 novembre cette critique sous forme de lettre.

---

[1]. *Portraits littéraires*, par M. Sainte-Beuve (édition de 1852), tome I, p. 182.

Le personnage de Bérénice avait été confié par le poëte à la Champmeslé ; il semblait fait pour cette voix charmante dont la Fontaine a dit qu'elle allait droit au cœur. Floridor représenta Titus ; Champmeslé, Antiochus. Telle est la distribution des trois premiers rôles donnée par le *Mercure* du mois d'août 1724. Elle n'est pas douteuse. M. Aimé-Martin attribue à Brécourt le rôle d'Antiochus ; mais la *Critique* de Villars dément cette pure supposition : « Le roi de Comagène, y est-il dit, n'est introduit que pour faire perdre du temps, et pour donner un rôle ennuyeux et vide au mari de la Champmeslé. »

Le succès de *Bérénice* fut grand. Tandis que la pièce de Corneille se traînait péniblement jusqu'à la vingt-unième représentation, avec de très-médiocres recettes pour les dernières[1], Racine put constater dans sa *Préface* que la trentième représentation de sa tragédie avait été aussi suivie que la première, et surtout qu'on avait en vain attaqué une pièce « honorée de tant de larmes. » Il ne s'en montra pas moins dans cette même préface très-irrité des injustes critiques auxquelles il était en butte. Il y prit à partie avec un peu trop d'emportement celle qui fut la première en date, et que nous avons déjà eu l'occasion de mentionner, la lettre sur *Bérénice* de l'abbé Montfaucon de Villars[2]. Ce *libelle*, pour nous servir de l'expression de Racine lui-même, méritait peu cet honneur, et celui que lui a fait Mme de Sévigné de le trouver « fort plaisant et fort spirituel, » malgré « cinq ou six petits mots qui ne valent rien

---

1. Voyez la *Notice* de *Tite et Bérénice*, OEuvres de Corneille, tome VII, p. 195.

2. Elle est insérée dans le *Recueil* de Granet, tome II, p. 188-207. Mais l'édition de cette critique que nous citons dans nos notes sur *Bérénice* est l'édition originale, publiée au commencement de 1671 sous ce titre : « La Critique de Berenice, à Paris, chez Louis Bilaine, Michel le Petit et Estienne Michault, M.DC.LXXI. » C'est un petit in-12 de 41 pages, sans nom d'auteur. Il n'y a pas d'Achevé d'imprimer ; mais le *Privilege du Roy* est en date du dernier jour de décembre 1670. La seconde lettre de Villars, qui est la critique de la tragédie de Corneille, et qui parut une semaine après, a 40 pages. La préface de Racine semble avoir été écrite entre la publication de la première lettre et celle de la seconde. L'édition originale de *Béré-*

du tout[1]. » L'ironie est loin d'y être fine, et l'on n'y trouve guère que des chicanes de pédant. Pour y donner même une demi-approbation, comme Mme de Sévigné s'y est laissé entraîner, il fallait être bien préoccupé des intérêts de Corneille, qui étaient alors en péril. Encore faut-il dire que Villars fit payer assez cher aux admirateurs de Corneille le plaisir que leur avaient causé toutes ses jolies épigrammes contre Racine; car, dans sa seconde lettre, il maltraita encore plus *Tite et Bérénice* qu'il n'avait fait la tragédie rivale. Le seul endroit de sa première lettre où il ait peut-être attaqué dangereusement, quoique avec exagération, le côté faible de la pièce de Racine, est le suivant : « L'auteur a trouvé à propos, pour s'éloigner du genre d'écrire de Corneille, de faire une pièce de théâtre qui, depuis le commencement jusqu'à la fin, n'est qu'un tissu galant de madrigaux et d'élégies, et cela pour la commodité des dames, de la jeunesse de la cour, et des faiseurs de recueils de pièces galantes. » Mais si *Bérénice* est plutôt, comme on l'a tant répété, une élégie qu'une tragédie, quelle incomparable élégie!

Racine trouva, pour prendre en main sa cause contre l'abbé de Villars, un défenseur, qui malheureusement ne paraît pas avoir été un plus grand critique que son adversaire. L'abbé Granet a placé la réponse de cet apologiste dans son *Recueil de dissertations*[2], à la suite des deux lettres de Villars. Il l'at-

---

*nice*, où cette préface fut donnée pour la première fois, a un Achevé d'imprimer daté du 24 janvier 1671. Cette édition a pour titre :

BERENICE,
TRAGEDIE.
Par M. Racine.
A Paris,
chez Claude Barbin....
M.DC.LXXI.
Avec privilege du Roy.

La pièce a 88 pages; il y a en outre 10 feuillets pour le titre, l'épître dédicatoire, la préface, l'extrait du privilége et la liste des acteurs.

1. *Lettre à Mme de Grignan*, 16 septembre 1671, tome II, p. 361.
2. Tome II, p. 223-254.

tribue à Subligny, ce qu'ont fait après lui les frères Parfait dans l'*Histoire du Théâtre françois*, et Louis Racine dans ses *Mémoires*. Il est probable que ceux-ci ont copié Granet, et que nous n'avons affaire qu'à une seule autorité. Ceux à qui elle a imposé ont eu besoin de quelque subtilité pour nous expliquer par quel caprice l'auteur de *la Folle querelle*, ce même Subligny dont ils reconnaissent aussi l'œuvre dans une absurde dissertation sur les deux *Phèdres*, où l'on cherche à tenir la balance égale entre Racine et Pradon, s'était un beau jour, entre ces deux diatribes, montré admirateur assez passionné de notre poëte, pour le défendre à outrance sur tous les points, et déclarer cette fois que son poëme « est parfait. » Pas un mot d'ailleurs, dans la réponse à Villars, de ces remarques sur le style que Subligny semble avoir aimées particulièrement. D'un autre côté, nous trouvons qu'un homme qui recherchait beaucoup l'amitié de Racine et de Boileau, l'abbé de Saint-Ussans, avait fait une réponse à la *Critique de Bérénice*. Il nous l'apprend lui-même dans des vers qu'il adressait à Manicamp, et qui ont pour titre : *A M. de Manicamp, en lui envoyant la réponse à la Critique de la* Bérénice *de M. Racine :*

> Si Madame la Renommée,
> Qui n'est que vent et que fumée,
> N'a porté jusqu'à Manicamp
> Mon ouvrage en lettre imprimée,
> Du moins il vous sera porté
> Par un messager bien monté,
> Dans une valise fermée,
> Bien et dûment empaqueté[1].

On a pu sans doute faire de plusieurs côtés des réponses à l'abbé de Villars ; toutefois il est difficile de croire que celle de l'abbé de Saint-Ussans, qui fut, comme on le voit, imprimée, ne soit pas la même qu'on a, contre toute vraisemblance, donnée à Subligny.

Nous nous contentons d'avoir donné quelque idée de la lettre de Villars et de la réponse : il serait inutile de les analyser et

---

1. Billets en vers de M. de Saint-Ussans (1 vol. in-12, Paris, chez Jean Guignard, M.DC.LXXXVIII), p. 5.

de les discuter. Leur date seule leur donne un certain intérêt historique. La critique, qui s'était mise à l'œuvre avant l'impression même de la tragédie, a souvent depuis renouvelé ses attaques. Saint-Évremond a dit son mot en passant, dans son opuscule *sur les Caractères des tragédies*, réclamant surtout, suivant son habitude, au nom de la vérité historique, qui ne peut cependant avoir ici les mêmes droits que dans *Britannicus*; car dans une anecdote romanesque il doit être permis de se mettre un peu plus à l'aise avec l'histoire : « Dans le *Titus* de Racine, dit-il, vous voyez du désespoir où il ne faudroit qu'à peine de la douleur. L'histoire nous apprend que Titus, plein d'égards et de circonspection, renvoya Bérénice en Judée pour ne pas donner le moindre scandale au peuple romain ; et le poëte en fait un désespéré qui veut se tuer lui-même plutôt que de consentir à cette séparation[1]. » Plus tard l'abbé du Bos éleva des objections à peu près semblables, mais avec cette différence, qu'il ne les fondait pas seulement sur l'histoire, mais en même temps sur les lois de la vraisemblance et du pathétique. Ce qu'elles offrent de plus intéressant, c'est que, pour les appuyer, il cite Boileau parmi les censeurs de la pièce, et affirme le premier (Louis Racine dans ses *Mémoires* l'a simplement peut-être répété de confiance) que le sévère Aristarque déplorait cette heureuse faute commise à la dérobée, loin de sa surveillance. C'est surtout dans un chapitre de ses *Réflexions critiques*, intitulé : « De quelques tragédies dont le sujet est mal choisi, » que du Bos a très-sévèrement jugé *Bérénice*. Il y parle ainsi : « Un prince de quarante ans qu'on nous représente au désespoir et dans la disposition d'attenter sur soi-même, parce que sa gloire et ses intérêts l'obligent à se séparer d'une femme dont il est amoureux et aimé depuis douze ans, ne nous rend guère compatissant à son malheur. Nous ne saurions le plaindre durant cinq actes.... L'usage de ce qui se passe dans le monde et l'expérience de nos amis, au défaut de la nôtre, nous apprennent qu'une passion contente s'use tellement en douze années, qu'elle devient une simple habitude.... C'est faire tort à la réputation que cet empereur a laissée, c'est aller contre

---

1. *OEuvres de Saint-Évremond* (édition de des Maizeaux, M.DCC.LIII), tome III, p. 317 et 318.

les lois de la vraisemblance et du pathétique véritable que de lui donner un caractère si mou et si efféminé.... Aussi, quoique *Bérénice* soit une pièce très-méthodique et parfaitement écrite, le public ne la revoit pas avec le même goût que *Phèdre* et qu'*Andromaque*. M. Racine avoit mal choisi son sujet, et, pour dire plus exactement la vérité, il avoit eu la foiblesse de s'engager à le traiter sur les instances d'une grande princesse. Quand il se chargea de cette tâche, l'ami dont les conseils lui furent tant de fois utiles étoit absent. Despréaux a dit plusieurs fois qu'il eût bien empêché son ami de se consumer sur un sujet aussi peu propre à la tragédie que *Bérénice*, s'il avoit été à portée de le dissuader de promettre qu'il le traiteroit[1]. » On est étonné d'entendre un homme qui a fait cependant sur les beaux-arts tant de justes et fines réflexions, trouver à peu près uniquement à louer comme *très-méthodique* une œuvre dont le commun des hommes songe un peu moins à admirer la méthode que le charme touchant. *Bérénice* portait malheur aux critiques : dans les dissertations qu'elle leur suggérait, ils n'avaient pas la plume légère. L'abbé du Bos aurait dû reconnaître son incompétence en ces matières où il avait besoin d'invoquer l'expérience de ses amis. Ce sont toujours les plus graves qui, lorsqu'ils abordent ces sujets interdits à leur austérité, rencontrent des pensées et des expressions que ne se permettraient guère les mondains. Avant de parler, sur la foi des experts, d'*une passion contente depuis douze années*, l'abbé du Bos eût bien fait de remarquer que Racine n'a rien donné à supposer de semblable. Dans d'autres chapitres de son livre, du Bos est revenu sur cette tragédie, qu'il mettait une sorte d'acharnement à censurer. Nous citerons, dans les notes de la pièce, quelques-unes de ses observations de détail.

Une reprise de *Bérénice* en 1724 fut pour le *Mercure* une occasion d'en recommencer la critique. Dans un premier article, qui est du mois d'août, ce journal se contenta de copier quelques passages de l'abbé du Bos; puis, dans les numéros d'octobre et de novembre, il inséra sur le même sujet une *Lettre d'un auteur anonyme*. Elle était de l'abbé Pellegrin. Cet abbé se

---

1. *Réflexions critiques sur la poésie et sur la peinture*, 1re partie, section XVI.

piquait de connaître le théâtre ; on a souvent cité le joli vers où l'on a dit qu'il en soupait. Ce qu'il se proposait, avant tout, dans sa critique de *Bérénice*, c'était d'en examiner sévèrement la diction, tâche dont il s'acquitta avec peu de bonheur dans la seconde partie de sa lettre. Ses remarques sur la versification de cette tragédie ne sont pour la plupart que les pauvres chicanes d'une fausse et étroite grammaire, comme on aimait trop à en faire au siècle dernier, et qui, s'attaquant aux plus heureuses hardiesses, tendaient à détruire toute poésie. Avant d'entrer dans cet examen minutieux, l'abbé Pellegrin avait essayé quelques observations plus générales, une critique du sujet de la pièce. Sa grande objection est que ce sujet, dont Racine disait avoir aimé la simplicité, était réellement moins simple que stérile ; qu'il s'y trouvait tout au plus assez d'action pour un cinquième acte. Au reste Pellegrin s'embarrassait dans son blâme et y montrait de l'indécision, nous le reconnaissons à son honneur. Quand il cherchait les preuves de l'indigence du sujet, il rencontrait sur son chemin des morceaux tels que celui-ci :

Ah ! cruel, est-il temps de me le déclarer ?
Qu'avez-vous fait ? . . . . . . . . . . .

et il était forcé de s'écrier : « Je suis presque tenté de croire qu'avec tant d'esprit et tant de sentiment, il ne faut point d'action dans une tragédie. » Quand il relevait quelques passages où le poëte lui semblait se contredire : « Voilà, disait-il, à quelles contradictions un auteur est réduit, quand il traite un sujet trop simple, et par conséquent stérile. Quel que soit celui de *Bérénice*, il faut avouer que personne n'en auroit tiré parti comme M. de Racine ; il peut considérer sa pièce comme une espèce de création...; il nous le fait assez entrevoir dans sa préface, où il dit que toute l'invention consiste à faire quelque chose de rien. »

On voit que cette tragédie, si charmante en dépit des règles sur lesquelles on voulait la mesurer, a été, comme nous l'avons dit, bien souvent et bien longtemps discutée par la critique, tant elle avait fait sur les esprits une grande impression ! Nous venons de suivre cette critique jusqu'en plein dix-huitième siècle, et nous n'avons pas rappelé toutes les formes qu'elle avait prises du vivant même de l'auteur, et parmi lesquelles cependant il ne faut pas oublier celle de la parodie bouffonne. Les facéties sans vergogne que la licence de la comédie italienne n'épargna pas à *Bérénice* sont très-connues aujourd'hui encore. Louis Racine s'est décidé à ne les point passer sous silence dans ses *Mémoires*, surtout parce qu'il a cru, sur la foi d'une tradition très-invraisemblable, que son père en avait été affligé. Il veut que l'auteur de *Bérénice* ait assisté à la représentation d'*Arlequin Protée*, comme autrefois Socrate à celle des *Nuées*, mais avec moins de philosophie. Nous avons déjà fait remarquer, dans les notes sur les *Mémoires*[1], que la farce de Fatouville n'ayant été jouée qu'en 1683, Racine n'était plus alors dans une disposition d'esprit qui le rendît aussi sensible à quelques méchantes railleries sur une de ses pièces de théâtre, et qu'ayant cessé depuis longtemps d'aller à la comédie, il n'est pas croyable qu'il ait, par exception, assisté aux représentations fort peu décentes des bouffons italiens. On peut admettre plus facilement que Chapelle l'ait chagriné par sa plaisanterie, lorsqu'il résuma toute la pièce dans ces deux vers d'une vieille chanson :

> Marion pleure, Marion crie,
> Marion veut qu'on la marie.

C'est que ces œuvres délicates, faites surtout pour toucher le cœur, et dont les sentiments semblent à quelques personnes un peu raffinés, ont beaucoup plus à craindre les rieurs que les faiseurs de pesantes dissertations.

Une petite comédie, dont le sujet est la critique des deux *Bérénices*, avait, sous le titre de *Tite et Titus*[2], précédé de dix ans l'*Arlequin Protée*. L'auteur en est inconnu. Plus ingénieuse que *la Folle querelle* de Subligny, le sel qu'on y peut trouver ne paraîtrait cependant pas assez piquant pour qu'on en parlât, si elle n'était si ancienne, si voisine des premiers temps de la pièce de Racine, et si elle ne donnait par conséquent quelque idée des jugements les plus répandus alors. On y voit,

---

1. Voyez tome I, p 246, note 2.
2. *Tite et Titus, ou Critique sur les Bérénices*, à Utrecht, chez Jean Ribbuis, M.DC.LXXIII. Cette comédie est en trois actes et en prose. On la trouve dans le *Recueil* de Granet, tome II, p. 257-312.

comme dans les autres critiques du même temps, dans celles de Villars et de Saint-Évremond, qu'on ne se dissimulait pas l'infériorité de la tragédie de Corneille, à qui l'on reprochait, en maint endroit, un galimatias inintelligible. Ce que la comédie de *Tite et Titus* paraît surtout vouloir censurer dans la *Bérénice* de Racine, c'est la cruauté et la perfidie de Titus, qui, de même que le Pyrrhus d'*Andromaque*, n'est pas assez honnête homme; c'est la complaisance ridicule du pauvre confident Paulin; c'est la faiblesse honteuse de Bérénice, à qui l'amour fait oublier toute dignité : « Cet honnête homme que vous voyez là (*il s'agit de Titus*) est un grand fourbe..., puisqu'il ne peut s'empêcher de fourber, et de jouer de la manière la plus impudente une coureuse qui se dit reine et qui est folle de lui.... Il n'est rien de si touchant ni de si tendre que les choses qu'il dit à sa Bérénice..., lors même qu'il l'abandonne, qu'il la quitte, qu'il la chasse, quoiqu'elle veuille bien l'épouser, qu'il ne tienne qu'à lui seul qu'il soit maître de ses actions.... Il va s'aviser que le sénat, qui n'y songeoit pas, pourroit bien lui fournir une couleur, s'il vouloit s'en mêler.... Titus n'a aucune nécessité de chasser sa Bérénice, et rien que sa fantaisie ne l'y obligeoit; et cela est si vrai que, quelque temps après, étant seul, et ne croyant être entendu de personne, il s'avoue à lui-même que le sénat ni le peuple ne lui demandoient rien [1].... Que jugerez-vous d'une femme qui se disant reine et belle, souffre patiemment et sans aucun ressentiment qu'un traître la méprise et la trompe?... Par une foiblesse digne d'une éternelle honte, lors même qu'il la chasse, elle lui avoue qu'elle croit qu'il l'aime véritablement; son amour foule galamment aux pieds la gloire et la pudeur. Il n'est point de si sale artifice, point de souvenir si secret qu'elle n'emploie pour le retenir. Tantôt elle lui demande si son amour ne peut agir qu'au sénat; elle le prie qu'il la voye plus souvent, et qu'il ne lui donne plutôt rien, qu'il la garde toujours près de lui, encore qu'il ne l'épousera pas. J'ai honte, Seigneur, de rapporter des choses de cette nature. Jugez si l'on peut donner un sens honnête à ces paroles, et quelles idées elles font dans

---

1. Acte II, scène I.

les esprits[1]. » Nous croyons que ce mélange de plaisanteries beaucoup trop grossières, et de raffinement romanesque, si exigeant sur la perfection des amants et des héroïnes, ne peint pas mal le public avec qui Racine avait à compter. Par là bien des choses peut-être s'expliquent dans son théâtre : qu'on se rappelle par exemple le mot qu'on lui a prêté sur les railleries auxquelles il se fût exposé s'il n'eût pas fait Hippolyte amoureux.

A la fin de la comédie, Apollon, juge de la dispute entre Tite et Titus et entre les deux Bérénices, donne ses conclusions qu'on voit bien avoir été celles de l'auteur lui-même : « Pour Titus, ç'a été une grande imprudence à lui de s'être exposé au jugement du vulgaire, qui ne comprend point les forces de l'amour de la gloire; et c'est bien employé s'il a passé pour un fripon. Mais pour la Bérénice..., comme elle paroît tout à fait innocente, et qu'on ne voit pas qu'il y ait rien de sa faute dans son malheur, la pitié qu'elle excite est trop grande pour donner du plaisir, et dégénère en horreur et en indignation. Quant au principal, à la vérité il y a plus d'apparence que Titus et Bérénice soient les véritables que non pas que ce soient les autres (*Tite et Bérénice* de Corneille); mais pourtant.... les uns et les autres auroient bien mieux fait de se tenir au pays d'histoire, dont ils sont originaires, que d'avoir voulu passer dans l'empire de poésie, à quoi ils n'étoient nullement propres, et où, pour dire la vérité, on les a amenés, à ce qu'il semble, assez mal à propos[2]. » Voilà encore une fois le choix du sujet responsable de tout le mal. C'est un point sur lequel s'accordent les diverses critiques de la pièce. Voltaire, qui dans son commentaire sur *Bérénice* en a apprécié les beautés avec tant de goût, n'a pas été le moins excessif dans le blâme du sujet. « Un amant et une maîtresse qui se quittent, dit-il dans la préface de ce commentaire, ne sont pas sans doute un sujet de tragédie. Si on avait proposé un tel plan à Sophocle ou à Euripide, ils l'auraient renvoyé à Aristophane. L'amour qui n'est qu'amour, qui n'est point une passion terrible et funeste, ne semble fait que pour la comédie, pour la pastorale ou pour

---

1. Acte II, scène III. — 2. Acte III, scène IV.

l'églogue[1]. » Dans l'*Épître à la duchesse du Maine* qui est en tête de son *Oreste*, il s'exprime à peu près de même : « *Bérénice* était une pastorale entre un empereur, une reine et un roi, et une pastorale cent fois moins tragique que les scènes intéressantes du *Pastor Fido*[2]; » et dans une lettre qui sert de préface aux *Pélopides :* « Je n'ai jamais cru que la tragédie dût être à l'eau rose. L'églogue en dialogues intitulée *Bérénice* était indigne du théâtre tragique ; aussi Corneille n'en fit-il qu'un ouvrage ridicule ; et ce grand maître Racine eut beaucoup de peine, avec tous les charmes de sa diction éloquente, à sauver la stérile petitesse du sujet[3]. » Quelque imposant que soit un arrêt rendu par tant de juges, il nous semble qu'ils se sont trop inquiétés de savoir si *Bérénice* était vraiment une tragédie. Qu'on la nomme comme on voudra, églogue ou élégie, ce qui nous importe c'est qu'elle est belle et touchante, et « qu'elle a toujours excité (le même Voltaire l'a dit) les applaudissements les plus vrais : ce sont les larmes. » Racine, à ce que rapporte l'abbé du Bos, « donnoit à entendre qu'il aimoit mieux *Bérénice* que ses autres tragédies profanes[4]. » Nous n'oublions pas qu'on lui avait attribué tour à tour cette prédilection pour plusieurs de ses pièces. Mais s'il avait eu réellement quelque faible pour *Bérénice*, nous ne nous en étonnerions pas. *Bérénice* est l'*Esther* de son théâtre profane. Boileau avait d'abord désapprouvé le sujet de la seconde tout autant que celui de la première. Pour l'une comme pour l'autre, le succès a justifié le poëte. Nous n'avons garde de méconnaître la supériorité de « l'Idylle biblique, » comme on a nommé *Esther*, sur la pastorale tirée de l'histoire romaine. Si l'on ose les comparer, c'est que Racine dans toutes les deux a été lui-même plus qu'ailleurs peut-être, et qu'il y a mis pareillement cette grâce simple et naturelle, cette douceur enchanteresse, qui étaient bien loin d'être tout son génie, mais qui en sont restées, ce semble, la marque particulière, le don le plus rare et le plus inimitable.

1. *Préface du commentateur, OEuvres de Voltaire*, tome XXXVI, p. 384.
2. *OEuvres de Voltaire*, tome VI, p. 155.
3. *Ibidem*, tome IX, p. 201.
4. *Réflexions critiques*, 2ᵉ partie, section XII.

L'Ariane de Catulle, la Didon de Virgile surtout, ont des traits de passion plus tragiques que Bérénice; mais pour l'expression touchante et tendre de l'amour, le rôle de la reine de Palestine laisse notre poëte sans égal. Lorsque la tragédie de Racine était encore toute récente, cette tendresse de Bérénice, qui est vraiment la beauté de la pièce, donna lieu à une correspondance piquante entre Bussy et Mme Bossuet. Bussy y montra des prétentions fort amusantes, soit qu'il ne voulût que plaisanter, ou qu'il se méprît singulièrement sur les caractères de la vraie tendresse. « Je suis très-fâchée, lui écrivait sa correspondante, de ne pouvoir vous envoyer la *Bérénice* de Racine : je l'attends de Paris; je suis assurée qu'elle vous plaira; mais il faut pour cela que vous soyez en goût de tendresse, je dis de la plus fine, car jamais femme n'a poussé si loin l'amour et la délicatesse qu'a fait celle-là. Mon Dieu! la jolie maîtresse! et que c'est un grand dommage qu'un seul personnage ne puisse faire une bonne pièce! La tragédie de Racine seroit parfaite[1]. » Quelques jours après Mme Bossuet lui ayant envoyé la pièce, en le défiant « de la lire sans émotion, tout révolté qu'il pût être contre l'amour, » Bussy répondit : « Je ne fais que recevoir votre lettre, Madame, avec *Bérénice*. Je viens de la lire. Vous m'aviez préparé à tant de tendresse, que je n'en ai pas tant trouvé. Du temps que je me mêlois d'en avoir, il me souvient que j'eusse donné là-dessus le reste à Bérénice. Cependant il me paroît que Titus ne l'aime pas tant qu'il dit, puisqu'il ne fait aucun effort en sa faveur à l'égard du sénat et du peuple romain. Il se laisse aller d'abord aux remontrances de Paulin, qui, le voyant ébranlé, lui amène le peuple et le sénat pour l'engager; au lieu que s'il eût parlé ferme à Paulin, il auroit trouvé tout le monde soumis à ses volontés. Voilà comment j'en aurois usé, Madame; et ainsi j'aurois accordé la gloire avec l'amour. Pour Bérénice, si j'avois été en sa place, j'aurois fait ce qu'elle fit, c'est-à-dire que je serois partie de Rome la rage dans le cœur contre Titus, mais sans qu'Antiochus en valût mieux[2]. »

---

1. *Lettre au comte de Bussy Rabutin*, 28 juillet 1671. Voyez la *Correspondance de Roger Rabutin, comte de Bussy*, édition de M. Ludovic Lalanne, tome I, p. 440 et 441.

2. *Lettre* de Bussy, 13 août 1671, tome II de la *Correspondance*, p. 6.

La meilleure réponse à ces hâbleries était celle qui y fut faite : « Il faut avoir poussé la tendresse bien loin pour trouver qu'on en auroit plus que Bérénice. Je vous en loue et révère[1]. » Quant à la critique que Bussy semble vouloir faire du rôle de Titus, Bayle, dans son *Dictionnaire historique*[2], dit avec raison qu'elle n'est pas juste; « car il eût voulu que le poëte eût falsifié un événement qui devoit être conservé sur le théâtre. »

Jean-Jacques Rousseau, dans sa *Lettre à d'Alembert* sur les spectacles, a exprimé à son tour sur le rôle de Titus une opinion qu'en la dénaturant un peu on a faite quelquefois plus semblable qu'elle ne l'est à celle de Bussy. Cette opinion n'est pas précisément, comme on l'a dit, que « Titus seroit plus intéressant s'il sacrifioit l'Empire à l'amour. » Rousseau, qui ne se plaçait pas au point de vue de l'art, mais à celui d'une morale très-sévère, a seulement fait remarquer « que l'intérêt principal étoit pour Bérénice ;... qu'on trembloit qu'elle ne fût renvoyée ;... et que chacun auroit voulu que Titus se laissât vaincre, même au risque de l'en moins estimer..... La Reine part sans le congé du parterre ; l'Empereur la renvoie *invitus invitam :* on peut ajouter *invito spectatore.* Titus a beau rester Romain, il est seul de son parti ; tous les spectateurs ont épousé Bérénice. » Le rigoureux censeur du théâtre ajoute : « Ne voilà-t-il pas une tragédie qui a bien rempli son objet, et qui a bien appris aux spectateurs à surmonter les foiblesses de l'amour? » Si l'objet de la tragédie doit être en effet une telle leçon, Rousseau incontestablement a raison. Mais il est certain que Racine s'en proposait un autre ; et celui-ci, il l'avait bien rempli : Rousseau le sentait mieux que personne, sa critique même le prouve. Il y avait dans le sujet de *Bérénice* un côté héroïque, le sacrifice du devoir à la passion ; Racine ne l'a point négligé; la victoire de Titus sur son amour lui a inspiré de très-nobles vers. Mais comment nier que la passion vaincue n'ait, par l'intérêt

---

1. *Lettre* de Mme Bossuet au comte de Bussy Rabutin, tome II de la *Correspondance*, p. 18 et 19.

2. Article *Bérénice.* Voyez la troisième édition du *Dictionnaire historique et critique* (Rotterdam, M.DCC.XX), tome I, note de la page 527.

qu'elle inspire, tout l'avantage dans la pièce? C'était la vraie condition du sujet. Rousseau ne s'est plaint que d'un mal inhérent au théâtre. L'art de Racine dans *Bérénice* lui paraissait d'autant plus dangereux qu'il reconnaissait que rien ne manquait à sa séduction. Il a supposé, il est vrai, un autre dénoûment tout contraire, qui eût laissé les spectateurs encore plus satisfaits, parce qu'il leur eût été plus agréable de voir Titus heureux et faible; mais d'ailleurs il ne dit nullement que Racine dût préférer ce dénoûment; loin de là, il convient qu'il eût ainsi rendu la pièce « moins bonne, moins instructive, moins conforme à l'histoire. » Il n'y a donc point chez lui un mot de désapprobation contre *Bérénice*, à ne la juger que comme une œuvre littéraire. Tout au plus semblerait-il élever contre le caractère de Titus quelques objections, où non-seulement la morale, mais l'art lui-même se trouverait intéressé, quand il parle du sentiment de mépris où l'on est « pour la foiblesse d'un empereur et d'un Romain, qui balance, comme le dernier des hommes, entre sa maîtresse et son devoir; qui, flottant incessamment dans une déshonorante incertitude, avilit par des plaintes efféminées ce caractère presque divin que lui donne l'histoire; qui fait chercher dans un vil soupirant de ruelle le bienfaiteur du monde et les délices du genre humain. » Mais cette impression pénible qu'on éprouve selon lui, quand la pièce commence, il ne doute pas que les enchantements du poëte ne l'aient effacée, quand la pièce finit. De même qu'Homère chassé de la république de Platon, Racine, gourmandé par Rousseau, s'éloigne, on le voit, avec une couronne de fleurs. Ne confondons pas en Rousseau le philosophe qui avait la prétention d'être intraitable, et l'homme qui ne sentait que trop vivement tout le charme de la passion. La représentation de *Bérénice* l'avait très-doucement ému; il rappelait à d'Alembert qu'elle leur avait fait à tous deux un plaisir auquel ils s'attendaient peu, soit que le rare talent de l'actrice y fût pour quelque chose, « soit, ajoute-t-il, que l'auteur eût mis dans sa pièce plus de beautés théâtrales que nous n'avions pensé. »

En parlant de la tragédienne qui lui avait paru « prêter son charme ordinaire au rôle qu'elle faisoit valoir, » Rousseau nous amène naturellement à dire quelques mots des représentations de *Bérénice*. Voltaire avait remarqué[1] que « cette tragédie a toujours été représentée avec de grands applaudissements, quand il s'est trouvé des actrices capables de jouer Bérénice. » Il ne voulait certainement pas dire que l'actrice vînt au secours du poëte; car il avait été témoin de l'effet qu'un lecteur (c'était lui-même sans doute) suffisait à produire en récitant ces beaux vers : « J'ai vu, a-t-il dit[2], le roi de Prusse attendri à une simple lecture de *Bérénice*, en prononçant les vers comme on doit les prononcer.... Quel charme tira des larmes des yeux de ce héros philosophe? La seule magie du style de ce vrai poëte, *qui invenit verba quibus deberent loqui*. » Il est vrai cependant que les beautés d'une tragédie si pathétique ne sont jamais aussi bien senties que lorsque le principal rôle trouve une digne interprète. Sur les premières représentations de la pièce, que rendit si touchantes la Champmeslé, instruite par le poëte lui-même, nous n'avons rien à ajouter, si ce n'est que *Bérénice*, dans toute sa nouveauté, fut jouée dans les fêtes du mariage de Mlle de Thianges et du duc de Nevers, en présence du Roi et de Monsieur, le dimanche 14 décembre 1670[3]. Robinet, dans sa lettre du 20 décembre, à beaucoup vanté le succès qu'eurent ce jour-là les comédiens :

> L'excellente troupe royale
> Joua miraculeusement....
> Son amoureuse *Bérénice*.

Pendant les cinq années où le Registre de la Grange a pu noter les représentations de *Bérénice*, c'est-à-dire depuis la réunion des deux troupes de comédiens au mois d'août 1680, jusqu'au mois de septembre 1685, cette tragédie fut jouée quatre fois devant la cour à Saint-Germain et à Versailles, quatorze fois sur le théâtre de Paris. La reprise de 1724, qui donna lieu aux lettres, que nous avons mentionnées, de l'abbé Pellegrin, fut brillante. « Les comédiens françois, dit le *Mercure* du mois

---

[1]. *Préface* des *Scythes*, OEuvres de *Voltaire*, tome VIII, p. 196; et *Préface du commentateur*, en tête de la *Bérénice* de Racine, *ibidem*, tome XXXVI, p. 385.

[2]. *Lettre à l'Académie française*, imprimée en tête d'*Irène*, OEuvres de *Voltaire*, tome IX, p. 467.

[3]. Voyez la *Gazette* du 20 décembre 1670.

d'août de cette année, ont remis au théâtre la tragédie de *Bérénice*, qui a été extrêmement goûtée du public, soit par l'excellence de l'ouvrage, soit par l'exécution admirable des acteurs. Les principaux rôles de Bérénice, de Titus et d'Antiochus sont remplis par la demoiselle Lecouvreur, par le sieur Quinault l'aîné et par le sieur Quinault du Fresne. » Mlle Lecouvreur avait été surtout très-admirée. On dit cependant qu'en 1729, année où elle joua encore le même rôle, la pièce fut reçue plus froidement. Une Bérénice qui lui fut peut-être supérieure, et dont tous les témoignages contemporains s'accordent à célébrer le triomphe, fut Mlle Gaussin. La Champmeslé n'avait pas un son de voix plus touchant. Les représentations de *Bérénice* qu'elle donna au mois de novembre 1752 firent une impression profonde. Ce fut évidemment alors que Rousseau vit sur la scène l'attendrissante tragédie[1]; et l'actrice qu'il vante est Mlle Gaussin. Il nous a conservé un souvenir de son jeu dans les dernières scènes : « Au cinquième acte, dit-il, où cessant de pleurer, l'air morne, l'œil sec et la voix éteinte, elle faisoit parler une douleur froide approchante du désespoir, l'art de l'actrice ajoutoit au pathétique du rôle, et les spectateurs commençoient à pleurer, quand Bérénice ne pleuroit plus. » Des vers qu'on trouve cités dans plusieurs recueils du dix-huitième siècle sont un témoignage contemporain de la vérité d'une petite anecdote, qu'on pourrait cependant prendre pour une légende. A l'une de ces brillantes représentations de *Bérénice*, la sentinelle, de garde au théâtre, entendant Mlle Gaussin, fondit en larmes, et laissa tomber son arme. En 1788, une jeune actrice avait débuté, en qui semblait revivre Gaussin; sa voix faisait couler les larmes, sa sensibilité était profonde. C'était Mlle des Garcins. Bérénice fut un de ses meilleurs rôles. Les éditeurs du Racine de 1807, dans leurs remarques sur *Bérénice* qui ont pour titre *Additions*[2], parlent de ce grand succès de Mlle des Garcins, comme en ayant été eux-mêmes *nouvellement* témoins. Ce fut sans doute dans les dernières années de la courte carrière théâtrale de cette actrice, qui mourut

---

1. La *Lettre* de Rousseau est de 1758. Il y dit avoir assisté à une représentation de *Bérénice*, « il y a quelques années. »
2. Tome III, p. 400.

en 1797. Deux représentations de *Bérénice* données en février 1807 réussirent très-peu; elles offrirent cette singularité que le rôle très-sacrifié d'Antiochus était joué par Talma; c'était Damas qui s'était chargé de celui de Titus. Il y avait trente-sept ans qu'on n'osait plus remettre *Bérénice* sur la scène, lorsqu'au mois de janvier 1844 Mlle Rachel reprit le rôle qu'avaient illustré les Champmeslé et les Gaussin. Elle ne le garda pas longtemps soit que nous ne sachions plus guère nous contenter d'un intérêt aussi simple que celui de cette douce élégie, soit que l'actrice eût conscience qu'il manquait cette fois quelque chose à son talent, plus remarquable par la fière énergie que par le don des larmes. Elle avait cependant déployé dans l'interprétation de ce rôle quelques-unes de ses grandes qualités. « Un organe pur, encore vibrant et à la fois attendri, dit M. Sainte-Beuve[1], un naturel, une beauté continue de diction, une décence tout antique de poses, de gestes, de draperies, ce goût suprême et discret qui ne cesse d'accompagner certains fronts nés pour le diadème, ce sont là les traits charmants sous lesquels Bérénice nous est apparue; et lorsqu'au dernier acte, pendant le grand discours de Titus, elle reste appuyée sur le bras du fauteuil, la tête comme abîmée de douleur; puis lorsqu'à la fin elle se relève lentement, au débat des deux princes, et prend, elle aussi, sa résolution magnanime, la majesté tragique se retrouve alors, se déclare autant qu'il sied, et comme l'a entendu le poëte : l'idéal de la situation est devant nous. »

---

L'édition de 1697 est celle que nous suivons pour le texte de *Bérénice*, comme pour celui des pièces précédentes. Nous donnons les variantes de 1671, édition séparée et la première de toutes, et celles des recueils de 1676 et de 1687.

1. *Portraits littéraires*, tome I, p. 125.

## A MONSEIGNEUR COLBERT,

SECRÉTAIRE D'ÉTAT, CONTRÔLEUR GÉNÉRAL DES FINANCES,
SURINTENDANT DES BÂTIMENTS, GRAND TRÉSORIER DES ORDRES DU ROI,
MARQUIS DE SEIGNELAY, ETC.[1]

Monseigneur,

Quelque juste défiance que j'aie de moi-même et de mes ouvrages, j'ose espérer que vous ne condamnerez pas la liberté que je prends de vous dédier cette tragédie. Vous ne l'avez pas jugée tout à fait indigne de votre approbation. Mais ce qui fait son plus grand mérite auprès de vous, c'est, Monseigneur, que vous avez été témoin du bonheur qu'elle a eu de ne pas déplaire à Sa Majesté.

L'on sait que les moindres choses vous deviennent considérables, pour peu qu'elles puissent servir ou à sa gloire ou à son plaisir. Et c'est ce qui fait qu'au milieu de tant d'importantes occupations, où le zèle de votre prince et le bien public vous tiennent continuellement attaché, vous ne dédaignez pas quelquefois de descendre jusqu'à nous, pour nous demander compte de notre loisir.

J'aurois ici une belle occasion de m'étendre sur vos louanges, si vous me permettiez de vous louer. Et que ne dirois-je point de tant de rares qualités qui vous ont attiré l'admiration de toute la France, de cette pénétra-

---

1. Jean-Baptiste Colbert, né à Reims en 1619, mort le 6 septembre 1683. Racine avait déjà fait son éloge dans l'*Épître au duc de Chevreuse* qui précède *Britannicus*. Les gens de lettres voyaient un Mécène dans ce grand ministre; mais on chercherait en vain quelque convenance particulière entre un nom si austère et la tragédie que cette dédicace met sous sa protection.

tion à laquelle rien n'échappe, de cet esprit vaste qui embrasse, qui exécute tout à la fois tant de grandes choses, de cette âme que rien n'étonne, que rien ne fatigue?

Mais, Monseigneur, il faut être plus retenu à vous parler de Vous-même; et je craindrois de m'exposer par un éloge importun à vous faire repentir de l'attention favorable dont vous m'avez honoré. Il vaut mieux que je songe à la mériter par quelque nouvel ouvrage. Aussi bien c'est le plus agréable remercîment qu'on vous puisse faire. Je suis avec un profond respect,

MONSEIGNEUR,

    Votre très-humble et très-obéissant serviteur,

                              RACINE.

# PRÉFACE.

*Titus reginam Berenicen, cui etiam nuptias pollicitus ferebatur, statim ab urbe dimisit invitus invitam*[1].

C'est-à-dire que « Titus, qui aimoit passionnément Bérénice, et qui même, à ce qu'on croyoit, lui avoit promis de l'épouser, la renvoya de Rome, malgré lui et malgré elle, dès les premiers jours de son empire. » Cette action est très-fameuse dans l'histoire; et je l'ai trouvée très-propre pour le théâtre, par la violence des passions qu'elle y pouvoit exciter. En effet, nous n'avons rien de plus touchant dans tous les poëtes, que la séparation d'Énée et de Didon, dans Virgile. Et qui doute que ce qui a pu fournir assez de matière pour tout un chant d'un poëme héroïque, où l'action dure plusieurs jours[2], ne puisse suffire pour le sujet d'une tragédie, dont la durée ne doit être que de quelques heures[3]? Il est vrai que je n'ai point poussé Bérénice jusqu'à se tuer comme

---

1. Suétone, *Titus*, chapitre VII. — Racine, dans cette citation, a mêlé deux phrases de Suétone, séparées par un assez grand intervalle; et devant les mots : *cui etiam nuptias*, il n'a pas cité ceux-ci : *propter insignem reginæ Berenices amorem*, que traduit cependant sa phrase : « qui aimoit passionnément Bérénice. » Corneille, dans la dernière scène de *Tite et Bérénice* (vers 1726), a rendu très-exactement l'*invitus invitam* de Suétone. A Tite qui lui dit :

   L'amour peut-il se faire une si dure loi?

Bérénice répond :

   La raison me la fait malgré vous, malgré moi.

2. Après les mots : « où l'action dure plusieurs jours, » il y a dans l'édition de 1671 : « et où la narration occupe beaucoup de place. »

3. Cette fin de phrase : « dont la durée ne doit être que de quelques heures, » manque dans l'édition de 1671.

Didon, parce que Bérénice n'ayant pas ici avec Titus les derniers engagements que Didon avoit avec Énée, elle n'est pas obligée comme elle de renoncer à la vie. A cela près, le dernier adieu qu'elle dit à Titus, et l'effort qu'elle se fait pour s'en séparer, n'est pas le moins tragique de la pièce; et j'ose dire qu'il renouvelle assez bien dans le cœur des spectateurs l'émotion que le reste y avoit pu exciter. Ce n'est point une nécessité qu'il y ait du sang et des morts dans une tragédie : il suffit que l'action en soit grande, que les acteurs en soient héroïques, que les passions y soient excitées, et que tout s'y ressente de cette tristesse majestueuse qui fait tout le plaisir de la tragédie.

Je crus que je pourrois rencontrer toutes ces parties dans mon sujet. Mais ce qui m'en plut davantage, c'est que je le trouvai extrêmement simple. Il y avoit longtemps que je voulois essayer si je pourrois faire une tragédie avec cette simplicité d'action qui a été si fort du goût des anciens. Car c'est un des premiers préceptes qu'ils nous ont laissés. « Que ce que vous ferez, dit Horace, soit toujours simple et ne soit qu'un[1]. » Ils ont admiré l'*Ajax* de Sophocle, qui n'est autre chose qu'Ajax qui se tue de regret, à cause de la fureur où il étoit tombé après le refus qu'on lui avoit fait des armes d'Achille[2]. Ils ont admiré le *Philoctète*, dont tout le sujet est Ulysse qui vient pour surprendre les flèches d'Hercule. L'*OEdipe* même, quoique tout plein de reconnoissances, est moins chargé de matière que la plus simple tragédie de nos jours. Nous voyons enfin que les

---

1. *Denique sit quodvis simplex duntaxat et unum.*
(Horace, *Épître aux Pisons*, vers 23.)

2. Au lieu de : « à cause de la fureur, etc., » on lit dans l'édition de 1671 : « pour n'avoir pas obtenu les armes d'Achille. »

partisans de Térence, qui l'élèvent avec raison au-dessus de tous les poëtes comiques, pour l'élégance de sa diction et pour la vraisemblance de ses mœurs, ne laissent pas de confesser que Plaute a un grand avantage sur lui par la simplicité qui est dans la plupart des sujets de Plaute. Et c'est sans doute cette simplicité merveilleuse qui a attiré à ce dernier toutes les louanges que les anciens lui ont données. Combien Ménandre étoit-il encore plus simple, puisque Térence est obligé de prendre deux comédies de ce poëte pour en faire une des siennes[1] !

Et il ne faut point croire que cette règle ne soit fondée que sur la fantaisie de ceux qui l'ont faite. Il n'y a que le vraisemblable qui touche dans la tragédie. Et quelle vraisemblance y a-t-il qu'il arrive en un jour une multitude de choses qui pourroient à peine arriver en plusieurs semaines? Il y en a qui pensent que cette simplicité est une marque de peu d'invention. Ils ne songent pas qu'au contraire toute l'invention consiste à faire quelque chose de rien, et que tout ce grand nombre d'incidents a toujours été le refuge des poëtes qui ne sentoient dans leur génie ni assez d'abondance[2] ni assez de force pour attacher durant cinq actes leurs spectateurs par une action simple, soutenue de la violence des passions, de la beauté des sentiments et de l'élégance de l'expression[3]. Je suis

---

1. Voyez le Prologue de l'*Andrienne* de Térence, vers 9 et suivants.

2. VAR. (édition de 1671) : « qui ne sentoient pas dans leur génie assez d'abondance. »

3. On a pensé que Racine avait eu l'intention, dans ce passage de sa préface, d'opposer la simplicité d'action de sa tragédie à la complication de celle de Corneille. M. Marty-Laveaux est de cet avis dans sa *Notice* de *Tite et Bérénice* (OEuvres de P. Corneille, tome VII, p. 195). Il serait difficile, en effet, de ne pas supposer ici, comme il le fait, quelque « allusion désobligeante. » Dans ce cas Racine aurait eu, entre autres torts, celui de ne pas assez mesurer ses expressions. Peut-on refuser au génie de Corneille l'*abondance et la force ?*

bien éloigné de croire que toutes ces choses se rencontrent dans mon ouvrage; mais aussi je ne puis croire que le public me sache mauvais gré de lui avoir donné une tragédie qui a été honorée de tant de larmes, et dont la trentième représentation a été aussi suivie que la première.

Ce n'est pas que quelques personnes ne m'aient reproché cette même simplicité que j'avois recherchée avec tant de soin. Ils[1] ont cru qu'une tragédie qui étoit si peu chargée d'intrigues ne pouvoit être selon les règles du théâtre. Je m'informai s'ils se plaignoient qu'elle les eût ennuyés. On me dit qu'ils avouoient tous qu'elle n'ennuyoit point, qu'elle les touchoit même en plusieurs endroits, et qu'ils la verroient encore avec plaisir. Que veulent-ils davantage? Je les conjure d'avoir assez bonne opinion d'eux-mêmes pour ne pas croire qu'une pièce qui les touche et qui leur donne du plaisir puisse être absolument contre les règles. La principale règle est de plaire et de toucher. Toutes les autres ne sont faites que pour parvenir à cette première. Mais toutes ces règles sont d'un long détail, dont je ne leur conseille pas de s'embarrasser. Ils ont des occupations plus importantes. Qu'ils se reposent sur nous de la fatigue d'éclaircir les difficultés de la *Poétique* d'Aristote; qu'ils se réservent le plaisir de pleurer et d'être attendris; et qu'ils me permettent de leur dire ce qu'un musicien disoit à Philippe, roi de Macédoine, qui prétendoit qu'une chanson n'étoit pas selon les règles : « A Dieu ne plaise, Seigneur, que vous soyez jamais si malheureux que de savoir ces choses-là mieux que moi[2] ! »

1. Pour cet *ils*, voyez au tome I, p. 390, la note 2 sur une phrase de la Préface de *la Thébaïde*.

2. Cette anecdote est tirée du petit traité de Plutarque : *Comment on pourra discerner le flatteur d'avec l'ami*. « Un musicien jadis, fort

# PRÉFACE.

Voilà tout ce que j'ai à dire à ces personnes, à qui je ferai toujours gloire de plaire[1]. Car pour le libelle que l'on a fait contre moi[2], je crois que les lecteurs me dispenseront volontiers d'y répondre. Et que répondrois-je à un homme qui ne pense rien et qui ne sait pas même construire ce qu'il pense? Il parle de protase[3] comme s'il entendoit ce mot, et veut que cette première des quatre parties de la tragédie soit toujours la plus proche[4]

gentiment et de bonne grâce, ferma la bouche au Roy Philippus qui disputoit et contestoit à l'encontre de lui de la manière de toucher des cordes d'un instrument de musique, en lui disant : « Dieu te « garde, Sire, d'un si grand mal que d'entendre cela mieux que moy! » (*Traduction d'Amyot.*)

1. Cette phrase et quelques-unes de celles qui précèdent indiquent, ce nous semble, que *Bérénice* avait été critiquée par quelque grand personnage. Il est difficile aujourd'hui de savoir à qui Racine répond si respectueusement. On a quelquefois attribué au grand Condé la plaisanterie de Chapelle : « Marion pleure, etc. » Louis Racine représente, au contraire, ce prince comme tellement charmé de la pièce, que pour la louer il en empruntait ces deux vers :

> Depuis trois ans entiers chaque jour je la vois,
> Et crois toujours la voir pour la première fois.

2. Ce libelle est la *Critique de Bérénice* par l'abbé de Villars. Nous en avons parlé dans la *Notice* de *Bérénice*.

3. La *protase* est cette partie du poëme dramatique qui contient l'exposition du sujet.

4. VAR.: « très-proche. » (1671) — Il nous semble que Racine ne donne pas une idée très-fidèle du passage de la *Critique de Bérénice* auquel il répond. Ce passage renferme sans doute une mauvaise chicane, mais ne nous paraît pas supposer la grossière ignorance que la malice du poëte irrité attribue à l'abbé de Villars. Voici les propres paroles de celui-ci : « J'avois été choqué de voir d'abord ouvrir le théâtre par le prince de Comagène, qui nous venoit avertir qu'il s'en alloit parce que Tite épousoit ce jour-là Bérénice. Je trouvois mauvais que la scène ne s'ouvrît pas plus près de la catastrophe, et qu'au lieu de nous dire que Tite vouloit quitter Bérénice, on nous dît tout le contraire. Si Antiochus s'en va, comme il le dit, il ne sera, disois-je, qu'un acteur de protase; et s'il demeure, tout ce qu'il vient nous dire de son départ est superflu.... Si cet Antiochus eût ouvert

de la dernière, qui est la catastrophe. Il se plaint que la trop grande connoissance des règles l'empêche de se divertir à la comédie. Certainement, si l'on en juge par sa dissertation, il n'y eut jamais de plainte plus mal fondée. Il paroît bien qu'il n'a jamais lu Sophocle, qu'il loue très-injustement *d'une grande multiplicité d'incidents*[1]; et qu'il n'a même jamais rien lu de la *Poétique*, que dans quelques préfaces de tragédies. Mais je lui pardonne de ne pas savoir les règles du théâtre, puisque heureusement pour le public il ne s'applique pas à ce genre d'écrire. Ce que je ne lui pardonne pas, c'est de savoir si peu les règles de la bonne plaisanterie, lui qui ne veut pas dire un mot sans plaisanter. Croit-il réjouir beaucoup les honnêtes gens par ces *hélas de poche*, ces *mesdemoiselles mes règles*[2], et quantité d'autres basses affectations, qu'il trouvera condamnées dans tous les bons auteurs, s'il se mêle jamais de les lire[3]?

le théâtre en disant qu'il a su que Titus veut renvoyer Bérénice, ce qu'il dit n'eût pas été si éloigné de la catastrophe.... » (*Critique de Bérénice*, p. 7 et 8.)

1. « On se délivre par ce stratagème de la fatigue que donnoit à Sophocle le soin de conserver l'unité d'action dans la multiplicité des incidents. » (*Ibidem*, p. 32.)

2. « Sans le prince de Comagène, qui est naturellement prolixe en lamentations et en irrésolutions, et qui a toujours un *toutefois* et un *hélas!* de poche pour amuser le théâtre, il est certain que toute cette affaire s'expédieroit en un quart d'heure. » (*Ibidem*, p. 32.) — Villars avait dit au commencement de sa *Critique* : « Je veux grand mal à ces règles, et je sais fort mauvais gré à Corneille de me les avoir apprises dans ce que j'ai vu de pièces de sa façon. J'ai été privé, à la première fois que j'ai vu *Bérénice* à l'Hôtel de Bourgogne, du plaisir que je voyois qu'y prenoient ceux qui ne les savoient pas; mais je me suis ravisé le second jour; j'ai attrapé M. Corneille : j'ai laissé mesdemoiselles les règles à la porte; j'ai vu la comédie, je l'ai trouvée fort affligeante, et j'y ai pleuré comme un ignorant. » (*Ibidem*, p. 6 et 7.)

3. Il y a dans l'édition de 1697 : « s'il se mêle jamais de lire. » L'omission de *les* est très-probablement une faute de l'imprimeur.

# PRÉFACE.

Toutes ces critiques sont le partage de quatre ou cinq petits auteurs infortunés, qui n'ont jamais pu par eux-mêmes exciter la curiosité du public. Ils attendent toujours l'occasion de quelque ouvrage qui réussisse, pour l'attaquer. Non point par jalousie. Car sur quel fondement seroient-ils jaloux? Mais dans l'espérance qu'on se donnera la peine de leur répondre, et qu'on les tirera de l'obscurité où leurs propres ouvrages les auroient laissés toute leur vie.

# ACTEURS.

TITUS, empereur de Rome.
BÉRÉNICE, reine de Palestine[1].
ANTIOCHUS, roi de Comagène[2].
PAULIN, confident de Titus.
ARSACE, confident d'Antiochus.
PHÉNICE, confidente de Bérénice.
RUTILE, Romain.
Suite de Titus.

La scène est à Rome, dans un cabinet qui est entre l'appartement de Titus et celui de Bérénice.

---

1. Voyez ci-après, p. 373, note 1.
2. L'abbé du Bos cherche querelle à Racine au sujet de ce titre de roi de Comagène. Antiochus, qui avait fourni des secours aux Romains pendant le siége de Jérusalem, fut dépouillé de son royaume de Comagène par Césennius Pétus, sous le règne de Vespasien. Il n'y avait donc plus de roi de Comagène sous le règne de Titus. Épiphane, fils d'Antiochus, qui avait combattu sous les murs de Jérusalem, et qui est certainement l'Antiochus que Racine a introduit dans sa tragédie, était, lors de l'avénement de Titus, réfugié chez les Parthes; plus tard il vint à Rome, mais il y vécut dans une condition privée. Mais si Racine a été un peu inexact, cela n'importe aucunement; et l'abbé du Bos est à peu près seul de son avis quand il dit : « Je ne voudrois pas accuser de pédanterie celui qui censureroit M. Racine d'avoir fait un si grand nombre de fautes contre une histoire autant avérée. »

# BÉRÉNICE.

## TRAGÉDIE.

## ACTE I.

### SCÈNE PREMIÈRE.

ANTIOCHUS, ARSACE.

ANTIOCHUS.

Arrêtons un moment. La pompe de ces lieux,
Je le vois bien, Arsace, est nouvelle à tes yeux.
Souvent ce cabinet superbe et solitaire
Des secrets de Titus est le dépositaire.
C'est ici quelquefois qu'il se cache à sa cour,
Lorsqu'il vient à la Reine[1] expliquer son amour.

---

1. Les historiens anciens nomment Bérénice *regina Berenice;* mais l'abbé du Bos fait remarquer que cette princesse, dont Racine dit que les États furent agrandis par Titus, « n'eut jamais ni royaume ni principauté. On l'appeloit *reine* ou parce qu'elle avoit épousé des souverains, ou parce qu'elle étoit fille de roi. » (*Réflexions critiques*, 1re partie, section XXIX.) Si Bérénice, qui fut aimée de Titus, est la fille d'Agrippa Ier, roi de Judée, elle avait été mariée deux fois, et, comme Bayle l'établit très-bien dans son *Dictionnaire historique et critique* (article BÉRÉNICE), « elle avoit quarante-quatre bonnes années sous le quatrième consulat de Vespasien, » qui est l'époque où, suivant Xiphilin, Titus la renvoya. Elle était plus âgée encore au temps où Racine a placé l'action de sa pièce. Mais il faut faire attention que le même Xiphilin dit qu'*elle était dans tout son éclat* lorsqu'elle vint à Rome; et Tacite, dans le livre II des *Histoires*, chapitre LXXXI, parlant d'elle au temps où Vespasien fut en Orient proclamé empereur, se sert de ces expressions, plus précises encore

De son appartement cette porte est prochaine,
Et cette autre conduit dans celui de la Reine[1].
Va chez elle : dis-lui qu'importun à regret
J'ose lui demander un entretien secret.

ARSACE.

Vous, Seigneur, importun? vous, cet ami fidèle
Qu'un soin si généreux intéresse pour elle?
Vous, cet Antiochus son amant autrefois?
Vous, que l'Orient compte entre ses plus grands rois?
Quoi? déjà de Titus épouse en espérance[2],
Ce rang entre elle et vous met-il tant de distance?

ANTIOCHUS.

Va, dis-je; et sans vouloir te charger d'autres soins,
Vois si je puis bientôt lui parler sans témoins.

---

et moins contestables : *florens ætate formaque*, « elle étoit dans la fleur de l'âge et de la beauté. » Clavier, dans la *Biographie universelle* (article BÉRÉNICE), conjecture donc avec assez de vraisemblance que la Bérénice dont Titus fut amoureux n'était point la fille d'Agrippa I$^{er}$, mais une fille de Marianne, sœur de l'autre Bérénice; « elle avait environ vingt-cinq ans lorsque Titus vint dans la Judée. Elle avait également un frère nommé Agrippinus ou Agrippa. » Quoi qu'il en soit, il serait puéril de chicaner Racine à ce sujet. Bérénice était jeune, elle était reine, puisqu'il a voulu qu'elle le fût. L'abbé de Villars, beaucoup plus violent dans ses critiques que du Bos, appelle aussi l'histoire à son aide pour railler l'héroïne de Racine, qu'il appelle une *belle surannée*: « Le poëte ingénieux, dit-il, pour faire éclater encore la force tyrannique de cette passion, feint adroitement que cette Bérénice est la Bérénice sœur d'Agrippa, c'est-à-dire cette infâme Bérénice que le spectateur sait bien qui étoit une incestueuse et l'horreur de l'univers par son abominable commerce avec son frère dès le commencement du règne de Néron. » (*Critique de Bérénice*, p. 16.)

1. « Antiochus ne pouvoit-il aller chez Bérénice, pour lui dire adieu *incognito*, que par le cabinet de Titus? Le cabinet des empereurs romains étoit-il si peu respecté qu'on se servît de sa porte secrète pour aller parler d'amour à leurs maîtresses? » (Villars, *Critique de Bérénice*, p. 10.) — Cette remarque bien rigoureuse pourrait s'appliquer à beaucoup d'invraisemblances du même genre, auxquelles notre théâtre classique s'était condamné par une règle trop sévère. « Je conviens avec vous, écrivait J. B. Rousseau dans une de ses lettres à Riccoboni, de la violence que l'unité de lieu, telle que nos poëtes l'ont imaginée, fait à la plupart de leurs pièces; et qu'ils ont bien mal entendu leurs intérêts en s'imposant volontairement une torture aussi générale que de réduire toute l'étendue locale de leur action à celle d'une chambre ou d'un cabinet. »

2. *Var.* Quoi ? déjà de Titus l'épouse en espérance. (1671-87)

## SCENE II.

### ANTIOCHUS, seul.

Hé bien ! Antiochus, es-tu toujours le même ?
Pourrai-je, sans trembler, lui dire : « Je vous aime ? »
Mais quoi ? déjà je tremble, et mon cœur agité
Craint autant ce moment que je l'ai souhaité.
Bérénice autrefois m'ôta toute espérance ;
Elle m'imposa même un éternel silence.
Je me suis tu cinq ans, et jusques à ce jour   25
D'un voile d'amitié j'ai couvert mon amour.
Dois-je croire qu'au rang où Titus la destine
Elle m'écoute mieux que dans la Palestine ?
Il l'épouse. Ai-je donc attendu ce moment
Pour me venir encor déclarer son amant ?   30
Quel fruit me reviendra d'un aveu téméraire¹ ?
Ah ! puisqu'il faut partir, partons sans lui déplaire.
Retirons-nous, sortons ; et sans nous découvrir,
Allons loin de ses yeux l'oublier, ou mourir.
Hé quoi ? souffrir toujours un tourment qu'elle ignore ?
Toujours verser des pleurs qu'il faut que je dévore ?
Quoi ? même en la perdant redouter son courroux ?
Belle reine, et pourquoi vous offenseriez-vous ?
Viens-je vous demander que vous quittiez l'Empire ?
Que vous m'aimiez ? Hélas ! je ne viens que vous dire   40
Qu'après m'être longtemps flatté que mon rival
Trouveroit à ses vœux quelque obstacle fatal,
Aujourd'hui qu'il peut tout, que votre hymen s'avance,
Exemple infortuné d'une longue constance,

---

1. *Var.* [Pour me venir encor déclarer son amant ?]
   Ah ! puisqu'il faut partir, partons sans lui déplaire :
   Je me suis tu longtemps, je puis encor me taire. (1671-87)

Après cinq ans d'amour et d'espoir superflus, 45
Je pars, fidèle encor quand je n'espère plus.
Au lieu de s'offenser, elle pourra me plaindre[1].
Quoi qu'il en soit, parlons : c'est assez nous contraindre.
Et que peut craindre, hélas ! un amant sans espoir
Qui peut bien se résoudre à ne la jamais voir ? 50


## SCÈNE III.

### ANTIOCHUS, ARSACE.

ANTIOCHUS.

Arsace, entrerons-nous?

ARSACE.

           Seigneur, j'ai vu la Reine[2];
Mais pour me faire voir, je n'ai percé qu'à peine
Les flots toujours nouveaux d'un peuple adorateur
Qu'attire sur ses pas sa prochaine grandeur.
Titus, après huit jours d'une retraite austère[3], 55
Cesse enfin de pleurer Vespasien son père.
Cet amant se redonne aux soins de son amour;
Et si j'en crois, Seigneur, l'entretien de la cour,
Peut-être avant la nuit l'heureuse Bérénice
Change le nom de reine au nom d'impératrice. 60

ANTIOCHUS.

Hélas!

ARSACE.

    Quoi? ce discours pourroit-il vous troubler?

---

1. *Var.* Non, loin de s'offenser, elle pourra me plaindre. (1671)

2. *Var.* Hé bien, entrerons-nous? ARS. Seigneur, j'ai vu la Reine. (1671)

3. On passoit dans le deuil sept jours, pendant lesquels on rendoit des honneurs à l'image de l'empereur mort; et le sénat en robes de deuil étoit au côté droit de son lit. Le huitième jour se célébroit la cérémonie de l'apothéose, que décrit Hérodien, livre IV. (*Louis Racine*, dans ses *Remarques sur Bérénice.*)

ANTIOCHUS.

Ainsi donc sans témoins je ne lui puis parler?

ARSACE.

Vous la verrez, Seigneur : Bérénice est instruite
Que vous voulez ici la voir seule et sans suite.
La Reine d'un regard a daigné m'avertir
Qu'à votre empressement elle alloit consentir;
Et sans doute elle attend le moment favorable
Pour disparoître aux yeux d'une cour qui l'accable[1].

ANTIOCHUS.

Il suffit. Cependant n'as-tu rien négligé
Des ordres importants dont je t'avois chargé?

ARSACE.

Seigneur, vous connoissez ma prompte obéissance.
Des vaisseaux dans Ostie armés en diligence,
Prêts à quitter le port de moments en moments,
N'attendent pour partir que vos commandements.
Mais qui renvoyez-vous dans votre Comagène[2]?

ANTIOCHUS.

Arsace, il faut partir quand j'aurai vu la Reine.

ARSACE.

Qui doit partir?

ANTIOCHUS.

   Moi.

ARSACE.

   Vous?

ANTIOCHUS.

      En sortant du palais,
Je sors de Rome, Arsace, et j'en sors pour jamais.

ARSACE.

Je suis surpris sans doute, et c'est avec justice.

---

1. *Var.* De disparoître aux yeux d'une cour qui l'accable. (1671 et 76)
2. La Comagène, ou Commagène, était une contrée du nord-est de la Syrie, près de l'Euphrate. Elle devint province romaine sous Domitien.

Quoi? depuis si longtemps la reine Bérénice
Vous arrache, Seigneur, du sein de vos États;
Depuis trois ans dans Rome elle arrête vos pas;
Et lorsque cette reine, assurant sa conquête,
Vous attend pour témoin de cette illustre fête,
Quand l'amoureux Titus, devenant son époux,
Lui prépare un éclat qui rejaillit[1] sur vous....

ANTIOCHUS.

Arsace, laisse-la jouir de sa fortune,
Et quitte un entretien dont le cours m'importune.

ARSACE.

Je vous entends, Seigneur : ces mêmes dignités
Ont rendu Bérénice ingrate à vos bontés;
L'inimitié succède à l'amitié trahie.

ANTIOCHUS.

Non, Arsace, jamais je ne l'ai moins haïe.

ARSACE.

Quoi donc? de sa grandeur déjà trop prévenu,
Le nouvel empereur vous a-t-il méconnu?
Quelque pressentiment de son indifférence
Vous fait-il loin de Rome éviter sa présence?

ANTIOCHUS.

Titus n'a point pour moi paru se démentir :
J'aurois tort de me plaindre.

ARSACE.

               Et pourquoi donc partir?
Quel caprice vous rend ennemi de vous-même?
Le ciel met sur le trône un prince qui vous aime,
Un prince qui jadis témoin de vos combats
Vous vit chercher la gloire et la mort sur ses pas,
Et de qui la valeur, par vos soins secondée,
Mit enfin sous le joug la rebelle Judée.

---

1. Ce mot est écrit *rejallit* dans les éditions antérieures à 1697; *rejaillit* dans cette dernière.

Il se souvient du jour illustre et douloureux 105
Qui décida du sort d'un long siége douteux :
Sur leur triple rempart les ennemis tranquilles
Contemploient sans péril nos assauts inutiles ;
Le bélier impuissant les menaçoit en vain.
Vous seul, Seigneur, vous seul, une échelle à la main[1],
Vous portâtes la mort jusque sur leurs murailles.
Ce jour presque éclaira vos propres funérailles :
Titus vous embrassa mourant entre mes bras,
Et tout le camp vainqueur pleura votre trépas.
Voici le temps, Seigneur, où vous devez attendre 115
Le fruit de tant de sang qu'ils vous ont vu répandre.
Si pressé du desir de revoir vos États,
Vous vous lassez de vivre où vous ne régnez pas,
Faut-il que sans honneur[2] l'Euphrate vous revoie?
Attendez pour partir que César vous renvoie 120
Triomphant et chargé des titres souverains
Qu'ajoute encore aux rois l'amitié des Romains.
Rien ne peut-il, Seigneur, changer votre entreprise?
Vous ne répondez point.

ANTIOCHUS.

Que veux-tu que je dise?
J'attends de Bérénice un moment d'entretien. 125

ARSACE.

Hé bien, Seigneur ?

ANTIOCHUS.

Son sort décidera du mien.

---

1. Josèphe (*Guerre de Judée*, livre V, chapitre XXIX) raconte la tentative malheureuse que fit Antiochus Épiphane pour donner l'assaut, malgré l'avis de Titus, qui railla sa présomption. Racine lui donne un plus beau rôle; mais ce n'en est pas moins dans l'historien juif qu'il a pris l'idée des exploits d'Antiochus.

2. Dans l'édition de Geoffroy et dans celle de M. Aimé-Martin on lit : *sans honneurs;* et elles donnent comme variante *sans honneur,* qui est le texte de toutes les anciennes éditions.

ARSACE.

Comment?

ANTIOCHUS.

Sur son hymen j'attends qu'elle s'explique.
Si sa bouche s'accorde avec la voix publique,
S'il est vrai qu'on l'élève au trône des Césars,
Si Titus a parlé, s'il l'épouse, je pars. 130

ARSACE.

Mais qui rend à vos yeux cet hymen si funeste?

ANTIOCHUS.

Quand nous serons partis, je te dirai le reste.

ARSACE.

Dans quel trouble, Seigneur, jetez-vous mon esprit?

ANTIOCHUS.

La Reine vient. Adieu : fais tout ce que j'ai dit.


# SCÈNE IV.

### BÉRÉNICE, ANTIOCHUS, PHÉNICE.

BÉRÉNICE.

Enfin je me dérobe à la joie importune 135
De tant d'amis nouveaux que me fait la fortune;
Je fuis de leurs respects l'inutile longueur,
Pour chercher un ami qui me parle du cœur[1].
Il ne faut point mentir : ma juste impatience
Vous accusoit déjà de quelque négligence. 140
Quoi? cet Antiochus, disois-je, dont les soins
Ont eu tout l'Orient et Rome pour témoins;
Lui que j'ai vu toujours constant dans mes traverses
Suivre d'un pas égal mes fortunes diverses;

---

1. Racine avait déjà dit dans *Andromaque* (vers 1379) :
   Tu lui parles du cœur, tu la cherches des yeux.

Aujourd'hui que le ciel semble me présager  145
Un honneur qu'avec vous je prétends partager¹,
Ce même Antiochus, se cachant à ma vue,
Me laisse à la merci d'une foule inconnue?

ANTIOCHUS.

Il est donc vrai, Madame? et, selon ce discours,
L'hymen va succéder à vos longues amours?  150

BÉRÉNICE.

Seigneur, je vous veux bien confier mes alarmes.
Ces jours ont vu mes yeux baignés de quelques larmes :
Ce long deuil que Titus imposoit à sa cour
Avoit même en secret suspendu son amour.
Il n'avoit plus pour moi cette ardeur assidue  155
Lorsqu'il passoit les jours attaché sur ma vue.
Muet, chargé de soins, et les larmes aux yeux,
Il ne me laissoit plus que de tristes adieux.
Jugez de ma douleur, moi dont l'ardeur extrême,
Je vous l'ai dit cent fois, n'aime en lui que lui-même;
Moi qui loin des grandeurs dont il est revêtu,
Aurois choisi son cœur, et cherché sa vertu².

1. *Var.* Aujourd'hui que les Dieux semblent me présager
Un honneur qu'avec lui je prétends partager. (1671)

Racine a corrigé dans cette pièce, et le plus souvent dès sa seconde édition (1676), tous les vers où il semblait avoir oublié que Bérénice, étant juive, ne reconnaissait qu'un Dieu. — Une fois même, dans la bouche de Titus parlant à la Reine, il a remplacé (en 1697) *Dieux* par *ciel* : voyez le vers 600.

2. Ces vers rappellent un passage de la tragédie d'*Osman*, par Tristan l'Hermite, imprimée pour la première fois en 1656. Dans l'acte V, scène II, de cette pièce, la fille du Mouphti parle ainsi à Osman :

J'aimois Osman lui-même, et non pas l'Empereur;
Et je considérois en ta noble personne
Des brillants d'autre prix que ceux de ta couronne.

Mais lorsqu'il a mis dans la bouche de Bérénice un sentiment si conforme au caractère qu'il lui a donné, Racine a pu se rencontrer avec Tristan, sans songer à l'imiter. Voltaire, dans *Zaïre* (acte I, scène I), a certainement imité Racine :

Mon cœur aime Orosmane, et non son diadème:
Chère Fatime, en lui je n'aime que lui-même.

###### ANTIOCHUS.

Il a repris pour vous sa tendresse première[1]?

###### BÉRÉNICE.

Vous fûtes spectateur de cette nuit dernière,
Lorsque, pour seconder ses soins religieux, 165
Le sénat a placé son père entre les Dieux.
De ce juste devoir sa piété contente
A fait place, Seigneur, au soin de son amante;
Et même en ce moment, sans qu'il m'en ait parlé,
Il est dans le sénat, par son ordre assemblé. 170
Là de la Palestine il étend la frontière;
Il y joint l'Arabie et la Syrie entière;
Et si de ses amis j'en dois croire la voix,
Si j'en crois ses serments redoublés mille fois,
Il va sur tant d'États couronner Bérénice, 175
Pour joindre à plus de noms le nom d'impératrice[2].
Il m'en viendra lui-même assurer en ce lieu.

###### ANTIOCHUS.

Et je viens donc vous dire un éternel adieu.

###### BÉRÉNICE.

Que dites-vous? Ah ciel! quel adieu! quel langage!
Prince, vous vous troublez et changez de visage[3]? 180

###### ANTIOCHUS.

Madame, il faut partir.

###### BÉRÉNICE.

Quoi? ne puis-je savoir
Quel sujet....

---

1. *Var.* Hé bien, il a repris sa tendresse première? (1671)
2. Dans l'édition de 1736 on a ainsi changé ce vers :

   Pour joindre à plus de noms celui d'impératrice.

3. Le second hémistiche de ce vers se retrouve dans *Mithridate* (acte III, scène v, vers 1112), où la situation le rend d'un bien autre effet :

   Nous nous aimions.... Seigneur, vous changez de visage.

ANTIOCHUS[1].
Il falloit partir sans la revoir.
BÉRÉNICE.
Que craignez-vous? Parlez : c'est trop longtemps se taire[2].
Seigneur, de ce départ quel est donc le mystère?
ANTIOCHUS.
Au moins souvenez-vous que je cède à vos lois, 185
Et que vous m'écoutez pour la dernière fois.
Si dans ce haut degré de gloire et de puissance
Il vous souvient des lieux où vous prîtes naissance,
Madame, il vous souvient que mon cœur en ces lieux
Reçut le premier trait qui partit de vos yeux. 190
J'aimai; j'obtins l'aveu d'Agrippa votre frère.
Il vous parla pour moi. Peut-être sans colère
Alliez-vous de mon cœur recevoir le tribut :
Titus, pour mon malheur, vint, vous vit, et vous plut[3].
Il parut devant vous, dans tout l'éclat d'un homme 195
Qui porte entre ses mains la vengeance de Rome.
La Judée en pâlit. Le triste Antiochus
Se compta le premier au nombre des vaincus.
Bientôt de mon malheur interprète sévère,
Votre bouche à la mienne ordonna de se taire. 200
Je disputai longtemps, je fis parler mes yeux;
Mes pleurs et mes soupirs vous suivoient en tous lieux.
Enfin votre rigueur emporta la balance :
Vous sûtes m'imposer l'exil ou le silence.
Il fallut le promettre, et même le jurer. 205
Mais puisqu'en ce moment j'ose me déclarer[4],
Lorsque vous m'arrachiez cette injuste promesse,

---

1. L'édition de 1680 donne ici l'indication : « ANTIOCHUS, *bas.* » L'édition de 1736 et celle de M. Aimé-Martin : « ANTIOCHUS, *à part.* »

2. *Var.* Au nom des Dieux, parlez : c'est trop longtemps se taire. (1671)

3. Imitation de ces mots fameux : *Veni, vidi, vici.* (Louis Racine, dans ses *Remarques* sur *Bérénice*.)

4. *Var.* Mais puisque après cinq ans j'ose me déclarer. (1671)

Mon cœur faisoit serment de vous aimer sans cesse¹.
BÉRÉNICE.
Ah! que me dites-vous?
ANTIOCHUS.
Je me suis tu cinq ans², 
Madame, et vais encor me taire plus longtemps.   210
De mon heureux rival j'accompagnai les armes;
J'espérai de verser mon sang après mes larmes³,
Ou qu'au moins, jusqu'à vous porté par mille exploits,
Mon nom pourroit parler, au défaut de ma voix.
Le ciel sembla promettre une fin à ma peine :   215
Vous pleurâtes ma mort, hélas! trop peu certaine.
Inutiles périls! Quelle étoit mon erreur!
La valeur de Titus surpassoit ma fureur.
Il faut qu'à sa vertu mon estime réponde :
Quoique attendu, Madame, à l'empire du monde,   220
Chéri de l'univers, enfin aimé de vous,
Il sembloit à lui seul appeler tous les coups,
Tandis que sans espoir, haï, lassé de vivre,
Son malheureux rival ne sembloit que le suivre.
Je vois que votre cœur m'applaudit en secret;   225
Je vois que l'on m'écoute avec moins de regret,
Et que trop attentive à ce récit funeste,
En faveur de Titus vous pardonnez le reste.
Enfin, après un siége aussi cruel que lent,
Il dompta les mutins, reste pâle et sanglant   230

---

1. Racine paraît s'être inspiré du vers tant reproché à Euripide : « La langue a juré, mais le cœur n'a point fait de serment : »

'Η γλῶσσ' ὀμώμοχ', ἡ δὲ φρὴν ἀνώμοτος.
(*Hippolyte*, vers 576.)

2. « Quoique je n'eusse pas trouvé mon compte, le premier jour, que Bérénice fut surprise qu'Antiochus l'aimât, puisqu'il le lui avoit dit depuis cinq ans et qu'elle lui avoit commandé de se taire, je ne voulus pas prendre garde à cette contradiction. » (*Critique de Bérénice*, p. 11.)

3. *Var.* J'espérai d'y verser mon sang après mes larmes. (1671)

Des flammes, de la faim, des fureurs intestines,
Et laissa leurs remparts cachés sous leurs ruines.
Rome vous vit, Madame, arriver avec lui.
Dans l'Orient désert quel devint mon ennui!
Je demeurai longtemps errant dans Césarée¹,   235
Lieux charmants où mon cœur vous avoit adorée.
Je vous redemandois à vos tristes États;
Je cherchois en pleurant les traces de vos pas.
Mais enfin succombant à ma mélancolie,
Mon désespoir tourna mes pas vers l'Italie.   240
Le sort m'y réservoit le dernier de ses coups.
Titus en m'embrassant m'amena devant vous.
Un voile d'amitié vous trompa l'un et l'autre,
Et mon amour devint le confident du vôtre.
Mais toujours quelque espoir flattoit mes déplaisirs :   245
Rome, Vespasien traversoient vos soupirs;
Après tant de combats Titus cédoit peut-être.
Vespasien est mort, et Titus est le maître.
Que ne fuyois-je alors? J'ai voulu quelques jours
De son nouvel empire examiner le cours.   250
Mon sort est accompli. Votre gloire s'apprête.
Assez d'autres sans moi, témoins de cette fête,
A vos heureux transports viendront joindre les leurs;
Pour moi, qui ne pourrois y mêler que des pleurs,
D'un inutile amour trop constante victime,   255
Heureux dans mes malheurs d'en avoir pu sans crime
Conter toute l'histoire aux yeux qui les ont faits,
Je pars, plus amoureux que je ne fus jamais.

BÉRÉNICE.

Seigneur, je n'ai pas cru que dans une journée
Qui doit avec César unir ma destinée,   260
Il fût quelque mortel qui pût impunément

---

1. Césarée de Palestine, que Racine feint avoir été la capitale des États de Bérénice.

Se venir à mes yeux déclarer mon amant.
Mais de mon amitié mon silence est un gage :
J'oublie en sa faveur un discours qui m'outrage.
Je n'en ai point troublé le cours injurieux. 265
Je fais plus : à regret je reçois vos adieux.
Le ciel sait qu'au milieu des honneurs qu'il m'envoie,
Je n'attendois que vous pour témoin de ma joie;
Avec tout l'univers j'honorois vos vertus;
Titus vous chérissoit, vous admiriez Titus. 270
Cent fois je me suis fait une douceur extrême
D'entretenir Titus dans un autre lui-même.

### ANTIOCHUS.

Et c'est ce que je fuis. J'évite, mais trop tard,
Ces cruels entretiens où je n'ai point de part.
Je fuis Titus; je fuis ce nom qui m'inquiète, 275
Ce nom qu'à tous moments votre bouche répète.
Que vous dirai-je enfin? Je fuis des yeux distraits,
Qui me voyant toujours, ne me voyoient jamais.
Adieu : je vais, le cœur trop plein de votre image,
Attendre, en vous aimant, la mort pour mon partage.
Surtout ne craignez point qu'une aveugle douleur
Remplisse l'univers du bruit de mon malheur.
Madame, le seul bruit d'une mort que j'implore
Vous fera souvenir que je vivois encore.
Adieu.

## SCÈNE V.

### BÉRÉNICE, PHÉNICE.

#### PHÉNICE.

Que je le plains! Tant de fidélité, 285
Madame, méritoit plus de prospérité.
Ne le plaignez-vous pas?

## ACTE I, SCÈNE V.

BÉRÉNICE.
            Cette prompte retraite
Me laisse, je l'avoue, une douleur secrète.
PHÉNICE.
Je l'aurois retenu.
                BÉRÉNICE.
            Qui? moi? le retenir?
J'en dois perdre plutôt jusques au souvenir.           290
Tu veux donc que je flatte une ardeur insensée?
PHÉNICE.
Titus n'a point encore expliqué sa pensée.
Rome vous voit, Madame, avec des yeux jaloux;
La rigueur de ses lois m'épouvante pour vous.
L'hymen chez les Romains n'admet qu'une Romaine;
Rome hait tous les rois, et Bérénice est reine.
BÉRÉNICE.
Le temps n'est plus, Phénice, où je pouvois trembler.
Titus m'aime; il peut tout : il n'a plus qu'à parler.
Il verra le sénat m'apporter ses hommages,
Et le peuple de fleurs couronner ses images [1].        300
    De cette nuit, Phénice, as-tu vu la splendeur?
Tes yeux ne sont-ils pas tous pleins [2] de sa grandeur?
Ces flambeaux, ce bûcher, cette nuit enflammée [3],
Ces aigles, ces faisceaux, ce peuple, cette armée,
Cette foule de rois, ces consuls, ce sénat,             305
Qui tous de mon amant empruntoient leur éclat;
Cette pourpre, cet or, que rehaussoit sa gloire,
Et ces lauriers encor témoins de sa victoire;

---

1. *Var.* Tu verras le sénat m'apporter ses hommages,
    Et le peuple de fleurs couronner nos images. (1671)

2. Toutes les éditions imprimées du vivant de l'auteur ont ici: *tous pleins*, et non : *tout pleins*.

3. Dans ces vers le poëte a rassemblé toutes les cérémonies de ces apothéoses que nous a décrites Hérodien. (*Louis Racine*, dans ses *Remarques* sur *Bérénice*.)

Tous ces yeux qu'on voyoit venir de toutes parts
Confondre sur lui seul leurs avides regards ; 310
Ce port majestueux, cette douce présence.
Ciel ! avec quel respect et quelle complaisance [1]
Tous les cœurs en secret l'assuroient de leur foi !
Parle : peut-on le voir sans penser comme moi
Qu'en quelque obscurité que le sort l'eût fait naître, 315
Le monde, en le voyant, eût reconnu son maître [2]?
Mais, Phénice, où m'emporte un souvenir charmant?

   Cependant Rome entière, en ce même moment,
Fait des vœux pour Titus, et par des sacrifices
De son règne naissant célèbre les prémices. 320
Que tardons-nous ? Allons, pour son empire heureux,
Au ciel, qui le protége, offrir aussi nos vœux [3].
Aussitôt, sans l'attendre et sans être attendue,
Je reviens le chercher, et dans cette entrevue
Dire tout ce qu'aux cœurs l'un de l'autre contents 325
Inspirent des transports retenus si longtemps.

---

1. *Var.* Dieux ! avec quel respect et quelle complaisance. (1671)
2. Ces vers furent appliqués à Louis XIV. (*Louis Racine*, dans ses *Remarques* sur *Bérénice*.) — Voltaire fait la même remarque.
3. *Var.* De son règne naissant consacre les prémices.
   Je prétends quelque part à des souhaits si doux.
   Phénice, allons nous joindre aux vœux qu'on fait pour nous. (1671-87)

Ce changement a été commandé par le scrupule dont nous avons parlé à la variante du vers 145. Bérénice ne pouvait se joindre aux vœux que Rome faisait dans ses temples. On comprend aussi pourquoi Racine a condamné le mot *consacre*. L'édition de 1736 et celles de Geoffroy et de M. Aimé-Martin l'ont à tort rétabli dans le texte.

FIN DU PREMIER ACTE.

# ACTE II.

## SCÈNE PREMIÈRE.

#### TITUS, PAULIN, SUITE.

##### TITUS.

A-t-on vu de ma part le roi de Comagène?
Sait-il que je l'attends?

##### PAULIN.

     J'ai couru chez la Reine.
Dans son appartement ce prince avoit paru;
Il en étoit sorti lorsque j'y suis couru.
De vos ordres, Seigneur, j'ai dit qu'on l'avertisse[1].

##### TITUS.

Il suffit. Et que fait la reine Bérénice?

##### PAULIN.

La Reine, en ce moment, sensible à vos bontés,
Charge le ciel de vœux pour vos prospérités.
Elle sortoit, Seigneur.

##### TITUS.

     Trop aimable princesse!
Hélas!

---

1. On a relevé comme une faute le présent du subjonctif *avertisse* après un temps passé. Racine a dit de même dans *Britannicus* (vers 132) :

  Dont César a voulu que vous soyez instruite,

phrase dont la Harpe excuse l'apparente irrégularité, en faisant observer qu'il s'agit d'une action présente : « César a voulu que vous soyez instruite au moment où je parle. » Ici le présent se justifie par la même raison.

PAULIN.

En sa faveur d'où naît cette tristesse?
L'Orient presque entier va fléchir sous sa loi :
Vous la plaignez?

TITUS.

Paulin, qu'on vous laisse avec moi.

## SCÈNE II.

### TITUS, PAULIN.

TITUS.

Hé bien! de mes desseins Rome encore incertaine
Attend que deviendra le destin de la Reine, 340
Paulin; et les secrets de son cœur et du mien
Sont de tout l'univers devenus l'entretien.
Voici le temps enfin qu'il faut que je m'explique.
De la Reine et de moi que dit la voix publique?
Parlez : qu'entendez-vous?

PAULIN.

J'entends de tous côtés 345
Publier vos vertus, Seigneur, et ses beautés.

TITUS.

Que dit-on des soupirs que je pousse pour elle?
Quel succès attend-on d'un amour si fidèle[1]?

PAULIN.

Vous pouvez tout : aimez, cessez d'être amoureux,
La cour sera toujours du parti de vos vœux. 350

TITUS.

Et je l'ai vue aussi cette cour peu sincère,
A ses maîtres toujours trop soigneuse de plaire,
Des crimes de Néron approuver les horreurs;

---

1. *Var.* Quel succès attend-on d'une amour si fidèle? (1671)

Je l'ai vue à genoux consacrer ses fureurs.
Je ne prends point pour juge une cour idolâtre, 355
Paulin : je me propose un plus noble théâtre[1];
Et sans prêter l'oreille à la voix des flatteurs,
Je veux par votre bouche entendre tous les cœurs.
Vous me l'avez promis. Le respect et la crainte
Ferment autour de moi le passage à la plainte; 360
Pour mieux voir, cher Paulin, et pour entendre mieux,
Je vous ai demandé des oreilles, des yeux;
J'ai mis même à ce prix mon amitié secrète :
J'ai voulu que des cœurs vous fussiez l'interprète;
Qu'au travers des flatteurs votre sincérité 365
Fît toujours jusqu'à moi passer la vérité.
Parlez donc. Que faut-il que Bérénice espère?
Rome lui sera-t-elle indulgente ou sévère?
Dois-je croire qu'assise au trône des Césars,
Une si belle reine offensât ses regards? 370

PAULIN.

N'en doutez point, Seigneur : soit raison, soit caprice[2],
Rome ne l'attend point pour son impératrice.
On sait qu'elle est charmante; et de si belles mains[3]
Semblent vous demander l'empire des humains.
Elle a même, dit-on, le cœur d'une Romaine; 375
Elle a mille vertus. Mais, Seigneur, elle est reine.
Rome, par une loi qui ne se peut changer,
N'admet avec son sang aucun sang étranger,
Et ne reconnoît point les fruits illégitimes
Qui naissent d'un hymen contraire à ses maximes[4]. 380

---

1. *Var.* Paulin : je me propose un plus ample théâtre. (1671-87)
2. *Var.* N'en doutez point, Seigneur : soit raison, ou caprice. (1671-87)
3. On fut persuadé dans le temps que quelque raison particulière avoit engagé l'auteur à se servir de cette expression. (*Louis Racine*, dans ses *Remarques* sur *Bérénice*.) — Louis Racine ne nous dit point à quelles *belles mains* on crut que le poëte avait voulu faire allusion. C'était probablement à celles de la princesse qui avait indiqué le sujet de la pièce.
4. On peut comparer dans le *Nicomède* de Corneille (acte I, scène II, vers

D'ailleurs, vous le savez, en bannissant ses rois,
Rome à ce nom, si noble et si saint autrefois,
Attacha pour jamais une haine puissante;
Et quoiqu'à ses Césars fidèle, obéissante,
Cette haine, Seigneur, reste de sa fierté, 385
Survit dans tous les cœurs après la liberté.
Jules, qui le premier la soumit à ses armes,
Qui fit taire les lois dans le bruit des alarmes,
Brûla pour Cléopatre, et sans se déclarer,
Seule dans l'Orient la laissa soupirer. 390
Antoine, qui l'aima jusqu'à l'idolâtrie,
Oublia dans son sein sa gloire et sa patrie,
Sans oser toutefois se nommer son époux.
Rome l'alla chercher jusques à ses genoux,
Et ne désarma point sa fureur vengeresse, 395
Qu'elle n'eût accablé l'amant et la maîtresse.
Depuis ce temps, Seigneur, Caligula, Néron,
Monstres dont à regret je cite ici le nom,
Et qui ne conservant que la figure d'homme,
Foulèrent à leurs pieds toutes les lois de Rome, 400
Ont craint cette loi seule, et n'ont point à nos yeux
Allumé le flambeau d'un hymen odieux.
Vous m'avez commandé surtout d'être sincère.
De l'affranchi Pallas nous avons vu le frère,
Des fers de Claudius Félix encor flétri, 405
De deux reines, Seigneur, devenir le mari[1];

156-182) le passage où Nicomède rappelle ironiquement à Attale ces maximes de Rome.

1. « Ce Félix si connu par Tacite et par Josèphe, dit l'abbé du Bos (*Réflexions critiques*, 1ʳᵉ partie, section XXIX), n'épousa jamais qu'une reine ou fille d'un sang royal, qui fut Drusille. » L'érudition de l'abbé du Bos est en défaut. Claudius ou Antonius Félix fut, suivant Suétone (*Claudius*, chapitre XXVIII), le mari de trois reines, « trium reginarum maritus; » et d'après Suétone, Corneille a dit dans *Othon* (vers 510):

Sous Claude on vit Félix le mari de trois reines.

— Tacite (*Histoires*, livre V, chapitre IX) nomme l'une de ces reines : Drusille,

Et s'il faut jusqu'au bout que je vous obéisse,
Ces deux reines étoient du sang de Bérénice.
Et vous croiriez pouvoir, sans blesser nos regards[1],
Faire entrer une reine au lit de nos Césars, 410
Tandis que l'Orient dans le lit de ses reines
Voit passer un esclave au sortir de nos chaînes?
C'est ce que les Romains pensent de votre amour;
Et je ne réponds pas, avant la fin du jour,
Que le sénat, chargé des vœux de tout l'Empire, 415
Ne vous redise ici ce que je viens de dire;
Et que Rome avec lui tombant à vos genoux,
Ne vous demande un choix digne d'elle et de vous.
Vous pouvez préparer, Seigneur, votre réponse.

TITUS.

Hélas! à quel amour on veut que je renonce! 420

PAULIN.

Cet amour est ardent, il le faut confesser.

TITUS.

Plus ardent mille fois que tu ne peux penser,
Paulin. Je me suis fait un plaisir nécessaire
De la voir chaque jour, de l'aimer, de lui plaire.
J'ai fait plus (je n'ai rien de secret à tes yeux): 425
J'ai pour elle cent fois rendu grâces aux Dieux
D'avoir choisi mon père au fond de l'Idumée,
D'avoir rangé sous lui l'Orient et l'armée,
Et soulevant encor le reste des humains,
Remis Rome sanglante en ses paisibles mains. 430
J'ai même souhaité la place de mon père,
Moi, Paulin, qui cent fois, si le sort moins sévère

---

petite-fille d'Antoine et de Cléopatre. Racine a pu dire qu'elle était du sang de Bérénice, qui descendait aussi de Cléopatre. Josèphe (*Antiquités juives*, livre XX, chapitre VII) en fait connaître une autre, qui s'appelait également Drusille, et qui était sœur d'Agrippa et de Bérénice. On ne connaît pas la troisième. Félix était, ainsi que son frère Pallas, un affranchi de Claude.

1. *Var.* Et vous pourriez, Seigneur, sans blesser nos regards. (1671-87)

Eût voulu de sa vie étendre les liens,
Aurois donné mes jours pour prolonger les siens :
Tout cela (qu'un amant sait mal ce qu'il desire!) 435
Dans l'espoir d'élever Bérénice à l'Empire,
De reconnoître un jour son amour et sa foi,
Et de voir à ses pieds tout le monde avec moi.
Malgré tout mon amour, Paulin, et tous ses charmes[1],
Après mille serments appuyés de mes larmes, 440
Maintenant que je puis couronner tant d'attraits,
Maintenant que je l'aime encor plus que jamais,
Lorsqu'un heureux hymen, joignant nos destinées,
Peut payer en un jour les vœux de cinq années,
Je vais, Paulin.... O ciel! puis-je le déclarer? 445

PAULIN.

Quoi, Seigneur?

TITUS.

Pour jamais je vais m'en séparer.
Mon cœur en ce moment ne vient pas de se rendre.
Si je t'ai fait parler, si j'ai voulu t'entendre,
Je voulois que ton zèle achevât en secret
De confondre un amour qui se tait à regret. 450
Bérénice a longtemps balancé la victoire;
Et si je penche enfin du côté de ma gloire,
Crois qu'il m'en a coûté, pour vaincre tant d'amour,
Des combats dont mon cœur saignera plus d'un jour.
J'aimois, je soupirois dans une paix profonde : 455
Un autre étoit chargé de l'empire du monde;
Maître de mon destin, libre dans mes soupirs,
Je ne rendois qu'à moi compte de mes desirs.
Mais à peine le ciel eut rappelé mon père,
Dès que ma triste main eut fermé sa paupière, 460
De mon aimable erreur je fus désabusé :

---

1. *Var.* Avec tout mon amour, Paulin, et tous ses charmes. (1671)

Je sentis le fardeau qui m'étoit imposé ;
Je connus que bientôt, loin d'être à ce que j'aime,
Il falloit, cher Paulin, renoncer à moi-même ;
Et que le choix des Dieux, contraire à mes amours, 465
Livroit à l'univers le reste de mes jours.
Rome observe aujourd'hui ma conduite nouvelle.
Quelle honte pour moi, quel présage pour elle,
Si dès le premier pas, renversant tous ses droits,
Je fondois mon bonheur sur le débris des lois ! 470
Résolu d'accomplir ce cruel sacrifice,
J'y voulus préparer la triste Bérénice ;
Mais par où commencer? Vingt fois depuis huit jours
J'ai voulu devant elle en ouvrir le discours ;
Et dès le premier mot ma langue embarrassée 475
Dans ma bouche vingt fois a demeuré glacée.
J'espérois que du moins mon trouble et ma douleur
Lui feroit[1] pressentir notre commun malheur ;
Mais sans me soupçonner, sensible à mes alarmes,
Elle m'offre sa main pour essuyer mes larmes ; 480
Et ne prévoit rien moins dans cette obscurité
Que la fin d'un amour qu'elle a trop mérité[2].
Enfin j'ai ce matin rappelé ma constance :
Il faut la voir, Paulin, et rompre le silence.
J'attends Antiochus pour lui recommander 485
Ce dépôt précieux que je ne puis garder.
Jusque dans l'Orient je veux qu'il la remène[3].
Demain Rome avec lui verra partir la Reine.

1. Il y a *feroit*, au singulier, dans toutes les éditions publiées du vivant de Racine.
2. *Var.* Que la perte d'un cœur qu'elle a trop mérité. (1671)
3. Les éditions du dix-septième siècle ont : *remeine*. C'est l'orthographe constante, et non pas seulement accidentelle pour rimer avec *Reine*, du verbe *mener* à ce temps. — L'édition de 1680 et celle de 1713 portent : *rameine*, et, à leur exemple, plusieurs impressions modernes, entre autres celle de Geoffroy : *ramène*.

Elle en sera bientôt instruite par ma voix,
Et je vais lui parler pour la dernière fois. 490
### PAULIN.
Je n'attendois pas moins de cet amour de gloire
Qui partout après vous attacha la victoire.
La Judée asservie, et ses remparts fumants,
De cette noble ardeur éternels monuments,
Me répondoient assez que votre grand courage 495
Ne voudroit pas, Seigneur, détruire son ouvrage ;
Et qu'un héros vainqueur de tant de nations
Sauroit bien, tôt ou tard, vaincre ses passions.
### TITUS.
Ah! que sous de beaux noms cette gloire est cruelle!
Combien mes tristes yeux la trouveroient plus belle, 500
S'il ne falloit encor qu'affronter le trépas!
Que dis-je? Cette ardeur que j'ai pour ses appas,
Bérénice en mon sein l'a jadis allumée.
Tu ne l'ignores pas : toujours la Renommée
Avec le même éclat n'a pas semé mon nom. 505
Ma jeunesse, nourrie à la cour de Néron [1],
S'égaroit, cher Paulin, par l'exemple abusée,
Et suivoit du plaisir la pente trop aisée.
Bérénice me plut. Que ne fait point un cœur
Pour plaire à ce qu'il aime, et gagner son vainqueur?
Je prodiguai mon sang; tout fit place à mes armes.
Je revins triomphant. Mais le sang et les larmes
Ne me suffisoient pas pour mériter ses vœux :
J'entrepris le bonheur de mille malheureux.
On vit de toutes parts mes bontés se répandre [2] : 515
Heureux ! et plus heureux que tu ne peux comprendre,
Quand je pouvois paroître à ses yeux satisfaits

---

1. « Educatus in aula cum Britannico simul. » (Suétone, *Titus*, chapitre 11.)
2. *Var.* Ma main avec plaisir apprit à se répandre. (1671)

Chargé de mille cœurs conquis par mes bienfaits !
Je lui dois tout, Paulin. Récompense cruelle !
Tout ce que je lui dois va retomber sur elle.   520
Pour prix de tant de gloire et de tant de vertus,
Je lui dirai : « Partez, et ne me voyez plus. »

PAULIN.

Hé quoi? Seigneur, hé quoi? cette magnificence
Qui va jusqu'à l'Euphrate étendre sa puissance,
Tant d'honneurs, dont l'excès a surpris le sénat,   525
Vous laissent-ils encor craindre le nom d'ingrat ?
Sur cent peuples nouveaux Bérénice commande.

TITUS.

Foibles amusements d'une douleur si grande[1] !
Je connois Bérénice, et ne sais que trop bien
Que son cœur n'a jamais demandé que le mien.   530
Je l'aimai, je lui plus. Depuis cette journée
(Dois-je dire funeste, hélas ! ou fortunée ?),
Sans avoir en aimant d'objet que son amour,
Étrangère dans Rome, inconnue à la cour,
Elle passe ses jours, Paulin, sans rien prétendre   535
Que quelque heure à me voir, et le reste à m'attendre.
Encor si quelquefois un peu moins assidu
Je passe le moment où je suis attendu,
Je la revois bientôt de pleurs toute trempée.
Ma main à les sécher est longtemps occupée.   540
Enfin tout ce qu'Amour a de nœuds plus puissants,
Doux reproches, transports sans cesse renaissants,
Soin de plaire sans art, crainte toujours nouvelle,
Beauté, gloire, vertu, je trouve tout en elle.
Depuis cinq ans entiers chaque jour je la vois,   545

---

1. .......... *Solatia luctus*
   *Exigua ingentis.* ............
              (Virgile, *Énéide*, livre XI, vers 62 et 63.)

Et crois toujours la voir pour la première fois.
N'y songeons plus. Allons, cher Paulin : plus j'y pense,
Plus je sens chanceler ma cruelle constance.
Quelle nouvelle, ô ciel! je lui vais annoncer!
Encore un coup, allons, il n'y faut plus penser.      550
Je connois mon devoir, c'est à moi de le suivre :
Je n'examine point si j'y pourrai survivre.


## SCÈNE III.

### TITUS, PAULIN, RUTILE.

#### RUTILE.

Bérénice, Seigneur, demande à vous parler.

#### TITUS.

Ah! Paulin.

#### PAULIN.

Quoi? déjà vous semblez reculer?
De vos nobles projets, Seigneur, qu'il vous souvienne[1] :
Voici le temps.

#### TITUS.

Hé bien, voyons-la. Qu'elle vienne.


## SCENE IV.

### BÉRÉNICE, TITUS, PAULIN, PHÉNICE.

#### BÉRÉNICE.

Ne vous offensez pas si mon zèle indiscret
De votre solitude interrompt le secret.
Tandis qu'autour de moi votre cour assemblée

---

1. *Var.* De vos nobles desseins, Seigneur, qu'il vous souvienne. (1671)

Retentit des bienfaits dont vous m'avez comblée,   560
Est-il juste, Seigneur, que seule en ce moment
Je demeure sans voix et sans ressentiment?
Mais, Seigneur (car je sais que cet ami sincère
Du secret de nos cœurs connoît tout le mystère),
Votre deuil est fini, rien n'arrête vos pas,   565
Vous êtes seul enfin, et ne me cherchez pas.
J'entends que vous m'offrez un nouveau diadème,
Et ne puis cependant vous entendre vous-même.
Hélas! plus de repos, Seigneur, et moins d'éclat.
Votre amour ne peut-il paroître qu'au sénat?   570
Ah! Titus, car enfin l'amour fuit la contrainte
De tous ces noms que suit le respect et la crainte.
De quel soin votre amour va-t-il s'importuner?
N'a-t-il que des États qu'il me puisse donner?
Depuis quand croyez-vous que ma grandeur me touche?
Un soupir, un regard, un mot de votre bouche,
Voilà l'ambition d'un cœur comme le mien.
Voyez-moi plus souvent, et ne me donnez rien.
Tous vos moments sont-ils dévoués à l'Empire?
Ce cœur, après huit jours, n'a-t-il rien à me dire[1]?   580
Qu'un mot va rassurer mes timides esprits!
Mais parliez-vous de moi quand je vous ai surpris?
Dans vos secrets discours étois-je intéressée,
Seigneur? Étois-je au moins présente à la pensée?

TITUS.

N'en doutez point, Madame; et j'atteste les Dieux   585
Que toujours Bérénice est présente à mes yeux.
L'absence ni le temps, je vous le jure encore,
Ne vous peuvent ravir ce cœur qui vous adore.

BÉRÉNICE.

Hé quoi? vous me jurez une éternelle ardeur,

---

1. *Var.* Ce cœur, depuis huit jours, n'a-t-il rien à me dire? (1671)

Et vous me la jurez avec cette froideur? 590
Pourquoi même du ciel attester la puissance¹?
Faut-il par des serments vaincre ma défiance?
Mon cœur ne prétend point, Seigneur, vous démentir,
Et je vous en croirai sur un simple soupir.

TITUS.

Madame....

BÉRÉNICE.

Hé bien, Seigneur? Mais quoi? sans me répondre
Vous détournez les yeux, et semblez vous confondre.
Ne m'offrirez-vous plus qu'un visage interdit?
Toujours la mort d'un père occupe votre esprit?
Rien ne peut-il charmer l'ennui qui vous dévore?

TITUS.

Plût au ciel que mon père, hélas! vécût encore²! 600
Que je vivois heureux!

BÉRÉNICE.

Seigneur, tous ces regrets
De votre piété sont de justes effets.
Mais vos pleurs ont assez honoré sa mémoire :
Vous devez d'autres soins à Rome, à votre gloire.
De mon propre intérêt je n'ose vous parler. 605
Bérénice autrefois pouvoit vous consoler;
Avec plus de plaisir vous m'avez écoutée.
De combien de malheurs pour vous persécutée,
Vous ai-je pour un mot sacrifié mes pleurs!
Vous regrettez un père : hélas! foibles douleurs! 610
Et moi (ce souvenir me fait frémir encore),
On vouloit m'arracher de tout ce que j'adore;
Moi, dont vous connoissez le trouble et le tourment
Quand vous ne me quittez que pour quelque moment;

---

1. *Var.* Pourquoi des Immortels attester la puissance? (1671-87)
2. *Var.* Plût aux Dieux que mon père, hélas! vécût encore! (1671-87)

Moi, qui mourrois le jour qu'on voudroit m'interdire[1]
De vous....

TITUS.

Madame, hélas! que me venez-vous dire?
Quel temps choisissez-vous? Ah! de grâce, arrêtez.
C'est trop pour un ingrat prodiguer vos bontés.

BÉRÉNICE.

Pour un ingrat, Seigneur! Et le pouvez-vous être?
Ainsi donc mes bontés vous fatiguent peut-être? 620

TITUS.

Non, Madame. Jamais, puisqu'il faut vous parler,
Mon cœur de plus de feux ne se sentit brûler.
Mais....

BÉRÉNICE.

Achevez.

TITUS.

Hélas!

BÉRÉNICE.

Parlez.

TITUS.

Rome.... l'Empire....

BÉRÉNICE.

Hé bien?

TITUS.

Sortons, Paulin : je ne lui puis rien dire.

## SCÈNE V.

### BÉRÉNICE, PHENICE.

BÉRÉNICE.

Quoi? me quitter sitôt, et ne me dire rien? 625

---

1. *Var.* Moi, qui mourrois le jour qu'on viendroit m'interdire. (1671)

Chère Phénice, hélas! quel funeste entretien!
Qu'ai-je fait? Que veut-il? Et que dit ce silence?

PHÉNICE.

Comme vous je me perds d'autant plus que j'y pense[1].
Mais ne s'offre-t-il rien à votre souvenir
Qui contre vous, Madame, ait pu le prévenir? 630
Voyez, examinez.

BÉRÉNICE.

Hélas! tu peux m'en croire :
Plus je veux du passé rappeler la mémoire,
Du jour que je le vis jusqu'à ce triste jour,
Plus je vois qu'on me peut reprocher trop d'amour.
Mais tu nous entendois. Il ne faut rien me taire. 635
Parle. N'ai-je rien dit qui lui puisse déplaire?
Que sais-je? J'ai peut-être avec trop de chaleur
Rabaissé ses présents, ou blâmé sa douleur.
N'est-ce point que de Rome il redoute la haine?
Il craint peut-être, il craint d'épouser une reine. 640
Hélas! s'il étoit vrai.... Mais non, il a cent fois
Rassuré mon amour contre leurs dures lois;
Cent fois.... Ah! qu'il m'explique un silence si rude :
Je ne respire pas dans cette incertitude.
Moi, je vivrois, Phénice, et je pourrois penser 645
Qu'il me néglige, ou bien que j'ai pu l'offenser?
Retournons sur ses pas. Mais quand je m'examine,
Je crois de ce désordre entrevoir l'origine,
Phénice : il aura su tout ce qui s'est passé;
L'amour d'Antiochus l'a peut-être offensé. 650
Il attend, m'a-t-on dit, le roi de Comagène.
Ne cherchons point ailleurs le sujet de ma peine.
Sans doute ce chagrin qui vient de m'alarmer
N'est qu'un léger soupçon facile à désarmer.

1. *Var.* Madame, je me perds d'autant plus que j'y pense. (1671)

Je ne te vante point cette foible victoire, 655
Titus. Ah! plût au ciel que sans blesser ta gloire
Un rival plus puissant voulût tenter ma foi,
Et pût mettre à mes pieds plus d'empires que toi,
Que de sceptres sans nombre il pût payer ma flamme,
Que ton amour n'eût rien à donner que ton âme! 660
C'est alors, cher Titus, qu'aimé, victorieux,
Tu verrois de quel prix ton cœur est à mes yeux [1].
Allons, Phénice, un mot pourra le satisfaire.
Rassurons-nous, mon cœur, je puis encor lui plaire :
Je me comptois trop tôt au rang des malheureux. 665
Si Titus est jaloux, Titus est amoureux.

1. La Zaïre de Voltaire exprime un sentiment semblable dans la même scène 1 de l'acte I, dont nous avons déjà cité plus haut deux vers :

> ... Si le ciel sur lui déployant sa rigueur,
> Aux fers que j'ai portés eût condamné sa vie,
> Si le ciel sous nos lois eût rangé la Syrie,
> Ou mon amour me trompe, ou Zaïre aujourd'hui
> Pour l'élever à soi descendroit jusqu'à lui.

**FIN DU SECOND ACTE.**

# ACTE III.

## SCÈNE PREMIÈRE.
### TITUS, ANTIOCHUS, ARSACE.

#### TITUS.

Quoi? Prince, vous partiez? Quelle raison subite
Presse votre départ, ou plutôt votre fuite?
Vouliez-vous me cacher jusques à vos adieux?
Est-ce comme ennemi que vous quittez ces lieux?  670
Que diront avec moi la cour, Rome, l'Empire?
Mais, comme votre ami, que ne puis-je point dire[1]?
De quoi m'accusez-vous? Vous avois-je sans choix
Confondu jusqu'ici dans la foule des rois?
Mon cœur vous fut ouvert tant qu'a vécu mon père: 675
C'étoit le seul présent que je pouvois vous faire.
Et lorsque avec mon cœur ma main peut s'épancher,
Vous fuyez mes bienfaits tout prêts à vous chercher?
Pensez-vous qu'oubliant ma fortune passée,
Sur ma seule grandeur j'arrête ma pensée,  680
Et que tous mes amis s'y présentent de loin
Comme autant d'inconnus dont je n'ai plus besoin?
Vous-même, à mes regards qui vouliez vous soustraire,
Prince, plus que jamais vous m'êtes nécessaire.

---

1. L'édition de 1807 donne ainsi ce vers:

    Mais, comme votre ami, que ne puis-je vous dire?

puis la Harpe fait une longue note pour blâmer Racine d'avoir omis *pas* ou *point*. M. Aimé-Martin indique comme variante ce vers ainsi défiguré, que nous avons trouvé pour la première fois dans l'impression d'Amsterdam de 1760.

ANTIOCHUS.

Moi, Seigneur?

TITUS.

Vous.

ANTIOCHUS.

Hélas! d'un prince malheureux
Que pouvez-vous, Seigneur, attendre que des vœux?

TITUS.

Je n'ai pas oublié, Prince, que ma victoire
Devoit à vos exploits la moitié de sa gloire,
Que Rome vit passer au nombre des vaincus
Plus d'un captif chargé des fers d'Antiochus; 690
Que dans le Capitole elle voit attachées
Les dépouilles des Juifs, par vos mains arrachées.
Je n'attends pas de vous de ces sanglants exploits,
Et je veux seulement emprunter votre voix.
Je sais que Bérénice, à vos soins redevable, 695
Croit posséder en vous un ami véritable.
Elle ne voit dans Rome et n'écoute que vous;
Vous ne faites qu'un cœur et qu'une âme avec nous.
Au nom d'une amitié si constante et si belle,
Employez le pouvoir que vous avez sur elle. 700
Voyez-la de ma part.

ANTIOCHUS.

Moi? paroître à ses yeux?
La Reine pour jamais a reçu mes adieux.

TITUS.

Prince, il faut que pour moi vous lui parliez encore.

ANTIOCHUS.

Ah! parlez-lui, Seigneur: la Reine vous adore.
Pourquoi vous dérober vous-même en ce moment 705
Le plaisir de lui faire un aveu si charmant?
Elle l'attend, Seigneur, avec impatience.
Je réponds, en partant, de son obéissance;

Et même elle m'a dit que prêt à l'épouser,
Vous ne la verrez plus que pour l'y disposer. 710

TITUS.

Ah! qu'un aveu si doux auroit lieu de me plaire!
Que je serois heureux, si j'avois à le faire!
Mes transports aujourd'hui s'attendoient d'éclater;
Cependant aujourd'hui, Prince, il faut la quitter.

ANTIOCHUS.

La quitter! Vous, Seigneur?

TITUS.

Telle est ma destinée. 715
Pour elle et pour Titus il n'est plus d'hyménée.
D'un espoir si charmant je me flattois en vain :
Prince, il faut avec vous qu'elle parte demain.

ANTIOCHUS.

Qu'entends-je? O ciel!

TITUS.

Plaignez ma grandeur importune.
Maître de l'univers, je règle sa fortune; 720
Je puis faire les rois, je puis les déposer:
Cependant de mon cœur je ne puis disposer.
Rome, contre les rois de tout temps soulevée,
Dédaigne une beauté dans la pourpre élevée.
L'éclat du diadème et cent rois pour aïeux 725
Déshonorent ma flamme et blessent tous les yeux.
Mon cœur, libre d'ailleurs, sans craindre les murmures,
Peut brûler à son choix dans des flammes obscures;
Et Rome avec plaisir recevroit[1] de ma main
La moins digne beauté qu'elle cache en son sein. 730
Jules céda lui-même au torrent qui m'entraîne[2].
Si le peuple demain ne voit partir la Reine,

---

1. L'édition de 1702 a : *recevoir*.
2. Voyez ci-dessus les vers 387-390.

Demain elle entendra ce peuple furieux
Me venir demander son départ à ses yeux.
Sauvons de cet affront mon nom et sa mémoire;  735
Et puisqu'il faut céder, cédons à notre gloire.
Ma bouche et mes regards, muets depuis huit jours,
L'auront pu préparer à ce triste discours.
Et même en ce moment, inquiète, empressée,
Elle veut qu'à ses yeux j'explique ma pensée.  740
D'un amant interdit soulagez le tourment :
Épargnez à mon cœur cet éclaircissement.
Allez, expliquez-lui mon trouble et mon silence.
Surtout qu'elle me laisse éviter sa présence.
Soyez le seul témoin de ses pleurs et des miens;  745
Portez-lui mes adieux, et recevez les siens.
Fuyons tous deux, fuyons un spectacle funeste,
Qui de notre constance accableroit le reste.
Si l'espoir de régner et de vivre en mon cœur
Peut de son infortune adoucir la rigueur,  750
Ah! Prince, jurez-lui que toujours trop fidèle,
Gémissant dans ma cour, et plus exilé qu'elle,
Portant jusqu'au tombeau le nom de son amant,
Mon règne ne sera qu'un long bannissement,
Si le ciel, non content de me l'avoir ravie,  755
Veut encor m'affliger par une longue vie.
Vous que l'amitié seule attache sur ses pas,
Prince, dans son malheur ne l'abandonnez pas.
Que l'Orient vous voie arriver à sa suite;
Que ce soit un triomphe, et non pas une fuite;  760
Qu'une amitié si belle ait d'éternels liens;
Que mon nom soit toujours dans tous vos entretiens.
Pour rendre vos États plus voisins l'un de l'autre,
L'Euphrate bornera son empire et le vôtre.
Je sais que le sénat, tout plein de votre nom,  765
D'une commune voix confirmera ce don.

Je joins la Cilicie à votre Comagène¹.
Adieu : ne quittez point ma princesse, ma reine,
Tout ce qui de mon cœur fut l'unique desir,
Tout ce que j'aimerai jusqu'au dernier soupir.   770

## SCÈNE II.

### ANTIOCHUS, ARSACE.

#### ARSACE.

Ainsi le ciel s'apprête à vous rendre justice.
Vous partirez, Seigneur, mais avec Bérénice.
Loin de vous la ravir, on va vous la livrer.

#### ANTIOCHUS.

Arsace, laisse-moi le temps de respirer.
Ce changement est grand, ma surprise est extrême.   775
Titus entre mes mains remet tout ce qu'il aime?
Dois-je croire, grands Dieux! ce que je viens d'ouïr?
Et quand je le croirai², dois-je m'en réjouir?

#### ARSACE.

Mais, moi-même, Seigneur, que faut-il que je croie?
Quel obstacle nouveau s'oppose à votre joie?   780
Me trompiez-vous tantôt au sortir de ces lieux,
Lorsque encor tout ému de vos derniers adieux,
Tremblant d'avoir osé s'expliquer devant elle,
Votre cœur me contoit son audace nouvelle?
Vous fuyiez³ un hymen qui vous faisoit trembler.   785
Cet hymen est rompu : quel soin peut vous troubler?

---

1. La Comagène, à l'occident, touchait à la Cilicie.
2. Il y a bien le futur *croirai* dans toutes les éditions publiées du vivant de Racine. Dans la plupart des éditions postérieures, et déjà dans celles de 1702, de 1713, de 1728, de 1736, on a mis : *croirois, croirais*.
3. *Vous fuyiez* est le texte des éditions de 1671, de 1676 et de 1687. Celle de 1697 donne : *vous fuyez*.

Suivez les doux transports où l'amour vous invite.
ANTIOCHUS.
Arsace, je me vois chargé de sa conduite;
Je jouirai longtemps de ses chers entretiens,
Ses yeux même pourront s'accoutumer aux miens;   790
Et peut-être son cœur fera la différence
Des froideurs de Titus à ma persévérance.
Titus m'accable ici du poids de sa grandeur :
Tout disparoît dans Rome auprès de sa splendeur;
Mais quoique l'Orient soit plein de sa mémoire,   795
Bérénice y verra des traces de ma gloire.
ARSACE.
N'en doutez point, Seigneur, tout succède à vos vœux.
ANTIOCHUS.
Ah! que nous nous plaisons à nous tromper tous deux!
ARSACE.
Et pourquoi nous tromper?
ANTIOCHUS.
Quoi? je lui pourrois plaire?
Bérénice à mes vœux ne seroit plus contraire?   800
Bérénice d'un mot flatteroit mes douleurs?
Penses-tu seulement que parmi ses malheurs,
Quand l'univers entier négligeroit ses charmes,
L'ingrate me permît de lui donner des larmes,
Ou qu'elle s'abaissât jusques à recevoir   805
Des soins qu'à mon amour elle croiroit devoir?
ARSACE.
Et qui peut mieux que vous consoler sa disgrâce?
Sa fortune, Seigneur, va prendre une autre face[1].
Titus la quitte.

---

1. Ce vers rappelle ces mots d'Oreste dans la première scène d'*Andromaque* (vers 2) :

> Ma fortune va prendre une face nouvelle.

ANTIOCHUS.

Hélas! de ce grand changement
Il ne me reviendra que le nouveau tourment
D'apprendre par ses pleurs à quel point elle l'aime.
Je la verrai gémir; je la plaindrai moi-même.
Pour fruit de tant d'amour, j'aurai le triste emploi
De recueillir des pleurs qui ne sont pas pour moi.

ARSACE.

Quoi? ne vous plairez-vous qu'à vous gêner sans cesse?
Jamais dans un grand cœur vit-on plus de foiblesse[1]?
Ouvrez les yeux, Seigneur, et songeons entre nous
Par combien de raisons Bérénice est à vous.
Puisque aujourd'hui Titus ne prétend plus lui plaire,
Songez que votre hymen lui devient nécessaire.

ANTIOCHUS.

Nécessaire!

ARSACE.

A ses pleurs accordez quelques jours;
De ses premiers sanglots laissez passer le cours :
Tout parlera pour vous, le dépit, la vengeance,
L'absence de Titus, le temps, votre présence,
Trois sceptres que son bras ne peut seul soutenir,
Vos deux États voisins, qui cherchent à s'unir.
L'intérêt, la raison, l'amitié, tout vous lie.

ANTIOCHUS.

Oui, je respire, Arsace, et tu me rends la vie[2] :
J'accepte avec plaisir un présage si doux.
Que tardons-nous? Faisons ce qu'on attend de nous.
Entrons chez Bérénice; et puisqu'on nous l'ordonne,

---

1. Racine s'est presque copié lui-même. Il avait dit ailleurs (*Andromaque*, vers 298) :

  Faut-il qu'un si grand cœur montre tant de foiblesse?

2. *Var.* Ah! je respire, Arsace, et tu me rends la vie. (1671-87)

Allons lui déclarer que Titus l'abandonne.
Mais plutôt demeurons. Que faisois-je? Est-ce à moi,
Arsace, à me charger de ce cruel emploi?
Soit vertu, soit amour, mon cœur s'en effarouche.   835
L'aimable Bérénice entendroit de ma bouche
Qu'on l'abandonne! Ah! Reine, et qui l'auroit pensé,
Que ce mot dût jamais vous être prononcé!

### ARSACE.

La haine sur Titus tombera toute entière[1] :
Seigneur, si vous parlez, ce n'est qu'à sa prière.   840

### ANTIOCHUS.

Non, ne la voyons point. Respectons sa douleur :
Assez d'autres viendront lui conter son malheur.
Et ne la crois-tu pas assez infortunée
D'apprendre à quel mépris Titus l'a condamnée,
Sans lui donner encor le déplaisir fatal   845
D'apprendre ce mépris[2] par son propre rival?
Encore un coup, fuyons : et par cette nouvelle
N'allons point nous charger d'une haine immortelle.

### ARSACE.

Ah! la voici, Seigneur : prenez votre parti

### ANTIOCHUS.

O ciel!

## SCÈNE III.

### BÉRÉNICE, ANTIOCHUS, ARSACE, PHÉNICE.

#### BÉRÉNICE.

Hé quoi? Seigneur! vous n'êtes point parti[3] ?

---

1. *Toute entière* est le texte de toutes les éditions. L'orthographe est la même plus bas, au vers 1456.
2. Dans l'édition de M. Aignan, « son mépris » a été substitué à « ce mépris. »
3. *Var.* Enfin, Seigneur, vous n'êtes point parti. (1671-87)

###### ANTIOCHUS.

Madame, je vois bien que vous êtes déçue,
Et que c'étoit César que cherchoit votre vue.
Mais n'accusez que lui, si malgré mes adieux
De ma présence encor j'importune vos yeux.
Peut-être en ce moment je serois dans Ostie[1],     855
S'il ne m'eût de sa cour défendu la sortie.

###### BÉRÉNICE.

Il vous cherche vous seul. Il nous évite tous.

###### ANTIOCHUS.

Il ne m'a retenu que pour parler de vous.

###### BÉRÉNICE.

De moi, Prince!

###### ANTIOCHUS.

Oui, Madame.

###### BÉRÉNICE.

Et qu'a-t-il pu vous dire?

###### ANTIOCHUS.

Mille autres mieux que moi pourront vous en instruire.

###### BÉRÉNICE.

Quoi? Seigneur....

###### ANTIOCHUS.

Suspendez votre ressentiment.
D'autres, loin de se taire en ce même moment,
Triompheroient peut-être, et pleins de confiance
Céderoient avec joie à votre impatience.
Mais moi, toujours tremblant, moi, vous le savez bien,
A qui votre repos est plus cher que le mien,
Pour ne le point troubler, j'aime mieux vous déplaire,
Et crains votre douleur plus que votre colère.
Avant la fin du jour vous me justifirez.
Adieu, Madame.

---

1. C'est à Ostie qu'Antiochus devait s'embarquer pour retourner en Orient: voyez ci-dessus, vers 72.

## ACTE III, SCENE III.

BÉRÉNICE.

    O ciel! quel discours! Demeurez. 870
Prince, c'est trop cacher mon trouble à votre vue.
Vous voyez devant vous une reine éperdue,
Qui, la mort dans le sein, vous demande deux mots.
Vous craignez, dites-vous, de troubler mon repos;
Et vos refus cruels, loin d'épargner ma peine, 875
Excitent ma douleur, ma colère, ma haine.
Seigneur, si mon repos vous est si précieux,
Si moi-même jamais je fus chère à vos yeux,
Eclaircissez le trouble où vous voyez mon âme.
Que vous a dit Titus?

ANTIOCHUS.

    Au nom des Dieux, Madame....

BÉRÉNICE.

Quoi? vous craignez si peu de me désobéir?

ANTIOCHUS.

Je n'ai qu'à vous parler pour me faire haïr.

BÉRÉNICE.

Je veux que vous parliez.

ANTIOCHUS.

    Dieux! quelle violence!
Madame, encore un coup, vous loûrez mon silence.

BÉRÉNICE.

Prince, dès ce moment contentez mes souhaits, 885
Ou soyez de ma haine assuré pour jamais.

ANTIOCHUS.

Madame, après cela, je ne puis plus me taire.
Hé bien, vous le voulez, il faut vous satisfaire.
Mais ne vous flattez point : je vais vous annoncer
Peut-être des malheurs où vous n'osez penser. 890
Je connois votre cœur : vous devez vous attendre
Que je le vais frapper par l'endroit le plus tendre.
Titus m'a commandé....

BÉRÉNICE.
Quoi?
ANTIOCHUS.
De vous déclarer
Qu'à jamais l'un de l'autre il faut vous séparer[1].
BÉRÉNICE.
Nous séparer? Qui? Moi? Titus de Bérénice! 895
ANTIOCHUS.
Il faut que devant vous je lui rende justice.
Tout ce que dans un cœur sensible et généreux
L'amour au désespoir peut rassembler d'affreux,
Je l'ai vu dans le sien. Il pleure, il vous adore.
Mais enfin que lui sert de vous aimer encore? 900
Une reine est suspecte à l'empire romain.
Il faut vous séparer, et vous partez demain.
BÉRÉNICE.
Nous séparer! Hélas, Phénice!
PHÉNICE.
Hé bien, Madame,
Il faut ici montrer la grandeur de votre âme.
Ce coup sans doute est rude : il doit vous étonner. 905
BÉRÉNICE.
Après tant de serments, Titus m'abandonner!
Titus qui me juroit.... Non, je ne le puis croire :
Il ne me quitte point, il y va de sa gloire.
Contre son innocence on veut me prévenir.
Ce piége n'est tendu que pour nous désunir. 910
Titus m'aime. Titus ne veut point que je meure.
Allons le voir : je veux lui parler tout à l'heure.
Allons.

---

1. Dans l'édition de 1702 et dans celle de la Harpe (1807) on lit : « il vous faut séparer. » Un peu plus bas, au vers 902, ces deux éditions ont gardé le vrai texte : « il faut vous séparer. »

###### ANTIOCHUS.
Quoi? vous pourriez ici me regarder....
###### BÉRÉNICE.
Vous le souhaitez trop pour me persuader.
Non, je ne vous crois point. Mais quoi qu'il en puisse
Pour jamais à mes yeux gardez-vous de paraître[1]. [être,
(A Phénice.)
Ne m'abandonne pas dans l'état où je suis.
Hélas! pour me tromper je fais ce que je puis.

## SCÈNE IV.
#### ANTIOCHUS, ARSACE.
###### ANTIOCHUS.
Ne me trompé-je point? L'ai-je bien entendue?
Que je me garde, moi, de paroître à sa vue! 920
Je m'en garderai bien. Et ne partois-je pas,
Si Titus malgré moi n'eût arrêté mes pas?
Sans doute, il faut partir. Continuons, Arsace[2].
Elle croit m'affliger : sa haine me fait grâce.
Tu me voyois tantôt inquiet, égaré : 925
Je partois amoureux, jaloux, désespéré;
Et maintenant, Arsace, après cette défense,
Je partirai peut-être avec indifférence.
###### ARSACE.
Moins que jamais, Seigneur, il faut vous éloigner.
###### ANTIOCHUS.
Moi, je demeurerai pour me voir dédaigner? 930
Des froideurs de Titus je serai responsable?

---

1. Il y a ici et un peu plus bas, au vers 939, *paraître (paraistre)*, par un *a*, dans toutes les anciennes éditions. De même au vers 1384 : *reconnaître*.
2. *Var.* Allons, il faut partir. Continuons, Arsace. (1671)

Je me verrai puni parce qu'il est coupable?
Avec quelle injustice et quelle indignité
Elle doute à mes yeux de ma sincérité!
Titus l'aime, dit-elle, et moi je l'ai trahie. 935
L'ingrate! m'accuser de cette perfidie!
Et dans quel temps encor? Dans le moment fatal
Que j'étale à ses yeux les pleurs de mon rival;
Que pour la consoler, je le faisois paraître
Amoureux et constant, plus qu'il ne l'est peut-être. 940

ARSACE.

Et de quel soin, Seigneur, vous allez-vous troubler?
Laissez à ce torrent le temps de s'écouler.
Dans huit jours, dans un mois, n'importe, il faut qu'il
Demeurez seulement.                              [passe.

ANTIOCHUS.

Non, je la quitte, Arsace.
Je sens qu'à sa douleur je pourrois compatir : 945
Ma gloire, mon repos, tout m'excite à partir.
Allons; et de si loin évitons la cruelle,
Que de longtemps, Arsace, on ne nous parle d'elle.
Toutefois il nous reste encore assez de jour :
Je vais dans mon palais attendre ton retour. 950
Va voir si la douleur[1] ne l'a point trop saisie.
Cours; et partons du moins assurés de sa vie.

1. Les éditeurs modernes (la Harpe, Geoffroy, M. Aimé-Martin) ont remplacé « la douleur » par « sa douleur. » J

FIN DU TROISIÈME ACTE.

# ACTE IV.

## SCÈNE PREMIÈRE.

### BÉRÉNICE, seule.

Phénice ne vient point? Moments trop rigoureux,
Que vous paroissez lents à mes rapides vœux[1] !
Je m'agite, je cours, languissante, abattue ; 955
La force m'abandonne, et le repos me tue.
Phénice ne vient point? Ah! que cette longueur
D'un présage funeste épouvante mon cœur !
Phénice n'aura point de réponse à me rendre.
Titus, l'ingrat Titus n'a point voulu l'entendre : 960
Il fuit, il se dérobe à ma juste fureur.

## SCÈNE II.

### BÉRÉNICE, PHÉNICE.

#### BÉRÉNICE.

Chère Phénice, hé bien! as-tu vu l'Empereur?
Qu'a-t-il dit? Viendra-t-il?

#### PHÉNICE.

Oui, je l'ai vu, Madame,
Et j'ai peint à ses yeux le trouble de votre âme.

---

1. « Je me souviens, dit Voltaire, d'avoir vu autrefois une tragédie de *Saint Jean-Baptiste*, supposée antérieure à *Bérénice*, dans laquelle on avait inséré toute cette tirade pour faire croire que Racine l'avait volée. »

J'ai vu couler des pleurs qu'il vouloit retenir. 965
### BÉRÉNICE.
Vient-il?
### PHÉNICE.
N'en doutez point, Madame, il va venir.
Mais voulez-vous paroître en ce désordre extrême?
Remettez-vous, Madame, et rentrez en vous-même.
Laissez-moi relever ces voiles détachés,
Et ces cheveux épars dont vos yeux sont cachés. 970
Souffrez que de vos pleurs je répare l'outrage.
### BÉRÉNICE.
Laisse, laisse, Phénice, il verra son ouvrage.
Et que m'importe, hélas! de ces vains ornements[1]?
Si ma foi, si mes pleurs, si mes gémissements,
Mais que dis-je, mes pleurs? si ma perte certaine, 975
Si ma mort toute prête enfin ne le ramène[2],
Dis-moi, que produiront tes secours superflus,
Et tout ce foible éclat qui ne le touche plus?
### PHÉNICE.
Pourquoi lui faites-vous cet injuste reproche?
J'entends du bruit, Madame, et l'Empereur s'approche.
Venez, fuyez la foule, et rentrons promptement.
Vous l'entretiendrez seul dans votre appartement.

---

1. Après ce vers, la Harpe, Geoffroy et M. Aimé-Martin ne mettent qu'une virgule. Les deux derniers en placent une aussi après le vers 976, où la Harpe a un point d'interrogation. Nous suivons la ponctuation de toutes les anciennes éditions. Nous suivons également ces éditions en écrivant *Et*, et non *Eh!* au commencement du vers 973.

2. Dans les anciennes éditions, *rameine* : voyez ci-dessus, p. 395, note 3.

## SCÈNE III.

### TITUS, PAULIN, suite.

#### TITUS.

De la Reine, Paulin, flattez l'inquiétude[1].
Je vais la voir. Je veux un peu de solitude.
Que l'on me laisse.

#### PAULIN.

    O ciel! que je crains ce combat! 985
Grands Dieux, sauvez sa gloire et l'honneur de l'État.
Voyons la Reine.

## SCENE IV.

### TITUS, seul.

    Hé bien! Titus, que viens-tu faire?
Bérénice t'attend. Où viens-tu, téméraire?
Tes adieux sont-ils prêts? T'es-tu bien consulté?
Ton cœur te promet-il assez de cruauté? 990
Car enfin au combat qui pour toi se prépare
C'est peu d'être constant, il faut être barbare.
Soutiendrai-je ces yeux dont la douce langueur
Sait si bien découvrir les chemins de mon cœur?
Quand je verrai ces yeux armés de tous leurs charmes,
Attachés sur les miens, m'accabler de leurs larmes,
Me souviendrai-je alors de mon triste devoir?

---

1. Ou le théâtre reste vide, ou Titus voit Bérénice : s'il la voit, il doit donc dire qu'il l'évité, ou lui parler. (*Voltaire.*) — « Il est clair, dit la Harpe, que le théâtre reste vide. » L'abbé de Villars (p. 28) reproche à Racine « de ne s'être pas mis en peine de la liaison des scènes et d'avoir laissé *plusieurs fois* le théâtre vide. »

Pourrai-je dire enfin : « Je ne veux plus vous voir?
Je viens percer un cœur que j'adore, qui m'aime. »
Et pourquoi le percer? Qui l'ordonne? Moi-même. 1000
Car enfin Rome a-t-elle expliqué ses souhaits?
L'entendons-nous crier autour de ce palais?
Vois-je l'État penchant au bord du précipice?
Ne le puis-je sauver que par ce sacrifice?
Tout se tait; et moi seul, trop prompt à me troubler,
J'avance des malheurs que je puis reculer.
Et qui sait si sensible aux vertus de la Reine,
Rome ne voudra point l'avouer pour Romaine?
Rome peut par son choix justifier le mien.
Non, non, encore un coup, ne précipitons rien. 1010
Que Rome avec ses lois mette dans la balance
Tant de pleurs, tant d'amour, tant de persévérance :
Rome sera pour nous.... Titus, ouvre les yeux!
Quel air respires-tu? N'es-tu pas dans ces lieux
Où la haine des rois, avec le lait sucée[1], 1015
Par crainte ou par amour ne peut être effacée?
Rome jugea ta reine en condamnant ses rois.
N'as-tu pas en naissant entendu cette voix?
Et n'as-tu pas encore ouï la renommée
T'annoncer ton devoir jusque dans ton armée? 1020
Et lorsque Bérénice arriva sur tes pas,
Ce que Rome en jugeoit, ne l'entendis-tu pas?
Faut-il donc tant de fois te le faire redire?
Ah! lâche, fais l'amour, et renonce à l'Empire[2] :

---

1. Les éditions de 1687 et de 1697 ont l'ancienne orthographe *succée;* celles de 1671 et de 1676 portent *sucée.*
2. Dans l'édition de 1768 ce vers se lit ainsi :

   Ah! lâche, *fuis* l'amour, et renonce à l'Empire.

La Harpe et Geoffroy, à cette occasion, prodiguent d'incroyables injures à *l'ancien éditeur* (Luneau de Boisjermain). Il nous paraît bien cependant qu'il ne s'agit ici que d'une faute d'impression.

## ACTE IV, SCÈNE IV.

Au bout de l'univers va, cours te confiner, 1025
Et fais place à des cœurs plus dignes de régner.
Sont-ce là ces projets de grandeur et de gloire
Qui devoient dans les cœurs consacrer ma mémoire?
Depuis huit jours je règne; et jusques à ce jour,
Qu'ai-je fait pour l'honneur? J'ai tout fait pour l'amour.
D'un temps si précieux quel compte puis-je rendre?
Où sont ces heureux jours que je faisois attendre?
Quels pleurs ai-je séchés? Dans quels yeux satisfaits
Ai-je déjà goûté le fruit de mes bienfaits?
L'univers a-t-il vu changer ses destinées? 1035
Sais-je combien le ciel m'a compté de journées?
Et de ce peu de jours, si longtemps attendus,
Ah! malheureux, combien j'en ai déjà perdus[1]!

Ne tardons plus : faisons ce que l'honneur exige;
Rompons le seul lien....

## SCÈNE V.

### BÉRÉNICE, TITUS.

BÉRÉNICE, en sortant.

Non, laissez-moi, vous dis-je.
En vain tous vos conseils me retiennent ici :
Il faut que je le voie. Ah, Seigneur! vous voici.
Hé bien, il est donc vrai que Titus m'abandonne?
Il faut nous séparer; et c'est lui qui l'ordonne.

TITUS.

N'accablez point, Madame, un prince malheureux. 1045

---

1. C'est le mot de Titus que Suétone (*Titus*, chapitre VIII) nous a conservé:
« Amis, j'ai perdu ma journée : » « Recordatus quondam super cœnam quod
« nihil cuiquam toto die præstitisset, memorabilem illam meritoque laudatam
« vocem edidit : *Amici, diem perdidi.* »

Il ne faut point ici nous attendrir tous deux[1].
Un trouble assez cruel m'agite et me dévore,
Sans que des pleurs si chers me déchirent encore.
Rappelez bien plutôt ce cœur, qui tant de fois
M'a fait de mon devoir reconnoître la voix.     1050.
Il en est temps. Forcez votre amour à se taire;
Et d'un œil que la gloire et la raison éclaire
Contemplez mon devoir dans toute sa rigueur.
Vous-même contre vous fortifiez mon cœur :
Aidez-moi, s'il se peut, à vaincre sa foiblesse[2],     1055
A retenir des pleurs qui m'échappent sans cesse;
Ou si nous ne pouvons commander à nos pleurs,
Que la gloire du moins soutienne nos douleurs,
Et que tout l'univers reconnoisse sans peine
Les pleurs d'un empereur et les pleurs d'une reine. 1060
Car enfin, ma princesse, il faut nous séparer.

BÉRÉNICE.

Ah! cruel, est-il temps de me le déclarer?
Qu'avez-vous fait? Hélas! je me suis crue aimée.
Au plaisir de vous voir mon âme accoutumée
Ne vit plus que pour vous. Ignoriez-vous vos lois,   1065
Quand je vous l'avouai pour la première fois?
A quel excès d'amour m'avez-vous amenée!
Que ne me disiez-vous : « Princesse infortunée,
Où vas-tu t'engager, et quel est ton espoir?
Ne donne point un cœur qu'on ne peut recevoir. » 1070
Ne l'avez-vous reçu, cruel, que pour le rendre,

---

1. Il semble y avoir ici comme une réminiscence de ces vers du vieil Horace :

> Ah! n'attendrissez point ici mes sentiments....
> Mon cœur ne forme point de pensers assez fermes.
>           (*Horace*, vers 706, 708.)

2. Les éditions de 1702, 1722, 1728 et celle de M. Aimé-Martin ont ainsi changé ce vers :

> Aidez-moi, s'il se peut, à vaincre ma foiblesse.

Quand de vos seules mains ce cœur voudroit dépendre ?
Tout l'Empire a vingt fois conspiré contre nous.
Il étoit temps encor : que ne me quittiez-vous ?
Mille raisons alors consoloient ma misère :  1075
Je pouvois de ma mort accuser votre père,
Le peuple, le sénat, tout l'empire romain,
Tout l'univers, plutôt qu'une si chère main.
Leur haine, dès longtemps contre moi déclarée,
M'avoit à mon malheur dès longtemps préparée.  1080
Je n'aurois pas, Seigneur, reçu ce coup cruel
Dans le temps que j'espère un bonheur immortel;
Quand votre heureux amour peut tout ce qu'il desire,
Lorsque Rome se tait, quand votre père expire,
Lorsque tout l'univers fléchit à vos genoux,  1085
Enfin quand je n'ai plus à redouter que vous.

TITUS.

Et c'est moi seul aussi qui pouvois me détruire.
Je pouvois vivre alors et me laisser séduire.
Mon cœur se gardoit bien d'aller dans l'avenir
Chercher ce qui pouvoit un jour nous désunir.  1090
Je voulois qu'à mes vœux rien ne fût invincible;
Je n'examinois rien, j'espérois l'impossible.
Que sais-je ? j'espérois de mourir à vos yeux,
Avant que d'en venir à ces cruels adieux.
Les obstacles sembloient renouveler ma flamme.  1095
Tout l'Empire parloit; mais la gloire, Madame,
Ne s'étoit point encor fait entendre à mon cœur
Du ton dont elle parle au cœur d'un empereur.
Je sais tous les tourments où ce dessein me livre;
Je sens bien que sans vous je ne saurois plus vivre,  1100
Que mon cœur de moi-même est prêt à s'éloigner;
Mais il ne s'agit plus de vivre, il faut régner.

BÉRÉNICE.

Hé bien ! régnez, cruel ; contentez votre gloire :

Je ne dispute plus. J'attendois, pour vous croire,
Que cette même bouche, après mille serments 1105
D'un amour qui devoit unir tous nos moments,
Cette bouche, à mes yeux s'avouant infidèle,
M'ordonnât elle-même une absence éternelle.
Moi-même j'ai voulu vous entendre en ce lieu.
Je n'écoute plus rien; et pour jamais, adieu. 1110
 Pour jamais! Ah! Seigneur, songez-vous en vous-même
Combien ce mot cruel est affreux quand on aime?
Dans un mois, dans un an, comment souffrirons-nous,
Seigneur, que tant de mers me séparent de vous?
Que le jour recommence, et que le jour finisse, 1115
Sans que jamais Titus puisse voir Bérénice,
Sans que de tout le jour je puisse voir Titus?
Mais quelle est mon erreur, et que de soins perdus!
L'ingrat, de mon départ consolé par avance,
Daignera-t-il compter les jours de mon absence? 1120
Ces jours si longs pour moi lui sembleront trop courts.

TITUS.

Je n'aurai pas, Madame, à compter tant de jours.
J'espère que bientôt la triste renommée
Vous fera confesser que vous étiez aimée.
Vous verrez que Titus n'a pu sans expirer.... 1125

BÉRÉNICE.

Ah! Seigneur, s'il est vrai, pourquoi nous séparer?
Je ne vous parle point d'un heureux hyménée :
Rome à ne vous plus voir m'a-t-elle condamnée?
Pourquoi m'enviez-vous l'air que vous respirez?

TITUS.

Hélas! vous pouvez tout, Madame. Demeurez : 1130
Je n'y résiste point; mais je sens ma foiblesse :
Il faudra vous combattre et vous craindre sans cesse,
Et sans cesse veiller à retenir mes pas
Que vers vous à toute heure entraînent vos appas.

Que dis-je ? En ce moment mon cœur, hors de lui-même,
S'oublie, et se souvient seulement qu'il vous aime.
### BÉRÉNICE.
Hé bien, Seigneur, hé bien ! qu'en peut-il arriver ?
Voyez-vous les Romains prêts à se soulever ?
### TITUS.
Et qui sait de quel œil ils prendront cette injure ?
S'ils parlent, si les cris succèdent au murmure, 1140
Faudra-t-il par le sang justifier mon choix ?
S'ils se taisent, Madame, et me vendent leurs lois,
A quoi m'exposez-vous ? Par quelle complaisance
Faudra-t-il quelque jour payer leur patience ?
Que n'oseront-ils point alors me demander ? 1145
Maintiendrai-je des lois que je ne puis garder ?
### BÉRÉNICE.
Vous ne comptez pour rien les pleurs de Bérénice.
### TITUS.
Je les compte pour rien ? Ah ciel ! quelle injustice !
### BÉRÉNICE.
Quoi ? pour d'injustes lois que vous pouvez changer,
En d'éternels chagrins vous-même vous plonger ? 1150
Rome a ses droits, Seigneur : n'avez-vous pas les vôtres ?
Ses intérêts sont-ils plus sacrés que les nôtres ?
Dites, parlez.
### TITUS.
Hélas ! que vous me déchirez !
### BÉRÉNICE.
Vous êtes empereur, Seigneur, et vous pleurez[1] !

1. Ce vers si connu faisait allusion à cette réponse de Mlle Mancini à Louis XIV : « Vous m'aimez, vous êtes roi, et je pars. » (*Voltaire.*) Cette même réponse avait déjà été mise en vers dans une petite pièce, dont le titre est : *Preuves d'amour*, et qui a été insérée au tome II, p. 194, des *Sentimens d'amour tirés des meilleurs poëtes modernes par le sieur de Corbinelli* (Paris, M.DC.LXV) :

        Alcandre étoit aux pieds d'Aminte,
    Le cœur gros de soupirs, la langueur dans les yeux ;

#### TITUS.

Oui, Madame, il est vrai, je pleure, je soupire,   1155
Je frémis. Mais enfin, quand j'acceptai l'Empire,
Rome me fit jurer de maintenir ses droits :
Il les faut maintenir. Déjà plus d'une fois [1]
Rome a de mes pareils exercé la constance.
Ah! si vous remontiez jusques à sa naissance,   1160
Vous les verriez toujours à ses ordres soumis [2].
L'un, jaloux de sa foi, va chez les ennemis
Chercher, avec la mort, la peine toute prête [3];
D'un fils victorieux l'autre proscrit la tête [4];
L'autre, avec des yeux secs et presque indifférents,

>            Et mille serments amoureux
>         Accompagnoient sa triste plainte.
> Elle, ne se payant de pleurs ni de sanglots,
>          Bannissant alors toute crainte,
>          Lui répondit en peu de mots :
>       « Je croy que mon départ vous touche,
>             Qu'il vous accable de douleur,
>             Et que vous avez dans le cœur
>             Ce que vous avez dans la bouche;
> Je croy tous vos serments et tout ce que je voy;
> Mais enfin je pars, Sire, et vous êtes le Roy. »

Aux premières représentations, s'il fallait en croire l'abbé de Villars (p. 37 et 38), le vers de Racine, qui traduit le mot de Mlle Mancini, aurait, on se demande pourquoi, fait rire les spectateurs : « Bérénice prend ce foible empereur par tant d'endroits qu'elle le tourne enfin en ridicule, et qu'elle a toujours fait et fera toujours rire le spectateur pour ce vers qu'elle dit à propos pour sécher les larmes qu'elle avoit causées. »

1. Dans l'édition de M. Aimé-Martin on lit ce vers ainsi :

> Je dois les maintenir. Déjà plus d'une fois.

2. *Var.* Vous les verriez toujours, jaloux de leur devoir,
   De tous les autres nœuds oublier le pouvoir :
   [Malheureux! mais toujours la patrie et la gloire.] (1671)

3. Régulus, qui alla se livrer aux Carthaginois pour tenir son serment.

4. Manlius Torquatus. Il fit trancher la tête à son fils, vainqueur, sans la permission de ses chefs, du Latin qui l'avait défié en combat singulier :

> . . . . . . . . . . *Sævumque securi*
> *Aspice Torquatum* . . . . . . . . . .
>         (*Énéide*, livre VI, vers 825 et 826.)

Voit mourir ses deux fils, par son ordre expirants[1].
Malheureux! mais toujours la patrie et la gloire
Ont parmi les Romains remporté la victoire[2].
Je sais qu'en vous quittant le malheureux Titus
Passe l'austérité de toutes leurs vertus;  1170
Qu'elle n'approche point de cet effort insigne.
Mais, Madame, après tout, me croyez-vous indigne
De laisser un exemple à la postérité,
Qui sans de grands efforts ne puisse être imité?

BÉRÉNICE.

Non, je crois tout facile à votre barbarie.  1175
Je vous crois digne, ingrat, de m'arracher la vie.
De tous vos sentiments mon cœur est éclairci.
Je ne vous parle plus de me laisser ici.
Qui? moi? j'aurois voulu, honteuse et méprisée,
D'un peuple qui me hait soutenir la risée?  1180
J'ai voulu vous pousser jusques à ce refus.
C'en est fait, et bientôt vous ne me craindrez plus.
N'attendez pas ici que j'éclate en injures,
Que j'atteste le ciel, ennemi des parjures.
Non, si le ciel encore est touché de mes pleurs,  1185
Je le prie en mourant d'oublier mes douleurs.
Si je forme des vœux contre votre injustice,
Si devant que mourir la triste Bérénice
Vous veut de son trépas laisser quelque vengeur,

---

1. Brutus. Il fit mourir ses deux fils, qui avaient conspiré pour les Tarquins.

*. . . . Natosque pater, nova bella moventes,*
*Ad pœnam pulchra pro libertate vocabit.*
(*Énéide*, livre VI, vers 821 et 822.)

2. *Infelix! utcumque ferent ea facta minores;*
*Vincet amor patriæ, laudumque immensa cupido.*
(*Ibidem*, vers 823 et 824.)

Racine, en écrivant cette tirade de Titus, avait présent à la mémoire le passage du sixième livre de l'*Énéide*, d'où nous avons tiré les citations précédentes.

Je ne le cherche, ingrat, qu'au fond de votre cœur. 1190
Je sais que tant d'amour n'en peut être effacée ;
Que ma douleur présente, et ma bonté passée,
Mon sang, qu'en ce palais je veux même verser,
Sont autant d'ennemis que je vais vous laisser ;
Et sans me repentir de ma persévérance, 1195
Je me remets sur eux de toute ma vengeance.
Adieu.

## SCÈNE VI.

### TITUS, PAULIN.

**PAULIN.**

Dans quel dessein vient-elle de sortir
Seigneur? Est-elle enfin disposée à partir?

**TITUS.**

Paulin, je suis perdu, je n'y pourrai survivre.
La Reine veut mourir. Allons, il faut la suivre. 1200
Courons à son secours.

**PAULIN.**

Hé quoi ? n'avez-vous pas
Ordonné dès tantôt qu'on observe ses pas ?
Ses femmes, à toute heure autour d'elle empressées,
Sauront la détourner de ces tristes pensées.
Non, non, ne craignez rien. Voilà les plus grands coups,
Seigneur : continuez, la victoire est à vous.
Je sais que sans pitié vous n'avez pu l'entendre ;
Moi-même en la voyant je n'ai pu m'en défendre.
Mais regardez plus loin : songez, en ce malheur,
Quelle gloire va suivre un moment de douleur, 1210
Quels applaudissements l'univers vous prépare,
Quel rang dans l'avenir.

**TITUS.**

Non, je suis un barbare.

Moi-même je me hais. Néron, tant détesté,
N'a point à cet excès poussé sa cruauté.
Je ne souffrirai point que Bérénice expire. 1215
Allons, Rome en dira ce qu'elle en voudra dire.

PAULIN.

Quoi, Seigneur?

TITUS.

Je ne sais, Paulin, ce que je dis :
L'excès de la douleur accable mes esprits.

PAULIN.

Ne troublez point le cours de votre renommée :
Déjà de vos adieux la nouvelle est semée[1]. 1220
Rome, qui gémissoit, triomphe avec raison;
Tous les temples ouverts fument en votre nom;
Et le peuple élevant vos vertus jusqu'aux nues,
Va partout de lauriers couronner vos statues.

TITUS.

Ah, Rome! Ah, Bérénice! Ah, prince malheureux!
Pourquoi suis-je empereur? Pourquoi suis-je amoureux?

## SCÈNE VII.

### TITUS, ANTIOCHUS, PAULIN, ARSACE.

ANTIOCHUS.

Qu'avez-vous fait, Seigneur? L'aimable Bérénice
Va peut-être expirer dans les bras de Phénice.
Elle n'entend ni pleurs, ni conseil, ni raison[2];
Elle implore à grands cris le fer et le poison. 1230
Vous seul vous lui pouvez arracher cette envie.
On vous nomme, et ce nom la rappelle à la vie.

---

1. *Var.* [Ne troublez point le cours de votre renommée,]
    Seigneur : de vos adieux la nouvelle est semée. (1671-87)
2. *Var.* Elle n'entend ni pleurs, ni conseils, ni raison. (1671)

Ses yeux, toujours tournés vers votre appartement,
Semblent vous demander de moment en moment.
Je n'y puis résister : ce spectacle me tue.   1235
Que tardez-vous? allez vous montrer à sa vue¹.
Sauvez tant de vertus, de grâces, de beauté,
Ou renoncez, Seigneur, à toute humanité.
Dites un mot.

TITUS.

Hélas! quel mot puis-je lui dire?
Moi-même en ce moment sais-je si je respire?   1240

## SCÈNE VIII.

### TITUS, ANTIOCHUS, PAULIN, ARSACE, RUTILE.

RUTILE.

Seigneur, tous les tribuns, les consuls, le sénat²
Viennent vous demander au nom de tout l'État.
Un grand peuple les suit, qui plein d'impatience
Dans votre appartement attend votre présence.

TITUS.

Je vous entends, grands Dieux. Vous voulez rassurer
Ce cœur que vous voyez tout prêt à s'égarer.

PAULIN.

Venez, Seigneur, passons dans la chambre prochaine :
Allons voir le sénat³.

1. *Var.* Allez, Seigneur, allez vous montrer à sa vue. (1671-87)

2. Voici au sujet des consuls la chicane de l'abbé de Villars (p. 24) : « Le poëte habile, qui n'ignoroit pas la foiblesse du sénat, a voulu l'accompagner des consuls, et a fort judicieusement falsifié l'histoire en ce point, en supposant que Vespasien, l'année de sa mort, n'étoit point consul avec son fils Titus, et que par conséquent le jour que Bérénice est renvoyée il y avoit à Rome d'autres consuls. »

3. *Var.* Allons, Seigneur, passons dans la chambre prochaine :
    Venez voir le sénat. (1671)

## ACTE IV, SCENE VIII.

ANTIOCHUS.
>Ah! courez chez la Reine.

PAULIN.
>Quoi? vous pourriez, Seigneur, par cette indignité[1]
>De l'Empire à vos pieds fouler la majesté?
>Rome....

TITUS.
>Il suffit, Paulin, nous allons les entendre.
>Prince, de ce devoir je ne puis me défendre.
>Voyez la Reine. Allez. J'espère à mon retour
>Qu'elle ne pourra plus douter de mon amour[2].

1. L'édition de 1702 a : *par votre indignité.*
2. Après ce vers, l'acte IV, dans l'édition de 1671, a encore une scène, que Racine a depuis supprimée :

### SCÈNE IX.

ANTIOCHUS, ARSACE.

>ANT. Arsace, que dis-tu de toute ma conduite?
>Rien ne pouvoit tantôt s'opposer à ma fuite.
>Bérénice et Titus offensoient mes regards :
>Je partois pour jamais. Voilà comme je pars.
>Je rentre, et dans les pleurs je retrouve la Reine.
>J'oublie en même temps ma vengeance et sa haine ;
>Je m'attendris aux pleurs qu'un rival fait couler ;
>Moi-même à son secours je le viens appeler ;
>Et si sa diligence eût secondé mon zèle,
>J'allois, victorieux, le conduire auprès d'elle.
>Malheureux que je suis ! avec quelle chaleur
>J'ai travaillé (a) sans cesse à mon propre malheur !
>C'en est trop. De Titus porte-lui les promesses,
>Arsace. Je rougis de toutes mes foiblesses.
>Désespéré, confus, à moi-même odieux,
>Laisse-moi : je me veux cacher même à tes yeux. (1671)

(a) Les éditions modernes (celles de 1807, de 1808 et de M. Aimé-Martin) ont, en rapportant cette variante, changé : *j'ai travaillé*, en : *je travaille.*

FIN DU QUATRIÈME ACTE.

# ACTE V.

## SCÈNE PREMIÈRE.

### ARSACE, seul.

Où pourrai-je trouver ce prince trop fidèle? 1255
Ciel, conduisez mes pas, et secondez mon zèle.
Faites qu'en ce moment je lui puisse annoncer
Un bonheur où peut-être il n'ose plus penser.

## SCÈNE II.

### ANTIOCHUS, ARSACE.

ARSACE.

Ah! quel heureux destin en ces lieux vous renvoie,
Seigneur?

ANTIOCHUS.

Si mon retour t'apporte quelque joie, 1260
Arsace, rends-en grâce à mon seul désespoir.

ARSACE.

La Reine part, Seigneur.

ANTIOCHUS.

Elle part?

ARSACE.

Dès ce soir.
Ses ordres sont donnés. Elle s'est offensée
Que Titus à ses pleurs l'ait si longtemps laissée.
Un généreux dépit succède à sa fureur : 1265

Bérénice renonce à Rome, à l'Empereur,
Et même veut partir avant que Rome instruite
Puisse voir son désordre et jouir de sa fuite.
Elle écrit à César.

ANTIOCHUS.

O ciel! qui l'auroit cru?
Et Titus?

ARSACE.

A ses yeux Titus n'a point paru. 1270
Le peuple avec transport l'arrête et l'environne,
Applaudissant aux noms que le sénat lui donne;
Et ces noms, ces respects, ces applaudissements
Deviennent pour Titus autant d'engagements,
Qui le liant, Seigneur, d'une honorable chaîne, 1275
Malgré tous ses soupirs et les pleurs de la Reine,
Fixent dans son devoir ses vœux irrésolus.
C'en est fait; et peut-être il ne la verra plus.

ANTIOCHUS.

Que de sujets d'espoir, Arsace, je l'avoue!
Mais d'un soin si cruel la fortune me joue, 1280
J'ai vu tous mes projets tant de fois démentis,
Que j'écoute en tremblant tout ce que tu me dis;
Et mon cœur, prévenu d'une crainte importune,
Croit même, en espérant, irriter la fortune.
Mais que vois-je? Titus porte vers nous ses pas. 1285
Que veut-il?

## SCÈNE III.

### TITUS, ANTIOCHUS, ARSACE.

TITUS, en entrant[1].

Demeurez : qu'on ne me suive pas.

---

1. TITUS, *à sa suite.* (1736 et M. Aimé-Martin)

Enfin, Prince, je viens dégager ma promesse.
Bérénice m'occupe et m'afflige sans cesse.
Je viens, le cœur percé de vos pleurs et des siens,
Calmer des déplaisirs moins cruels que les miens. 1290
Venez, Prince, venez. Je veux bien que vous-même
Pour la dernière fois vous voyez¹ si je l'aime.

## SCENE IV.

### ANTIOCHUS, ARSACE.

ANTIOCHUS.

Hé bien! voilà l'espoir que tu m'avois rendu;
Et tu vois le triomphe où j'étois attendu.
Bérénice partoit justement irritée! 1295
Pour ne la plus revoir, Titus l'avoit quittée!
Qu'ai-je donc fait, grands Dieux? Quel cours infortuné
A ma funeste vie aviez-vous destiné?
Tous mes moments ne sont qu'un éternel passage
De la crainte à l'espoir, de l'espoir à la rage². 1300
Et je respire encor? Bérénice! Titus!
Dieux cruels! de mes pleurs vous ne vous rirez plus.

---

1. Les anciennes éditions ont toutes *voyez* ou *voiés*; aucune n'a *voyiez*.
2. Voltaire, coutumier du fait, a un peu trop imité ces deux vers dans le monologue qui ouvre l'acte II du *Duc de Foix*:

> Vois tes jours dépendant d'un mot et d'un coup d'œil.
> Lâche, consume-les dans l'éternel passage
> Du dépit aux respects, et des pleurs à la rage.

## SCÈNE V.

TITUS, BÉRÉNICE, PHENICE.

BÉRÉNICE.

Non, je n'écoute rien. Me voilà résolue :
Je veux partir. Pourquoi vous montrer à ma vue?
Pourquoi venir encore aigrir mon désespoir ? 1305
N'êtes-vous pas content? Je ne veux plus vous voir.

TITUS.

Mais, de grâce, écoutez.

BÉRÉNICE.

Il n'est plus temps.

TITUS.

Madame,
Un mot.

BÉRÉNICE.

Non.

TITUS.

Dans quel trouble elle jette mon âme!
Ma princesse, d'où vient ce changement soudain?

BÉRÉNICE.

C'en est fait. Vous voulez que je parte demain; 1310
Et moi, j'ai résolu de partir tout à l'heure;
Et je pars.

TITUS.

Demeurez.

BÉRÉNICE.

Ingrat, que je demeure!
Et pourquoi? Pour entendre un peuple injurieux
Qui fait de mon malheur retentir tous ces lieux?
Ne l'entendez-vous pas, cette cruelle joie, 1315
Tandis que dans les pleurs moi seule je me noie?
Quel crime, quelle offense a pu les animer?

Hélas! et qu'ai-je fait que de vous trop aimer?

TITUS.

Écoutez-vous, Madame, une foule insensée?

BÉRÉNICE.

Je ne vois rien ici dont je ne sois blessée. 1320
Tout cet appartement préparé par vos soins,
Ces lieux, de mon amour si longtemps les témoins,
Qui sembloient pour jamais me répondre du vôtre,
Ces festons, où nos noms enlacés l'un dans l'autre[1]
A mes tristes regards viennent partout s'offrir, 1325
Sont autant d'imposteurs que je ne puis souffrir.
Allons, Phénice.

TITUS.
O ciel! Que vous êtes injuste!

BÉRÉNICE.

Retournez, retournez vers ce sénat auguste
Qui vient vous applaudir de votre cruauté.
Hé bien! avec plaisir l'avez-vous écouté? 1330
Êtes-vous pleinement content de votre gloire?
Avez-vous bien promis d'oublier ma mémoire[2]?
Mais ce n'est pas assez expier vos amours :
Avez-vous bien promis de me haïr toujours?

TITUS.

Non, je n'ai rien promis. Moi, que je vous haïsse! 1335
Que je puisse jamais oublier Bérénice!
Ah Dieux! dans quel moment son injuste rigueur
De ce cruel soupçon vient affliger mon cœur!
Connoissez-moi, Madame, et depuis cinq années
Comptez tous les moments et toutes les journées 1340
Où par plus de transports et par plus de soupirs

---

1. *Var.* Ces chiffres, où nos noms enlacés l'un dans l'autre. (1671-87)
2. Il y a dans cette pièce plusieurs vers dont on faisoit dans le temps des applications. On prétendoit que les mêmes choses avoient été dites à Louis XIV. (*Louis Racine*, dans ses *Remarques sur Bérénice*.)

ACTE V, SCÈNE V.

Je vous ai de mon cœur exprimé les desirs :
Ce jour surpasse tout. Jamais, je le confesse,
Vous ne fûtes aimée avec tant de tendresse;
Et jamais....

BÉRÉNICE.

Vous m'aimez, vous me le soutenez; 1345
Et cependant je pars, et vous me l'ordonnez[1]!
Quoi? dans mon désespoir trouvez-vous tant de charmes?
Craignez-vous que mes yeux versent trop peu de larmes?
Que me sert de ce cœur l'inutile retour?
Ah, cruel! par pitié, montrez-moi moins d'amour. 1350
Ne me rappelez point une trop chère idée,
Et laissez-moi du moins partir persuadée
Que déjà de votre âme exilée en secret,
J'abandonne un ingrat qui me perd sans regret.
(Il lit une lettre.)
Vous m'avez arraché ce que je viens d'écrire[2]. 1355

1. Nous avons fait remarquer déjà que le vers 1154 est une allusion à la célèbre réponse de Mlle Mancini. Racine complète ici ce que ce vers n'avait pas entièrement rendu. Mais il faut avouer qu'en s'y reprenant à deux fois, la traduction fait perdre aux paroles originales quelque chose de leur énergie.

2. « Elle sort en tenant une lettre dans sa main, et Titus la lui arrache. Il la lut tout haut dans la première représentation; mais cette lettre ayant été appelée par un mauvais plaisant *le testament de Bérénice*, Titus se contenta depuis de la lire tout bas. » (Louis Racine, dans ses *Remarques* sur *Bérénice*.) — Le billet de Bérénice avait déjà été supprimé, quand Racine fit imprimer la première édition. Il ne pourrait donc se retrouver que dans les premières copies faites pour le théâtre. Mais on n'a plus ces copies. Ce que l'abbé de Villars dit de ce billet, qu'il appelle « le testament de Bérénice, » ou encore « un madrigal testamentaire, » nous en fait connaître le sens. Bérénice y annonçait à Titus qu'elle allait mourir, et exprimait le vœu que ses cendres reposassent un jour près de celles de son amant : « Elle se résout à mourir désespérée, et l'annonce à son ingrat par un poulet funèbre.... Elle fait à Titus un legs pieux de ses cendres, et pourvu qu'elles soient avec les cendres de son amant, elle est consolée.... » (Page 18.) — « Bien en prend à Titus que Bérénice ait rescindé son testament, et ne lui ait pas envoyé ses cendres; car il se seroit assurément tué. » (Page 22.) Villars constate aussi la suppression de la lettre après la première représentation : « Les comédiens ont été d'avis de supprimer ce billet funèbre à la seconde représentation; je crois qu'ils ont eu tort. Du moins le spectateur voyoit-il par là quel étoit le texte de la froide et longue harangue que Titus fait à Bérénice. » (Pages 26 et 27.)

Voilà de votre amour tout ce que je desire.
Lisez, ingrat, lisez, et me laissez sortir.

### TITUS.

Vous ne sortirez point : je n'y puis consentir.
Quoi? ce départ n'est donc qu'un cruel stratagème?
Vous cherchez à mourir? et de tout ce que j'aime 1360
Il ne restera plus qu'un triste souvenir !
Qu'on cherche Antiochus : qu'on le fasse venir.

(Bérénice se laisse tomber sur un siége.)

## SCÈNE VI.

### TITUS, BÉRÉNICE.

### TITUS.

Madame, il faut vous faire un aveu véritable.
Lorsque j'envisageai le moment redoutable
Où pressé par les lois d'un austère devoir, 1365
Il falloit pour jamais renoncer à vous voir;
Quand de ce triste adieu je prévis les approches,
Mes craintes, mes combats, vos larmes, vos reproches,
Je préparai mon âme à toutes les douleurs[1]
Que peut faire sentir le plus grand des malheurs; 1370
Mais quoi que je craignisse, il faut que je le die,
Je n'en avois prévu que la moindre partie.
Je croyois ma vertu moins prête à succomber,
Et j'ai honte du trouble où je la vois tomber.
J'ai vu devant mes yeux Rome entière assemblée; 1375
Le sénat m'a parlé; mais mon âme accablée
Écoutoit sans entendre, et ne leur a laissé
Pour prix de leurs transports qu'un silence glacé.
Rome de votre sort est encore incertaine.

---

1. *Var.* Je m'attendis, Madame, à toutes les douleurs. (1671-87)

Moi-même à tous moments je me souviens à peine 1380
Si je suis empereur ou si je suis Romain.
Je suis venu vers vous sans savoir mon dessein :
Mon amour m'entraînoit ; et je venois peut-être
Pour me chercher moi-même, et pour me reconnaître.
Qu'ai-je trouvé? Je vois la mort peinte en vos yeux ;
Je vois, pour la chercher, que vous quittez ces lieux.
C'en est trop. Ma douleur, à cette triste vue,
A son dernier excès est enfin parvenue.
Je ressens tous les maux que je puis ressentir ;
Mais je vois le chemin par où j'en puis sortir. 1390
  Ne vous attendez point que las de tant d'alarmes,
Par un heureux hymen je tarisse vos larmes.
En quelque extrémité que vous m'ayez réduit,
Ma gloire inexorable à toute heure me suit :
Sans cesse elle présente à mon âme étonnée 1395
L'Empire incompatible avec votre hyménée,
Me dit qu'après l'éclat et les pas que j'ai faits[1],
Je dois vous épouser encor moins que jamais.
  Oui, Madame ; et je dois moins encore vous dire[2]
Que je suis prêt pour vous d'abandonner l'Empire, 1400
De vous suivre, et d'aller, trop content de mes fers,

---

1. *Var.* Et je vois bien qu'après tous les pas que j'ai faits. (1671-87)
2. Euripide, dans ses tragédies, a plus d'une fois critiqué très-visiblement des pièces d'Eschyle. Il semble qu'à son exemple Racine, comme on l'a déjà fait remarquer avant nous, ait voulu condamner ici le langage que Corneille met dans la bouche de Tite (acte III, scène v) :

   Eh bien ! Madame, il faut renoncer à ce titre....
   Allons dans vos États..., etc.

« Il n'est pas absolument impossible, dit M. Marty-Laveaux dans sa *Notice* de *Tite et Bérénice*, qu'une indiscrétion ait fait connaître à Racine ce passage de la pièce de son rival. » (*OEuvres de P. Corneille*, tome VII, p. 196.) Ajoutons qu'entre les premières représentations et l'impression de ses pièces l'auteur y faisait parfois des changements, témoin la suppression du billet de Bérénice. Les vers où Racine paraît critiquer Corneille pourraient à la rigueur avoir été ajoutés après que *Tite et Bérénice* eut été représenté. Mais l'attaque eût été alors si visible, qu'on s'étonnerait qu'elle n'eût pas fait scandale.

Soupirer avec vous au bout de l'univers.
Vous même rougiriez de ma lâche conduite :
Vous verriez à regret marcher à votre suite
Un indigne empereur, sans empire, sans cour, 1405
Vil spectacle aux humains des foiblesses d'amour.

Pour sortir des tourments dont mon âme est la proie,
Il est, vous le savez, une plus noble voie.
Je me suis vu, Madame, enseigner ce chemin
Et par plus d'un héros et par plus d'un Romain : 1410
Lorsque trop de malheurs ont lassé leur constance,
Ils ont tous expliqué cette persévérance
Dont le sort s'attachoit à les persécuter,
Comme un ordre secret de n'y plus résister.
Si vos pleurs plus longtemps viennent frapper ma vue,
Si toujours à mourir je vous vois résolue,
S'il faut qu'à tous moments je tremble pour vos jours[1],
Si vous ne me jurez d'en respecter le cours,
Madame, à d'autres pleurs vous devez vous attendre :
En l'état où je suis je puis tout entreprendre, 1420
Et je ne réponds pas que ma main à vos yeux
N'ensanglante à la fin nos funestes adieux.

BÉRÉNICE.

Hélas!

TITUS.

Non, il n'est rien dont je ne sois capable.
Vous voilà de mes jours maintenant responsable.
Songez-y bien, Madame; et si je vous suis cher.... 1425

---

1. *Var.* S'il faut qu'à tout moment je tremble pour vos jours. (1671)

## SCÈNE VII.

### TITUS, BÉRÉNICE, ANTIOCHUS.

#### TITUS.

Venez, Prince, venez, je vous ai fait chercher.
Soyez ici témoin de toute ma foiblesse;
Voyez si c'est aimer avec peu de tendresse :
Jugez-nous.

#### ANTIOCHUS.

   Je crois tout : je vous connois tous deux.
Mais connoissez vous-même un prince malheureux[1].
Vous m'avez honoré, Seigneur, de votre estime;
Et moi, je puis ici vous le jurer sans crime,
A vos plus chers amis j'ai disputé ce rang :
Je l'ai disputé même aux dépens de mon sang.
Vous m'avez, malgré moi, confié l'un et l'autre,   1435
La Reine son amour, et vous, Seigneur, le vôtre.
La Reine, qui m'entend, peut me désavouer :
Elle m'a vu toujours ardent à vous louer,
Répondre par mes soins à votre confidence.
Vous croyez m'en devoir quelque reconnoissance;   1440
Mais le pourriez-vous croire en ce moment fatal[2],
Qu'un ami si fidèle étoit votre rival?

#### TITUS.

Mon rival!

#### ANTIOCHUS.

  Il est temps que je vous éclaircisse.
Oui, Seigneur, j'ai toujours adoré Bérénice.
Pour ne la plus aimer j'ai cent fois combattu :   1445

---

1. *Var.*   Je crois tout : je connois votre amour.
 Mais vous, connoissez-moi, Seigneur, à votre tour. (1671-87)
2. *Var.* Mais croiriez-vous, Seigneur, en ce moment fatal. (1671-87)

Je n'ai pu l'oublier; au moins je me suis tu.
De votre changement la flatteuse apparence
M'avoit rendu tantôt quelque foible espérance :
Les larmes de la Reine ont éteint cet espoir.
Ses yeux, baignés de pleurs, demandoient à vous voir.
Je suis venu, Seigneur, vous appeler moi-même;
Vous êtes revenu. Vous aimez, on vous aime;
Vous vous êtes rendu : je n'en ai point douté.
Pour la dernière fois je me suis consulté;
J'ai fait de mon courage une épreuve dernière; 1455
Je viens de rappeler ma raison toute entière[1] :
Jamais je ne me suis senti plus amoureux.
Il faut d'autres efforts pour rompre tant de nœuds :
Ce n'est qu'en expirant que je puis les détruire;
J'y cours. Voilà de quoi j'ai voulu vous instruire. 1460
 Oui, Madame, vers vous j'ai rappelé ses pas.
Mes soins ont réussi, je ne m'en repens pas.
Puisse le ciel verser sur toutes vos années
Mille prospérités l'une à l'autre enchaînées!
Ou s'il vous garde encore un reste de courroux, 1465
Je conjure les Dieux d'épuiser tous les coups
Qui pourroient menacer une si belle vie,
Sur ces jours malheureux que je vous sacrifie.

BÉRÉNICE, se levant.

Arrêtez, arrêtez. Princes trop généreux,
En quelle extrémité me jetez-vous tous deux! 1470
Soit que je vous regarde, ou que je l'envisage,
Partout du désespoir je rencontre l'image.
Je ne vois que des pleurs, et je n'entends parler
Que de trouble, d'horreurs, de sang prêt à couler.

(A Titus.)

Mon cœur vous est connu, Seigneur, et je puis dire

---

1. Voyez ci-dessus, p. 411, note 1.

Qu'on ne l'a jamais vu soupirer pour l'Empire.
La grandeur des Romains, la pourpre des Césars
N'a point¹, vous le savez, attiré mes regards.
J'aimois, Seigneur, j'aimois : je voulois être aimée.
Ce jour, je l'avoûrai, je me suis alarmée :      1480
J'ai cru que votre amour alloit finir son cours.
Je connois mon erreur, et vous m'aimez toujours.
Votre cœur s'est troublé, j'ai vu couler vos larmes.
Bérénice, Seigneur, ne vaut point tant d'alarmes,
Ni que par votre amour l'univers malheureux,      1485
Dans le temps que Titus attire tous ses vœux
Et que de vos vertus il goûte les prémices,
Se voie en un moment enlever ses délices².
Je crois, depuis cinq ans jusqu'à ce dernier jour,
Vous avoir assuré d'un véritable amour.      1490
Ce n'est pas tout : je veux, en ce moment funeste,
Par un dernier effort couronner tout le reste.
Je vivrai, je suivrai vos ordres absolus.
Adieu, Seigneur, régnez : je ne vous verrai plus.

(A Antiochus.)

Prince, après cet adieu, vous jugez bien vous-même
Que je ne consens pas de quitter ce que j'aime,
Pour aller loin de Rome écouter d'autres vœux.
Vivez, et faites-vous un effort généreux.
Sur Titus et sur moi réglez votre conduite.
Je l'aime, je le fuis; Titus m'aime, il me quitte³.      1500
Portez loin de mes yeux vos soupirs et vos fers.

1. Il y a le singulier : *n'a point*, dans toutes les anciennes éditions. M. Aimé-Martin a mis : *n'ont point*.

2. « Titus, l'amour et les délices du genre humain, » dit Suétone (*Titus*, chapitre 1) : « Titus amor ac deliciæ generis humani. » Cette louange est devenue dans l'histoire comme un titre inséparable du nom de Titus. Racine y fait allusion ici.

3. Nous avons dit (voyez la note 1 sur la *Préface*) que Corneille avait traduit l'*invitus invitam* de Suétone. Ce vers de Racine en est aussi une traduction, moins littérale, il est vrai, mais très-heureuse et très-élégante.

Adieu : servons tous trois d'exemple à l'univers
De l'amour la plus tendre et la plus malheureuse
Dont il puisse garder l'histoire douloureuse.
   Tout est prêt. On m'attend. Ne suivez point mes pas.
(A Titus.)
Pour la dernière fois, adieu, Seigneur.
ANTIOCHUS.
Hélas[1] !

---

1. « On peut être un peu choqué qu'une pièce finisse par un *hélas !* Il fallait être sûr de s'être rendu maître du cœur des spectateurs pour oser finir ainsi. » (*Voltaire.*)

FIN DU CINQUIÈME ET DERNIER ACTE.

# BAJAZET

TRAGÉDIE

1672

# NOTICE.

Le *Mercure galant*, sous la date du 9 janvier 1672, annonce en ces termes la première représentation de *Bajazet* : « On représenta ces jours passés, sur le théâtre de l'Hôtel de Bourgogne, une tragédie intitulée *Bajazet*, et qui passe pour un ouvrage admirable. » L'expression « ces jours passés » suppose évidemment une date antérieure au vendredi 8 janvier, veille du jour où la lettre du *Mercure* fut écrite. L'*Histoire du théâtre françois*[1] hésite entre le 4 et le 5 janvier, incertitude dont nous avons déjà rencontré d'autres exemples dans le même ouvrage, et qui est assez étrange, lorsqu'il était facile, comme ici, d'exclure celui de ces deux jours où le théâtre était fermé, c'est-à-dire le lundi 4. La date du mardi 5 janvier est vraisemblable. Le 3 janvier, qui était un dimanche, eût été moins bien choisi pour une première représentation ; à plus forte raison, nous le croyons, le vendredi précédent, premier jour de l'année. Du moins est-il douteux qu'on puisse nous opposer l'exemple de *Phèdre*, jouée, dit-on, le 1$^{er}$ janvier 1677, mais peut-être à Versailles, et non à l'Hôtel de Bourgogne[2].

Voici comment la distribution des quatre principaux rôles est indiquée par les éditeurs des *Œuvres de Racine* avec commentaires de la Harpe[3] : « Les rôles d'Acomat et de Bajazet furent joués à la satisfaction du public par la Fleur.... et par Brécourt, qui remplissait avec succès l'emploi des *jeunes premiers*. Atalide fut donnée à Mlle d'Ennebaut, actrice fort aimée ; et Mlle Champmeslé.... fut vue avec transport dans le rôle de

1. Tome XI, p. 183.
2. Voyez au tome III la *Notice* de *Phèdre*.
3. Tome III, p. 401, *Additions des éditeurs*.

Roxane. » La liste que l'on trouve dans l'édition de M. Aimé-Martin est la même : l'autorité des éditeurs de 1807 lui a sans doute paru suffisante. Cependant ceux-ci n'avaient pas été tout à fait exacts, comme nous l'apprenons par le témoignage contemporain de la gazette de Robinet. Dans la lettre en vers du 30 janvier 1672, cette gazette nous parle d'abord des rôles des deux amantes rivales, joués par la d'Ennebaut et la Champmeslé, qui, à son jugement, y étaient admirables l'une et l'autre par la véhémence de la passion :

> Sans avecque de grands adverbes
> Décrire les habits superbes
> Dont chacun d'eux est affublé,
> D'Ennebaut et la Champmeslé
> Entrent dedans leur caractère
> D'une force, d'une manière
> A toucher les cœurs les plus durs,
> Fussent-ils plus Turcs que les Turcs,
> Et jusqu'à donner de la crainte
> Qu'elles ayent, poussant trop la feinte,
> Le sort des quatre grands acteurs
> Morts des fureurs de leurs auteurs.

Le comédien Champmeslé représentait Bajazet :

> Champmeslé, dessus ma parole,
> De Bajazet soutient le rôle
> En Turc aussi doux qu'un François,
> En musulman des plus courtois.

Le grand vizir Acomat était joué par la Fleur; son confident Osmin par Hauteroche :

> La Fleur tout de même s'acquitte
> Du sien avec bien du mérite,
> A savoir du premier vizir.
> En le voyant avec plaisir,
> Je crus, s'il faut que je le die,
> Que le vizir qui prit Candie
> Naguère [1], n'est pas si bien fait,

---

1. Robinet veut désigner le fameux Achmet Kiuperli, qui fut grand vizir de 1661 à 1675, et fit capituler Candie le 5 septembre 1669.

Quoiqu'il soit plus Turc en effet.
Hauteroche en son personnage
De favori prudent et sage
Paroît, et c'est la vérité,
Un acteur expérimenté.

Robinet nomme aussi, pour n'omettre personne, les deux esclaves confidentes, dont les personnages étaient représentés par Mlle Brécourt et Mlle Poisson.

Ainsi la distribution des rôles attestée par Robinet n'est pas seulement plus complète que la liste des éditeurs de 1807; elle est en contradiction avec cette liste sur un point, d'une importance secondaire, il est vrai : ce ne fut pas Brécourt qui représenta Bajazet. Nous avons déjà vu, dans la *Notice* de *Bérénice*, que M. Aimé-Martin avait dépossédé Champmeslé du rôle d'Antiochus pour l'attribuer à Brécourt. Ces erreurs peuvent venir de ce que plus tard celui-ci aurait été chargé des rôles de Champmeslé.

Si l'on en croyait les frères Parfait, il y aurait à faire dans la liste, où nous venons de trouver cette légère inexactitude, une rectification plus intéressante. « Avant la première représentation de *Bajazet*, disent ces auteurs[1], Racine avoit destiné le rôle d'Atalide à Mlle Champmeslé, et celui de Roxane à Mlle d'Ennebaut. Dans la suite il changea de sentiment, et trouva que cette dernière joueroit mieux Atalide, et Mlle Champmeslé, Roxane. Enfin après avoir repris et redonné ces rôles, il revint à son premier dessein, de sorte que Mlle Champmeslé joua Atalide, et Mlle d'Ennebaut Roxane. » Il faut entendre, ce nous semble, que ce partage des rôles entre les deux actrices, réglé, après quelques essais, d'une manière dont on peut s'étonner, aurait eu lieu avant la première représentation. Les hésitations de Racine, qui ne sont pas absolument invraisemblables, seraient un fait à noter, si les historiens du théâtre français l'appuyaient de quelque autorité. On y pourrait trouver un indice que le rôle d'Atalide, rôle tendre et charmant, mais que l'énergique passion de celui de Roxane nous fait paraître un peu pâle, n'était

---

1. *Histoire du Théâtre françois*, tome XIV, p. 514, note a. — Delaporte, dans ses *Anecdotes dramatiques* (Paris, 1775), tome I, p. 134, a copié cette note.

pas, au jugement de l'auteur, un rôle secondaire. Mais si réellement Racine changea plusieurs fois de sentiment sur cette distribution de ses personnages, est-il croyable qu'il s'arrêta à celle que les frères Parfait donnent pour définitive? Le témoignage de Robinet n'a rien, il est vrai, qui soit contraire à leur assertion, puisqu'en nommant la d'Ennebaut et la Champmeslé, il ne dit point expressément de quels rôles elles étaient chargées. Mais, à la cinquième représentation, à laquelle assista Mme de Sévigné[1], nous ne saurions comment admettre que Mlle Champmeslé eût représenté un autre personnage que celui de Roxane. Quelque charme de douceur qu'elle fût capable de donner à celui d'Atalide, eût-elle pu y mériter la vive admiration qu'exprime ainsi, dans sa lettre du 15 janvier 1672, celle qui l'appelait plaisamment sa belle-fille, par allusion aux amours de Charles de Sévigné? « Ma belle-fille m'a paru la plus merveilleuse comédienne que j'aie jamais vue; elle surpasse la des OEillets de cent lieues loin; et moi, qu'on croit assez bonne pour le théâtre, je ne suis pas digne d'allumer les chandelles quand elle paroit. » Un peu plus tard Mme de Sévigné, envoyant la pièce à sa fille, lui écrivait encore : « Voilà *Bajazet*. Si je pouvois vous envoyer la Champmeslé, vous trouveriez cette comédie belle; mais sans elle, elle perd la moitié de ses attraits[2]. » Est-il vraisemblable qu'un si grand effet ait été produit par un autre rôle que celui de Roxane? Il faut donc ou que la Champmeslé l'ait joué dès le commencement, et c'est le plus probable, ou qu'elle ait tardé bien peu à en prendre possession.

Quelques mots de Mme de Sévigné, parmi ceux que nous venons de citer, suffiraient pour laisser percer son sentiment sur la pièce, qu'elle était, on le voit, moins disposée à louer que le jeu de la comédienne. C'est chez elle d'abord que nous vou-

---

1. La lettre de Mme de Sévigné à Mme de Grignan, dont nous allons citer un passage, est datée : « Vendredi au soir, 15e janvier. » Ce jour doit être celui de la cinquième représentation. La lettre fut certainement écrite au sortir de la comédie, qui finissait alors de très-bonne heure. Mme de Sévigné, avant cette date, n'avait assisté à aucune représentation de *Bajazet*, comme le prouve sa lettre du mercredi 13 janvier. Voyez les *Lettres de Mme de Sévigné*, tome II, p. 466 et 469.

2. *Lettre* du 9 mars 1672.

lons chercher le témoignage et du succès de *Bajazet*, et de la résistance du parti de Corneille à ce succès. Mme de Sévigné n'a garde d'épargner à la tragédie de Racine les principales objections que de très-bonne heure ce parti répéta comme un mot d'ordre, accusant de froideur le personnage de Bajazet, et de fausse couleur la peinture des mœurs des Turcs. Mais avant d'avoir pu se former par elle-même une opinion, qu'au reste ses affections n'allaient pas laisser libre, il ne lui fut permis de parler que d'un éclatant triomphe, qui, de son aveu, causait quelque chagrin à sa jalouse partialité pour Corneille : « Racine, écrivait-elle à sa fille [1], a fait une comédie qui s'appelle *Bajazet*, et qui enlève la paille ; vraiment elle ne va pas en *empirando* comme les autres. (Les tragédies qui, à son avis, avaient suivi cette progression décroissante, étaient *Britannicus* et *Bérénice!*) M. de Tallard dit qu'elle est autant au-dessus de celles de Corneille que celles de Corneille sont au-dessus de celles de Boyer : voilà ce qui s'appelle bien louer ; il ne faut point tenir les vérités cachées. Nous en jugerons par nos yeux et nos oreilles.

> Du bruit de *Bajazet* mon âme importunée

fait que je veux aller à la comédie. » Quand elle y alla, sa première impression, cela est visible, ne fut pas telle qu'elle l'aurait souhaité. La beauté de la pièce subjugua son admiration, qui résistait en vain ; l'admiration de tous était d'ailleurs contagieuse : « *Bajazet* est beau ; j'y trouve quelque embarras sur la fin. Il y a bien de la passion, et de la passion moins folle que celle de *Bérénice*. » La restriction qu'elle se hâtait de mettre à cet éloge peut passer elle-même pour une louange presque excessive : « Je trouve cependant, à mon petit sens, qu'elle ne surpasse pas *Andromaque*. » C'était mettre de pair les deux chefs-d'œuvre. Mme de Sévigné ne se consolait qu'en plaçant bien au-dessus *les belles comédies de Corneille* [2]. Bientôt, et lorsque *Bajazet* eut été imprimé, elle se ravisa. On avait eu le temps de s'entendre pour élever des critiques et

---

1. *Lettre* du mercredi 13 janvier 1672. Voyez tome II des *Lettres de Mme de Sévigné*, p. 465.

2. *Lettre de Mme de Sévigné à Mme de Grignan*, 15 janvier 1672.

trouver les côtés qui permettaient l'attaque. Mme de Grignan avait lu la pièce, et en avait sans doute parlé dans ses lettres en quelques mots dédaigneux. « Vous en avez jugé très-juste et très-bien, lui répondait sa mère[1]. Je voudrois vous envoyer la Champmeslé pour vous réchauffer la pièce. Le personnage de Bajazet est glacé ; les mœurs des Turcs y sont mal observées ; ils ne font point tant de façons pour se marier (Mme de Sévigné oublie que la question de mariage n'avait pas toujours été étrangère aux passions et aux intrigues qui avaient troublé le Sérail). Le dénouement n'est point bien préparé ; on n'entre point dans les raisons de cette grande tuerie. Il y a pourtant des choses agréables, et rien de parfaitement beau, rien qui enlève, point de ces tirades de Corneille qui font frissonner.... Il y a des endroits froids et foibles, et jamais il (*Racine*) n'ira plus loin qu'*Alexandre* et qu'*Andromaque*. *Bajazet* est au-dessous, au sentiment de bien des gens, et au mien, si j'ose me citer. Racine fait des comédies pour la Champmeslé : ce n'est pas pour les siècles à venir. » La malveillance, déconcertée d'abord, s'était enhardie et avait fait du chemin. *Bajazet*, qui tout à l'heure *était beau*, n'a plus *rien de parfaitement beau* ; le voilà au-dessous d'*Andromaque*, qu'au premier moment il paraissait seulement ne pas surpasser, au-dessous même d'*Alexandre*, et on lui dit assez durement en quoi il pèche.

Le plus grave reproche qu'on faisait à *Bajazet*, celui qui était devenu dès ces premiers temps le lieu commun de la critique, semblerait n'avoir été qu'un docile écho d'une parole de Corneille. Voici ce que Segrais racontait : « Étant une fois près de Corneille sur le théâtre à une représentation du *Bajazet*, il me dit : « Je me garderois bien de le dire à d'autres que vous, « parce qu'on diroit que j'en parlerois par jalousie ; mais pre-« nez-y garde, il n'y a pas un seul personnage dans le *Bajazet* « qui ait les sentiments qu'il doit avoir et que l'on a à Constan-« tinople ; ils ont tous, sous un habit turc, le sentiment qu'on a « au milieu de la France[2]. » Segrais approuvait et commentait ainsi le jugement dont il avait reçu la confidence. « Il avoit raison, et l'on ne voit pas cela dans Corneille ; le Romain y

---

1. ? *Lettre* du 16 mars 1672, tome II, p. 535.
2. *Segraisiana*, p. 58.

parle comme un Romain, le Grec comme un Grec, l'Indien comme un Indien, et l'Espagnol comme un Espagnol. » Tel fut le chef d'accusation sur lequel il devint de mode de condamner *Bajazet*. Nous avons entendu Mme de Sévigné prononcer que les mœurs des Turcs sont mal observées, et Robinet se permettre lui-même, dans ses vers burlesques, de lancer quelques traits qui veulent avoir la même portée, à propos du personnage de Bajazet et de celui même du grand vizir, dont la physionomie cependant a tant de caractère. De Visé dans l'article du *Mercure*, dont nous avons déjà cité le début, passe également par la brèche que Corneille a ouverte, mêlant, comme Robinet, à des semblants d'admiration, que l'opinion générale imposait, tout ce qu'il pouvait imaginer de plus ingénieuse ironie : « Le sujet de cette tragédie est turc, à ce que rapporte l'auteur dans sa préface. » Quand de Visé parlait ainsi, la préface de Racine n'était pas faite encore, ce qui ne pouvait laisser aucun doute sur le sens facétieux de la phrase. Un peu plus loin il ajoutait : « Je ne puis être pour ceux qui disent que cette pièce n'a rien d'assez turc : il y a des Turcs qui sont galants; et puis elle plaît, il n'importe comment; et il ne coûte pas plus, quand on a à feindre, d'inventer des caractères d'honnêtes gens et de femmes tendres et galantes, que ceux de barbares qui ne conviennent point au goût des dames de ce siècle, à qui sur toutes choses il importe de plaire. »

Racine fut très-modéré cette fois. Sa première préface[1], qui

---

[1]. Elle se trouve dans l'édition originale de la pièce, publiée sous ce titre :

BAJAZET.
TRAGEDIE.
Par Mr. Racine.
Et se vend pour l'autheur.
A PARIS,
Chez Pierre le Monnier....
M.DC.LXXII.
Avec privilege du Roy.

Cette édition a quatre feuillets, comprenant le titre, la préface ou avertissement (qui ne porte aucun titre), l'extrait du privilége et la liste des acteurs; à la suite de ces quatre feuillets, 99 pages. L'Achevé d'imprimer est du « 20. jour de Fevrier 1672. »

n'a que quelques lignes, ne contient aucune plainte contre ces critiques dont une véritable ligue le harcelait de toutes parts; il ne s'y livre à aucune récrimination; et, sans d'ailleurs faire remarquer qu'on avait justement nié ce qu'il affirmait, il se contente de dire : « La principale chose à quoi je me suis attaché, ç'a été de ne rien changer ni aux mœurs ni aux coutumes de la nation; et j'ai pris soin de ne rien avancer qui ne fût conforme à l'histoire des Turcs. » Un passage de sa seconde préface, un peu plus étendu, et qu'il supprima dans l'édition de 1697, reproduit, dans des termes peut-être plus modestes encore, la même apologie discrète et calme. Après avoir dit : « Je me suis attaché à bien exprimer dans ma tragédie ce que nous savons des mœurs et des maximes des Turcs, » il développe un peu plus sa défense, cherchant à prouver que dans l'oisivité du Sérail les héroïnes qu'il a mises sur la scène, et qu'on a accusées d'être chez lui trop savantes en amour, ne sont occupées que de cette passion; et que pour Bajazet, « il garde au milieu de son amour la férocité de la nation; » enfin que le mépris généreux qu'il fait de la vie n'a rien d'extraordinaire dans l'histoire des Turcs. C'était certainement chez lui une résolution prise de ne plus accepter la guerre, de renoncer aux représailles. S'il avait entrepris de montrer que les Romains de Corneille étaient souvent, quoi qu'en dise Segrais, des Français du dix-septième siècle tout aussi bien que les Turcs de *Bajazet*, il eût bien trouvé quelque chose à dire pour soutenir ce sentiment. Il eût aussi fait remarquer peut-être que *le Cid* lui-même et ses héroïnes rappellent un peu moins l'Espagne, celle même du *Romancero*, à plus forte raison celle du onzième siècle, que les amateurs superstitieux de la fidélité du costume ne pourraient le désirer. L'honneur castillan y respire, il est vrai, avec sa jactance héroïque et ses passions chevaleresques; et sans doute cela suffit. Mais les passions sauvages des musulmans sont-elles absentes de *Bajazet?* Ne s'y trouve-t-il rien qui peigne la politique des sultans et des vizirs, les défiances sanguinaires du despotisme, les révoltes habituelles du palais et des armées? Et dans l'expression même de l'amour, qui est plus particulièrement ce qu'on a critiqué, le poëte a-t-il oublié les fureurs jalouses du Sérail et ses emportements tout sensuels? Avec cela il fallait bien qu'il rapprochât beaucoup de nos sentiments ceux de ses personnages. Comment, sans cette transformation nécessaire, nous intéresser à une société avilie et abrutie par le plus abject esclavage, où se rencontraient beaucoup plus les vices d'une froide corruption que ces passions du cœur qui sont la vie du drame? Demander à Racine de vrais Turcs, tels surtout qu'ils étaient alors, c'était lui interdire le sujet qu'il a traité. Il l'avait donc mal choisi, aurait-on pu répondre. C'est l'objection qu'on a faite à plus d'une pièce de Racine, à *Bérénice*, par exemple, comme nous l'avons vu. Mais d'un sujet quel qu'il soit, quand on sait tirer de telles beautés, le choix paraît justifié.

L'exactitude du décorateur et du costumier ne saurait suppléer à la vérité que le poëte n'aurait pas mise dans les caractères et dans les mœurs. Ce serait toutefois un fait curieux si la fidélité des costumes, étrangement négligée sur la scène de ce temps dans toutes les autres tragédies, avait été, comme il semble, cherchée dans celle-ci avec plus de soin. Nous y verrions la preuve que l'auteur sentait combien il était plus facile cette fois de contrôler sévèrement la vérité de sa peinture. Louis Racine, dans ses *Réflexions sur la poésie*[1], fait cette remarque: « Un savant peut trouver à redire qu'Achille, sur le théâtre, soit habillé comme Auguste et Mithridate: il sait que ces trois princes étoient habillés différemment; mais le peuple, qui l'ignore, n'est pas même choqué de leur voir à tous trois des perruques et des chapeaux, au lieu qu'il seroit choqué d'en voir sur la tête des Turcs, parce que, sans avoir été à Constantinople, nous avons conversé avec des gens qui y ont été, ou nous avons vu des Turcs parmi nous; ainsi on ne les fait point paroître sur le théâtre sans des robes longues et des turbans. » Les *Réflexions sur la poésie* n'ont été écrites, il est vrai, qu'en 1747, après les réformes que l'on avait heureusement tentées dans les costumes du théâtre. Mais l'exactitude que Louis Racine fait remarquer dans ceux de *Bajazet* ne devait pas être entièrement une innovation de son temps; et ne fût-elle pas d'abord aussi scrupuleuse qu'elle le devint plus tard, elle paraît avoir été cependant jugée nécessaire dès les premières représentations de la pièce. C'était, on s'en souvient,

---

1. OEuvres de *L. Racine*, tome II, p. 283.

« sous un habit turc » que Corneille trouvait aux personnages de Racine un sentiment français.

Racine avait le droit de traiter les événements de sa tragédie plus librement et plus au gré de son imagination que la peinture des mœurs. Là aussi pourtant une histoire contemporaine pouvait être gênante et répugner à l'altération ; mais c'eût été seulement s'il se fût agi de faits très-connus, très-publics. Ceux qui s'étaient passés dans l'ombre du Sérail étaient au contraire mystérieux. Telle était, si récents qu'ils fussent, l'obscurité dont ils s'enveloppaient, que non-seulement la mort de Bajazet, mais son existence même étaient mises en question lorsque la tragédie parut ; et il ne semble guère plus facile aujourd'hui d'éclaircir dans cette histoire du Sérail tous les doutes, de concilier les divers témoignages. Il aurait donc suffi d'exiger du poëte le vraisemblable, sans le chicaner, comme on le fit, sur la réalité des événements. De Visé ouvrit quelques livres où était raconté le règne d'Amurat IV, et se crut en mesure de prouver que tout était fiction dans la pièce : « Voici en deux mots, écrivait-il[1], ce que j'ai appris de cette histoire dans les historiens du pays, par où vous jugerez du génie admirable du poëte, qui, sans en prendre presque rien, a su faire une tragédie achevée. Amurat avoit trois frères quand il partit pour le siége de Babylone. Il en fit étrangler deux, dont aucun ne s'appeloit Bajazet ; et l'on sauva le troisième de sa fureur, parce qu'il n'avoit point d'enfants pour succéder à l'Empereur. Ce Grand Seigneur mena dans son voyage sa sultane favorite. Le grand vizir, qui se nommoit Mehemet-Pacha, y étoit aussi, comme nous voyons dans une relation faite par un Turc du Sérail, et traduite en françois par M. du Loir[2], qui étoit alors à Constantinople ; et ce fut ce grand vizir qui commença l'attaque de cette fameuse ville vers le levant.... A son retour, il entra triomphant dans Constantinople, comme avoit fait peu de jours auparavant le Grand

1. Dans l'article déjà cité du *Mercure galant*, en date du 9 janvier 1672.

2. Le livre que cite de Visé a pour titre : « Les Voyages du sieur du Loir, contenus en plusieurs lettres écrites du Levant.... Paris, 1654, in-4°. » La relation de la *Conquête de Babylone* (*Baghdat* dans le texte turc) est aux pages 224-254. Le texte turc, en caractères français, est en regard de la traduction.

Seigneur, son maître. Cependant l'auteur de *Bajazet* le fait demeurer ingénieusement dans Constantinople sous le nom d'Acomat, pour favoriser les desseins de Roxane, qui se trouve dans le sérail de Bysance, quoiqu'elle fût dans le camp de Sa Hautesse; et tout cela pour élever à l'Empire Bajazet, dont le nom est très-bien inventé.... » Ces discussions historiques nous semblent ici assez puériles : elles décident si peu du mérite de *Bajazet*, qu'on perdrait le temps à les approfondir. Cependant, puisque Racine, dans ses préfaces, a paru tenir à justifier son exactitude d'historien et à citer ses autorités, il sera permis de dire sommairement ce que l'on peut en penser. Le nom de Bajazet n'est point, comme le prétend le *Mercure galant*, une belle invention de Racine. Nous ne savons pourquoi Louis Racine, dans son *Examen* de *Bajazet*, veut confondre le frère d'Amurat, nommé, chez plusieurs historiens, du même nom qui lui est donné par notre poëte, avec un frère de Mahomet IV, qu'il trouve mentionné dans la *Nouvelle Relation de l'intérieur du Serrail* par Tavernier. L'identité de nom entre le Bajazet de la tragédie et l'un de ses petits-neveux suffisait-elle pour permettre de conclure que « Bajazet n'étoit pas encore né lorsque M. de Cézy étoit à Constantinople, où il ne peut avoir vu *se promener à la pointe du Sérail* qu'Ibrahim qui y étoit enfermé pendant le siége de Bagdad? » Ce n'est pas là du moins l'argument dont il faudrait se servir, si l'on était d'avis de rejeter le récit de l'ambassadeur. Un peu plus haut, Louis Racine lui-même avait constaté que Mézerai, dans son *Histoire des Turcs*, qui fait suite à celle de Chalcondyle, nomme Bajazet et Orcan comme deux frères d'Amurat mis à mort par ce sultan[1]. Il y a peu à s'inquiéter, après cela, du désaccord qu'il signale entre Mézerai et le prince Démétrius Cantemir, qui a écrit bien plus tard et après Racine[2]. Parmi les histoires

---

1. Mézerai est tout à fait d'accord avec Racine : « Diverses maladies avoient ôté à Amurath tous ses enfants, et sa cruauté lui avoit fait massacrer ses deux frères Orcan et Bajazet, n'ayant pardonné qu'à Ibrahim, parce qu'il lui paroissoit imbécile d'esprit. » *Histoire des Turcs*, par F. E. du Mézerai (2 vol. in-folio, Paris, M.DC.L), tome II, p. 165.

2. Son *Histoire de l'Empire ottoman* va jusqu'à l'année 1711. L'ori-

publiées avant la tragédie de *Bajazet*, Racine n'avait pas seulement pour lui Mézerai. Du Verdier, dans son *Abrégé de l'Histoire des Turcs*, imprimée en 1665 [1], dit aussi : « Amurat avoit deux frères, nommés Bajazet et Orcan, princes assez bien faits pour lui donner de l'ombrage. Il envoya des ordres exprès au Caïmakan de les faire mourir. Bajazet fut étranglé sans aucune difficulté; Orcan défendit sa vie jusqu'à tuer trois hommes avant que de se laisser prendre. » Le meurtre d'Orcan et de Bajazet, et l'imbécillité d'Ibrahim, qui fut cause qu'on l'épargna, sont encore attestés dans l'*Histoire du prince Osman* par le chevalier de Jant, imprimée également en 1665. Racine aurait pu citer ces autorités, qui pour un poëte tragique étaient sans doute suffisantes [2]. Nous ne savons si c'étaient là quelques-unes de

ginal latin, resté manuscrit, a été traduit pour la première fois en français en 1743.

1. 3 vol. in-12, à Paris, chez Théodore Gérard. Voyez au tome III, p. 518 et 519.

2. Des histoires beaucoup plus récentes admettent l'existence de Bajazet, et le citent comme un des frères dont Amurat se défit. Celle de M. de Hammer, qui est très-estimée et a été puisée aux sources orientales, donne au sultan Murad IV (*Amurat*) six frères, parmi lesquels se trouve Bajazet. « Des sept fils que laissa Ahmed, dit M. de Hammer, trois, Osman II, Murad IV et Ibrahim Ier, montèrent sur le trône...; les quatre autres, Mohammed, Suleiman, Husein, Bajesid (*Bajazet*), furent sacrifiés par leurs frères. » *Histoire de l'Empire ottoman* (traduite de l'allemand par M. Dochez, 3 vol. gr. in-8°), tome II, p. 359.
— Orcan, on le voit, n'est pas nommé. Ce fut, suivant cette même histoire, après la prise d'Érivan que Murad fit périr Bajazet : « Outre les bulletins du triomphe, on porta encore un chatti-scherif du Sultan au kaimakam Beiram-Pascha et au bostandschibaschi Dudche, qui leur enjoignait, pendant la solennité de la fête, de mettre à mort les frères du Sultan, Bajesid et Suleiman.... Le funeste sort de deux adolescents pleins d'espérance arracha des larmes même à leurs bourreaux le bostandschibaschi et le kaimakam. » (*Ibidem*, p. 469 et 470.) M. de Hammer parle plus loin d'un autre frère de Murad, qu'il n'avait pas nommé jusque-là, et dont le Sultan aurait ordonné la mort le 17 février 1638, avant de partir pour Bagdad : « Il fit périr un de ses frères, Sultan Kasim, qui, par ses heureuses dispositions, semblait lui préparer dans l'avenir un rival redoutable. » (*Ibidem*, p. 479.) Ne serait-ce pas là plutôt (la date du meurtre se rapproche bien davantage) le prince dont M. de Cézy racontait la fin tragique?

celles qu'il avait consultées ; mais il se peut que d'autres sources d'informations lui eussent été en outre ouvertes soit dans des histoires imprimées qui ne nous sont pas tombées sous les yeux, soit dans des entretiens avec nos anciens ambassadeurs à Constantinople.

Ce qui le donnerait à croire, c'est que, dans les livres dont nous venons de parler, nous trouvons, lorsqu'il y est question d'Orcan, qu'il fut tué en même temps que Bajazet, tandis que Racine, dans sa seconde préface, dit qu'Amurat, dès les premiers jours de son règne, fit étrangler ce même Orcan. Une différence plus remarquable est à noter entre les histoires que nous avons pu lire, et les faits tels que Racine les a présentés dans sa tragédie, tels même qu'il les expose, moins en poëte qu'en historien, dans cette préface : il veut que ce soit après la prise de Bagdad, en 1638, que le Sultan ait envoyé un ordre à Constantinople pour faire mourir Bajazet; et nous lisons partout que c'est après la prise d'Érivan, en 1635. Il y aurait quelque raison de penser que ce dernier récit est le seul vrai. Un recueil manuscrit[1] nous a conservé une *Lettre écrite de Constantinople le 5 septembre 1635 par M. de Monthoulieu, député de Marseille, résidant à Constantinople, sur le sujet des réjouissances faites pour la prise de Ravan, et sur le sujet de la mort funeste des deux frères du Grand Seigneur, étranglés par son commandement.* « Le soir du même jour (*du jour des réjouissances*), dit cette lettre, un aga va trouver le Caïmacan et le Bostangi-Baschi.... Il leur présente un catacherif (*sic*) du Grand Seigneur par lequel est très-expressément commandé à l'un et à l'autre d'aller promptement étrangler les deux plus aînés de ses frères : l'un étoit âgé de vingt-six ans, et l'autre de vingt-trois.... C'étoient deux très-beaux princes et de bonne mine, et révérés de tous universellement. » Il est vrai que la lettre ne nomme pas Bajazet, et ajoute à son récit qu'il restait encore au Grand Seigneur deux frères fort jeunes. Toutefois elle semble s'accorder singulièrement avec ce que les historiens nous racontent de Bajazet et d'un autre fils d'Ach-

---

[1]. Ce recueil, qui est à la bibliothèque de l'Arsenal, est intitulé : *Traités et Ambassades de Turquie*. La lettre de M. de Monthoulieu est au tome V.

met, étranglés en 1635. Il est possible, nous le répétons, que Racine, lorsqu'il a substitué le siége de Babylone ou Bagdad à celui d'Érivan, se soit appuyé sur d'autres histoires, sur d'autres mémoires; mais peut-être aussi lui a-t-il tout simplement plu de rattacher l'action de sa tragédie à cette prise de Bagdad, qui fut l'événement le plus célèbre du règne d'Amurat. C'était son droit; et il reconnaît, dans sa première préface, « qu'il a été obligé de changer quelques circonstances. » Il en a certainement changé beaucoup; et il y aurait peut-être quelque naïveté à prendre au sérieux le soin qu'il affecte de rassurer ses lecteurs sur la vérité historique des principales données de sa pièce. Ces petites fraudes, par lesquelles on ne prétend réellement tromper personne, sont de tout temps à l'usage des romanciers et des poëtes. Lorsque Racine nous dit que « les particularités de la mort de Bajazet ne sont encore dans aucune histoire imprimée, » mais que son témoin est le comte de Cézy, alors ambassadeur à Constantinople, lequel « fut instruit des amours de Bajazet et des jalousies de la Sultane, » ne faut-il pas voir là un tour ingénieux pour dérouter, en se moquant d'eux, et réduire au silence les indiscrets qui veulent demander au poëte un compte rigoureux de ses libres fictions? L'histoire, disent-ils, est défigurée. Qu'en savent-ils? peut répondre le poëte. Ont-ils causé avec M. le comte de Cézy? Et qu'oserait-on déclarer faux et impossible, lorsqu'on voit les historiens si mal instruits des mystérieuses tragédies du Sérail, et même en désaccord sur le nombre et sur les noms des frères du sultan Amurat? Racine avait beau jeu pour supposer des mémoires secrets, dont il aurait eu confidence. On n'est pas d'ailleurs obligé d'y croire.

Plusieurs ont pensé plutôt que les amours de Roxane et de Bajazet pourraient bien être les amours de la reine Christine et de Monaldeschi : ils se souvenaient que celui-ci avait été assassiné en 1657, à Fontainebleau, par l'ordre de la jalouse princesse, qui, avant de l'envoyer à la mort, « lui avoit, dit le P. d'Avrigny[1], montré quelques lettres qu'il avoit écrites, et lui avoit reproché son infidélité. » La ressemblance est en effet digne

---

1. *Mémoires pour servir à l'histoire universelle de l'Europe....* (1725), tome III, p. 523.

d'attention. On a fait remarquer aussi[1] qu'Atalide, *prêtant son nom à l'amour* de Bajazet et de la Sultane, rappelle singulièrement Mlle de Boutteville, qui rendit, comme le racontent les *Mémoires* de Mme de Motteville, un service pareil à l'amour du grand Condé et de Mlle du Vigean, et finit par exciter la jalousie de celle qui avait trouvé bon d'abord de lui confier ce rôle dangereux. Si l'on admettait ces conjectures, qui n'ont rien d'invraisemblable, il ne resterait guère de place dans le roman pour les renseignements qu'aurait donnés le comte de Cézy. D'un autre côté, si cet ambassadeur avait réellement écrit quelque chose, comme le dit Racine, sur les circonstances de la mort de Bajazet; si, lorsqu'il fut de retour en France, plusieurs personnes de qualité en avaient entendu le récit de sa bouche, la sultane favorite ni le grand vizir ne pouvaient dans ce récit avoir un rôle; l'un et l'autre, d'après le témoignage unanime des historiens, avaient suivi le Sultan au siége de Bagdad : de Visé sur ce point n'a rien dit que de fondé. Affirmerons-nous toutefois que cette « quantité de personnes qui à la cour se souvenaient d'avoir entendu conter au comte de Cézy » les aventures du Sérail, et particulièrement le chevalier de Nantouillet, n'aient rien appris à Racine? Faut-il absolument lui donner un démenti, lorsqu'il nous dit dans sa préface que c'est aux récits du chevalier de Nantouillet qu'il doit le sujet de sa tragédie, et que c'est par ce même ami que lui a été inspiré le dessein d'arranger ces récits pour la scène? Non, sans doute; mais il a dû en user très-librement avec ces histoires secrètes du Sérail, qui probablement déjà, avant qu'il y mêlât ses propres inventions, n'étaient pas très-authentiques. Nous nous imaginons que le chevalier de Nantouillet, homme d'esprit et qui se plaisait au badinage[2], pouvait bien être un peu conteur.

1. Petitot, dans une note sur le vers 168 de *Bajazet* (acte I, scène 1).
2. Saint-Simon parle ainsi de lui (*Mémoires*, tome I, p. 257) : « Barbançon, premier maître d'hôtel de Monsieur, .... si goûté du monde par le sel de ses chansons et le naturel de son esprit. » François du Prat, dit le chevalier de Nantouillet, avait été substitué aux nom et armes de Barbançon. Cette même année 1672 il faillit être noyé au passage du Rhin (voyez dans les *Lettres de Mme de Sévigné*, tome III, p. 135, la lettre du 3 juillet 1672). Il fut capitaine de cavalerie au régiment de la Reine, et plus tard, en 1685, premier maître

Qui sait ce qu'il s'était amusé à ajouter aux surprenantes anecdotes du comte de Cézy, et ce que l'ambassadeur lui-même, revenant de ces pays lointains, avait pu débiter de fables? M. de Cézy paraît avoir été un homme à aventures. Il en aurait cherché, à ce qu'on prétendait, jusque dans l'intérieur du Sérail. L'historien anglais Ricaut, ambassadeur extraordinaire de Charles II auprès de Mahomet IV, parle « de la vanité et de l'ambition qu'avoit, comme on dit, le comte de Cézy de faire la cour aux maîtresses du Grand Seigneur, qui sont dans le Sérail : ce qu'il ne pouvoit faire qu'en donnant des sommes immenses d'argent aux eunuques [1]. » On cherchait là une des explications de ces prodigalités qui finirent par l'écraser sous le poids des dettes. Il est permis de douter qu'il connût aussi bien le Sérail, qu'il y eût d'aussi faciles intelligences qu'on le disait, ou que peut-être il s'en vantait lui-même. Si les bruits répandus sur ses étranges bonnes fortunes venaient de lui, quels fabuleux récits un tel homme ne devait-il pas faire sur les intrigues du Harem? Concluons que le roman des amours de Bajazet, certifié par le comte de Cézy, ayant passé par la bouche du spirituel chevalier de Nantouillet, enfin arrangé par la fantaisie d'un poëte, n'a pas une très-grande autorité historique. Racine le savait bien, et ne pensait sans doute pas que sa tragédie en valût moins. Qui ne serait de cet avis? Que, dans la vérité de l'histoire, la sultane favorite, qui pendant le siége de Bagdad n'était pas demeurée à Constantinople, n'ait pu conspirer avec Bajazet, qu'importe, si la passion de Roxane est une des plus vivantes et des plus admirables créations de Racine, si elle n'est pas seulement vraie par l'expression générale des sentiments du cœur humain, mais aussi par ce caractère particulier auquel on reconnaît la femme de l'Orient barbare, la farouche et sensuelle esclave? Que le grand vizir, qui ne s'appelait pas Acomat [2], au lieu de prendre part, comme dans notre tragédie,

d'hôtel de Philippe de France. Lié d'amitié avec Racine, il passa pour un des auteurs du fameux sonnet de 1677 contre le duc de Nevers.

1. *Histoire de l'état présent de l'Empire ottoman.... traduite de l'anglois de M. Ricaut....* par M. Briot (1 vol. in-4°, Paris, chez Mabre-Cramoisy, M.DC.LXX), p. 159.

2. Il s'appelait *Mehemet*. C'est peut-être en lisant l'histoire de

aux complots du Sérail, ait été emmené par le Sultan au siége de Bagdad, d'où, suivant du Loir, il revint triomphant, où, suivant d'autres, il se fit tuer à l'assaut des tours : qu'importe, si, comme l'a jugé Voltaire, cet Acomat « est l'effort de l'esprit humain; » s'il n'y a « rien dans l'antiquité ni chez les modernes qui soit dans ce caractère? » Louis Racine a dit[1] : « Dans *Bajazet*, tout est vraisemblable, quoique peut-être il n'y ait rien de vrai. » Il avait raison de reconnaître dans cette tragédie la vraisemblance, si celle qu'on exige du poëte ne doit pas être entendue dans un sens trop étroit, si elle doit être seulement cette illusion contre laquelle on se défendrait en vain, et que produit une action développée naturellement, suivant les données de la situation, des caractères, et aussi des mœurs particulières à l'époque et au pays qui lui sert de théâtre.

C'est l'antiquité, ou profane ou sacrée, qui a fourni le sujet de toutes les autres tragédies de Racine ; *Bajazet* seul a emprunté le sien à une nation moderne, et, comme le fait remarquer le poëte dans sa seconde préface, en s'autorisant du grand exemple d'Eschyle, à une histoire contemporaine. Lorsqu'on s'est habitué, bien à tort sans doute, à regarder Racine comme un génie timide, qui devait craindre de marcher sans le secours des anciens, et de s'écarter de leurs traces, on peut s'étonner de cette hardiesse. Mais si c'était en effet une hardiesse, ce n'était nullement une innovation. Notre théâtre, avant Racine, avait, on sait avec quel glorieux succès dans *le Cid*, abordé plus d'une fois des sujets modernes. Il en avait assez souvent demandé à l'histoire des Turcs ; et même il nous offre un exemple d'une tragédie qui, de même que *Bajazet*, a, dans cette histoire, choisi des événements de date toute récente. Les deux préfaces de Racine se taisent sur ces pièces, où l'on avait essayé déjà de mettre sur notre scène les mœurs et les personnages des pays musulmans, et qui ne permettent pas de voir dans *Bajazet* une entreprise sans précé-

---

Soliman II, ou les tragédies tirées de cette histoire, que Racine a été frappé du nom auquel il a donné la préférence. Là, il est parlé d'un grand vizir *Achomat* ou *Achmet*, qui se mit dans le parti de Bajazet, fils de Roxelane, et que Soliman fit étrangler.

1. Dans l'*Examen* de *Bajazet*.

dent. Il convient, ce nous semble, de suppléer en quelques mots à ce silence.

Gabriel Bounyn a fait imprimer en 1561 une tragédie intitulée *la Soltane*, dont le sujet est la mort de Mustapha, étranglé par l'ordre de son père Soliman le Grand. Soliman vivait encore. On croit qu'il faut faire remonter la première représentation de *la Soltane* jusqu'à l'année 1554. Ce serait un an seulement après la catastrophe tragique que Bounyn a transportée sur le théâtre.

Le même événement inspira au siècle suivant une autre tragédie du théâtre français : *le Grand et dernier Solyman, ou la Mort de Mustapha*, par Mairet, dont la première impression est du 1er juin 1639, et qui fut joué, disent les frères Parfait, dès 1630. C'est une imitation de *Il Solimano*, pièce de Bonarelli della Rovere, imprimée à Venise en 1619.

Dalibray donna sur le même sujet *le Soliman*, tragi-comédie, achevée d'imprimer le 30 juin 1637, qu'il reconnaît, dans son avis *Au lecteur*, devoir à la tragédie de Bonarelli, quoiqu'il en ait changé le dénouement, pour « donner une heureuse issue à l'innocence de Mustapha et de sa maîtresse. »

Un poëte peu connu, du nom de Desmares, a composé une tragédie de *Roxelane*, imprimée en 1643, dont le sujet est l'élévation au trône de l'artificieuse favorite de Soliman.

Magnon est auteur d'une tragédie qui a pour titre : *le Grand Tamerlan et Bajazet*, et dont l'Achevé d'imprimer est du 20 novembre 1647[1].

Une tragédie plus digne d'attention, *Osman*, dont le sujet est la mort du sultan Osman II, tué dans une révolte des janissaires, est de Tristan l'Hermite, que sa *Mariane*, représentée en 1637, avait rendu célèbre. *Osman* ne fut publié qu'en 1656 par les soins de Quinault, après la mort de l'auteur;

---

1. Pradon, mais après le *Bajazet* de Racine, a donné en 1675 une tragédie tirée de la même histoire que la pièce de Magnon : *Tamerlan, ou la Mort de Bajazet*. C'est un ouvrage d'une déplorable platitude, quoique Subligny, dans sa *Dissertation sur les tragédies de* Phèdre, en attribue la chute « à des brigues indignes de M. Racine. » Ce fut également plusieurs années après *Bajazet* que l'abbé Abeille fit jouer (1680), sous le nom du comédien la Thuillerie, une tragédie de *Solyman*, tirée de *l'Illustre Bassa* de Mlle de Scudéry.

mais le privilége pour l'impression de cette tragédie avait été accordé à Tristan le 17 juin 1647, année où par conséquent on peut conjecturer qu'elle fut jouée.

Il est à croire que, sinon toutes ces œuvres, plusieurs d'entre elles du moins étaient connues de Racine. Mais dans les citations, en très-petit nombre d'ailleurs, que nous en avons tirées pour les notes de *Bajazet*, rien n'établit que notre poëte ait fait des emprunts à ces essais de tragédie turque. Ce n'étaient pas de tels modèles qu'il pouvait se proposer d'imiter. La plupart ont bien peu de valeur. La pièce de Bounyn, avec sa langue pédantesque, ses chœurs mythologiques, ses Turcs qui jurent par tous les dieux des païens, n'est que l'informe essai d'un art encore dans l'enfance. Les tragédies ou tragi-comédies de Dalibray, de Desmares et de Magnon sont aussi faibles de style que de conception. Il n'en est pas tout à fait de même de la pièce de Mairet. Quoique très-inférieure à sa fameuse *Sophonisbe*, elle offre quelque intérêt, et de loin en loin des vers qui ne sont pas sans beauté. La tragédie de Tristan méritait plus encore peut-être la mention que nous en avons faite ici. Dans un de ses rôles, celui de la fille du Mouphti, il y a quelques développements de passion assez heureux. Mais les frères Parfait se sont trop hasardés quand ils ont cru reconnaître de frappants rapports entre ce rôle et celui de Roxane dans *Bajazet*[1]. Remarquons plutôt que cette couleur orientale qu'on a tant et de si bonne heure reproché à Racine d'avoir négligée, semble, dans plusieurs passages d'*Osman*, avoir été curieusement cherchée. On peut citer ces vers que, dans la scène IV de l'acte IV, Osman adresse à son peuple qui s'est assemblé en tumulte :

> Qui vous fait assembler pour me donner conseil?
> L'ombre est-elle en état d'éclairer le soleil?

et ceux-ci, tirés de la scène II de l'acte III, où l'on raconte dans quel appareil Osman s'est présenté devant les janissaires :

> Quarante Capigis le suivoient seulement,
> Et six pages d'honneur, dont l'un portoit sa trousse,

---

1. *Histoire du Théâtre françois*, tome VII, p. 158.

> Et les autres tenoient les cordons de sa housse.
> Dessus ses brodequins et sur sa veste encor
> Éclatoient des rubis, des perles et de l'or;
> Et dessus le fourreau d'un riche cimeterre....
> De larges diamants brilloient de tous côtés.

Assurément voilà du costume. Cette exactitude descriptive fait penser aux éléphants et aux chariots que Saint-Évremond se plaignait de ne pas trouver dans la tragédie d'*Alexandre*. Si c'était là ce dont quelques personnes ont de tout temps regretté l'absence dans *Bajazet*, il nous semblerait que le reproche fait à Racine d'avoir manqué à ce genre de vérité n'est pas très-sérieux. C'est par d'autres traits, d'une couleur moins matérielle, qu'il sait nous faire reconnaître que la scène de sa tragédie est chez les Turcs.

La Harpe, dans son *Cours de littérature*, Louis Racine, dans l'*Examen* de *Bajazet*, sont de ce sentiment; ils s'étudient à faire ressortir, dans la tragédie de Racine, les traits de mœurs de l'Orient qui sont d'un grand peintre, et à montrer qu'avec le coup d'œil du génie le poëte avait souvent saisi le vrai caractère des hommes de ces contrées. Faut-il toutefois, dans une apologie à outrance, ne rien accorder à la critique? Il est juste, au contraire, de lui faire sa part. N'oublions pas que Corneille n'accusait pas précisément Racine d'avoir négligé le costume, mais d'avoir donné à ses Turcs *le sentiment* de notre nation; et reconnaissons que, dans toutes les pièces du théâtre de Racine, à un sens historique très-juste et très-profond il se mêle quelque chose de moins vrai, une complaisance excessive pour des sentiments tout français. C'en est le côté faible, quoique charmant : là, ce sera Britannicus et Junie, Hippolyte et Aricie; ici, Bajazet et Atalide. Voltaire l'a reconnu. Il était cependant l'admirateur le plus déclaré de *Bajazet*. Non-seulement il en trouvait l'intrigue si heureusement imaginée, et d'un si grand effet sur la scène, qu'il a voulu un jour, avec un succès bien malheureux, il est vrai, se l'approprier dans *Zulime*; mais, ce qu'il vaut mieux rappeler, en toute occasion il a parlé avec enthousiasme de l'exposition de cette tragédie, exposition la plus belle, à son avis, qu'il y eût au théâtre; du rôle d'Acomat, sur lequel nous avons déjà cité ses paroles; de celui de Roxane, qu'il nommait

« le chef-d'œuvre de l'esprit et du goût, une statue de Phidias[1]. »
Nous croyons cependant que, sans se contredire, sans céder à un de ces caprices qu'on a eu à lui reprocher quelquefois, il a pu juger moins favorablement le rôle de Bajazet, et y trouver l'explication de la sévérité de Corneille, auquel il attribue des paroles assez semblables pour le sens à celles qui sont rapportées dans le *Segraisiana*. Citons un passage de la lettre qu'en 1739 il écrivait de Cirey au comédien de la Noue. Après avoir transcrit quelques vers du rôle de Bajazet, dans la scène v de l'acte II, et dans la scène IV de l'acte III, il continue ainsi : « Je vous demande, Monsieur, si à ce style, dans lequel tout le rôle de ce Turc est écrit, vous reconnaissez autre chose qu'un Français, qui s'exprime[2] avec élégance et douceur? Ne désirez-vous rien de plus mâle, de plus fier, de plus animé dans les expressions de ce jeune Ottoman qui se voit entre Roxane et l'Empire, entre Atalide et la mort? C'est à peu près ce que Pierre Corneille disait, à la première représentation de *Bajazet*, à un vieillard qui me l'a raconté : « Cela est tendre, touchant, « bien écrit; mais c'est toujours un Français qui parle. » Vous sentez bien, Monsieur, que cette petite réflexion ne dérobe rien au respect que tout homme qui aime la langue française doit au nom de Racine. Ceux qui désirent un peu plus de coloris à Raphaël et au Poussin ne les admirent pas moins[3]. »

Voltaire paraissait aussi juger que çà et là dans cette tragédie on rencontrait quelques vers, quelques expressions d'une simplicité trop familière. Il rappelait que tous les peuples « nous reprochent une poésie un peu trop prosaïque, » et donnait à entendre (on n'est peut-être pas obligé de l'en croire) que le style de *Bajazet* méritait parfois ce reproche. « On sait, disait-il encore, se souvenant d'un passage du *Bolæana*, on sait que Boileau en trouvait la versification négligée[4]. » Boileau

1. *Remarques sur Médée*: voyez les *OEuvres de Voltaire*, tome XXXV, p. 29.
2. Dans les éditions de Kehl on lit : « .... qu'un Français, qui appelle sa Turque *Madame*, et qui s'exprime..., etc. »
3. *OEuvres de Voltaire*, tome LIII, p. 550.
4. *Ibidem*, tome VII, p. 319. — Le passage du *Bolæana* où Voltaire avait trouvé ce prétendu jugement de Boileau sur la versification de *Bajazet* est à la page 107.

a-t-il réellement été aussi sévère? Nous aurions quelque peine à le comprendre.

Quoi que l'on puisse accorder d'ailleurs à quelques-unes des critiques dont Bajazet a été l'objet, une chose reste incontestable : c'est que cette tragédie est une des plus théâtrales que Racine ait composées. Elle avait eu tout d'abord, nous l'avons vu, un succès éclatant. La durée de ce succès a été égale à son éclat. Louis Racine constatait que *Bajazet* était souvent redemandé. De nos jours même on a reconnu que, bien interprétée, la pièce avait gardé toute sa puissance d'émotion. Il nous reste à rappeler ce qui dans l'histoire de ses représentations, aux diverses époques, peut être de quelque intérêt.

Lorsque la Champmeslé, après la rentrée de Pâques 1679, passa de l'Hôtel de Bourgogne au théâtre de Guénégaud, elle y apporta tous ses grands rôles des tragédies de Racine. Aussi trouvons-nous dans le Registre de la Grange, *Bajazet* joué cette même année 1679, le 9 septembre, par la troupe de Guénégaud[1]. L'année suivante, qui fut celle de la réunion des deux troupes royales, la même pièce fut représentée trois fois à Paris, une fois à Versailles ; en 1681, quatre fois à Paris, une fois à Saint-Germain ; en 1682, quatre fois à Paris, une fois à Versailles, une fois à Fontainebleau ; il y eut en 1683 trois représentations à Paris, deux en 1684 ; deux également dans les premiers mois de 1685, et une à Versailles.

---

1. Cette troupe aurait représenté *Bajazet* bien avant 1679, si l'on s'en rapportait au *Journal des avis et des affaires de Paris*, publié en 1676 par François Colletet. Cette feuille dit en effet sous la date du *mardi 4 août* 1676 : « On doit représenter cette après-dînée à l'Hostel de Bourgogne *le Triomphe des Dames* de M. Corneille le jeune..., et *Bajazet* de M. Racine à la rue Guénégaud. » Nous savons cependant que de 1675 à 1677 on jouait plutôt sur cette dernière scène les pièces de Leclerc ou de Pradon que celles de Racine. Soupçonnant une erreur de Colletet, nous avons consulté la première édition de la comédie de Thomas Corneille. Elle a pour titre : « Le Triomphe des Dames, comedie représentée par la troupe du Roy établie au fauxbourg Saint-Germain (Paris, 1676, in-4°). » — La troupe du faubourg Saint-Germain est celle de Guénégaud. Le *Journal des avis* a donc fait un *quiproquo*, à moins que les deux théâtres n'aient pour un jour échangé leurs pièces, ce qui est peu probable.

« La première comédie sérieuse que Madame la duchesse de Bourgogne ait vue, dit le *Journal* de Dangeau, fut *Bajazet*. » Cette représentation fut donnée à Versailles le 28 novembre 1698. Le duc de Bourgogne, les ducs d'Anjou et de Berri y assistaient. Quelques jours auparavant, on avait joué *Britannicus* en présence des jeunes princes; nous avons dit dans la *Notice* de cette pièce qu'elle avait été choisie pour le premier spectacle tragique qu'on leur donna; quand vint le tour de la princesse, le choix fut moins sévère; on pensa que son goût serait « le goût des dames de ce siècle, » pour parler comme le *Mercure galant*.

En 1721, Baron (le vieux Baron alors), rentré depuis peu au théâtre, joua le rôle d'Acomat, le 8 juillet. Un mois plus tard, le 13 août, Mlle Lecouvreur tentait pour la première fois le rôle de Roxane. Son talent varié, qui savait exprimer et les passions véhémentes et la touchante tendresse, lui permit de représenter tour à tour, avec un grand succès, Roxane et Atalide. Peut-être, on s'en souvient, la Champmeslé aussi avait-elle eu dans *Bajazet* ce double triomphe. La scène française avait perdu Mlle Lecouvreur, lorsque dans son héritage Mlle Gaussin recueillit le rôle de Roxane. Pour en remplir toutes les conditions, il semble que l'énergie devait manquer à cette charmante actrice. Elle trouva dans Mlle Clairon une rivale avec qui l'on ne pouvait, comme l'a dit Marmontel, la mettre en balance « pour un rôle de force et de fierté. » Mlle Clairon étudia le rôle de Roxane avec le soin et la rare intelligence qui ne lui faisaient jamais défaut.

La vérité du costume est sans doute un peu secondaire; mais on sait que Mlle Clairon (il en a été de même de Mlle Rachel, de le Kain, de Talma) y attachait un grand prix. Il est probable que si, dans les premiers temps de *Bajazet*, les costumes turcs n'étaient pas absolument méconnaissables, ils étaient encore bien loin d'une parfaite exactitude, et que l'actrice avait de ce côté une véritable révolution à faire. Le passage suivant des *Mémoires* de Marmontel[1] le donne à penser : « Elle (*Mlle Clairon*) venait jouer Roxane au petit théâtre de Versailles. J'allai la voir à sa toilette; et pour la pre-

1. Livre V.

mière fois je la trouvai habillée en sultane, sans panier, les bras demi-nus et dans la vérité du costume oriental. » Ce fut alors qu'elle commença la réforme du costume, bien décidée à l'introduire dans tous ses rôles, quoiqu'elle affirmât qu'elle y perdait pour dix mille écus d'habits. Mais elle pensait que « la vérité de la déclamation tient à celle du vêtement. » Cette vérité, cette simplicité de la déclamation, elle en faisait aussi le premier essai à cette même représentation, sur le petit théâtre de Versailles. « S'il réussit, disait-elle, adieu l'ancienne déclamation. » — « L'événement, dit Marmontel[1], passa son attente et la mienne. Ce ne fut plus l'actrice, ce fut Roxane elle-même que l'on crut voir et entendre. L'étonnement, l'illusion, le ravissement fut extrême. » La brillante et habile tragédienne a, dans ses *Mémoires*, laissé sur le rôle de Roxane des observations qui donnent une idée de la manière très-juste dont elle le comprenait. Elle y a très-bien marqué les caractères qui doivent le distinguer du rôle d'Hermione[2]. La femme expérimentée, suivant elle, devait se montrer dans Roxane : « Je crois bien, ajoutait-elle, que Bajazet lui plaisoit plus qu'Amurat; mais un goût n'est pas un sentiment. L'attrait irritant des sens ou le tendre besoin de l'âme sont des choses bien différentes. Défendez-vous donc de toute espèce d'expression touchante : l'air du désir, subordonné à la plus rigoureuse décence, est la seule marque de sensibilité qu'on doive apercevoir dans vos yeux. Dans les ordres que vous donnez, dans les menaces que vous faites, que vos tons secs, despotiques m'assurent que vous n'êtes entourée que d'esclaves avilis et tremblants.... En me montrant dans les trois quarts de ce rôle une souveraine cruelle et née sur le trône, laissez-moi les moyens de retrouver dans le reste l'esclave insolente, abusant d'un moment de pouvoir qu'elle ne doit qu'à sa beauté[3]. »

A une époque où Mlle Clairon avait quitté la scène depuis quelques années, les deux demoiselles Sainval brillèrent dans *Bajazet*, l'aînée jouant le rôle de Roxane, la cadette celui d'Atalide, où, quoique très-inférieure d'ordinaire à sa sœur, elle montra beaucoup de talent. Ce même rôle d'Atalide fut le 24 mai 1788 le début de Mlle Desgarcins, alors âgée de dix-

---

1. Livre V. — 2. Page 98. — 3. Pages 116 et 117.

sept ans. La Harpe, dans sa *Correspondance littéraire*[1], atteste les applaudissements qu'elle y mérita.

Il y avait longtemps qu'on n'avait vu *Bajazet* repara tre sur la scène, lorsque Mlle Raucourt l'y rappela au mois de mars 1802. Si Geoffroy, toujours peu suspect d'indulgence, ne parla pas d'elle alors comme d'une Roxane parfaite de tous points, il fut loin cependant de lui refuser tout succès. « Elle brille surtout, disait-il[2], dans ces situations qui n'exigent qu'une grande dignité et une énergie concentrée.... L'art et le talent s'y trouvent à un degré supérieur. » Bientôt après, dans ce même rôle de Roxane, Mlle Duchesnois vint rivaliser avec Mlle Raucourt, et diviser les suffrages du public.

La tragédienne qui, de notre temps, a remis en honneur sur le théâtre les chefs-d'œuvre de nos grands poëtes, ne pouvait manquer d'être tentée par les rares beautés de *Bajazet*. Le 23 novembre 1838 Mlle Rachel aborda le rôle de Roxane. Bien jeune encore pour ce rôle, elle se troubla à cette première représentation, où elle n'eut d'autre succès que celui de son beau costume oriental. Telle avait été l'incertitude de son jeu, et le froid accueil du public, que de toutes parts on détournait la jeune actrice d'une nouvelle tentative. Elle voulut la hasarder toutefois, car elle avait la conscience de ses forces ; et le surlendemain une éclatante revanche la mit pour toujours en possession de ce rôle, qui fut un de ceux où elle se montra le plus admirable. Dans la *Notice* de M. Védel *sur Mlle Rachel*[3], nous avons lu que, dans cette seconde soirée où elle répara si bien son échec d'un moment, parmi les mots qui furent le mieux prononcés, on remarqua le terrible : *Sortez*, de la scène IV du dernier acte : « L'accent sombre, dit M. Védel, le geste impérieux, le regard étincelant de Rachel, à ce mot, furent si puissants sur les spectateurs, qu'ils voyaient Bajazet percé de coups se débattre entre les mains des muets. » Nous n'oserions pas récuser ce témoignage ; mais plus tard nous avons vu plus d'une fois Mlle Rachel dans ce même rôle, et il

1. Tome V, p. 182.
2. *Cours de littérature dramatique*, tome VI, p. 205, feuilleton du 29 ventôse an x (20 mars 1802).
3. Page 70.

nous a semblé qu'elle cherchait toujours, sans pouvoir se satisfaire, une nouvelle manière de prononcer cet implacable arrêt de mort. Si dans les commencements elle avait en effet rencontré la véritable inspiration, il est surprenant qu'elle ne s'y soit pas tenue, qu'elle ne l'ait pas retrouvée. L'auteur de l'article *Rachel* dans la *Biographie universelle*, M. Édouard Thierry, dit que dans les derniers temps « elle imagina, en disant le : *Sortez*, de tourmenter son poignard au rebours de la situation. » De telles tentatives ne semblent-elles pas prouver que Mlle Rachel s'était toujours, en cet endroit, sentie vaincue par une difficulté insurmontable? Quoi qu'il en soit, dans cette lutte avec un magnifique et redoutable rôle, Mlle Rachel a pu fléchir en un seul point; sur les autres, il n'y avait qu'à reconnaître son triomphe. On trouvait véritablement en elle la Roxane que Mlle Clairon demandait, la femme impérieuse et violente, faisant, suivant l'expression de la Harpe, l'amour le poignard à la main, l'esclave insolente, dictant ses volontés à des esclaves, l'amante plus emportée et plus orgueilleuse que tendre. Et cependant Mlle Rachel, à qui n'échappait aucune nuance de ces admirables rôles que le poëte a su faire à la fois si constants et si variés, n'avait garde de se défendre trop absolument de « toute expression touchante. » Nous n'avons pas oublié avec quel retour de sensibilité elle interrompait ses menaces par ce cri du cœur :

Bajazet, écoutez, je sens que je vous aime;

quel accent de douleur profonde elle mettait dans cet autre vers :

Tu ne saurois jamais prononcer que tu m'aimes;

enfin quelle était sa grâce, sa finesse charmante, lorsque rassurée et joyeuse elle disait :

L'amour fit le serment, l'amour l'a violé.

---

Le texte que nous donnons de *Bajazet* est conforme à l'édition de 1697. Nous avons tiré les variantes des recueils de 1676 et de 1687, et de l'édition séparée de 1672, qui est la première impression de cette tragédie.

# PREMIÈRE PRÉFACE[1].

Quoique le sujet de cette tragédie ne soit encore dans aucune histoire imprimée, il est pourtant très-véritable. C'est une aventure arrivée dans le Serrail, il n'y a pas plus de trente ans[2]. Monsieur le comte de Césy étoit alors ambassadeur à Constantinople[3]. Il fut instruit de toutes les particularités de la mort de Bajazet ; et il y a quantité de personnes à la cour qui se souviennent de les lui avoir entendu conter, lorsqu'il fut de retour en France. Monsieur le chevalier de Nantouillet[4] est du nombre de ces personnes. Et c'est à lui que je suis redevable de cette histoire, et même du dessein que j'ai pris d'en faire[5] une tragédie. J'ai été obligé pour cela de changer quelques circonstances. Mais comme ce changement n'est pas fort considérable, je ne pense pas aussi qu'il soit nécessaire de le marquer au lecteur. La principale chose à quoi je me suis attaché, ç'a été de ne rien changer ni aux mœurs ni aux coutumes de la nation. Et

---

1. Cette préface est celle de l'édition de 1672. Elle ne porte, dans cette édition, aucun titre, tel que *Préface* ou *Au lecteur*.

2. Rigoureusement ce serait un peu plus. Racine place l'action de sa tragédie au temps du siége de Bagdad, qui est de l'année 1638.

3. Philippe de Harlay, comte de Cézy\*, avait en 1618 remplacé Achille de Harlay Sancy à l'ambassade de Constantinople. Après y avoir été quelque temps remplacé lui-même par M. de Marcheville, nommé ambassadeur en 1631, il avait repris ses fonctions, et n'était rentré en France qu'en 1641.

4. Voyez ci-dessus la note 2 de la page 461.

5. M. Aimé-Martin a, nous ne savons pourquoi, substitué *former* à *faire*.

\* Racine écrit *Césy* dans sa première préface, *Cézy* dans la seconde.

j'ai pris soin de ne rien avancer qui ne fût conforme à l'histoire des Turcs et à la nouvelle Relation de l'empire ottoman, que l'on a traduite de l'anglois [1]. Surtout je dois beaucoup aux avis de Monsieur de la Haye [2], qui a eu la bonté de m'éclaircir sur toutes les difficultés que je lui ai proposées.

1. Cette *Relation* est l'*Histoire de l'état présent de l'Empire ottoman, contenant les maximes politiques des Turcs...*, traduite de l'anglois de *M. Ricaut.* Voyez ci-dessus, p. 462, note 1.

2. Jean de la Haye, seigneur de Venteley, qui succéda à M. de Cézy, comme ambassadeur de France à Constantinople, sous le règne d'Ibrahim. Il fut lui-même remplacé dans cette ambassade par M. de Nointel, en 1671.

## SECONDE PRÉFACE [1].

Sultan Amurat, ou Sultan Morat[2], empereur des Turcs, celui qui prit Babylone[3] en 1638, a eu quatre frères. Le premier, c'est à savoir Osman, fut empereur avant lui, et régna environ trois ans[4], au bout desquels les janissaires lui ôtèrent l'Empire et la vie. Le second se nommoit Orcan. Amurat, dès les premiers jours de son règne, le fit étrangler. Le troisième étoit Bajazet, prince de grande espérance; et c'est lui qui est le héros de ma tragédie. Amurat, ou par politique, ou par amitié, l'avoit épargné jusqu'au siége de Babylone. Après la prise de

---

1. Ce second avertissement a paru d'abord, et avec le titre de *Préface*, dans l'édition de 1676. Il a été reproduit dans l'édition de 1687, et, avec de légères variantes et la suppression d'un assez long morceau tout à la fin, dans celle de 1697. C'est le texte de cette dernière que nous suivons, selon notre coutume.

2. Ou plutôt *Murad*. « Plusieurs l'appellent lui et d'autres du même nom *Amurat;* mais ils se trompent, » dit Galland dans son opuscule intitulé : *la Mort du sultan Osman*. Murad IV, surnommé *Gazi*, ou « le Victorieux, » fut salué empereur le 10 septembre 1623. Il mourut le 9 février 1640.

3. Le vrai nom de cette ville est *Bagdad*, ou, comme on l'appelait vulgairement, *Bagadet*. Plusieurs historiens du dix-septième siècle lui donnent, comme Racine, le nom de Babylone. Bagdad, capitale de l'Irak, située sur la rive orientale du Tigre, fut incorporée de nouveau à l'empire ottoman sous le règne de Murad, après en avoir été détachée pendant quinze ans. L'armée de Murad en commença le siége le 15 novembre 1638. Le 25 décembre suivant la ville se rendit.

4. Osman ou Othman II, porté sur le trône en 1618, fut étranglé en 1622, victime du plan qu'il avait formé pour la destruction des janissaires. Entre son règne et celui de Murad, il faut placer quelques mois d'un second règne de Mustapha, frère d'Achmet. Tristan a pris la fin tragique d'Osman II pour sujet de sa tragédie d'*Osman*. Voyez ci-dessus la *Notice*, p. 464 et 465.

cette ville, le Sultan victorieux envoya un ordre à Constantinople pour le faire mourir. Ce qui fut conduit et exécuté à peu près de la manière que je le représente. Amurat avoit encore un frère, qui fut depuis le Sultan Ibrahim, et que ce même Amurat négligea comme un prince stupide, qui ne lui donnoit point d'ombrage. Sultan Mahomet[1], qui règne aujourd'hui, est fils de cet Ibrahim, et par conséquent neveu de Bajazet.

Les particularités de la mort de Bajazet ne sont encore dans aucune histoire imprimée. M. le comte de Cézy étoit ambassadeur à Constantinople lorsque cette aventure tragique arriva dans le Serrail. Il fut instruit des amours de Bajazet et des jalousies de la Sultane. Il vit même plusieurs fois Bajazet, à qui on permettoit de se promener quelquefois à la pointe du Serrail, sur le canal de la mer Noire. M. le comte de Cézy disoit que c'étoit un prince de bonne mine. Il a écrit depuis les circonstances de sa mort. Et il y a encore plusieurs personnes de qualité[2] qui se souviennent de lui en avoir entendu faire le récit lorsqu'il fut de retour en France.

Quelques lecteurs pourront s'étonner qu'on ait osé mettre sur la scène une histoire si récente. Mais je n'ai rien vu dans les règles du poëme dramatique qui dût me détourner de mon entreprise. A la vérité, je ne conseillerois pas à un auteur de prendre pour sujet d'une tragédie une action aussi moderne que celle-ci, si elle s'étoit passée dans le pays où il veut faire représenter sa tragé-

1. Mahomet IV, né en 1643, succéda en 1648 à son père Ibrahim. Il fut déposé le 8 novembre 1687, après trente-neuf ans de règne.

2. VAR. (édit. de 1676 et de 1687) : Et il y a plusieurs personnes de qualité, et entre autres M. le chevalier de Nantouillet. — Le chevalier de Nantouillet était mort en juin 1695 : cela explique le changement introduit dans l'édition de 1697.

die, ni de mettre des héros sur le théâtre, qui auroient été connus de la plupart des spectateurs. Les personnages tragiques doivent être regardés d'un autre œil que nous ne regardons d'ordinaire les personnages que nous avons vus[1] de si près. On peut dire que le respect que l'on a pour les héros augmente à mesure qu'ils s'éloignent de nous : *major e longinquo reverentia*[2]. L'éloignement des pays répare en quelque sorte la trop grande proximité des temps. Car le peuple ne met guère de différence entre ce qui est, si j'ose ainsi parler, à mille ans de lui, et ce qui en est à mille lieues. C'est ce qui fait, par exemple, que les personnages turcs, quelque modernes qu'ils soient, ont de la dignité sur notre théâtre. On les regarde de bonne heure comme anciens. Ce sont des mœurs et des coutumes toutes différentes. Nous avons si peu de commerce avec les princes et les autres personnes qui vivent dans le Serrail, que nous les considérons, pour ainsi dire, comme des gens qui vivent dans un autre siècle que le nôtre.

C'étoit à peu près de cette manière que les Persans étoient anciennement considérés des Athéniens. Aussi le poëte Eschyle ne fit point de difficulté d'introduire dans une tragédie[3] la mère de Xerxès, qui étoit peut-être encore vivante, et de faire représenter sur le théâtre d'Athènes la désolation de la cour de Perse après la déroute de ce prince. Cependant ce même Eschyle s'étoit trouvé en personne à la bataille de Salamine, où Xerxès avoit été vaincu. Et il s'étoit trouvé encore à la défaite

1. VAR. (édit. de 1676 et de 1687) : les personnes que nous avons vu. — Il y a *vu*, sans accord, dans les deux éditions indiquées.
2. « De loin le respect est plus grand. » (Tacite, *Annales*, livre I, chapitre XLVII.)
3. Dans la tragédie intitulée : *les Perses*.

des lieutenants de Darius, père de Xerxès, dans la plaine de Marathon. Car Eschyle étoit homme de guerre, et il étoit frère de ce fameux Cynégire dont il est tant parlé dans l'antiquité, et qui mourut si courageusement en attaquant un des vaisseaux du roi de Perse.

---

Dans les éditions de 1676-87, la préface se termine ainsi : « Je me suis attaché à bien exprimer dans ma tragédie ce que nous savons des mœurs et des maximes des Turcs. Quelques gens ont dit que mes héroïnes étoient trop savantes en amour et trop délicates pour des femmes nées parmi des peuples qui passent ici pour barbares. Mais sans parler de tout ce qu'on lit dans les relations des voyageurs, il me semble qu'il suffit de dire que la scène est dans le Serrail. En effet, y a-t-il une cour au monde où la jalousie et l'amour doivent être si bien connues* que dans un lieu où tant de rivales sont enfermées ensemble, et où toutes ces femmes n'ont point d'autre étude, dans une éternelle oisiveté, que d'apprendre à plaire et à se faire aimer? Les hommes vraisemblablement n'y aiment pas avec la même délicatesse. Aussi ai-je pris soin de mettre une grande différence entre la passion de Bajazet et les tendresses de ses amantes. Il garde au milieu de son amour la férocité** de la nation. Et si l'on trouve étrange qu'il consente plutôt de mourir que d'abandonner ce qu'il aime et d'épouser ce qu'il n'aime pas, il ne faut que lire l'histoire des Turcs. On verra partout le mépris qu'ils font de la vie. On verra en plusieurs endroits à quel excès ils portent les passions; et ce que la simple amitié est capable de leur faire faire. Témoin un des fils de Soliman, qui se tua lui-même sur le corps de son frère aîné, qu'il aimoit tendrement, et que l'on avoit fait mourir pour lui assurer l'Empire***. »

* Il y a bien *connues*, au féminin, dans les deux éditions.
** Cette expression est prise ici au sens du latin *ferocitas*, qu'aujourd'hui nous traduirions plutôt par *fierté*, *fierté farouche*.
*** Ce frère de Mustapha était le dernier des enfants de Soliman II et de Roxelane. Il se nommait Zeanger ou Giangir (*le Bossu*). Suivant l'historien de Hammer, la mort tragique de Mustapha, que Giangir

aimait de l'amour le plus tendre, le jeta dans une sombre mélancolie, qui abrégea ses jours. Telle est aussi la version adoptée par Busbecq, ambassadeur à Constantinople de Ferdinand I<sup>er</sup>, roi des Romains. Mais celle que Racine a suivie se trouve dans l'*Histoire universelle* de de Thou (livre XII), dans l'*Histoire générale du Serrail* de Michel Baudier (1626), dans l'*Histoire générale des Turcs* par du Verdier (1665). La mort de Mustapha a été le sujet de plusieurs tragédies antérieures à *Bajazet*. Voyez ci-dessus la *Notice*, p. 464. L'histoire de Mustapha, de Soliman et de Roxelane a également été racontée ou plutôt arrangée dans le roman de Mlle de Scudéry intitulé : *Ibrahim, ou l'Illustre Bassa* (1641).

## ACTEURS.

BAJAZET, frère du Sultan Amurat.

ROXANE, Sultane, favorite du Sultan Amurat.

ATALIDE, fille du sang ottoman[1].

ACOMAT, grand visir.

OSMIN, confident du grand visir.

ZATIME, esclave de la Sultane.

ZAÏRE, esclave d'Atalide.

La scène est à Constantinople, autrement dite Bysance, dans le Serrail du Grand Seigneur.

---

1. C'est-à-dire (d'après le sens propre et spécial du mot *ottoman*) du sang de l'émir Othman ou Osman, qui fonda la puissance turque dans l'Asie Mineure, au commencement du quatorzième siècle, et de qui descend la dynastie turque. Voyez ci-après le vers 169.

# BAJAZET.

### TRAGÉDIE.

## ACTE I.

### SCENE PREMIÈRE.

#### ACOMAT, OSMIN.

ACOMAT.
Viens, suis-moi. La Sultane en ce lieu se doit rendre.
Je pourrai cependant te parler et t'entendre.

OSMIN.
Et depuis quand, Seigneur, entre-t-on dans ces lieux[1],
Dont l'accès étoit même interdit à nos yeux?
Jadis une mort prompte eût suivi cette audace.  5

ACOMAT.
Quand tu seras instruit de tout ce qui se passe,
Mon entrée en ces lieux ne te surprendra plus.
Mais laissons, cher Osmin, les discours superflus.
Que ton retour tardoit à mon impatience!
Et que d'un œil content je te vois dans Bysance[2]!  10

---

1. *Var.* Et depuis quand, Seigneur, entre-t-on en ces lieux? (1672-87)
2. Racine a pensé qu'en vers il valait mieux nommer Constantinople de son ancien nom de *Byzance*. Dalibray, dans sa tragi-comédie de *Soliman* (1637), remplace également le nom de Constantinople par celui de *Bisance*, de même qu'il donne à la Turquie le nom de *Thrace*.

Instruis-moi des secrets que peut t'avoir appris
Un voyage si long pour moi seul entrepris.
De ce qu'ont vu tes yeux parle en témoin sincère :
Songe que du récit, Osmin, que tu vas faire
Dépendent les destins de l'empire ottoman. 15
Qu'as-tu vu dans l'armée, et que fait le Sultan ?

OSMIN.

Babylone, Seigneur, à son prince fidèle,
Voyoit sans s'étonner notre armée autour d'elle ;
Les Persans rassemblés marchoient à son secours,
Et du camp d'Amurat s'approchoient tous les jours. 20
Lui-même, fatigué d'un long siége inutile,
Sembloit vouloir laisser Babylone tranquille¹,
Et sans renouveler ses assauts impuissants.
Résolu de combattre, attendoit les Persans.
Mais comme vous savez, malgré ma diligence, 25
Un long chemin sépare et le camp et Bysance ;
Mille obstacles divers m'ont même traversé,
Et je puis ignorer tout ce qui s'est passé.

ACOMAT.

Que faisoient cependant nos braves janissaires?
Rendent-ils au Sultan des hommages sincères? 30
Dans le secret des cœurs, Osmin, n'as-tu rien lu?
Amurat jouit-il d'un pouvoir absolu?

OSMIN.

Amurat est content, si nous le voulons croire,
Et sembloit se promettre une heureuse victoire.
Mais en vain par ce calme il croit nous éblouir : 35
Il affecte un repos dont il ne peut jouir.
C'est en vain que forçant ses soupçons ordinaires,
Il se rend accessible à tous les janissaires :
Il se souvient toujours que son inimitié

---

1. *Var.* Il parloit de laisser Babylone tranquille. (1672)

Voulut de ce grand corps retrancher la moitié, 40
Lorsque pour affermir sa puissance nouvelle,
Il vouloit, disoit-il, sortir de leur tutelle.
Moi-même j'ai souvent entendu leurs discours;
Comme il les craint sans cesse, ils le craignent toujours.
Ses caresses n'ont point effacé cette injure. 45
Votre absence est pour eux un sujet de murmure.
Ils regrettent le temps, à leur grand cœur si doux,
Lorsque assurés de vaincre ils combattoient sous vous.

ACOMAT.

Quoi? tu crois, cher Osmin, que ma gloire passée
Flatte encor leur valeur et vit dans leur pensée? 50
Crois-tu qu'ils me suivroient encore avec plaisir,
Et qu'ils reconnoîtroient la voix de leur visir[1]?

OSMIN.

Le succès du combat réglera leur conduite :
Il faut voir du Sultan la victoire ou la fuite.
Quoique à regret, Seigneur, ils marchent sous ses lois, 55
Ils ont à soutenir le bruit de leurs exploits :
Ils ne trahiront point l'honneur de tant d'années.
Mais enfin le succès dépend des destinées.
Si l'heureux Amurat, secondant leur grand cœur,
Aux champs de Babylone est déclaré vainqueur, 60
Vous les verrez soumis rapporter dans Bysance
L'exemple d'une aveugle et basse obéissance.
Mais si dans le combat le destin plus puissant[2]
Marque de quelque affront son empire naissant,
S'il fuit, ne doutez point que fiers de sa disgrâce[3], 65

---

1. Suivant Voltaire, dans sa *Lettre à l'Académie française*, écrite à l'occasion de la traduction de Shakspeare, ces vers sont ceux que « le maréchal de Villars citait avec tant d'énergie, quand il alla commander les armées en Italie, à l'âge de quatre-vingts ans. »

2. *Var.* Mais si dans ce combat le destin plus puissant. (1672 et 76)

3. C'est-à-dire « enhardis par sa disgrâce. » *Fiers* a le sens du latin *ferociores*. Voyez le *Lexique*.

A la haine bientôt ils ne joignent l'audace,
Et n'expliquent, Seigneur, la perte du combat
Comme un arrêt du ciel qui réprouve Amurat.
Cependant, s'il en faut croire la renommée,
Il a depuis trois mois fait partir de l'armée
Un esclave chargé de quelque ordre secret.
Tout le camp interdit trembloit pour Bajazet :
On craignoit qu'Amurat par un ordre sévère
N'envoyât demander la tête de son frère.

ACOMAT.

Tel étoit son dessein. Cet esclave est venu :
Il a montré son ordre, et n'a rien obtenu.

OSMIN.

Quoi, Seigneur? le Sultan reverra son visage,
Sans que de vos respects il lui porte ce gage?

ACOMAT.

Cet esclave n'est plus. Un ordre, cher Osmin,
L'a fait précipiter dans le fond de l'Euxin.

OSMIN.

Mais le Sultan, surpris d'une trop longue absence,
En cherchera bientôt la cause et la vengeance.
Que lui répondrez-vous?

ACOMAT.

Peut-être avant ce temps
Je saurai l'occuper de soins plus importants.
Je sais bien qu'Amurat a juré ma ruine;
Je sais à son retour l'accueil qu'il me destine.
Tu vois, pour m'arracher du cœur de ses soldats,
Qu'il va chercher sans moi les siéges, les combats :
Il commande l'armée; et moi, dans une ville,
Il me laisse exercer un pouvoir inutile.
Quel emploi, quel séjour, Osmin, pour un Visir!
Mais j'ai plus dignement employé ce loisir :
J'ai su lui préparer des craintes et des veilles,

Et le bruit en ira bientôt à ses oreilles.
OSMIN.
Quoi donc? qu'avez-vous fait?
ACOMAT.
J'espère qu'aujourd'hui
Bajazet se déclare, et Roxane avec lui.
OSMIN.
Quoi ? Roxane, Seigneur, qu'Amurat a choisie
Entre tant de beautés dont l'Europe et l'Asie
Dépeuplent leurs États et remplissent sa cour?
Car on dit qu'elle seule a fixé son amour. 100
Et même il a voulu que l'heureuse Roxane,
Avant qu'elle eût un fils, prît le nom de Sultane.
ACOMAT.
Il a fait plus pour elle, Osmin : il a voulu
Qu'elle eût dans son absence un pouvoir absolu.
Tu sais de nos sultans les rigueurs ordinaires : 105
Le frère rarement laisse jouir ses frères
De l'honneur dangereux d'être sortis d'un sang
Qui les a de trop près approchés de son rang[1].
L'imbécile Ibrahim, sans craindre sa naissance,
Traîne, exempt de péril, une éternelle enfance. 110
Indigne également de vivre et de mourir,
On l'abandonne aux mains qui daignent le nourrir[2].
L'autre, trop redoutable, et trop digne d'envie,
Voit sans cesse Amurat armé contre sa vie.
Car enfin Bajazet dédaigna de tout temps 115

---

1. Dans *le Grand Solyman*, où les sultans sont appelés *rois de Thrace*, Mairet aussi a dit (acte I, scène 1), mais non avec le style de Racine :

.... La loi d'État veut que les rois de Thrace
Commencent de régner par la fin de leur race,
Et que pour s'établir, les barbares qu'ils sont
Perdent également tous les frères qu'ils ont.

2. Lorsque Boileau disoit que son ami avoit encore plus que lui le génie satirique, il citoit pour preuves ces quatre vers si admirables. (*L. Racine*, dans ses *Remarques sur Bajazet*.)

La molle oisiveté des enfants des Sultans.
Il vint chercher la guerre au sortir de l'enfance,
Et même en fit sous moi la noble expérience.
Toi-même tu l'as vu courir dans les combats,
Emportant après lui tous les cœurs des soldats,   120
Et goûter, tout sanglant, le plaisir et la gloire
Que donne aux jeunes cœurs la première victoire.
Mais malgré ses soupçons, le cruel Amurat,
Avant qu'un fils naissant eût rassuré l'État,
N'osoit sacrifier ce frère à sa vengeance,   125
Ni du sang ottoman [1] proscrire l'espérance.
Ainsi donc pour un temps Amurat désarmé
Laissa dans le Serrail Bajazet enfermé.
Il partit, et voulut que fidèle à sa haine,
Et des jours de son frère arbitre souveraine,   130
Roxane, au moindre bruit, et sans autres raisons,
Le fît sacrifier à ses moindres soupçons.
Pour moi, demeuré seul, une juste colère
Tourna bientôt mes vœux du côté de son frère.
J'entretins la Sultane, et cachant mon dessein,   135
Lui montrai d'Amurat le retour incertain,
Les murmures du camp, la fortune des armes.
Je plaignis Bajazet ; je lui vantai ses charmes,
Qui par un soin jaloux dans l'ombre retenus,
Si voisins de ses yeux, leur étoient inconnus.   140
Que te dirai-je enfin ? la Sultane éperdue
N'eut plus d'autres desirs que celui de sa vue.

OSMIN.

Mais pouvoient-ils tromper tant de jaloux regards
Qui semblent mettre entre eux d'invincibles remparts ?

ACOMAT.

Peut-être il te souvient qu'un récit peu fidèle   145

---

1. Voyez ci-dessus, p. 480, note 1.

De la mort d'Amurat fit courir la nouvelle.
La Sultane, à ce bruit feignant de s'effrayer,
Par des cris douloureux eut soin de l'appuyer.
Sur la foi de ses pleurs ses esclaves tremblèrent;
De l'heureux Bajazet les gardes se troublèrent; 150
Et les dons achevant d'ébranler leur devoir¹,
Leurs captifs dans ce trouble osèrent s'entrevoir.
Roxane vit le prince. Elle ne put lui taire
L'ordre dont elle seule étoit dépositaire.
Bajazet est aimable. Il vit que son salut 155
Dépendoit de lui plaire, et bientôt il lui plut.
Tout conspiroit pour lui. Ses soins, sa complaisance,
Ce secret découvert, et cette intelligence,
Soupirs d'autant plus doux qu'il les falloit celer,
L'embarras irritant de ne s'oser parler, 160
Même témérité, périls, craintes communes,
Lièrent pour jamais leurs cœurs et leurs fortunes.
Ceux mêmes dont les yeux les devoient éclairer²,
Sortis de leur devoir, n'osèrent y rentrer.

OSMIN.

Quoi? Roxane d'abord leur découvrant son âme, 165
Osa-t-elle à leurs yeux faire éclater sa flamme?

ACOMAT.

Ils l'ignorent encore; et jusques à ce jour,
Atalide a prêté son nom à cet amour.
Du père d'Amurat Atalide est la nièce³;
Et même avec ses fils partageant sa tendresse, 170
Elle a vu son enfance élevée avec eux.
Du prince en apparence elle reçoit les vœux;
Mais elle les reçoit pour les rendre à Roxane,

---

1. *Var.* Et l'espoir achevant d'ébranler leur devoir. (1672)
2. *Éclairer* est ici dans le sens de *surveiller.* Voyez le *Lexique.*
3. *Var.* Du père d'Amurat Atalide la nièce,
   Qui même avec ses fils partagea sa tendresse,
   Et fut dans ce palais élevée avec eux. (1672)

Et veut bien sous son nom qu'il aime la Sultane.
Cependant, cher Osmin, pour s'appuyer de moi, 175
L'un et l'autre ont promis Atalide à ma foi.

OSMIN.

Quoi? vous l'aimez, Seigneur?

ACOMAT.

Voudrois-tu qu'à mon âge
Je fisse de l'amour le vil apprentissage?
Qu'un cœur qu'ont endurci la fatigue et les ans
Suivît d'un vain plaisir les conseils imprudents? 180
C'est par d'autres attraits qu'elle plaît à ma vue :
J'aime en elle le sang dont elle est descendue[1].
Par elle Bajazet, en m'approchant de lui,
Me va contre lui-même assurer un appui.
Un Visir aux sultans fait toujours quelque ombrage. 185
A peine ils l'ont choisi, qu'ils craignent leur ouvrage.
Sa dépouille est un bien qu'ils veulent recueillir,
Et jamais leurs chagrins ne nous laissent vieillir.
Bajazet aujourd'hui m'honore et me caresse;
Ses périls tous les jours réveillent sa tendresse. 190
Ce même Bajazet, sur le trône affermi,
Méconnoîtra peut-être un inutile ami.
Et moi, si mon devoir, si ma foi ne l'arrête,
S'il ose quelque jour me demander ma tête....
Je ne m'explique point, Osmin. Mais je prétends 195
Que du moins il faudra la demander longtemps.
Je sais rendre aux Sultans de fidèles services;

---

1. Une première idée de quelques traits de ce caractère d'Acomat a pu, ce semble, être suggérée par ces vers du *Thémistocle* de du Ryer (1648), où le satrape Artabaze parle ainsi de l'amour à son confident :

> Je laisse aux esprits bas, je laisse aux foibles âmes
> A languir dans ses fers, à brûler dans ses flammes.
> Pour moi, je ne me sers de cette passion
> Qu'autant qu'elle est utile à mon ambition.
>    (*Thémistocle*, acte II, scène v.)

Mais je laisse au vulgaire adorer leurs caprices,
Et ne me pique point du scrupule insensé
De bénir mon trépas quand ils l'ont prononcé[1].   200
    Voilà donc de ces lieux ce qui m'ouvre l'entrée,
Et comme enfin Roxane à mes yeux s'est montrée.
Invisible d'abord elle entendoit ma voix,
Et craignoit du Serrail les rigoureuses lois.
Mais enfin bannissant cette importune crainte,   205
Qui dans nos entretiens jetoit trop de contrainte,
Elle-même a choisi cet endroit écarté,
Où nos cœurs à nos yeux parlent en liberté.
Par un chemin obscur une esclave me guide,
Et.... Mais on vient. C'est elle et sa chère Atalide.   210
Demeure; et s'il le faut, sois prêt à confirmer
Le récit important dont je vais l'informer.

## SCÈNE II.

### ROXANE, ATALIDE, ZATIME, ZAÏRE, ACOMAT, OSMIN.

ACOMAT.

La vérité s'accorde avec la renommée,
Madame. Osmin a vu le Sultan et l'armée.
Le superbe Amurat est toujours inquiet;   215
Et toujours tous les cœurs penchent vers Bajazet:

---

[1] L'imitation de ces vers est évidente dans le passage suivant du *Brutus* de Voltaire (acte I, scène IV), où Messala, s'adressant à Arons, ambassadeur de Porsenna, parle ainsi des Romains prêts à seconder l'entreprise de Tarquin :

    Tout leur sang est à vous; mais ne prétendez pas
    Qu'en aveugles sujets ils servent des ingrats.
    Ils ne se piquent point du devoir fanatique
    De servir de victime au pouvoir despotique,
    Ni du zèle insensé de courir au trépas
    Pour venger un tyran qui ne les connaît pas.

D'une commune voix ils l'appellent au trône.
Cependant les Persans marchoient vers Babylone,
Et bientôt les deux camps aux pieds de son rempart[1]
Devoient de la bataille éprouver le hasard.                220
Ce combat doit, dit-on, fixer nos destinées ;
Et même, si d'Osmin je compte les journées,
Le ciel en a déjà réglé l'événement,
Et le Sultan triomphe ou fuit en ce moment.
Déclarons-nous, Madame, et rompons le silence.              225
Fermons-lui dès ce jour les portes de Bysance ;
Et sans nous informer s'il triomphe ou s'il fuit,
Croyez-moi, hâtons-nous d'en prévenir le bruit.
S'il fuit, que craignez-vous ? S'il triomphe, au contraire,
Le conseil le plus prompt est le plus salutaire[2].         230
Vous voudrez, mais trop tard, soustraire à son pouvoir
Un peuple dans ses murs prêt à le recevoir.
Pour moi, j'ai su déjà par mes brigues secrètes
Gagner de notre loi les sacrés interprètes[3] :
Je sais combien crédule en sa dévotion                      235
Le peuple suit le frein de la religion.
Souffrez que Bajazet voie enfin la lumière :
Des murs de ce palais ouvrez-lui la barrière.
Déployez en son nom cet étendard fatal[4],
Des extrêmes périls l'ordinaire signal.                     240
Les peuples, prévenus de ce nom favorable,

---

1. *Var.* Et bientôt les deux camps au pied de son rempart. (1672 et 76) — M. Aimé-Martin a gardé cette première leçon.

2. *Var.* Le conseil le plus prompt est le plus nécessaire. (1672)

3. Le mufti et les ulémas.

4. L'étendard de Mahomet, connu sous les noms d'*OEucab* et de *Sandjak-Scheryf*. Tavernier, dans sa *Nouvelle relation de l'intérieur du Serrail*, le nomme aussi *le Bajarac*. « Il a, dit-il, ces mots pour devise : *Nasrum min Allah*, et en notre langue : « L'aide est de Dieu. » Cet étendard était ci-devant en une si grande vénération parmi les Turcs, que lorsqu'il arrivait quelque sédition..., il n'y avait point de plus sûr et de plus prompt remède pour l'apaiser, que de l'exposer à la vue des rebelles. » Il devait ici les exciter.

Savent que sa vertu le reud seule coupable.
D'ailleurs un bruit confus, par mes soins confirmé,
Fait croire heureusement à ce peuple alarmé
Qu'Amurat le dédaigne, et veut loin de Bysance 245
Transporter désormais son trône et sa présence.
Déclarons le péril dont son frère est pressé;
Montrons l'ordre cruel qui vous fut adressé.
Surtout qu'il se déclare et se montre lui-même,
Et fasse voir ce front digne du diadème. 250

### ROXANE.

Il suffit. Je tiendrai tout ce que j'ai promis.
Allez, brave Acomat, assembler vos amis.
De tous leurs sentiments venez me rendre compte;
Je vous rendrai moi-même une réponse prompte[1].
Je verrai Bajazet. Je ne puis dire rien, 255
Sans savoir si son cœur s'accorde avec le mien.
Allez, et revenez.

## SCÈNE III.

### ROXANE, ATALIDE, ZATIME, ZAÏRE.

### ROXANE.

Enfin, belle Atalide,
Il faut de nos destins que Bajazet décide.
Pour la dernière fois je le vais consulter.
Je vais savoir s'il m'aime.

### ATALIDE.

Est-il temps d'en douter, 260
Madame? Hâtez-vous d'achever votre ouvrage.

---

1. Les deux rimes sont écrites, dans les diverses éditions publiées du vivant de Racine : *conte* et *pronte*.

Vous avez du Visir entendu le langage.
Bajazet vous est cher. Savez-vous si demain
Sa liberté, ses jours seront en votre main ?
Peut-être en ce moment Amurat en furie 265
S'approche pour trancher une si belle vie.
Et pourquoi de son cœur doutez-vous aujourd'hui?

ROXANE.

Mais m'en répondez-vous, vous qui parlez pour lui?

ATALIDE.

Quoi, Madame? les soins qu'il a pris pour vous plaire,
Ce que vous avez fait, ce que vous pouvez faire, 270
Ses périls, ses respects, et surtout vos appas,
Tout cela de son cœur ne vous répond-il pas?
Croyez que vos bontés vivent dans sa mémoire.

ROXANE.

Hélas ! pour mon repos que ne le puis-je croire?
Pourquoi faut-il au moins que pour me consoler 275
L'ingrat ne parle pas comme on le fait parler?
Vingt fois, sur vos discours pleine de confiance,
Du trouble de son cœur jouissant par avance,
Moi-même j'ai voulu m'assurer de sa foi[1],
Et l'ai fait en secret amener devant moi. 280
Peut-être trop d'amour me rend trop difficile ;
Mais sans vous fatiguer d'un récit inutile,
Je ne retrouvois point ce trouble, cette ardeur[2]
Que m'avoit tant promis un discours trop flatteur.
Enfin si je lui donne et la vie et l'Empire, 285
Ces gages incertains ne me peuvent suffire.

ATALIDE.

Quoi donc ? à son amour qu'allez-vous proposer

---

1. *Var.* Pour l'entendre à mes yeux m'assurer de sa foi,
Je l'ai fait en secret amener devant moi. (1672)
2. *Var.* Mes yeux ne trouvoient point ce trouble, cette ardeur
Que leur avoit promise un discours trop flatteur. (1672)

###### ROXANE.
S'il m'aime, dès ce jour il me doit épouser.
###### ATALIDE.
Vous épouser! O ciel! que prétendez-vous faire?
###### ROXANE.
Je sais que des Sultans l'usage m'est contraire : 290
Je sais qu'ils se sont fait une superbe loi
De ne point à l'hymen assujettir leur foi.
Parmi tant de beautés qui briguent leur tendresse,
Ils daignent quelquefois choisir une maîtresse;
Mais toujours inquiète avec tous ses appas, 295
Esclave elle reçoit son maître dans ses bras;
Et sans sortir du joug où leur loi la condamne[1],
Il faut qu'un fils naissant la déclare Sultane.
Amurat plus ardent, et seul jusqu'à ce jour,
A voulu que l'on dût ce titre à son amour. 300
J'en reçus la puissance aussi bien que le titre,
Et des jours de son frère il me laissa l'arbitre.
Mais ce même Amurat ne me promit jamais
Que l'hymen dût un jour couronner ses bienfaits;
Et moi, qui n'aspirois qu'à cette seule gloire, 305
De ses autres bienfaits j'ai perdu la mémoire.
Toutefois que sert-il de me justifier?
Bajazet, il est vrai, m'a tout fait oublier.
Malgré tous ses malheurs plus heureux que son frère,
Il m'a plu, sans peut-être aspirer à me plaire. 310
Femmes, gardes, Visir, pour lui j'ai tout séduit;
En un mot, vous voyez jusqu'où je l'ai conduit.
Grâces à mon amour, je me suis bien servie
Du pouvoir qu'Amurat me donna sur sa vie.

---

1. Dans les deux premières éditions (1672 et 1676), l'orthographe de ce mot, ici et au vers 945, est : *condane*; au vers 387, elles ont : *condannai*; et aux vers 1070, 1643, 1726 : *condannée, condanné,* au lieu de : *condamnai, condamnée, condamné.*

Bajazet touche presque au trône des sultans : 315
Il ne faut plus qu'un pas. Mais c'est où je l'attends.
Malgré tout mon amour, si dans cette journée [1]
Il ne m'attache à lui par un juste hyménée [2],
S'il ose m'alléguer une odieuse loi ;
Quand je fais tout pour lui, s'il ne fait tout pour moi :
Dès le même moment, sans songer si je l'aime,
Sans consulter enfin si je me perds moi-même,
J'abandonne l'ingrat, et le laisse rentrer
Dans l'état malheureux d'où je l'ai su tirer.

Voilà sur quoi je veux que Bajazet prononce. 325
Sa perte ou son salut dépend de sa réponse.
Je ne vous presse point de vouloir aujourd'hui
Me prêter votre voix pour m'expliquer à lui :
Je veux que devant moi sa bouche et son visage
Me découvrent son cœur, sans me laisser d'ombrage ;
Que lui-même, en secret amené dans ces lieux,
Sans être préparé se présente à mes yeux.
Adieu : vous saurez tout après cette entrevue.

## SCÈNE IV.

### ATALIDE, ZAÏRE.

ATALIDE.

Zaïre, c'en est fait, Atalide est perdue.

ZAÏRE.

Vous !

ATALIDE.

Je prévois déjà tout ce qu'il faut prévoir. 335

---

1. *Var.* Quel que soit mon amour, si dans cette journée. (1672)
2. *Juste* est pris au sens latin de *justus*, « légitime. » C'est ainsi qu'on disait : *justa uxor*.

Mon unique espérance est dans mon désespoir[1].

ZAÏRE.

Mais, Madame, pourquoi?

ATALIDE.

Si tu venois d'entendre
Quel funeste dessein Roxane vient de prendre,
Quelles conditions elle veut imposer !
Bajazet doit périr, dit-elle, ou l'épouser.   340
S'il se rend, que deviens-je en ce malheur extrême?
Et s'il ne se rend pas, que devient-il lui-même?

ZAÏRE.

Je conçois ce malheur; mais à ne point mentir,
Votre amour dès longtemps a dû le pressentir.

ATALIDE.

Ah! Zaïre, l'amour a-t-il tant de prudence?   345
Tout sembloit avec nous être d'intelligence :
Roxane, se livrant toute entière[2] à ma foi,
Du cœur de Bajazet se reposoit sur moi,
M'abandonnoit le soin de tout ce qui le touche,
Le voyoit par mes yeux, lui parloit par ma bouche;   350
Et je croyois toucher au bienheureux moment
Où j'allois par ses mains couronner mon amant.
Le ciel s'est déclaré contre mon artifice.
Et que falloit-il donc, Zaïre, que je fisse?
A l'erreur de Roxane ai-je dû m'opposer,   355

---

1. C'est une imitation du vers de Virgile :

*Una salus victis nullam sperare salutem :*

« L'unique salut des vaincus est de ne point espérer de salut. » (*Énéide*, livre II, vers 354.) — Corneille avait aussi traduit ce vers de Virgile :

Ma plus douce espérance est de perdre l'espoir.
(*Le Cid*, acte I, scène II, vers 135.)

2. *Toute entière* est l'orthographe de toutes les anciennes éditions. Voyez ci-dessus, p. 442, note 1, et p. 411, note 1.

Et perdre mon amant pour la désabuser?
Avant que dans son cœur cette amour fût formée,
J'aimois, et je pouvois m'assurer d'être aimée.
Dès nos plus jeunes ans, tu t'en souviens assez,
L'amour serra les nœuds par le sang commencés. 360
Élevée avec lui dans le sein de sa mère,
J'appris à distinguer Bajazet de son frère;
Elle-même avec joie unit nos volontés.
Et quoique après sa mort l'un de l'autre écartés,
Conservant, sans nous voir, le desir de nous plaire, 365
Nous avons su toujours nous aimer et nous taire.
Roxane, qui depuis, loin de s'en défier,
A ses desseins secrets voulut m'associer,
Ne put voir sans amour ce héros trop aimable :
Elle courut lui tendre une main favorable. 370
Bajazet étonné rendit grâce à ses soins,
Lui rendit des respects : pouvoit-il faire moins ?
Mais qu'aisément l'amour croit tout ce qu'il souhaite !
De ses moindres respects Roxane satisfaite
Nous engagea tous deux par sa facilité 375
A la laisser jouir de sa crédulité.
Zaïre, il faut pourtant avouer ma foiblesse :
D'un mouvement jaloux je ne fus pas maîtresse.
Ma rivale, accablant mon amant de bienfaits,
Opposoit un empire à mes foibles attraits ; 380
Mille soins la rendoient présente à sa mémoire ;
Elle l'entretenoit de sa prochaine gloire.
Et moi, je ne puis rien. Mon cœur, pour tous discours,
N'avoit que des soupirs, qu'il répétoit toujours.
Le ciel seul sait combien j'en ai versé de larmes. 385
Mais enfin Bajazet dissipa mes alarmes.
Je condamnai mes pleurs, et jusques aujourd'hui
Je l'ai pressé de feindre, et j'ai parlé pour lui.
Hélas ! tout est fini. Roxane méprisée

Bientôt de son erreur sera désabusée. 390
Car enfin Bajazet ne sait point se cacher :
Je connois sa vertu prompte à s'effaroucher.
Il faut qu'à tous moments, tremblante et secourable,
Je donne à ses discours un sens plus favorable.
Bajazet va se perdre. Ah! si, comme autrefois, 395
Ma rivale eût voulu lui parler par ma voix!
Au moins si j'avois pu préparer son visage!
Mais, Zaïre, je puis l'attendre à son passage[1] :
D'un mot ou d'un regard je puis le secourir.
Qu'il l'épouse, en un mot, plutôt que de périr. 400
Si Roxane le veut, sans doute il faut qu'il meure.
Il se perdra, te dis-je. Atalide, demeure :
Laisse, sans t'alarmer, ton amant sur sa foi.
Penses-tu mériter qu'on se perde pour toi ?
Peut-être Bajazet, secondant ton envie, 405
Plus que tu ne voudras aura soin de sa vie.

ZAÏRE.

Ah! dans quels soins, Madame, allez-vous vous plonger?
Toujours avant le temps faut-il vous affliger?
Vous n'en pouvez douter, Bajazet vous adore.
Suspendez ou cachez l'ennui qui vous dévore. 410
N'allez point par vos pleurs déclarer vos amours.
La main qui l'a sauvé le sauvera toujours,
Pourvu qu'entretenue en son erreur fatale[2],
Roxane jusqu'au bout ignore sa rivale.
Venez en d'autres lieux enfermer vos regrets, 415
Et de leur entrevue attendre le succès.

ATALIDE.

Hé bien! Zaïre, allons. Et toi, si ta justice

---

1. *Var.* Mais, Zaïre, je puis attendre son passage. (1672)
2. L'erreur où la destinée l'entraîne. *Fatale* est employé ici dans le sens de son étymologie. Comparez plus haut, vers 239; et plus bas, vers 421.

De deux jeunes amants veut punir l'artifice,
O ciel, si notre amour est condamné de toi,
Je suis la plus coupable : épuise tout sur moi. 420

FIN DU PREMIER ACTE.

# ACTE II.

## SCÈNE PREMIÈRE.
### BAJAZET, ROXANE.

ROXANE.

Prince, l'heure fatale est enfin arrivée
Qu'à votre liberté le ciel a réservée.
Rien ne me retient plus, et je puis dès ce jour
Accomplir le dessein qu'a formé mon amour.
Non que vous assurant d'un triomphe facile,  425
Je mette entre vos mains un empire tranquille;
Je fais ce que je puis, je vous l'avois promis :
J'arme votre valeur contre vos ennemis;
J'écarte de vos jours un péril manifeste;
Votre vertu, Seigneur, achèvera le reste.  430
Osmin a vu l'armée; elle penche pour vous;
Les chefs de notre loi conspirent avec nous;
Le Visir Acomat vous répond de Bysance;
Et moi, vous le savez, je tiens sous ma puissance
Cette foule de chefs, d'esclaves, de muets[1],  435
Peuple que dans ses murs renferme ce palais,
Et dont à ma faveur les âmes asservies

---

1. Ricaut, dans son *Histoire de l'état présent de l'Empire ottoman* (p. 64), parle ainsi des muets : « Il y a outre les pages, une autre espèce de serviteurs domestiques à la cour des princes ottomans, que l'on nomme *Bizehami* ou *muets*, et qui sont naturellement sourds et par conséquent muets. » Les *muets* étaient les exécuteurs ordinaires des arrêts de mort dans le Serrail. Gabriel Bounyn, dans sa tragédie de *la Soltane*, a introduit des *muets* par lesquels le *Soltan* (Soliman) fait étrangler son fils Mustapha.

M'ont vendu dès longtemps leur silence et leurs vies.
Commencez maintenant. C'est à vous de courir
Dans le champ glorieux que j'ai su vous ouvrir. 440
Vous n'entreprenez point une injuste carrière;
Vous repoussez, Seigneur, une main meurtrière :
L'exemple en est commun; et parmi les Sultans,
Ce chemin à l'Empire a conduit de tout temps¹.
Mais pour mieux commencer, hâtons-nous l'un et l'autre
D'assurer à la fois mon bonheur et le vôtre.
Montrez à l'univers, en m'attachant à vous,
Que quand je vous servois, je servois mon époux² ;
Et par le nœud sacré d'un heureux hyménée
Justifiez la foi que je vous ai donnée. 450

BAJAZET.

Ah! que proposez-vous, Madame?

ROXANE.

Hé quoi, Seigneur?
Quel obstacle secret trouble notre bonheur?

BAJAZET.

Madame, ignorez-vous que l'orgueil de l'Empire....
Que ne m'épargnez-vous la douleur de le dire?

ROXANE.

Oui, je sais que depuis qu'un de vos empereurs, 455
Bajazet, d'un barbare éprouvant les fureurs,
Vit au char du vainqueur son épouse enchaînée,
Et par toute l'Asie à sa suite traînée,
De l'honneur ottoman ses successeurs jaloux
Ont daigné rarement prendre le nom d'époux³. 460

1. M. Aimé-Martin a mis le pluriel : « de tous temps. »
2. *Var.* Que quand je vous servois, j'ai servi mon époux. (1672)
3. A propos des noces de Soliman Ier et de Roxelane, du Verdier s'exprime ainsi : « Ces noces se firent avec un étonnement général; car la coutume des Ottomans était de n'avoir que des concubines et ne point épouser des femmes, pour éviter l'ignominie que Tamerlan fit souffrir à la femme de Bajazet. » (*Abrégé de l'Histoire des Turcs*, tome II, p. 575.) Le Bajazet dont il est ques-

Mais l'amour ne suit point ces lois imaginaires;
Et sans vous rapporter des exemples vulgaires,
Solyman¹ (vous savez qu'entre tous vos aïeux,
Dont l'univers a craint le bras victorieux,
Nul n'éleva si haut la grandeur ottomane), 465
Ce Solyman jeta les yeux sur Roxelane.
Malgré tout son orgueil, ce monarque si fier
A son trône, à son lit daigna l'associer,
Sans qu'elle eût d'autres droits au rang d'impératrice
Qu'un peu d'attraits peut-être, et beaucoup d'artifice. 470
     BAJAZET.
Il est vrai. Mais aussi voyez ce que je puis,
Ce qu'étoit Solyman, et le peu que je suis.
Solyman jouissoit d'une pleine puissance :
L'Égypte ramenée à son obéissance,
Rhodes, des Ottomans ce redoutable écueil, 475
De tous ses défenseurs devenu le cercueil,
Du Danube asservi les rives désolées,

tion ici est Bajazet (*Ilderim* ou *Gulderum*, c'est-à-dire *Foudre*) I<sup>er</sup> du nom, cinquième empereur des Turcs, vaincu et fait prisonnier par Tamerlan en 1402. Baudier, dans son *Histoire générale du Serrail*, p. 51, dit aussi : « La loi qui fut établie dans le conseil du prince, ordonnant que les Sultans n'épouseroient point de femmes, prit naissance du règne de Bajazet I<sup>er</sup>, lequel ayant épousé une femme de la maison des Paléologues, empereurs de Constantinople, la vit par le désastre de la guerre captive avec soi entre les mains de Tamerlanes, empereur des Tartares, et traitée avec tant de mépris, qu'un jour ce Scythe les faisant manger tous deux à sa table, commanda à cette princesse de se lever et aller au buffet prendre sa coupe pour lui verser à boire. » — Desmares, dans sa tragi-comédie de *Roxelane* (acte I, scène II), avait, avant Racine, rappelé cette tradition historique sur Bajazet I<sup>er</sup> :

  Ce prince malheureux, que la scythique rage
  Força de terminer ses jours en une cage,
  Apprenant qu'on avoit indignement traité
  Du sang paléologue une illustre beauté,
  Compagne de son lit comme de son empire,
  Ressentit de ses maux le dernier et le pire;
  Et pour ressouvenir de son ressentiment,
  Aux rois ses successeurs laissa pour testament
  D'ôter de leur État la qualité de reine,
  Pour ne jamais souffrir une pareille peine.

1. Soliman I<sup>er</sup> (*le Magnifique*), qui régna si glorieusement de 1520 à 1566.

De l'empire persan les bornes reculées,
Dans leurs climats brûlants les Africains domptés [1], 
Faisoient taire les lois devant ses volontés. 480
Que suis-je? J'attends tout du peuple et de l'armée.
Mes malheurs font encor toute ma renommée.
Infortuné, proscrit, incertain de régner,
Dois-je irriter les cœurs au lieu de les gagner?
Témoins de nos plaisirs, plaindront-ils nos misères? 485
Croiront-ils mes périls et vos larmes sincères?
Songez, sans me flatter du sort de Solyman,
Au meurtre tout récent du malheureux Osman [2].
Dans leur rébellion, les chefs des janissaires,
Cherchant à colorer leurs desseins sanguinaires, 490
Se crurent à sa perte assez autorisés
Par le fatal hymen que vous me proposez [3].
Que vous dirai-je enfin? Maître de leur suffrage,
Peut-être avec le temps j'oserai davantage.
Ne précipitons rien, et daignez commencer 495
A me mettre en état de vous récompenser.

ROXANE.

Je vous entends, Seigneur : je vois mon imprudence;
Je vois que rien n'échappe à votre prévoyance.
Vous avez pressenti jusqu'au moindre danger
Où mon amour trop prompt vous alloit engager. 500
Pour vous, pour votre honneur, vous en craignez les suites,
Et je le crois, Seigneur, puisque vous me le dites.

---

1. Dans les anciennes éditions : *dontés (dontez)*.

2. Osman II, étranglé par les janissaires en 1622. Voyez ci-dessus, p. 475, note 4.

3. Osman avait donné les droits de légitime épouse à la sultane Chaszeki, Russe de basse origine, qui avait eu l'art de se faire affranchir de l'esclavage, comme autrefois sa compatriote Roxelane. Après la mort d'un fils qu'elle avait donné à Osman, celui-ci se choisit à la fois trois épouses parmi les filles libres de ses sujets. Au mépris des maximes fondamentales de l'Empire, il voulut avoir quatre femmes légitimes. Voyez l'*Histoire de l'Empire ottoman*, par de Hammer, traduite par M. Dochez, tome II, p. 371 et 372.

Mais avez-vous prévu, si vous ne m'épousez,
Les périls plus certains où vous vous exposez?
Songez-vous que sans moi tout vous devient contraire?
Que c'est à moi surtout qu'il importe de plaire ?
Songez-vous que je tiens les portes du Palais,
Que je puis vous l'ouvrir ou fermer pour jamais,
Que j'ai sur votre vie un empire suprême,
Que vous ne respirez qu'autant que je vous aime ? 510
Et sans ce même amour, qu'offensent vos refus,
Songez-vous, en un mot, que vous ne seriez plus¹?

BAJAZET.

Oui, je tiens tout de vous; et j'avois lieu de croire
Que c'étoit pour vous-même une assez grande gloire,
En voyant devant moi tout l'Empire à genoux, 515
De m'entendre avouer que je tiens tout de vous.
Je ne m'en défends point, ma bouche le confesse²,
Et mon respect saura le confirmer sans cesse.
Je vous dois tout mon sang : ma vie est votre bien;
Mais enfin voulez-vous....

ROXANE.

     Non, je ne veux plus rien. 520
Ne m'importune plus de tes raisons forcées.
Je vois combien tes vœux sont loin de mes pensées.
Je ne te presse plus, ingrat, d'y consentir.
Rentre dans le néant dont je t'ai fait sortir.
Car enfin qui m'arrête? et quelle autre assurance 525
Demanderois-je encor de son indifférence³?

1. *Var.* Songez-vous dès longtemps que vous ne seriez plus? (1672)
2. Énée parle à peu près de la même manière dans le IV° livre de l'*Énéide*, vers 333-335 :

> .... *Ego te quæ plurima fando*
> *Enumerare vales, nunquam, Regina, negabo*
> *Promeritam....*

3. C'est le même mouvement que dans ces vers du IV° livre de l'*Énéide* (vers 368 et suivants) :

> *Nam quid dissimulo? aut quæ me ad majora reservo?*
> *Num fletu ingemuit nostro?*...

L'ingrat est-il touché de mes empressements?
L'amour même entre-t-il dans ses raisonnements?
Ah! je vois tes desseins. Tu crois, quoi que je fasse,
Que mes propres périls t'assurent de ta grâce, 530
Qu'engagée avec toi par de si forts liens,
Je ne puis séparer tes intérêts des miens.
Mais je m'assure encore aux bontés de ton frère :
Il m'aime, tu le sais; et malgré sa colère,
Dans ton perfide sang je puis tout expier, 535
Et ta mort suffira pour me justifier.
N'en doute point, j'y cours, et dès ce moment même.
 Bajazet, écoutez : je sens que je vous aime[1].
Vous vous perdez. Gardez de me laisser sortir.
Le chemin est encore ouvert au repentir. 540
Ne désespérez point une amante en furie[2].
S'il m'échappoit un mot, c'est fait de votre vie.

### BAJAZET.

Vous pouvez me l'ôter : elle est entre vos mains.
Peut-être que ma mort, utile à vos desseins,
De l'heureux Amurat obtenant votre grâce, 545
Vous rendra dans son cœur votre première place.

### ROXANE.

Dans son cœur? Ah[3]! crois-tu, quand il le voudroit bien,
Que si je perds l'espoir de régner dans le tien,
D'une si douce erreur si longtemps possédée,
Je puisse désormais souffrir une autre idée, 550

---

1. Dans son commentaire sur la *Médée* de Corneille, Voltaire rapproche de ce vers les paroles que Médée adresse à Jason (acte III, scène III, vers 911) :

 Je t'aime encor, Jason, malgré ta lâcheté.

2.  *Notumque furens quid femina possit.*
    (Virgile, *Énéide*, livre V, vers 6.)

3. « Quand la célèbre Clairon prononçait ce vers, son accent..., son geste, ses yeux, toute son action dans cette seule exclamation *Ah!* exprimaient le couplet tout entier, au point qu'avec un peu d'intelligence on aurait deviné tout ce qu'elle allait dire. » (*Commentaire de la Harpe.*)

Ni que je vive enfin, si je ne vis pour toi?
Je te donne, cruel, des armes contre moi[1],
Sans doute, et je devois retenir ma foiblesse :
Tu vas en triompher. Oui, je te le confesse,
J'affectois à tes yeux une fausse fierté[2]. 555
De toi dépend ma joie et ma félicité.
De ma sanglante mort ta mort sera suivie.
Quel fruit de tant de soins que j'ai pris pour ta vie!
Tu soupires enfin, et sembles te troubler.
Achève, parle.

BAJAZET.

O ciel! que ne puis-je parler? 560

ROXANE.

Quoi donc? Que dites-vous? et que viens-je d'entendre?
Vous avez des secrets que je ne puis apprendre!
Quoi? de vos sentiments je ne puis m'éclaircir?

BAJAZET.

Madame, encore un coup, c'est à vous de choisir.
Daignez m'ouvrir au trône un chemin légitime; 565
Ou bien, me voilà prêt : prenez votre victime.

ROXANE.

Ah! c'en est trop enfin : tu seras satisfait.
Holà! gardes, qu'on vienne.

---

1. Dans les deux premières éditions (1672 et 1676), il y a un point au lieu d'une virgule, à la fin de ce vers.

2. Voltaire a imité ce passage dans *Zaïre*, acte IV, scène II. C'est Orosmane qui parle ainsi :

> Je me connaissais mal; oui, dans mon désespoir,
> J'avais cru sur moi-même avoir plus de pouvoir....
> Qui? moi? Que sur mon trône une autre fût placée?
> Non, je n'en eus jamais la fatale pensée.
> Pardonne à mon courroux, à mes sens interdits
> Ces dédains affectés et si bien démentis.

## SCÈNE II.

### ROXANE, ACOMAT, BAJAZET.

#### ROXANE.

Acomat, c'en est fait.
Vous pouvez retourner, je n'ai rien à vous dire.
Du Sultan Amurat je reconnois l'empire. 570
Sortez. Que le Serrail soit désormais fermé,
Et que tout rentre ici dans l'ordre accoutumé.

## SCÈNE III.

### BAJAZET, ACOMAT.

#### ACOMAT.

Seigneur, qu'ai-je entendu? Quelle surprise extrême!
Qu'allez-vous devenir? Que deviens-je moi-même?
D'où naît ce changement? Qui dois-je en accuser? 575
O ciel!

#### BAJAZET.

Il ne faut point ici vous abuser.
Roxane est offensée et court à la vengeance.
Un obstacle éternel rompt notre intelligence.
Visir, songez à vous, je vous en averti;
Et sans compter sur moi, prenez votre parti. 580

#### ACOMAT.

Quoi?

#### BAJAZET.

Vous et vos amis, cherchez quelque retraite.
Je sais dans quels périls mon amitié vous jette;
Et j'espérois un jour vous mieux récompenser.

Mais c'en est fait, vous dis-je, il n'y faut plus penser.
####### ACOMAT.
Et quel est donc, Seigneur, cet obstacle invincible? 585
Tantôt dans le Serrail j'ai laissé tout paisible.
Quelle fureur saisit votre esprit et le sien?
####### BAJAZET.
Elle veut, Acomat, que je l'épouse.
####### ACOMAT.
       Hé bien?
L'usage des Sultans à ses vœux est contraire;
Mais cet usage enfin, est-ce une loi sévère, 590
Qu'aux dépens de vos jours vous deviez observer?
La plus sainte des lois, ah! c'est de vous sauver,
Et d'arracher, Seigneur, d'une mort manifeste,
Le sang des Ottomans dont vous faites le reste!
####### BAJAZET.
Ce reste malheureux seroit trop acheté, 595
S'il faut le conserver par une lâcheté.
####### ACOMAT.
Et pourquoi vous en faire une image si noire?
L'hymen de Solyman ternit-il sa mémoire?
Cependant Solyman n'étoit point menacé[1]
Des périls évidents dont vous êtes pressé. 600
####### BAJAZET.
Et ce sont ces périls et ce soin de ma vie
Qui d'un servile hymen feroient l'ignominie.
Solyman n'avoit point ce prétexte odieux.
Son esclave trouva grâce devant ses yeux;
Et sans subir le joug d'un hymen nécessaire, 605
Il lui fit de son cœur un présent volontaire.

---

1. Il y a *menassé* dans les anciennes éditions, où c'est l'orthographe ordinaire de ce verbe, aussi bien que du substantif *menace* (*menasse*), non pas seulement à la rime, mais partout.

ACOMAT.

Mais vous aimez Roxane.

BAJAZET.

Acomat, c'est assez :
Je me plains de mon sort moins que vous ne pensez.
La mort n'est point pour moi le comble des disgrâces ;
J'osai tout jeune encor la chercher sur vos traces ; 610
Et l'indigne prison où je suis renfermé
A la voir de plus près m'a même accoutumé.
Amurat à mes yeux l'a vingt fois présentée.
Elle finit le cours d'une vie agitée.
Hélas ! si je la quitte avec quelque regret.... 615
Pardonnez, Acomat, je plains avec sujet
Des cœurs dont les bontés trop mal récompensées
M'avoient pris pour objet de toutes leurs pensées.

ACOMAT.

Ah ! si nous périssons, n'en accusez que vous,
Seigneur. Dites un mot, et vous nous sauvez tous. 620
Tout ce qui reste ici de braves janissaires,
De la religion les saints dépositaires,
Du peuple bysantin ceux qui plus respectés [1]
Par leur exemple seul règlent ses volontés,
Sont prêts de vous conduire à la Porte sacrée 625
D'où les nouveaux Sultans font leur première entrée.

BAJAZET.

Hé bien ! brave Acomat, si je leur suis si cher,
Que des mains de Roxane ils viennent m'arracher.
Du Serrail, s'il le faut, venez forcer la porte :
Entrez, accompagné de leur vaillante escorte. 630
J'aime mieux en sortir sanglant, couvert de coups,
Que chargé, malgré moi, du nom de son époux.
Peut-être je saurai, dans ce désordre extrême,

---

1. *Plus respectés* est ici pour *le plus respectés*. Voyez plus bas, vers 873.

Par un beau désespoir me secourir moi-même[1], 
Attendre, en combattant, l'effet de votre foi, 635
Et vous donner le temps de venir jusqu'à moi.

ACOMAT.

Hé! pourrai-je empêcher, malgré ma diligence,
Que Roxane d'un coup n'assure sa vengeance?
Alors qu'aura servi ce zèle impétueux,
Qu'à charger vos amis d'un crime infructueux? 640
Promettez : affranchi du péril qui vous presse,
Vous verrez de quel poids sera votre promesse.

BAJAZET.

Moi!

ACOMAT.

Ne rougissez point. Le sang des Ottomans
Ne doit point en esclave obéir aux serments.
Consultez ces héros que le droit de la guerre 645
Mena victorieux jusqu'au bout de la terre :
Libres dans leur victoire, et maîtres de leur foi,
L'intérêt de l'État fut leur unique loi;
Et d'un trône si saint la moitié n'est fondée
Que sur la foi promise et rarement gardée[2]. 650
Je m'emporte, Seigneur[3]....

---

1. Racine doit cette expression à Corneille, qui avait dit avant lui :

Ou qu'un beau désespoir alors le secourût.
(*Horace*, acte III, scène VI, vers 1022.)

2. « Il y a de ces gens-là (*des ulémas*) qui soutiennent que le Grand Seigneur peut se dispenser des promesses qu'il a faites avec serment, quand pour les accomplir il faut donner des bornes à son autorité. » (Ricaut, *Histoire de l'état présent de l'Empire ottoman*, p. 9.) On lit aussi dans la même histoire, p. 177 : « Il ne s'étoit jamais vu que l'infidélité et la trahison fussent autorisées par un acte authentique, et que le parjure fût un acte de religion, jusqu'à ce que les docteurs de la loi de Mahomet, à l'imitation de leur prophète, eussent enseigné cette doctrine à leurs disciples, et la leur eussent recommandée. »

3. Nous avons suivi la ponctuation des éditions de 1672-1687. Celle de 1697 n'a qu'un point après *Seigneur*.

BAJAZET.
            Oui, je sais, Acomat,
Jusqu'où les a portés l'intérêt de l'État;
Mais ces mêmes héros, prodigues de leur vie,
Ne la rachetoient point par une perfidie.

ACOMAT.
O courage inflexible! O trop constante foi[1],  655
Que même en périssant j'admire malgré moi!
Faut-il qu'en un moment un scrupule timide
Perde...? Mais quel bonheur nous envoie Atalide?

## SCÈNE IV.

### BAJAZET, ATALIDE, ACOMAT.

ACOMAT.
Ah! Madame, venez avec moi vous unir.
Il se perd.

ATALIDE.
       C'est de quoi je viens l'entretenir.  660
Mais laissez-nous. Roxane, à sa perte animée,
Veut que de ce palais la porte soit fermée.
Toutefois, Acomat, ne vous éloignez pas :
Peut-être on vous fera revenir sur vos pas.

## SCÈNE V.

### BAJAZET, ATALIDE.

BAJAZET.
Hé bien! c'est maintenant qu'il faut que je vous laisse.
Le ciel punit ma feinte, et confond votre adresse.

---

1. *Var.* O courage! ô vertus! ô trop constante foi! (1672)

Rien ne m'a pu parer contre ses derniers coups :
Il falloit ou mourir, ou n'être plus à vous.
De quoi nous a servi cette indigne contrainte ?
Je meurs plus tard : voilà tout le fruit de ma feinte. 670
Je vous l'avois prédit; mais vous l'avez voulu [1].
J'ai reculé vos pleurs autant que je l'ai pu.
Belle Atalide, au nom de cette complaisance,
Daignez de la Sultane éviter la présence.
Vos pleurs vous trahiroient : cachez-les à ses yeux, 675
Et ne prolongez point de dangereux adieux.

ATALIDE.

Non, Seigneur. Vos bontés pour une infortunée
Ont assez disputé contre la destinée.
Il vous en coûte trop pour vouloir m'épargner.
Il faut vous rendre : il faut me quitter, et régner. 680

BAJAZET.

Vous quitter?

ALIDE.

Je le veux. Je me suis consultée.
De mille soins jaloux jusqu'alors agitée,
Il est vrai, je n'ai pu concevoir sans effroi
Que Bajazet pût vivre et n'être plus à moi;
Et lorsque quelquefois de ma rivale heureuse 685
Je me représentois l'image douloureuse,
Votre mort (pardonnez aux fureurs des amants)
Ne me paroissoit pas le plus grand des tourments.
Mais à mes tristes yeux votre mort préparée
Dans toute son horreur ne s'étoit pas montrée ; 690
Je ne vous voyois pas, ainsi que je vous vois,
Prêt à me dire adieu pour la dernière fois.

1. Racine, dans *Phèdre*, acte III, scène III, s'est souvenu de ce passage :

. . . Je te l'ai prédit, mais tu n'as pas voulu....
Je mourois ce matin digne d'être pleurée;
J'ai suivi tes conseils, je meurs déshonorée.

Seigneur, je sais trop bien avec quelle constance
Vous allez de la mort affronter la présence ;
Je sais que votre cœur se fait quelques plaisirs       695
De me prouver sa foi dans ses derniers soupirs.
Mais, hélas ! épargnez une âme plus timide :
Mesurez vos malheurs aux forces d'Atalide ;
Et ne m'exposez point aux plus vives douleurs
Qui jamais d'une amante épuisèrent les pleurs.       700

BAJAZET.

Et que deviendrez-vous, si dès cette journée
Je célèbre à vos yeux ce funeste hyménée ?

ATALIDE.

Ne vous informez point ce que je deviendrai.
Peut-être à mon destin, Seigneur, j'obéirai.
Que sais-je ? A ma douleur je chercherai des charmes[1]..
Je songerai peut-être, au milieu de mes larmes,
Qu'à vous perdre pour moi vous étiez résolu,
Que vous vivez, qu'enfin c'est moi qui l'ai voulu.

BAJAZET.

Non, vous ne verrez point cette fête cruelle.
Plus vous me commandez de vous être infidèle,       710
Madame, plus je vois combien vous méritez
De ne point obtenir ce que vous souhaitez.
Quoi ? cet amour si tendre, et né dans notre enfance,
Dont les feux avec nous ont crû dans le silence,
Vos larmes que ma main pouvoit seule arrêter,       715
Mes serments redoublés de ne vous point quitter,
Tout cela finiroit par une perfidie ?
J'épouserois, et qui (s'il faut que je le die)?
Une esclave attachée à ses seuls intérêts,

---

1. Corneille a employé le mot *charmes* au même sens :

    Et contre ma douleur j'aurois senti des charmes,
    Quand une main si chère eût essuyé mes larmes.
        (*Le Cid*, acte III, scène IV, vers 921 et 922.)

Qui présente à mes yeux les supplices tout prêts[1], 720
Qui m'offre ou son hymen, ou la mort infaillible;
Tandis qu'à mes périls Atalide sensible,
Et trop digne du sang qui lui donna le jour,
Veut me sacrifier jusques à son amour.
Ah! qu'au jaloux Sultan ma tête soit portée, 725
Puisqu'il faut à ce prix qu'elle soit rachetée!

ATALIDE.

Seigneur, vous pourriez vivre, et ne me point trahir.

BAJAZET.

Parlez. Si je le puis, je suis prêt d'obéir.

ATALIDE.

La Sultane vous aime; et malgré sa colère,
Si vous preniez, Seigneur, plus de soin de lui plaire, 730
Si vos soupirs daignoient lui faire pressentir
Qu'un jour....

BAJAZET.

Je vous entends : je n'y puis consentir.
Ne vous figurez point que dans cette journée,
D'un lâche désespoir ma vertu consternée
Craigne les soins d'un trône où je pourrois monter, 735
Et par un prompt trépas cherche à les éviter.
J'écoute trop peut-être une imprudente audace;
Mais sans cesse occupé des grands noms de ma race,
J'espérois que fuyant un indigne repos,
Je prendrois quelque place entre tant de héros. 740
Mais quelque ambition, quelque amour qui me brûle,
Je ne puis plus tromper une amante crédule.
En vain, pour me sauver, je vous l'aurois promis :

---

1. Dans les éditions de 1807, de 1808 et dans celle de M. Aimé-Martin on lit :
    Qui présente à mes yeux des supplices tout prêts;
et le vers, tel que nous le trouvons dans toutes les anciennes éditions, est donné par M. Aimé-Martin comme une variante.

Et ma bouche et mes yeux, du mensonge ennemis,
Peut-être dans le temps que je voudrois lui plaire, 745
Feroient par leur désordre un effet tout contraire ;
Et de mes froids soupirs ses regards offensés
Verroient trop que mon cœur ne les a point poussés.
O ciel ! combien de fois je l'aurois éclaircie,
Si je n'eusse à sa haine exposé que ma vie, 750
Si je n'avois pas craint que ses soupçons jaloux
N'eussent trop aisément remonté jusqu'à vous !
Et j'irois l'abuser d'une fausse promesse ?
Je me parjurerois ? Et par cette bassesse....
Ah ! loin de m'ordonner cet indigne détour, 755
Si votre cœur étoit moins plein de son amour,
Je vous verrois sans doute en rougir la première.
Mais pour vous épargner une injuste prière,
Adieu : je vais trouver Roxane de ce pas,
Et je vous quitte.

### ATALIDE.

    Et moi, je ne vous quitte pas. 760
Venez, cruel, venez, je vais vous y conduire ;
Et de tous nos secrets c'est moi qui veux l'instruire.
Puisque, malgré mes pleurs, mon amant furieux
Se fait tant de plaisir d'expirer à mes yeux,
Roxane, malgré vous, nous joindra l'un et l'autre. 765
Elle aura plus de soif de mon sang que du vôtre ;
Et je pourrai donner à vos yeux effrayés
Le spectacle sanglant que vous me prépariez.

### BAJAZET.

O ciel ! que faites-vous ?

### ATALIDE.

    Cruel ! pouvez-vous croire
Que je sois moins que vous jalouse de ma gloire ? 770
Pensez-vous que cent fois en vous faisant parler
Ma rougeur ne fût pas prête à me déceler ?

Mais on me présentoit votre perte prochaine.
Pourquoi faut-il, ingrat, quand la mienne est certaine,
Que vous n'osiez pour moi ce que j'osois pour vous ? 775
Peut-être il suffira d'un mot un peu plus doux ;
Roxane dans son cœur peut-être vous pardonne.
Vous-même, vous voyez le temps qu'elle vous donne.
A-t-elle, en vous quittant, fait sortir le Visir ?
Des gardes à mes yeux viennent-ils vous saisir ? 780
Enfin, dans sa fureur implorant mon adresse,
Ses pleurs ne m'ont-ils pas découvert sa tendresse ?
Peut-être elle n'attend qu'un espoir incertain
Qui lui fasse tomber les armes de la main.
Allez, Seigneur : sauvez votre vie et la mienne[1]. 785

BAJAZET.

Hé bien ! Mais quels discours faut-il que je lui tienne ?

ATALIDE.

Ah ! daignez sur ce choix ne me point consulter.
L'occasion, le ciel pourra vous les dicter.
Allez : entre elle et vous je ne dois point paroître :
Votre trouble ou le mien nous feroient reconnoître. 790
Allez, encore un coup, je n'ose m'y trouver.
Dites.... tout ce qu'il faut, Seigneur, pour vous sauver.

1. *Var.* Allez, Seigneur : tentez cette dernière voie.
BAJ. Hé bien! Mais quels discours voulez-vous que j'emploie? (1672)

FIN DU SECOND ACTE.

# ACTE III.

## SCÈNE PREMIÈRE.

### ATALIDE, ZAÏRE.

ATALIDE.

Zaïre, il est donc vrai ? sa grâce est prononcée.

ZAÏRE.

Je vous l'ai dit, Madame : une esclave empressée, 795
Qui couroit de Roxane accomplir le desir,
Aux portes du Serrail a reçu le Visir.
Ils ne m'ont point parlé ; mais mieux qu'aucun langage,
Le transport du Visir marquoit sur son visage
Qu'un heureux changement le rappelle au Palais,
Et qu'il y vient signer une éternelle paix. 800
Roxane a pris sans doute une plus douce voie.

ATALIDE.

Ainsi de toutes parts les plaisirs et la joie
M'abandonnent, Zaïre, et marchent sur leurs pas.
J'ai fait ce que j'ai dû : je ne m'en repens pas.

ZAÏRE.

Quoi, Madame ? Quelle est cette nouvelle alarme ? 805

ATALIDE.

Et ne t'a-t-on point dit, Zaïre, par quel charme,
Ou, pour mieux dire enfin, par quel engagement
Bajazet a pu faire un si prompt changement ?
Roxane en sa fureur paroissoit inflexible.
A-t-elle de son cœur quelque gage infaillible ? 810
Parle. L'épouse-t-il ?

## ACTE III, SCÈNE I.

ZAÏRE.

Je n'en ai rien appris.
Mais enfin, s'il n'a pu se sauver qu'à ce prix,
S'il fait ce que vous-même avez su lui prescrire,
S'il l'épouse, en un mot....

ATALIDE.

S'il l'épouse, Zaïre !

ZAÏRE.

Quoi? vous repentez-vous des généreux discours      815
Que vous dictoit le soin de conserver ses jours?

ATALIDE.

Non, non : il ne fera que ce qu'il a dû faire.
Sentiments trop jaloux, c'est à vous de vous taire.
Si Bajazet l'épouse, il suit mes volontés;
Respectez ma vertu qui vous a surmontés;      820
A ses nobles conseils ne mêlez point le vôtre;
Et loin de me le peindre entre les bras d'une autre[1],
Laissez-moi sans regret me le représenter
Au trône, où mon amour l'a forcé de monter.
Oui, je me reconnois, je suis toujours la même.      825
Je voulois qu'il m'aimât, chère Zaïre, il m'aime;
Et du moins cet espoir me console aujourd'hui,
Que je vais mourir digne et contente de lui.

ZAÏRE.

Mourir! Quoi? vous auriez un dessein si funeste ?

ATALIDE.

J'ai cédé mon amant : tu t'étonnes du reste !      830
Peux-tu compter, Zaïre, au nombre des malheurs
Une mort qui prévient et finit tant de pleurs?
Qu'il vive, c'est assez. Je l'ai voulu sans doute,
Et je le veux toujours, quelque prix qu'il m'en coûte.
Je n'examine point ma joie ou mon ennui :      835

---

1. « D'un autre, » dans l'édition de 1676. Voyez ci-dessus, p. 109, note 2.

J'aime assez mon amant pour renoncer à lui.
Mais, hélas ! il peut bien penser avec justice
Que si j'ai pu lui faire un si grand sacrifice,
Ce cœur, qui de ses jours prend ce funeste soin,
L'aime trop pour vouloir en être le témoin.  840
Allons, je veux savoir....

### ZAÏRE.

Modérez-vous, de grâce.
On vient vous informer de tout ce qui se passe :
C'est le Visir.

## SCÈNE II.
### ATALIDE, ACOMAT, ZAÏRE.

#### ACOMAT.

Enfin nos amants sont d'accord,
Madame : un calme heureux nous remet dans le port.
La Sultane a laissé désarmer sa colère ;  845
Elle m'a déclaré sa volonté dernière ;
Et tandis qu'elle montre au peuple épouvanté
Du prophète divin l'étendard redouté,
Qu'à marcher sur mes pas Bajazet se dispose,
Je vais de ce signal faire entendre la cause,  850
Remplir tous les esprits d'une juste terreur,
Et proclamer enfin le nouvel empereur.
Cependant permettez que je vous renouvelle
Le souvenir du prix qu'on promit à mon zèle.
N'attendez point de moi ces doux emportements,  855
Tels que j'en vois paroître au cœur de ces amants.
Mais si par d'autres soins plus dignes de mon âge,
Par de profonds respects, par un long esclavage,
Tel que nous le devons au sang de nos Sultans,
Je puis....

ATALIDE.

Vous m'en pourrez instruire avec le temps. 860
Avec le temps aussi vous pourrez me connoître.
Mais quels sont ces transports qu'ils vous ont fait paroître ?

ACOMAT.

Madame, doutez-vous des soupirs enflammés
De deux jeunes amants l'un de l'autre charmés ?

ATALIDE.

Non; mais, à dire vrai, ce miracle m'étonne. 865
Et dit-on à quel prix Roxane lui pardonne ?
L'épouse-t-il enfin ?

ACOMAT.

Madame, je le croi.
Voici tout ce qui vient d'arriver devant moi.
Surpris, je l'avoûrai, de leur fureur commune,
Querellant les amants, l'amour et la fortune, 870
J'étois de ce palais sorti désespéré.
Déjà, sur un vaisseau dans le port préparé[1]
Chargeant de mon débris les reliques plus chères[2],
Je méditois ma fuite aux terres étrangères.
Dans ce triste dessein au Palais rappelé, 875
Plein de joie et d'espoir, j'ai couru, j'ai volé.
La porte du Serrail à ma voix s'est ouverte;
Et d'abord une esclave à mes yeux s'est offerte,
Qui m'a conduit sans bruit dans un appartement
Où Roxane attentive écoutoit son amant. 880
Tout gardoit devant eux un auguste silence.
Moi-même résistant à mon impatience,
Et respectant de loin leur secret entretien,
J'ai longtemps immobile observé leur maintien.
Enfin avec des yeux qui découvroient son âme, 885

1. *Var.* Déjà, dans un vaisseau sur l'Euxin préparé. (1672-87)
2. *Plus*, pour *les plus*. Voyez ci-dessus, vers 623. — *Reliques* est au sens du mot latin *reliquiæ*.

L'une a tendu la main pour gage de sa flamme ;
L'autre, avec des regards éloquents, pleins d'amour,
L'a de ses feux, Madame, assurée à son tour.

ATALIDE.

Hélas !

ACOMAT.

Ils m'ont alors aperçu l'un et l'autre.
« Voilà, m'a-t-elle dit, votre prince et le nôtre. 890
Je vais, brave Acomat, le remettre en vos mains.
Allez lui préparer les honneurs souverains.
Qu'un peuple obéissant l'attende dans le temple :
Le Serrail va bientôt vous en donner l'exemple. »
Aux pieds de Bajazet alors je suis tombé, 895
Et soudain à leurs yeux je me suis dérobé :
Trop heureux d'avoir pu, par un récit fidèle,
De leur paix en passant vous conter la nouvelle,
Et m'acquitter vers vous de mes respects profonds.
Je vais le couronner, Madame, et j'en réponds. 900

## SCÈNE III.

### ATALIDE, ZAÏRE.

ATALIDE.

Allons, retirons-nous, ne troublons point leur joie[1].

ZAÏRE.

Ah ! Madame, croyez....

ATALIDE.

Que veux-tu que je croie ?
Quoi donc ? à ce spectacle irai-je m'exposer ?
Tu vois que c'en est fait : ils se vont épouser.
La Sultane est contente ; il l'assure qu'il l'aime. 905

---

1. *Var.* Allons, retirons-nous, ne troublons point sa joie. (1672-87)

Mais je ne m'en plains pas, je l'ai voulu moi-même.
Cependant croyois-tu, quand jaloux de sa foi
Il s'alloit plein d'amour sacrifier pour moi;
Lorsque son cœur tantôt m'exprimant sa tendresse,
Refusoit à Roxane une simple promesse; 910
Quand mes larmes en vain tâchoient de l'émouvoir;
Quand je m'applaudissois de leur peu de pouvoir :
Croyois-tu que son cœur, contre toute apparence,
Pour la persuader trouvât tant d'éloquence?
Ah! peut-être, après tout, que sans trop se forcer, 915
Tout ce qu'il a pu dire, il a pu le penser.
Peut-être en la voyant, plus sensible pour elle,
Il a vu dans ses yeux quelque grâce nouvelle.
Elle aura devant lui fait parler ses douleurs;
Elle l'aime; un empire autorise ses pleurs. 920
Tant d'amour touche enfin une âme généreuse.
Hélas! que de raisons contre une malheureuse!

ZAÏRE.

Mais ce succès, Madame, est encore incertain.
Attendez.

ATALIDE.

Non, vois-tu, je le nîrois en vain.
Je ne prends point plaisir à croître ma misère. 925
Je sais pour se sauver tout ce qu'il a dû faire.
Quand mes pleurs vers Roxane ont rappelé ses pas,
Je n'ai point prétendu qu'il ne m'obéît pas.
Mais après les adieux que je venois d'entendre,
Après tous les transports d'une douleur si tendre, 930
Je sais qu'il n'a point dû lui faire remarquer
La joie et les transports qu'on vient de m'expliquer.
Toi-même juge-nous, et vois si je m'abuse.
Pourquoi de ce conseil moi seule suis-je exclue?
Au sort de Bajazet ai-je si peu de part? 935
A me chercher lui-même attendroit-il si tard,

N'étoit que de son cœur le trop juste reproche
Lui fait peut-être, hélas! éviter cette approche?
Mais non, je lui veux bien épargner ce souci :
Il ne me verra plus.

ZAÏRE.
  Madame, le voici.      940

## SCÈNE IV.
### BAJAZET, ATALIDE, ZAÏRE.

BAJAZET.
C'en est fait : j'ai parlé, vous êtes obéie.
Vous n'avez plus, Madame, à craindre pour ma vie;
Et je serois heureux, si la foi, si l'honneur
Ne me reprochoit[1] point mon injuste bonheur[2];
Si mon cœur, dont le trouble en secret me condamne,
Pouvoit me pardonner aussi bien que Roxane.
Mais enfin je me vois les armes à la main;
Je suis libre; et je puis contre un frère inhumain,
Non plus par un silence aidé de votre adresse,
Disputer en ces lieux le cœur de sa maîtresse,  950
Mais par de vrais combats, par de nobles dangers,
Moi-même le cherchant aux climats étrangers,
Lui disputer les cœurs du peuple et de l'armée,
Et pour juge entre nous prendre la renommée.
Que vois-je? Qu'avez-vous? Vous pleurez!

ATALIDE.
        Non, Seigneur,
Je ne murmure point contre votre bonheur :
Le ciel, le juste ciel vous devoit ce miracle.

---

1. Geoffroy et M. Aimé-Martin ont mis le verbe au pluriel : *reprochoient*.
2. *Var.* Et je serois heureux, si je pouvois goûter
 Quelque bonheur, au prix qu'il vient de m'en coûter. (1672)

## ACTE III, SCÈNE IV.

Vous savez si jamais j'y formai quelque obstacle.
Tant que j'ai respiré, vos yeux me sont témoins
Que votre seul péril occupoit tous mes soins ; 960
Et puisqu'il ne pouvoit finir qu'avec ma vie,
C'est sans regret aussi que je la sacrifie.
Il est vrai, si le ciel eût écouté mes vœux,
Qu'il pouvoit m'accorder un trépas plus heureux.
Vous n'en auriez pas moins épousé ma rivale : 965
Vous pouviez l'assurer de la foi conjugale ;
Mais vous n'auriez pas joint à ce titre d'époux
Tous ces gages d'amour qu'elle a reçus de vous.
Roxane s'estimoit assez récompensée,
Et j'aurois en mourant cette douce pensée 970
Que vous ayant moi-même imposé cette loi,
Je vous ai vers Roxane envoyé plein de moi ;
Qu'emportant chez les morts toute votre tendresse,
Ce n'est point un amant en vous que je lui laisse.

### BAJAZET.

Que parlez-vous, Madame, et d'époux et d'amant ? 975
O ciel ! de ce discours quel est le fondement ?
Qui peut vous avoir fait ce récit infidèle ?
Moi, j'aimerois Roxane, ou je vivrois pour elle,
Madame ! Ah ! croyez-vous que loin de le penser,
Ma bouche seulement eût pu le prononcer ? 980
Mais l'un ni l'autre enfin n'étoit point nécessaire :
La Sultane a suivi son penchant ordinaire ;
Et soit qu'elle ait d'abord expliqué mon retour
Comme un gage certain qui marquoit mon amour,
Soit que le temps trop cher la pressât de se rendre, 985
A peine ai-je parlé, que sans presque m'entendre
Ses pleurs précipités ont coupé mes discours.
Elle met dans ma main sa fortune, ses jours ;
Et se fiant enfin à ma reconnoissance,
D'un hymen infaillible a formé l'espérance. 990

Moi-même, rougissant de sa crédulité
Et d'un amour si tendre et si peu mérité,
Dans ma confusion, que Roxane, Madame,
Attribuoit encore à l'excès de ma flamme,
Je me trouvois barbare, injuste, criminel. 995
Croyez qu'il m'a fallu, dans ce moment cruel,
Pour garder jusqu'au bout un silence perfide,
Rappeler tout l'amour que j'ai pour Atalide.
Cependant, quand je viens après de tels efforts
Chercher quelque secours contre tous mes remords, 1000
Vous-même contre moi je vous vois irritée
Reprocher votre mort à mon âme agitée.
Je vois enfin, je vois qu'en ce même moment
Tout ce que je vous dis vous touche foiblement.
Madame, finissons et mon trouble et le vôtre : 1005
Ne nous affligeons point vainement l'un et l'autre.
Roxane n'est pas loin ; laissez agir ma foi.
J'irai, bien plus content et de vous et de moi,
Détromper son amour d'une feinte forcée,
Que je n'allois tantôt déguiser ma pensée. 1010
La voici.

### ATALIDE.

Juste ciel ! où va-t-il s'exposer ?
Si vous m'aimez, gardez de la désabuser.

## SCÈNE V.

### BAJAZET, ROXANE, ATALIDE.

#### ROXANE.

Venez, Seigneur, venez : il est temps de paraître,
Et que tout le Serrail reconnoisse son maître.
Tout ce peuple nombreux dont il est habité, 1015

Assemblé par mon ordre, attend ma volonté.
Mes esclaves gagnés, que le reste va suivre,
Sont les premiers sujets que mon amour vous livre.
L'auriez-vous cru, Madame, et qu'un si prompt retour
Fît à tant de fureur succéder tant d'amour ? 1020
Tantôt à me venger fixe et déterminée,
Je jurois qu'il voyoit sa dernière journée.
A peine cependant Bajazet m'a parlé,
L'amour fit le serment, l'amour l'a violé.
J'ai cru dans son désordre entrevoir sa tendresse : 1025
J'ai prononcé sa grâce, et je crois sa promesse[1].

### BAJAZET.

Oui, je vous ai promis et j'ai donné ma foi[2]
De n'oublier jamais tout ce que je vous doi ;
J'ai juré que mes soins, ma juste complaisance
Vous répondront toujours de ma reconnoissance. 1030
Si je puis à ce prix mériter vos bienfaits,
Je vais de vos bontés attendre les effets.


## SCÈNE VI.

### ROXANE, ATALIDE.

#### ROXANE.

De quel étonnement, ô ciel ! suis-je frappée !
Est-ce un songe ? et mes yeux ne m'ont-ils point trompée ?
Quel est ce sombre accueil, et ce discours glacé 1035
Qui semble révoquer tout ce qui s'est passé ?
Sur quel espoir croit-il que je me sois rendue,

---

1. *Var.* J'ai prononcé sa grâce, et j'en crois sa promesse. (1672)
2. *Var.* Oui, je vous ai promis, et je m'en souviendrai,
    Que fidèle a vos soins autant que je vivrai,
    Mon respect éternel, ma juste complaisance. (1672-87)

Et qu'il ait regagné mon amitié perdue?
J'ai cru qu'il me juroit que jusques à la mort
Son amour me laissoit maîtresse de son sort. 1040
Se repent-il déjà de m'avoir apaisée?
Mais moi-même tantôt me serois-je abusée?
Ah¹!... Mais il vous parloit : quels étoient ses discours,
Madame?

ATALIDE.
Moi, Madame! Il vous aime toujours.

ROXANE.
Il y va de sa vie au moins que je le croie. 1045
Mais de grâce, parmi tant de sujets de joie,
Répondez-moi, comment pouvez-vous expliquer
Ce chagrin qu'en sortant il m'a fait remarquer?

ATALIDE.
Madame, ce chagrin n'a point frappé ma vue.
Il m'a de vos bontés longtemps entretenue. 1050
Il en étoit tout plein quand je l'ai rencontré.
J'ai cru le voir sortir tel qu'il étoit entré.
Mais, Madame, après tout, faut-il être surprise
Que tout prêt d'achever cette grande entreprise,
Bajazet s'inquiète, et qu'il laisse échapper 1055
Quelque marque des soins qui doivent l'occuper?

ROXANE.
Je vois qu'à l'excuser votre adresse est extrême.
Vous parlez mieux pour lui qu'il ne parle lui-même.

ATALIDE.
Et quel autre intérêt....

ROXANE.
Madame, c'est assez.

1. On a reproché à Mlle Rachel d'avoir fait un contre-sens sur cette exclamation, qu'elle liait à ce qui précède, en la jetant avec beaucoup d'énergie; tandis qu'elle aurait dû la prononcer à part et en elle-même, avec un sentiment amer de jalousie, comme éclairée par un premier trait de lumière sur la trahison d'Atalide et de Bajazet. Voyez la *Notice sur Rachel*, par M. Védel.

Je conçois vos raisons mieux que vous ne pensez. 1060
Laissez-moi. J'ai besoin d'un peu de solitude.
Ce jour me jette aussi dans quelque inquiétude.
J'ai, comme Bajazet, mon chagrin et mes soins,
Et je veux un moment y penser sans témoins.

## SCÈNE VII.

#### ROXANE, seule.

De tout ce que je vois que faut-il que je pense ? 1065
Tous deux à me tromper sont-ils d'intelligence ?
Pourquoi ce changement, ce discours, ce départ ?
N'ai-je pas même entre eux surpris quelque regard ?
Bajazet interdit ! Atalide étonnée !
O ciel ! à cet affront m'auriez-vous condamnée ? 1070
De mon aveugle amour seroient-ce là les fruits ?
Tant de jours douloureux, tant d'inquiètes nuits,
Mes brigues, mes complots, ma trahison fatale,
N'aurois-je tout tenté que pour une rivale ?
Mais peut-être qu'aussi, trop prompte à m'affliger,
J'observe de trop près un chagrin passager.
J'impute à son amour l'effet de son caprice.
N'eût-il pas jusqu'au bout conduit son artifice ?
Prêt à voir le succès de son déguisement,
Quoi ? ne pouvoit-il pas feindre encore un moment ?
Non, non, rassurons-nous : trop d'amour m'intimide.
Et pourquoi dans son cœur redouter Atalide ?
Quel seroit son dessein ? Qu'a-t-elle fait pour lui ?
Qui de nous deux enfin le couronne aujourd'hui ?
Mais, hélas ! de l'amour ignorons-nous l'empire ? 1085
Si par quelque autre charme Atalide l'attire,
Qu'importe qu'il nous doive et le sceptre et le jour ?
Les bienfaits dans un cœur balancent-ils l'amour ?

Et sans chercher plus loin, quand l'ingrat me sut plaire,
Ai-je mieux reconnu les bontés de son frère ?　　1090
Ah ! si d'une autre chaîne il n'étoit point lié,
L'offre de mon hymen l'eût-il[1] tant effrayé ?
N'eût-il pas sans regret secondé mon envie ?
L'eût-il refusé même aux dépens de sa vie ?
Que de justes raisons.... Mais qui vient me parler ?　1095
Que veut-on ?

## SCÈNE VIII.

### ROXANE, ZATIME.

#### ZATIME.

Pardonnez si j'ose vous troubler.
Mais, Madame, un esclave arrive de l'armée ;
Et quoique sur la mer la porte fût fermée,
Les gardes sans tarder l'ont ouverte à genoux
Aux ordres du Sultan qui s'adressent à vous.　　1100
Mais ce qui me surprend, c'est Orcan qu'il envoie.

#### ROXANE.

Orcan !

#### ZATIME.

Oui, de tous ceux que le Sultan emploie,
Orcan, le plus fidèle à servir ses desseins,
Né sous le ciel brûlant des plus noirs Africains.
Madame, il vous demande avec impatience.　　1105
Mais j'ai cru vous devoir avertir par avance ;
Et souhaitant surtout qu'il ne vous surprît pas,
Dans votre appartement j'ai retenu ses pas.

#### ROXANE.

Quel malheur imprévu vient encor me confondre ?

---

1. Sur cet emploi au masculin du mot *offre*, que Racine, selon l'usage à peu près général de son temps, fait lui-même plus loin féminin (au vers 1550), voyez le *Lexique*.

## ACTE III, SCÈNE VIII.

Quel peut être cet ordre? et que puis-je répondre? 1110
Il n'en faut point douter, le Sultan inquiet
Une seconde fois condamne Bajazet.
On ne peut sur ses jours sans moi rien entreprendre :
Tout m'obéit ici. Mais dois-je le défendre?
Quel est mon empereur? Bajazet? Amurat? 1115
J'ai trahi l'un; mais l'autre est peut-être un ingrat.
Le temps presse. Que faire en ce doute funeste?
Allons : employons bien le moment qui nous reste.
Ils ont beau se cacher[1]. L'amour le plus discret
Laisse par quelque marque échapper son secret. 1120
Observons Bajazet; étonnons Atalide;
Et couronnons l'amant, ou perdons le perfide.

---

1. Nous avons conservé ici la ponctuation de toutes les anciennes éditions. Elle est digne de remarque. La locution *avoir beau* ne s'emploierait pas aujourd'hui dans ce sens indépendant.

FIN DU TROISIÈME ACTE.

# ACTE IV.

## SCENE PREMIERE.
### ATALIDE, ZAÏRE.

ATALIDE.

Ah! sais-tu mes frayeurs? Sais-tu que dans ces lieux
J'ai vu du fier Orcan le visage odieux?
En ce moment fatal, que je crains sa venue! 1125
Que je crains.... Mais dis-moi, Bajazet t'a-t-il vue?
Qu'a-t-il dit? Se rend-il, Zaïre, à mes raisons?
Ira-t-il voir Roxane, et calmer ses soupçons?

ZAÏRE.

Il ne peut plus la voir sans qu'elle le commande.
Roxane ainsi l'ordonne : elle veut qu'il l'attende. 1130
Sans doute à cet esclave elle veut le cacher.
J'ai feint en le voyant de ne le point chercher.
J'ai rendu votre lettre, et j'ai pris sa réponse.
Madame, vous verrez ce qu'elle vous annonce.

ATALIDE lit :

« Après tant d'injustes détours, 1135
Faut-il qu'à feindre encor votre amour me convie?
  Mais je veux bien prendre soin d'une vie
  Dont vous jurez que dépendent vos jours.
Je verrai la Sultane; et par ma complaisance
Par de nouveaux serments de ma reconnoissance, 1140
  J'apaiserai, si je puis, son courroux.
N'exigez rien de plus. Ni la mort, ni vous-même

Ne me ferez jamais prononcer que je l'aime,
    Puisque jamais je n'aimerai que vous. »

Hélas! que me dit-il? Croit-il que je l'ignore?
Ne sais-je pas assez qu'il m'aime, qu'il m'adore[1]?
Est-ce ainsi qu'à mes vœux il sait s'accommoder?
C'est Roxane, et non moi, qu'il faut persuader.
De quelle crainte encor me laisse-t-il saisie?
Funeste aveuglement! Perfide jalousie!
Récit menteur! Soupçons que je n'ai pu celer!
Falloit-il vous entendre, ou falloit-il parler?
C'étoit fait, mon bonheur surpassoit mon attente.
J'étois aimée, heureuse, et Roxane contente.
Zaïre, s'il se peut, retourne sur tes pas.
Qu'il l'apaise. Ces mots ne me suffisent pas.
Que sa bouche, ses yeux, tout l'assure qu'il l'aime.
Qu'elle le croie enfin. Que ne puis-je moi-même,
Échauffant par mes pleurs ses soins trop languissants,
Mettre dans ses discours tout l'amour que je sens?
Mais à d'autres périls je crains de le commettre.

ZAÏRE.

Roxane vient à vous.

ATALIDE.

Ah! cachons cette lettre.


## SCÈNE II.

### ROXANE, ATALIDE, ZATIME, ZAÏRE.

ROXANE, à Zatime.

Viens. J'ai reçu cet ordre. Il faut l'intimider.

---

1. *Var.* Ne sais-tu pas assez qu'il m'aime, qu'il m'adore. (1676-87)
— Cette variante, qui n'est point dans la première édition, est sans doute une faute des imprimeurs de 1676.

ATALIDE, à Zaïre.

Va, cours; et tâche enfin de le persuader.

## SCÈNE III.
### ROXANE, ATALIDE, ZATIME.

ROXANE.

Madame, j'ai reçu des lettres de l'armée. 1165
De tout ce qui s'y passe êtes-vous informée ?

ATALIDE.

On m'a dit que du camp un esclave est venu.
Le reste est un secret qui ne m'est pas connu.

ROXANE.

Amurat est heureux : la fortune est changée,
Madame, et sous ses lois Babylone est rangée. 1170

ATALIDE.

Hé quoi, Madame? Osmin....

ROXANE.

     Étoit mal averti,
Et depuis son départ cet esclave est parti.
C'en est fait.

ATALIDE[1].

  Quel revers!

ROXANE.

     Pour comble de disgrâces,
Le Sultan, qui l'envoie, est parti sur ses traces.

ATALIDE.

Quoi? les Persans armés ne l'arrêtent donc pas? 1175

ROXANE.

Non, Madame. Vers nous il revient à grands pas.

---

1. Dans l'édition de 1736 le nom d'ATALIDE est suivi de l'indication : « *à part*, » ainsi que plus bas avant les vers 1180 et 1193.

ATALIDE.

Que je vous plains, Madame ! et qu'il est nécessaire
D'achever promptement ce que vous vouliez faire !

ROXANE.

Il est tard de vouloir s'opposer au vainqueur.

ATALIDE.

O ciel !

ROXANE.

Le temps n'a point adouci sa rigueur.   1180
Vous voyez dans mes mains sa volonté suprême.

ATALIDE.

Et que vous mande-t-il ?

ROXANE.

Voyez : lisez vous-même.
Vous connoissez, Madame, et la lettre et le sein[1].

ATALIDE.

Du cruel Amurat je reconnois la main.

(Elle lit.)

« Avant que Babylone éprouvât ma puissance,   1185
Je vous ai fait porter mes ordres absolus.
Je ne veux point douter de votre obéissance,

---

1. Ici *la lettre* signifie *l'écriture*, comme plus bas au vers 1261. Dans *le Grand Solyman* de Mairet (acte II, scène v), le Visir Rustan, reconnaissant l'écriture d'un billet tombé entre ses mains, s'écrie :

C'est sa main, c'est sa lettre....

Une lettre d'Anne d'Autriche à Charles de Lorraine citée dans l'*Histoire de la réunion de la Lorraine à la France*, par M. d'Haussonville (tome II, p. 349 de l'édition in-18, Paris, 1860), a le même mot employé dans un sens semblable. — Au même vers toutes les anciennes éditions ont : *le sein*, et non : *le seing*, qui ne rimerait point aux yeux ; mais au milieu du vers 1683, elles laissent au mot *seing* son orthographe ordinaire. A la fin de deux vers de la tragédie de Mairet que nous venons de citer, on lit également : *sein*, sans *g* :

. . J'ai du Persan le cachet et le sein.
(*Le Grand Solyman*, acte II, scène v.)

Connois-tu ces papiers, ce cachet et ce sein ?
(*Ibidem*, acte III, scène vii.)

Et crois que maintenant Bajazet ne vit plus.
Je laisse sous mes lois Babylone asservie,
Et confirme en partant mon ordre souverain. 1190
Vous, si vous avez soin de votre propre vie,
Ne vous montrez à moi que sa tête à la main. »

ROXANE.

Hé bien?

ATALIDE.

Cache tes pleurs, malheureuse Atalide.

ROXANE.

Que vous semble?

ATALIDE.

Il poursuit son dessein parricide;
Mais il pense proscrire un prince sans appui : 1195
Il ne sait pas l'amour qui vous parle pour lui,
Que vous et Bajazet vous ne faites qu'une âme,
Que plutôt, s'il le faut, vous mourrez....

ROXANE.

Moi, Madame?
Je voudrois le sauver, je ne le puis haïr;
Mais....

ATALIDE.

Quoi donc? qu'avez-vous résolu?

ROXANE.

D'obéir. 1200

ATALIDE.

D'obéir!

ROXANE.

Et que faire en ce péril extrême?
Il le faut.

ATALIDE.

Quoi? ce prince aimable.... qui vous aime,
Verra finir ses jours qu'il vous a destinés!

ROXANE.

Il le faut. Et déjà mes ordres sont donnés.

ATALIDE.

Je me meurs.

ZATIME.

Elle tombe, et ne vit plus qu'à peine.

ROXANE.

Allez, conduisez-la dans la chambre prochaine.
Mais au moins observez ses regards, ses discours,
Tout ce qui convaincra leurs perfides amours.


## SCÈNE IV.

ROXANE, seule.

Ma rivale à mes yeux s'est enfin déclarée :
Voilà sur quelle foi je m'étois assurée.  1210
Depuis six mois entiers j'ai cru que nuit et jour
Ardente elle veilloit au soin de mon amour ;
Et c'est moi qui du sien ministre trop fidèle,
Semble depuis six mois ne veiller que pour elle,
Qui me suis appliquée à chercher les moyens  1215
De lui faciliter tant d'heureux entretiens,
Et qui même souvent, prévenant son envie,
Ai hâté les moments les plus doux de sa vie.
Ce n'est pas tout : il faut maintenant m'éclaircir
Si dans sa perfidie elle a su réussir ;  1220
Il faut.... Mais que pourrois-je apprendre davantage?
Mon malheur n'est-il pas écrit sur son visage?
Vois-je pas, au travers de son saisissement,
Un cœur dans ses douleurs content de son amant ?
Exempte des soupçons dont je suis tourmentée,  1225
Ce n'est que pour ses jours qu'elle est épouvantée[1].
N'importe : poursuivons. Elle peut comme moi

1. *Var.* Ce n'est que pour ses jours qu'elle est inquiétée. (1672

Sur des gages trompeurs s'assurer de sa foi.
Pour le faire expliquer, tendons-lui quelque piége.
Mais quel indigne emploi moi-même m'imposé-je ! 1230
Quoi donc ? à me gêner appliquant mes esprits,
J'irai faire à mes yeux éclater ses mépris ?
Lui-même il peut prévoir et tromper mon adresse.
D'ailleurs l'ordre, l'esclave, et le Visir me presse.
Il faut prendre parti : l'on m'attend. Faisons mieux :
Sur tout ce que j'ai vu fermons plutôt les yeux ;
Laissons de leur amour la recherche importune ;
Poussons à bout l'ingrat, et tentons la fortune.
Voyons si par mes soins sur le trône élevé,
Il osera trahir l'amour qui l'a sauvé, 1240
Et si de mes bienfaits lâchement libérale,
Sa main en osera couronner ma rivale.
Je saurai bien toujours retrouver le moment
De punir, s'il le faut, la rivale et l'amant.
Dans ma juste fureur observant le perfide, 1245
Je saurai le surprendre avec son Atalide ;
Et d'un même poignard les unissant tous deux,
Les percer l'un et l'autre, et moi-même après eux[1].
Voilà, n'en doutons point, le parti qu'il faut prendre[2].
Je veux tout ignorer.

---

1. Il semble que ce soit une imitation des vers 387-389 de l'*Ajax*. On a fait remarquer avant nous que ces vers d'*Ajax* avaient sans doute frappé Racine, puisqu'il a pris soin de les traduire dans un exemplaire de *Sophocle* qui lui a appartenu. La Harpe, dans son commentaire, a cité cette traduction : « O Jupiter, auteur de ma race, que ne puis-je exterminer ce méchant fourbe que je hais ? Que ne puis-je percer le cœur de deux injustes rois, et me tuer moi-même après eux ? » — Comparez aussi les paroles de Didon (*Énéide*, livre IV, vers 605 et 606) :

. . . . . . . . . *Natumque patremque*
*Cum genere exstinxem ; memet super ipsa dedissem.*

2. *Var.* Sans doute j'ai trouvé le parti qu'il faut prendre. (1672)

## SCÈNE V.

### ROXANE, ZATIME.

ROXANE.

Ah! que viens-tu m'apprendre,
Zatime? Bajazet en est-il amoureux?
Vois-tu dans ses discours qu'ils s'entendent tous deux?

ZATIME.

Elle n'a point parlé : toujours évanouie,
Madame, elle ne marque aucun reste de vie
Que par de longs soupirs et des gémissements, 1255
Qu'il semble que son cœur va suivre à tous moments.
Vos femmes, dont le soin à l'envi la soulage,
Ont découvert son sein pour leur donner passage.
Moi-même avec ardeur secondant ce dessein,
J'ai trouvé ce billet enfermé dans son sein. 1260
Du prince votre amant j'ai reconnu la lettre[1],
Et j'ai cru qu'en vos mains je devois le remettre.

ROXANE.

Donne. Pourquoi frémir? et quel trouble soudain
Me glace à cet objet, et fait trembler ma main?
Il peut l'avoir écrit sans m'avoir offensée. 1265
Il peut même.... Lisons, et voyons sa pensée :

« . . . . . . Ni la mort, ni vous même
Ne me ferez jamais prononcer que je l'aime,
Puisque jamais je n'aimerai que vous. »

Ah! de la trahison me voilà donc instruite!
Je reconnois l'appas[2] dont ils m'avoient séduite. 1270

---

1. Voyez ci-dessus, vers 1183.
2. Toutes les éditions imprimées du vivant de Racine ont: *l'appas*, et non: *l'appât*. Voyez ci-dessus, p. 312, note 2.

Ainsi donc mon amour étoit récompensé,
Lâche, indigne du jour que je t'avois laissé?
Ah! je respire enfin; et ma joie est extrême
Que le traître une fois se soit trahi lui-même.
Libre des soins cruels où j'allois m'engager, 1275
Ma tranquille fureur n'a plus qu'à se venger.
Qu'il meure. Vengeons-nous. Courez. Qu'on le saisisse;
Que la main des muets s'arme pour son supplice.
Qu'ils viennent préparer ces nœuds infortunés
Par qui de ses pareils les jours sont terminés. 1280
Cours, Zatime : sois prompte à servir ma colère.

ZATIME.

Ah! Madame.

ROXANE.

Quoi donc?

ZATIME.

Si sans trop vous déplaire,
Dans les justes transports, Madame, où je vous vois,
J'osois vous faire entendre une timide voix :
Bajazet, il est vrai, trop indigne de vivre, 1285
Aux mains de ces cruels mérite qu'on le livre.
Mais tout ingrat qu'il est, croyez-vous aujourd'hui
Qu'Amurat ne soit pas plus à craindre que lui?
Et qui sait si déjà quelque bouche infidèle
Ne l'a point averti de votre amour nouvelle? 1290
Des cœurs comme le sien, vous le savez assez,
Ne se regagnent plus quand ils sont offensés;
Et la plus prompte mort, dans ce moment sévère,
Devient de leur amour la marque la plus chère.

ROXANE.

Avec quelle insolence et quelle cruauté 1295
Ils se jouoient tous deux de ma crédulité!
Quel penchant, quel plaisir je sentois à les croire!

Tu ne remportois pas une grande victoire [1],
Perfide, en abusant ce cœur préoccupé,
Qui lui-même craignoit de se voir détrompé [2].   1300
Moi! qui de ce haut rang qui me rendoit si fière,
Dans le sein du malheur t'ai cherché la première,
Pour attacher des jours tranquilles, fortunés,
Aux périls dont tes jours étoient environnés,
Après tant de bonté, de soin, d'ardeurs extrêmes,   1305
Tu ne saurois jamais prononcer que tu m'aimes!
Mais dans quel souvenir me laissé-je égarer [3]?
Tu pleures, malheureuse? Ah! tu devois pleurer [4]
Lorsque d'un vain desir à ta perte poussée,
Tu conçus de le voir la première pensée.   1310
Tu pleures? et l'ingrat, tout prêt à te trahir,
Prépare les discours dont il veut t'éblouir.
Pour plaire à ta rivale, il prend soin de sa vie.
Ah! traître, tu mourras. Quoi? tu n'es point partie?
Va. Mais nous-même, allons, précipitons nos pas.   1315
Qu'il me voie, attentive au soin de son trépas,
Lui montrer à la fois, et l'ordre de son frère,
Et de sa trahison ce gage trop sincère.
Toi, Zatime, retiens ma rivale en ces lieux.

---

1. Plusieurs commentateurs ont rapproché ce passage de ces vers d'Ovide dans la lettre de Phyllis à Démophoon (*Héroïdes*, épître II, vers 63-65):

*Fallere credentem non est operosa puellam*
*Gloria. . . . . . . . . . . . . . . .*
*Sum decepta tuis et amans et femina verbis.*

2. Après ce vers il y avait dans les éditions de 1672-87:

Tu n'as pas eu besoin de tout ton artifice,
Et (je veux bien te faire encor cette justice)
Toi-même, je m'assure, as rougi plus d'un jour
Du peu qu'il t'en coûtoit pour tromper tant d'amour.
[Moi! qui de ce haut rang qui me rendoit si fière.]

3. *Var.* Mais dans quels souvenirs me laissé-je égarer? (1672)
4. C'est une imitation des vers 596 et 597 du livre IV de l'*Énéide:*

*Infelix Dido, nunc te facta impia tangunt?*
*Tum decuit, quum sceptra dabas....*

Qu'il n'ait en expirant que ses cris pour adieux¹.   1320
Qu'elle soit cependant fidèlement servie.
Prends soin d'elle : ma haine a besoin de sa vie.
Ah! si pour son amant facile à s'attendrir,
La peur de son trépas la fit presque mourir,
Quel surcroît de vengeance et de douceur nouvelle  1325
De le montrer bientôt pâle et mort devant elle,
De voir sur cet objet ses regards arrêtés
Me payer les plaisirs que je leur ai prêtés!
Va, retiens-la. Surtout garde bien le silence.
Moi.... Mais qui vient ici différer ma vengeance?  1330

## SCÈNE VI.
### ROXANE, ACOMAT, OSMIN.

ACOMAT.

Que faites-vous, Madame? En quels retardements
D'un jour si précieux perdez-vous les moments?
Bysance par mes soins presque entière assemblée
Interroge ses chefs, de leur crainte troublée;
Et tous, pour s'expliquer, ainsi que mes amis,   1335
Attendent le signal que vous m'aviez promis.
D'où vient que sans répondre à leur impatience,
Le Serrail cependant garde un triste silence?
Déclarez-vous, Madame; et sans plus différer....

ROXANE.

Oui, vous serez content : je vais me déclarer.   1340

ACOMAT.

Madame, quel regard, et quelle voix sévère,

---

1. Corneille avait dit dans les premières éditions du *Cid*, acte IV, scène III vers 1314 :

Nous laissent pour adieux des cris épouvantables.

Malgré votre discours, m'assure du contraire?
Quoi? déjà votre amour, des obstacles vaincu....

ROXANE.

Bajazét est un traître, et n'a que trop vécu.

ACOMAT.

Lui!

ROXANE.

Pour moi, pour vous-même, également perfide,
Il nous trompoit tous deux.

ACOMAT.

Comment?

ROXANE.

Cette Atalide,
Qui même n'étoit pas un assez digne prix
De tout ce que pour lui vous avez entrepris....

ACOMAT.

Hé bien?

ROXANE.

Lisez. Jugez après cette insolence
Si nous devons d'un traître embrasser la défense. 1350
Obéissons plutôt à la juste rigueur
D'Amurat qui s'approche et retourne vainqueur;
Et livrant sans regret un indigne complice,
Apaisons le Sultan par un prompt sacrifice.

ACOMAT, lui rendant le billet.

Oui, puisque jusque-là l'ingrat m'ose outrager, 1355
Moi-même, s'il le faut, je m'offre à vous venger,
Madame. Laissez-moi nous laver l'un et l'autre
Du crime que sa vie a jeté sur la nôtre.
Montrez-moi le chemin, j'y cours.

ROXANE.

Non, Acomat.
Laissez-moi le plaisir de confondre l'ingrat. 1360
Je veux voir son désordre, et jouir de sa honte.

Je perdrois ma vengeance¹ en la rendant si prompte².
Je vais tout préparer. Vous cependant allez
Disperser promptement vos amis assemblés.

## SCÈNE VII.
### ACOMAT, OSMIN.

ACOMAT.
Demeure. Il n'est pas temps, cher Osmin, que je sorte.
OSMIN.
Quoi? jusque-là, Seigneur, votre amour vous transporte?
N'avez-vous pas poussé la vengeance assez loin?
Voulez-vous de sa mort être encor le témoin?
ACOMAT.
Que veux-tu dire? Es-tu toi-même si crédule
Que de me soupçonner d'un courroux ridicule?  1370
Moi, jaloux? Plût au ciel qu'en me manquant de foi,
L'imprudent Bajazet n'eût offensé que moi!
OSMIN.
Et pourquoi donc, Seigneur, au lieu de le défendre....
ACOMAT.
Et la Sultane est-elle en état de m'entendre?
Ne voyois-tu pas bien, quand je l'allois trouver,  1375
Que j'allois avec lui me perdre, ou me sauver?
Ah! de tant de conseils événement sinistre!

---

1. La même expression se trouve dans *Andromaque* (acte IV, scène IV, vers 1269):

> . . . . . . . *Ma vengeance est perdue,*
> S'il ignore en mourant que c'est moi qui le tue.

2. L'orthographe de ce mot est *pronte* dans les deux premières éditions (1672 et 1676), *promte* dans celles de 1687 et de 1697. Ailleurs, dans ces deux dernières éditions, il est presque toujours écrit avec *mpt*, et dans les autres avec *mt*.

Prince aveugle! ou plutôt trop aveugle ministre!
Il te sied bien d'avoir en de si jeunes mains,
Chargé d'ans et d'honneurs, confié tes desseins, 1380
Et laissé d'un Visir la fortune flottante
Suivre de ces amants la conduite imprudente.

### OSMIN.

Hé! laissez-les entre eux exercer leur courroux.
Bajazet veut périr; Seigneur, songez à vous.
Qui peut de vos desseins révéler le mystère, 1385
Sinon quelques amis engagés à se taire?
Vous verrez par sa mort le Sultan adouci.

### ACOMAT.

Roxane en sa fureur peut raisonner ainsi.
Mais moi, qui vois plus loin, qui par un long usage,
Des maximes du trône ai fait l'apprentissage, 1390
Qui d'emplois en emplois vieilli sous trois Sultans,
Ai vu de mes pareils les malheurs éclatants,
Je sais, sans me flatter, que de sa seule audace
Un homme tel que moi doit attendre sa grâce,
Et qu'une mort sanglante est l'unique traité 1395
Qui reste entre l'esclave et le maître irrité.

### OSMIN.

Fuyez donc.

### ACOMAT.

J'approuvois tantôt cette pensée.
Mon entreprise alors étoit moins avancée.
Mais il m'est désormais trop dur de reculer.
Par une belle chute il faut me signaler, 1400
Et laisser un débris du moins après ma fuite,
Qui de mes ennemis retarde la poursuite.
Bajazet vit encor : pourquoi nous étonner?
Acomat de plus loin a su le ramener.
Sauvons-le, malgré lui, de ce péril extrême, 1405
Pour nous, pour nos amis, pour Roxane elle-même.

Tu vois combien son cœur, prêt à le protéger,
A retenu mon bras trop prompt à la venger.
Je connois peu l'amour; mais j'ose te répondre
Qu'il n'est pas condamné, puisqu'on le veut confondre[1];
Que nous avons du temps. Malgré son désespoir,
Roxane l'aime encore, Osmin, et le va voir.

OSMIN.

Enfin que vous inspire une si noble audace?
Si Roxane l'ordonne, il faut quitter la place.
Ce palais est tout plein....

ACOMAT.

Oui, d'esclaves obscurs, 1415
Nourris loin de la guerre, à l'ombre de ses murs;
Mais toi dont la valeur, d'Amurat oubliée,
Par de communs chagrins à mon sort s'est liée,
Voudras-tu jusqu'au bout seconder mes fureurs?

OSMIN.

Seigneur, vous m'offensez. Si vous mourez, je meurs[2].

ACOMAT.

D'amis et de soldats une troupe hardie
Aux portes du Palais attend notre sortie.
La Sultane d'ailleurs se fie à mes discours.
Nourri dans le Serrail, j'en connois les détours;
Je sais de Bajazet l'ordinaire demeure. 1425
Ne tardons plus, marchons. Et s'il faut que je meure,
Mourons : moi, cher Osmin, comme un Visir; et toi,
Comme le favori d'un homme tel que moi.

1. *Var.* Qu'il n'est pas condamné, puisqu'on veut le confondre. (1672-87)
2. Dans le *Polyeucte* de Corneille (acte V, scène III, vers 1681), Pauline dit à Polyeucte :

Je te suivrai partout, et mourrai si tu meurs.

FIN DU QUATRIÈME ACTE.

# ACTE V.

## SCENE PREMIÈRE.

### ATALIDE, seule.

Hélas! je cherche en vain : rien ne s'offre à ma vue.
Malheureuse! Comment puis-je l'avoir perdue ? 1430
Ciel, aurois-tu permis que mon funeste amour
Exposât mon amant tant de fois en un jour ?
Que pour dernier malheur, cette lettre fatale
Fût encor parvenue aux yeux de ma rivale ?
J'étois en ce lieu même; et ma timide main, 1435
Quand Roxane a paru, l'a cachée en mon sein.
Sa présence a surpris mon âme désolée;
Ses menaces, sa voix, un ordre m'a troublée.
J'ai senti défaillir ma force et mes esprits :
Ses femmes m'entouroient quand je les ai repris; 1440
A mes yeux étonnés leur troupe est disparue.
Ah! trop cruelles mains, qui m'avez secourue,
Vous m'avez vendu cher vos secours inhumains;
Et par vous cette lettre a passé dans ses mains.
Quels desseins maintenant occupent sa pensée? 1445
Sur qui sera d'abord sa vengeance exercée ?
Quel sang pourra suffire à son ressentiment ?
Ah! Bajazet est mort, ou meurt en ce moment.
Cependant on m'arrête, on me tient enfermée.
On ouvre : de son sort je vais être informée. 1450

## SCENE II.

### ROXANE, ATALIDE, ZATIME[1].

#### ROXANE[2].

Retirez-vous.

#### ATALIDE.

Madame.... Excusez l'embarras....

#### ROXANE.

Retirez-vous, vous dis-je, et ne répliquez pas.
Gardes, qu'on la retienne.

## SCÈNE III.

### ROXANE, ZATIME.

#### ROXANE.

Oui, tout est prêt, Zatime :
Orcan et les muets attendent leur victime.
Je suis pourtant toujours maîtresse de son sort.   1455
Je puis le retenir. Mais s'il sort, il est mort[3].
Vient-il?

---

1. Dans les éditions de 1736, de 1807, de 1808 et dans celle de M. Aimé-Martin : « ROXANE, ATALIDE, ZATIME, GARDES. »
2. Les éditions de 1736, de 1807, de 1808 et celle de M. Aimé-Martin ont l'indication : « ROXANE, à Atalide. »
3. Félix, dans *Polyeucte* (acte V, scène I, vers 1489 et 1490), prononce une semblable menace contre Polyeucte :

> S'il demeure insensible à ce dernier effort,
> Au sortir de ce lieu qu'on lui donne la mort.

Inspirée par une passion toute différente, la parole de Félix devait être très-inférieure en énergique précision à celle de Roxane, qui prépare si bien le terrible *Sortez*, par lequel va se terminer la scène IV de l'acte V, et auquel correspondent, avec un bien moindre effet, comme cela s'explique sans peine, ces

ZATIME.

Oui, sur mes pas un esclave l'amène[1] ;
Et loin de soupçonner sa disgrâce prochaine,
Il m'a paru, Madame, avec empressement
Sortir, pour vous chercher, de son appartement.   1460

ROXANE.

Ame lâche, et trop digne enfin d'être déçue,
Peux-tu souffrir encor qu'il paroisse à ta vue?
Crois-tu par tes discours le vaincre ou l'étonner?
Quand même il se rendroit, peux-tu lui pardonner?
Quoi? ne devrois-tu pas être déjà vengée?   1465
Ne crois-tu pas encore être assez outragée?
Sans perdre tant d'efforts sur ce cœur endurci,
Que ne le laissons-nous périr[2]?... Mais le voici.

deux vers de Félix, à la fin de la scène III de l'acte V de *Polyeucte* (vers 1683 et 1684) :

> Qu'on l'ôte de mes yeux, et que l'on m'obéisse ;
> Puisqu'il aime à périr, je consens qu'il périsse.

La ressemblance dans les deux situations n'en est pas moins remarquable.

1. Dans les anciennes éditions : *l'ameine.*
2. Les reproches que la fille du Mouphti s'adresse à elle-même, dans la tragédie d'*Osman*, ne sont pas sans une certaine ressemblance avec ce passage où Roxane aussi gourmande sa propre faiblesse. Il est dit dans l'*Histoire du Théâtre françois*, tome VII, p. 157, que dans la pièce de Tristan, [la] fille du Mouphti « joue à peu près le même rôle que Roxane dans la tragédie de Racine. » Il s'en faut de beaucoup, ce nous semble ; et nous n'avons trouvé dans les deux rôles d'autre rapprochement à faire que celui-ci :

> Quoi? pour ses intérêts avoir le cœur si tendre !
> Que diroit-on de toi, si l'on t'alloit entendre ?
> Quel reproche honteux ne te feroit-on pas,
> Si l'on voyoit en toi des sentiments si bas ?
> Ce généreux mépris que le dépit excite
> Te laisse donc encor penser à son mérite,
> Et souffre qu'en peignant sa grâce et sa valeur,
> Ta mémoire s'applique à décevoir ton cœur....
> Il faut que le cruel, accablé par les siens,
> Soit trop chargé d'ennuis pour se moquer des miens.
>                         (*Osman*, acte III, scène I.)

## SCÈNE IV.

### BAJAZET, ROXANE.

ROXANE.

Je ne vous ferai point des reproches frivoles :
Les moments sont trop chers pour les perdre en paroles[1].
Mes soins vous sont connus. En un mot, vous vivez,
Et je ne vous dirois que ce que vous savez.
Malgré tout mon amour, si je n'ai pu vous plaire,
Je n'en murmure point, quoiqu'à ne vous rien taire,
Ce même amour peut-être et ces mêmes bienfaits      1475
Auroient dû suppléer à mes foibles attraits.
Mais je m'étonne enfin que pour reconnoissance,
Pour prix de tant d'amour, de tant de confiance[2],
Vous ayez si longtemps par des détours si bas
Feint un amour pour moi que vous ne sentiez pas.    1480

BAJAZET.

Qui? moi, Madame?

ROXANE.

　　　　　　Oui, toi. Voudrois-tu point encore
Me nier un mépris que tu crois que j'ignore?
Ne prétendrois-tu point, par tes fausses couleurs[3],
Déguiser un amour qui te retient ailleurs,
Et me jurer enfin d'une bouche perfide              1485
Tout ce que tu ne sens que pour ton Atalide?

---

1. On peut comparer le vers 1612 de *Phèdre* (acte V, scène vii) :

　　Les moments me sont chers, écoutez-moi, Thésée.

2. *Var.* D'un amour appuyé sur tant de confiance. (1672)
3. L'édition de M. Aimé-Martin indique la variante :

　　Ne prétendrois-tu point, par de fausses couleurs.

On trouve en effet cette leçon dans l'édition de 1768, où l'on donne comme le texte de la première impression seule celui qui est dans toutes les éditions publiées du vivant de Racine, et aussi dans celles de 1702, de 1713, de 1736, etc.

BAJAZET.
Atalide, Madame! O ciel! qui vous a dit....
ROXANE.
Tiens, perfide, regarde, et démens cet écrit.
BAJAZET¹.
Je ne vous dis plus rien. Cette lettre sincère
D'un malheureux amour contient tout le mystère; 1490
Vous savez un secret que, tout prêt à s'ouvrir,
Mon cœur a mille fois voulu vous découvrir.
J'aime, je le confesse; et devant que votre âme²,
Prévenant mon espoir, m'eût déclaré sa flamme,
Déjà plein d'un amour dès l'enfance formé, 1495
A tout autre desir mon cœur étoit fermé.
Vous me vîntes offrir et la vie et l'Empire;
Et même votre amour, si j'ose vous le dire,
Consultant vos bienfaits, les crut, et sur leur foi
De tous mes sentiments vous répondit pour moi. 1500
Je connus votre erreur; mais que pouvois-je faire?
Je vis en même temps qu'elle vous étoit chère.
Combien le trône tente un cœur ambitieux!
Un si noble présent me fit ouvrir les yeux.
Je chéris, j'acceptai, sans tarder davantage, 1505
L'heureuse occasion de sortir d'esclavage,
D'autant plus qu'il falloit l'accepter ou périr;
D'autant plus que vous-même, ardente à me l'offrir,
Vous ne craigniez rien tant que d'être refusée;
Que même mes refus vous auroient exposée; 1510
Qu'après avoir osé me voir et me parler,
Il étoit dangereux pour vous de reculer.
Cependant je n'en veux pour témoins³ que vos plaintes:

1. Dans l'édition de 1736 et dans celles de 1807, de 1808 et de M. Aimé-Martin : « BAJAZET, *après avoir regardé la lettre.* »
2. *Var.* J'aime, je le confesse; et devant qu'à ma vue,
   Prévenant mon espoir, vous fussiez apparue. (1672)
3. *Témoins* est le texte de 1672-1687. Dans l'édition de 1697 il y a : *témoin*, au singulier. Ne serait-ce pas une faute d'impression?

Ai-je pu vous tromper par des promesses feintes[1]?
Songez combien de fois vous m'avez reproché 1515
Un silence témoin de mon trouble caché.
Plus l'effet de vos soins et ma gloire étoient proches[2],
Plus mon cœur interdit se faisoit de reproches.
Le ciel qui m'entendoit sait bien qu'en même temps
Je ne m'arrêtois pas à des vœux impuissants; 1520
Et si l'effet enfin, suivant mon espérance,
Eût ouvert un champ libre à ma reconnoissance,
J'aurois par tant d'honneurs, par tant de dignités
Contenté votre orgueil, et payé vos bontés[3],
Que vous-même peut-être....

ROXANE.

Et que pourrois-tu faire?
Sans l'offre de ton cœur, par où peux-tu me plaire?
Quels seroient de tes vœux les inutiles fruits?
Ne te souvient-il plus de tout ce que je suis?
Maîtresse du Serrail, arbitre de ta vie,
Et même de l'État, qu'Amurat me confie, 1530
Sultane[4], et ce qu'en vain j'ai cru trouver en toi,
Souveraine d'un cœur qui n'eût aimé que moi:
Dans ce comble de gloire où je suis arrivée,
A quel indigne honneur m'avois-tu réservée?
Traînerois-je en ces lieux un sort infortuné, 1535
Vil rebut d'un ingrat que j'aurois couronné,
De mon rang descendue, à mille autres égale,
Ou la première esclave enfin de ma rivale?

---

1. *Var.* Loin de vous abuser par des promesses feintes. (1672)
2. *Var.* Plus l'effet de vos soins, plus ma gloire, étoient proches. (1672)
3. *Var.* Contenté votre gloire, et payé vos bontés. (1672)
4. La coupe de ce vers et le mouvement de toute la phrase rappellent ces vers de Corneille:

> Veuve du jeune Crasse, et veuve de Pompée,
> Fille de Scipion, et pour dire encor plus,
> Romaine............
> (*Pompée*, acte III, scène IV, vers 990-992.)

Laissons ces vains discours; et sans m'importuner,
Pour la dernière fois, veux-tu vivre et régner?   1540
J'ai l'ordre d'Amurat, et je puis t'y soustraire.
Mais tu n'as qu'un moment : parle.

BAJAZET.

Que faut-il faire?

ROXANE.

Ma rivale est ici : suis-moi sans différer;
Dans les mains des muets viens la voir expirer[1],
Et libre d'un amour à ta gloire funeste,   1545
Viens m'engager ta foi : le temps fera le reste.
Ta grâce est à ce prix, si tu veux l'obtenir.

BAJAZET.

Je ne l'accepterois que pour vous en punir,
Que pour faire éclater aux yeux de tout l'Empire
L'horreur et le mépris que cette offre m'inspire.   1550
    Mais à quelle fureur me laissant emporter,
Contre ses tristes jours vais-je vous irriter!
De mes emportements elle n'est point complice,
Ni de mon amour même et de mon injustice.
Loin de me retenir par des conseils jaloux,   1555
Elle me conjuroit de me donner à vous[2].
En un mot, séparez ses vertus de mon crime[3].
Poursuivez, s'il le faut, un courroux légitime;
Aux ordres d'Amurat hâtez-vous d'obéir;
Mais laissez-moi du moins mourir sans vous haïr.   1560
Amurat avec moi ne l'a point condamnée :
Épargnez une vie assez infortunée.

1. *Var.* De ton cœur par sa mort viens me voir m'assurer. (1672)
2. *Var.* Si mon cœur l'avoit crue, il ne seroit qu'à vous. (1672)
3. Avant ce vers on lit dans les premières éditions (1672-1687) :

> Confessant vos bienfaits, reconnoissant vos charmes,
> Elle a pour me fléchir employé jusqu'aux larmes.
> Toute prête vingt fois à se sacrifier,
> Par sa mort elle-même a voulu nous lier.
> [En un mot, séparez ses vertus de mon crime.]

Ajoutez cette grâce à tant d'autres bontés,
Madame; et si jamais je vous fus cher....
### ROXANE.
Sortez[1].

## SCÈNE V.
### ROXANE, ZATIME.

#### ROXANE.
Pour la dernière fois, perfide, tu m'as vue,  1565
Et tu vas rencontrer la peine qui t'est due.
#### ZATIME.
Atalide à vos pieds demande à se jeter,
Et vous prie un moment de vouloir l'écouter,
Madame : elle vous veut faire l'aveu fidèle
D'un secret important qui vous touche plus qu'elle. 1570
#### ROXANE.
Oui, qu'elle vienne; et toi, suis Bajazet qui sort;
Et quand il sera temps, viens m'apprendre son sort.


## SCÈNE VI.
### ROXANE, ATALIDE.

#### ATALIDE.
Je ne viens plus, Madame, à feindre disposée,
Tromper votre bonté si longtemps abusée ;
Confuse, et digne objet de vos inimitiés,  1575
Je viens mettre mon cœur et mon crime à vos pieds.
Oui, Madame, il est vrai que je vous ai trompée :

---

1. Voyez ci-dessus la note 3 de la page 546. Voyez aussi, à la fin de la *Notice*, p. 471 et 472, quelques observations sur le jeu de Mlle Rachel.

## ACTE V, SCENE VI.

Du soin de mon amour seulement occupée,
Quand j'ai vu Bajazet, loin de vous obéir,
Je n'ai dans mes discours songé qu'à vous trahir. 1580
Je l'aimai dès l'enfance; et dès ce temps, Madame,
J'avois par mille soins su prévenir son âme.
La Sultane sa mère, ignorant l'avenir,
Hélas! pour son malheur, se plut à nous unir.
Vous l'aimâtes depuis : plus heureux l'un et l'autre,
Si connoissant mon cœur, ou me cachant le vôtre,
Votre amour de la mienne eût su se défier!
Je ne me noircis point pour le justifier.
Je jure par le ciel, qui me voit confondue,
Par ces grands Ottomans dont je suis descendue, 1590
Et qui tous avec moi vous parlent à genoux
Pour le plus pur du sang qu'ils ont transmis en nous :
Bajazet à vos soins tôt ou tard plus sensible,
Madame, à tant d'attraits n'étoit pas invincible.
Jalouse, et toujours prête à lui représenter 1595
Tout ce que je croyois digne de l'arrêter,
Je n'ai rien négligé, plaintes, larmes, colère,
Quelquefois attestant les mânes de sa mère.
Ce jour même, des jours le plus infortuné,
Lui reprochant l'espoir qu'il vous avoit donné, 1600
Et de ma mort enfin le prenant à partie[1],
Mon importune ardeur ne s'est point ralentie,
Qu'arrachant, malgré lui, des gages de sa foi,
Je ne sois parvenue à le perdre avec moi.

Mais pourquoi vos bontés seroient-elles lassées ? 1605
Ne vous arrêtez point à ses froideurs passées.
C'est moi qui l'y forçai. Les nœuds que j'ai rompus
Se rejoindront bientôt, quand je ne serai plus.

---

1. C'est-à-dire : *m'en prenant à lui de ma mort, le rendant responsable de ma mort.*

Quelque peine pourtant qui soit due à mon crime,
N'ordonnez pas vous-même une mort légitime, 1610
Et ne vous montrez point à son cœur éperdu
Couverte de mon sang par vos mains répandu.
D'un cœur trop tendre encore épargnez la foiblesse.
Vous pouvez de mon sort me laisser la maîtresse,
Madame : mon trépas n'en sera pas moins prompt[1].
Jouissez d'un bonheur dont ma mort vous répond[2] ;
Couronnez un héros dont vous serez chérie.
J'aurai soin de ma mort, prenez soin de sa vie.
Allez, Madame, allez. Avant votre retour,
J'aurai d'une rivale affranchi votre amour. 1620

ROXANE.

Je ne mérite pas un si grand sacrifice :
Je me connois, Madame, et je me fais justice.
Loin de vous séparer, je prétends aujourd'hui
Par des nœuds éternels vous unir avec lui[3].
Vous jouirez bientôt de son aimable vue. 1625
Levez-vous. Mais que veut Zatime toute émue[4] ?

---

1. Dans les éditions de 1672 et de 1676 : *pront*; dans celles de 1687 et de 1697 : *prompt*. Voyez ci-dessus, p. 542, note 2.

2. *Var.* Jouissez du bonheur dont ma mort vous répond (1672)

3. Mairet a mis cette même cruelle équivoque dans la bouche de Solyman, qui a résolu de faire périr son fils Mustapha, et avec lui Despine, fille du roi de Perse et amante de Mustapha. Il parle ainsi en présence des deux amants :

> Oui, loin de rendre vains mille amoureux serments,
> Et donnés et reçus entre ces deux amants,
> Loin de rompre le nœud qu'ils serrèrent ensemble,
> Je veux qu'un plus étroit aujourd'hui les rassemble.
> (*Le Grand et dernier Solyman*, acte V, scène 1.)

4. *Toute émue* est le texte de toutes les anciennes éditions.

## SCÈNE VII.

### ROXANE, ATALIDE, ZATIME.

#### ZATIME.
Ah! venez vous montrer, Madame, ou désormais
Le rebelle Acomat est maître du Palais.
Profanant des Sultans la demeure sacrée,
Ses criminels amis en ont forcé l'entrée. 1630
Vos esclaves tremblants, dont la moitié s'enfuit,
Doutent si le Visir vous sert ou vous trahit.

#### ROXANE.
Ah, les traîtres! Allons, et courons le confondre.
Toi, garde ma captive, et songe à m'en répondre.

## SCÈNE VIII.

### ATALIDE, ZATIME.

#### ATALIDE.
Hélas! pour qui mon cœur doit-il faire des vœux? 1635
J'ignore quel dessein les anime tous deux.
Si de tant de malheurs quelque pitié te touche,
Je ne demande point, Zatime, que ta bouche
Trahisse en ma faveur Roxane et son secret.
Mais, de grâce, dis-moi ce que fait Bajazet. 1640
L'as-tu vu? Pour ses jours n'ai-je encor rien à craindre?

#### ZATIME.
Madame, en vos malheurs je ne puis que vous plaindre.

#### ATALIDE.
Quoi? Roxane déjà l'a-t-elle condamné?

ZATIME.
Madame, le secret m'est surtout[1] ordonné.
ATALIDE.
Malheureuse, dis-moi seulement s'il respire.   1645
ZATIME.
Il y va de ma vie, et je ne puis rien dire.
ATALIDE.
Ah! c'en est trop, cruelle. Achève, et que ta main
Lui donne de ton zèle un gage plus certain.
Perce toi-même un cœur que ton silence accable,
D'une esclave barbare esclave impitoyable.   1650
Précipite des jours qu'elle me veut ravir;
Montre-toi, s'il se peut, digne de la servir.
Tu me retiens en vain; et dès cette même heure,
Il faut que je le voie, ou du moins que je meure.


## SCÈNE IX.

### ATALIDE, ACOMAT, ZATIME.

ACOMAT.
Ah! que fait Bajazet? Où le puis-je trouver,   1655
Madame? Aurai-je encor le temps de le sauver?
Je cours tout le Serrail; et même dès l'entrée[2]
De mes braves amis la moitié séparée
A marché sur les pas du courageux Osmin;
Le reste m'a suivi par un autre chemin.   1660
Je cours, et je ne vois que des troupes craintives
D'esclaves effrayés, de femmes fugitives.

---

1. Dans les anciennes éditions, *surtout*, aussi bien que *partout*, est toujours en deux mots. *Sur tout* pourrait, à la rigueur, ici, et plus haut, au vers 1329, prêter à un double sens et signifier soit : «au sujet de tout, » soit : « par-dessus tout. » Ce dernier sens est le vrai dans les deux endroits.

2. *Var.* Je cours tout ce palais; et même dès l'entrée (1672)

##### ATALIDE.

Ah! je suis de son sort moins instruite que vous.
Cette esclave le sait.

##### ACOMAT.

Crains mon juste courroux.
Malheureuse, réponds.


## SCENE X.

#### ATALIDE, ACOMAT, ZATIME, ZAÏRE.

##### ZAÏRE.

Madame!

##### ATALIDE.

Hé bien, Zaïre? 1665
Qu'est-ce?

##### ZAÏRE.

Ne craignez plus : votre ennemie expire.

##### ATALIDE.

Roxane?

##### ZAÏRE.

Et ce qui va bien plus vous étonner,
Orcan lui-même, Orcan vient de l'assassiner.

##### ATALIDE.

Quoi? lui?

##### ZAÏRE.

Désespéré d'avoir manqué son crime,
Sans doute il a voulu prendre cette victime. 1670

##### ATALIDE.

Juste ciel, l'innocence a trouvé ton appui [1].
Bajazet vit encor, Visir, courez à lui.

---

1. *Var.* Juste ciel, l'innocence a trouvé votre appui. (1672).

ZAÏRE.

Par la bouche d'Osmin vous serez mieux instruite.
Il a tout vu.

## SCENE XI.
### ATALIDE, ACOMAT, ZAÏRE, OSMIN.

ACOMAT.

Ses yeux ne l'ont-ils point séduite?
Roxane est-elle morte?

OSMIN.

Oui, j'ai vu l'assassin 1675
Retirer son poignard tout fumant de son sein.
Orcan, qui méditoit ce cruel stratagème,
La servoit, à dessein de la perdre elle-même;
Et le Sultan l'avoit chargé secrètement
De lui sacrifier l'amante après l'amant. 1680
Lui-même, d'aussi loin qu'il nous a vus[1] paraître :
« Adorez, a-t-il dit, l'ordre de votre maître[2];
De son auguste seing reconnoissez les traits,
Perfides, et sortez de ce sacré palais. »
A ce discours, laissant la Sultane expirante, 1685
Il a marché vers nous; et d'une main sanglante
Il nous a déployé l'ordre dont Amurat
Autorise ce monstre à ce double attentat.
Mais, Seigneur, sans vouloir l'écouter davantage,
Transportés à la fois de douleur et de rage, 1690
Nos bras impatients ont puni son forfait,

---

1. On lit *vu* (*veu*, *veû*) dans les éditions de 1676-1697; celle de 1672 a : *vus* (*veûs*).
2. *Var.* « Connoissez, a-t-il dit, l'ordre de votre maître,
  Perfides; et voyant le sang que j'ai versé,
  Voyez ce que m'enjoint son amour offensé. »
  [A ce discours, laissant la Sultane expirante.] (1672)

Et vengé dans son sang la mort de Bajazet.

ATALIDE.

Bajazet!

ACOMAT.

Que dis-tu?

OSMIN.

Bajazet est sans vie.
L'ignoriez-vous?

ATALIDE.

O ciel!

OSMIN.

Son amante en furie[1],
Près de ces lieux, Seigneur, craignant votre secours,
Avoit au nœud fatal abandonné ses jours.
Moi-même des objets j'ai vu le plus funeste,
Et de sa vie en vain j'ai cherché quelque reste :
Bajazet étoit mort. Nous l'avons rencontré
De morts et de mourants noblement entouré,      1700
Que vengeant sa défaite, et cédant sous le nombre,
Ce héros a forcés d'accompagner son ombre.
Mais puisque c'en est fait, Seigneur, songeons à nous.

ACOMAT.

Ah! destins ennemis, où me réduisez-vous?
Je sais en Bajazet la perte que vous faites,      1705
Madame; je sais trop qu'en l'état où vous êtes
Il ne m'appartient point de vous offrir l'appui
De quelques malheureux qui n'espéroient qu'en lui.
Saisi, désespéré d'une mort qui m'accable,
Je vais, non point sauver cette tête coupable,      1710
Mais redevable aux soins de mes tristes amis,

---

1. *Var.* Ne le saviez-vous pas? ATAL. O ciel! OSM. Cette Furie
   [Près de ces lieux, Seigneur, craignant votre secours,]
   Avoit à ce perfide abandonné ses jours.
   [Moi-même des objets j'ai vu le plus funeste.] (1672)

Défendre jusqu'au bout leurs jours qu'ils m'ont commis.
Pour vous, si vous voulez qu'en quelque autre contrée
Nous allions confier votre tête sacrée,
Madame, consultez¹ : maîtres² de ce palais,    1715
Mes fidèles amis attendront vos souhaits ;
Et moi, pour ne point perdre un temps si salutaire,
Je cours où ma présence est encor nécessaire ;
Et jusqu'au pied des murs que la mer vient laver,
Sur mes vaisseaux tout prêts je viens vous retrouver.

## SCÈNE XII.

### ATALIDE, ZAÏRE.

#### ATALIDE.

Enfin, c'en est donc fait ; et par mes artifices,
Mes injustes soupçons, mes funestes caprices,
Je suis donc arrivée au douloureux moment
Où je vois par mon crime expirer mon amant.
N'étoit-ce pas assez, cruelle destinée,    1725
Qu'à lui survivre, hélas! je fusse condamnée ?
Et falloit-il encor que pour comble d'horreurs,
Je ne pusse imputer sa mort qu'à mes fureurs ?
Oui, c'est moi, cher amant, qui t'arrache la vie :
Roxane, ou le Sultan, ne te l'ont point ravie.    1730
Moi seule, j'ai tissu le lien malheureux
Dont tu viens d'éprouver les détestables nœuds.
Et je puis, sans mourir, en souffrir la pensée ?

---

1. *Consulter* a ici le sens de *délibérer avec soi-même*, comme dans le vers 820 du *Cid* (acte III, scène III) :

    Je ne consulte point pour suivre mon devoir.

2. Il y a *maître*, au singulier, dans l'édition de 1697. Nous avons adopté la leçon beaucoup plus vraisemblable des éditions antérieures.

Moi qui n'ai pu tantôt, de ta mort menacée[1],
Retenir mes esprits, prompts à m'abandonner! 1735
Ah! n'ai-je eu de l'amour que pour t'assassiner?
Mais c'en est trop. Il faut par un prompt sacrifice
Que ma fidèle main te venge et me punisse.

Vous, de qui j'ai troublé la gloire et le repos,
Héros, qui deviez tous revivre en ce héros, 1740
Toi, mère malheureuse, et qui dès notre enfance
Me confias son cœur dans une autre espérance,
Infortuné Visir, amis désespérés,
Roxane, venez tous, contre moi conjurés,
Tourmenter à la fois une amante éperdue; 1745
(Elle se tue.)
Et prenez la vengeance enfin qui vous est due.

ZAÏRE.

Ah! Madame!... Elle expire. O ciel! En ce malheur,
Que ne puis-je avec elle expirer de douleur?

1. Voyez ci-dessus, p. 507, note 1.

FIN DU CINQUIÈME ET DERNIER ACTE.

# TABLE DES MATIÈRES

## CONTENUES DANS LE DEUXIÈME VOLUME.

ANDROMAQUE, tragédie.................................... 1
    Notice................................................ 3
    A Madame............................................ 30
    Première préface..................................... 33
    Seconde préface...................................... 37
    ANDROMAQUE........................................ 41

LES PLAIDEURS, comédie................................. 125
    Notice................................................ 127
    Au lecteur........................................... 140
    LES PLAIDEURS..................................... 145

BRITANNICUS, tragédie.................................. 221
    Notice............................................... 223
    A Monseigneur le duc de Chevreuse................ 239
    Première préface.................................... 242
    Seconde préface..................................... 250
    BRITANNICUS....................................... 255

BÉRÉNICE, tragédie...................................... 341
    Notice............................................... 343

A Monseigneur Colbert.......................... 363
Préface....................................... 365
BÉRÉNICE.... .................................. 373

BAJAZET, tragédie................................ 445
   Notice....................................... 447
   Première préface............................. 473
   Seconde préface.............................. 475
   BAJAZET...................................... 481

FIN DE LA TABLE DES MATIÈRES.

Imprimerie générale de Ch. Lahure, rue de Fleurus, 9, à Paris.

www.ingramcontent.com/pod-product-compliance
Lightning Source LLC
Chambersburg PA
CBHW072021240426
43667CB00044B/1607